CW00920178

L'ÂNE D'OR

Collection dirigée

par

Alain Segonds

COLLECTION « L'ÂNE D'OR »

PLOTIN, PORPHYRE

ÉTUDES NÉOPLATONICIENNES

À PARAÎTRE

PIERRE HADOT

PLOTIN, PORPHYRE

ÉTUDES NÉOPLATONICIENNES

2e tirage

PARIS

LES BELLES LETTRES

2010

www.lesbelleslettres.com

Pour consulter notre catalogue
et être informé de nos nouveautés
par courrier électronique

1ᵉʳ tirage, 1999

*© 2010, Société d'édition Les Belles Lettres,
95, bd Raspail, 75006 Paris.*

ISBN : 978-2-251-42044-8

Introduction

Je suis venu à Plotin et au néoplatonisme à cause de l'intérêt passionné que, dans ma pieuse jeunesse, j'éprouvais depuis longtemps pour la mystique. La lecture des derniers chapitres des *Degrés du Savoir* de Maritain, qui laissaient entrevoir la possibilité d'une mystérieuse expérience de Dieu, peut-être aussi les développements que Bergson avait consacrés à l'appel des mystiques dans *Les deux Sources* avaient suscité cet enthousiasme. Je lisais donc assidûment Thérèse d'Avila et Jean de la Croix. Je ne me rappelle plus de la date exacte où je découvris les pages mystiques de Plotin. Elles me fascinèrent en tout cas à un double titre. D'une part, elles décrivaient admirablement l'expérience unitive, d'autre part, il était évident qu'elles avaient aidé Grégoire de Nysse ou Augustin à formuler leur propre expérience ; on pouvait alors se demander légitimement si le mysticisme néoplatonicien n'avait pas influencé considérablement le mysticisme chrétien et, question plus grave encore, si l'influence platonicienne n'avait pas introduit dans le christianisme quelque chose qui était étranger à son essence.

En 1946, je terminais ma licence de philosophie. Il me fallait alors rédiger ce que l'on appelait le mémoire de Diplôme d'études supérieures. En général, dans ces circonstances, l'étudiant essaie, autant que faire se peut, de choisir un sujet qui corresponde à ce qui lui tient à cœur.

J'aurais donc dû prendre un thème se rapportant à Plotin.
Mais je ne me décidai pas tout de suite pour Plotin. Signe
des tendances divergentes qui ont toujours été en moi, je
pensai d'abord à une comparaison entre la conception de
l'être et de la mort, chez Rilke, poète qui était devenu en
quelque sorte mon bréviaire, après l'avoir rencontré en
lisant un livre de Gabriel Marcel, et chez Heidegger, penseur qui m'avait été révélé par les cours de Jean Wahl et surtout par l'ouvrage que A. de Waelhens[1] avait consacré à sa
philosophie. J'en parlai avec J. Wahl, qui fut enthousiasmé.
Mais finalement j'hésitais. Est-ce que je maîtrisais suffisam-
ment la langue allemande pour traiter un pareil sujet ? Je
me décidai donc finalement pour Plotin. Une amie me
poussa à demander conseil au Père Paul Henry, jésuite,
professeur à l'Institut Catholique de Paris, qui commençait
alors à réaliser une nouvelle édition critique de Plotin avec
H.-R. Schwyzer. Le Père Henry m'accueillit très chaleureu-
sement. Après un premier entretien, il me dit que j'étais
l'homme qu'il cherchait pour travailler sur un auteur latin
du IVe siècle, à peu près inconnu, qui s'appelait Marius
Victorinus. Dans son livre *Plotin et l'Occident*, P. Henry avait
montré que l'on pouvait reconnaître, dans un passage des
œuvres théologiques antiariennes de cet auteur, une phrase de Plotin traduite en latin. Et comme le texte latin de
Victorinus semblait abonder en concepts néoplatoniciens
souvent d'ailleurs exprimés par des termes grecs, il pensait
qu'une étude approfondie permettrait de découvrir
d'autres passages plotiniens. Je me rappelle mon enthousiasme lorsque, ouvrant, dans la bibliothèque de l'Institut
catholique, le tome de la *Patrologie latine* où se trouvaient les
œuvres de Victorinus, j'y découvris des raffinements méta-
physiques vertigineux : on s'interrogeait, par exemple, sur
l'identité et la différence entre *vivit* et *vita* (« il vit » et « la
vie »), considérés comme des hypostases. Je me décidai
donc en faveur de Victorinus, et pris comme directeur de

diplôme R. Bayer, à la grande déception de J. Wahl. Le diplôme, consacré à la notion de Dieu *causa sui* chez Marius Victorinus, fut achevé en 1949 et me servit également de thèse pour l'obtention du doctorat en philosophie à l'Institut Catholique. Vint, ensuite et bien plus tard, en 1960, l'édition des œuvres théologiques de Marius Victorinus, dans la collection *Sources chrétiennes* en collaboration avec P. Henry.

Au fur et à mesure que je travaillais sur Victorinus et que je m'enfonçais dans l'aridité d'un texte presque incompréhensible et dans la monotonie lassante des études de vocabulaire, je découvrais à quel point, croyant trouver Plotin et sa mystique, je m'éloignais de Plotin, et encore plus de la mystique. Il est vrai que mon travail me donnait l'occasion de lire et de relire Plotin, mais c'était pour découvrir qu'il n'y avait pratiquement aucun rapport entre Victorinus et Plotin, mise à part la citation littérale découverte par Paul Henry. Quant à la mystique, elle était totalement absente.

Il y avait bien une « structure conceptuelle » (cf. *infra*, p. 15) qui aurait pu avoir un rapport avec Plotin : c'était la triade de l'être, de la vie et de la pensée, qui était un des thèmes majeurs de la théorie victorinienne de la Trinité et que l'on rencontre parfois dans certains traités de Plotin. Quand le Père Henry, qui avait fait la connaissance du baron K. Hardt, décida celui-ci à consacrer, en 1957, l'un de ses *Entretiens sur l'Antiquité classique* à la question des « sources de Plotin », il obtint aussi de me faire inviter, malgré ma jeunesse – j'avais 35 ans – et plus encore le fait que je n'étais ni docteur ni professeur d'Université, ce que W. Theiler, qui participait également au Colloque, ne manqua pas de me faire remarquer publiquement, d'ailleurs gentiment. Mon étude sur *Être, Vie, Pensée, chez Plotin et avant Plotin*, qui fut ma contribution aux *Entretiens*, était une tentative pour expliquer la systématisation triadique de ces trois concepts, qui commençait à s'esquisser chez

À Vandœuvres, le 29 VIII 1957. Au premier plan, de g. à dr. : H. Dörrie,
H. R. Schwyzer, V. Cilento, E. R. Dodds, A. H. Armstrong, R. Harder,
le P. Henry ; au second plan : le Baron Hardt, W. Theiler, P. Hadot.

Plotin ; mais je savais, pour ce qui est de Victorinus, qu'il n'y avait pratiquement pas de rapport entre la triade plotinienne et la triade victorinienne, cette dernière ayant la particularité de correspondre aux trois moments du repos, de la procession et de la conversion. Pourtant, c'est précisément l'étude de cette triade qui me mit sur la voie d'une solution, quelques années plus tard, lors d'un séjour à la Fondation Hardt, que je fis comme chercheur – ce fut, je crois, en 1959. En lisant les fragments d'un commentaire anonyme sur le *Parménide* publiés par W. Kroll, je m'aperçus que la présentation de la triade être-vivre-penser dans ce commentaire était tout à fait identique à celle que l'on trouvait chez Victorinus. De plus, on retrouvait de part et d'autre une opposition, presque unique dans toute l'histoire de la philosophie antique, entre l'être-infinitif, conçu comme principe transcendant, et l'être-participe (= l'étant), conçu comme dérivé de l'être. Comment expliquer ces coïncidences ? Je ne reprendrai pas ici, évidemment, le détail de mes recherches, qui aboutirent finalement à Porphyre, reconnu à la fois comme l'auteur du commentaire sur le *Parménide* et d'un ouvrage que Victorinus aurait utilisé pour formuler sa théologie trinitaire : conclusion qui fut discutée, et sur laquelle j'ai récemment formulé quelques précisions[2]. Je publiai en 1968, dans ma thèse de doctorat[3], un texte critique et une traduction de ces fragments de commentaire du *Parménide*, et je dois dire que j'ai toujours été très heureux d'avoir fait connaître ce beau texte, tout en regrettant ce dramatique incendie de la bibliothèque de Turin qui nous empêche définitivement de contrôler nos lectures sur l'original.

Croyant trouver Plotin, j'avais donc trouvé Porphyre, et, de 1960 à 1973, la plupart de mes travaux néoplatoniciens furent consacrés à ce disciple de Plotin, qu'il s'agisse de son influence sur Augustin et sur Boèce, ou encore de sa métaphysique et de son exégèse d'Aristote. Porphyre m'apparut passablement hérétique par rapport à son maître. Ces recherches porphyriennes me rendirent d'ailleurs, moi aussi, hérétique, en ce sens que, pendant un certain temps, j'eus tendance à interpréter, à tort, Plotin dans le sens porphyrien, en admettant par exemple que, dans le traité V 1, 6. 18, Plotin parlait d'une conversion de l'Un vers lui-même[4], ce qui revient à dire que je me représentais confusément que Plotin admettait, comme Porphyre, la préexistence d'une multiplicité dans l'Un. J'ai découvert maintenant mon erreur et suis persuadé que, pour Plotin, l'Un est absolument Un, sans la moindre trace de multiplicité.

Si ma rencontre avec Paul Henry et avec Victorinus m'a retardé dans mon étude de la mystique de Plotin, elle a eu une importance capitale pour moi. Elle m'a fait découvrir toutes sortes de choses qui m'étaient pratiquement inconnues jusque-là. De formation exclusivement philosophique, je ne me rendais pas bien compte de ce qu'implique la discipline de la philologie et de l'histoire et de ce que demande l'examen scientifique d'un texte ancien. Je me permets de rappeler ces exigences qui paraîtront élémentaires, car beaucoup de philosophes contemporains semblent les ignorer – comme je les ignorais, d'ailleurs, moi-même à cette époque. Il faut d'abord établir aussi exactement que possible le texte. Pour cela, il faut lire les manuscrits, donc connaître la paléographie : je suivis pendant des années des cours dans cette matière. Il faut surtout savoir établir le texte, savoir rédiger un apparat critique, savoir choisir les leçons en fonction de critères objectifs. J'appris tout cela en travaillant avec Paul Henry. Il faut en même temps comprendre le texte, et pour cela, prendre la peine de le traduire. Pour le traduire, il faut savoir le grec ou le latin, c'est-à-dire, dans le cas de Plotin ou de Victorinus ou d'Ambroise, le grec et le latin tardifs, ce qui n'est pas aussi facile qu'on pourrait le penser. Mais il faut aussi reconnaître à quel genre littéraire le texte appartient, et le replacer dans le contexte littéraire et historique dans lequel il a été écrit.

En travaillant à l'édition de Marius Victorinus avec le Père Henry, dans sa chambre de la rue de Grenelle, mais aussi en suivant, à l'École Pratique des Hautes Études, les cours d' H. Ch. Puech sur le gnosticisme, de P. Courcelle sur les écrivains latins, de A. J. Festugière sur Proclus, en lisant aussi les travaux de W. Theiler, j'ai donc découvert ce qu'était le travail scientifique et son objectivité.

En effet, à une époque où la formule de Nietzsche[5] : « Un même texte tolère d'innombrables exégèses, il n'y a pas d'exégèse exacte » est devenue une sorte de dogme, où les réflexions de H. G. Gadamer ou de R. Aron sur l'impossibilité pour l'historien et l'exégète d'échapper à sa subjectivité et à sa propre historicité, lorsqu'il réalise son travail historique, sont devenues des axiomes presque universellement reconnus, j'ai toujours revendiqué pour l'historien la possibilité d'atteindre à un certain degré d'objectivité. Il est vrai que la réaction de Nietzsche, S. Georg, H. G. Gadamer[6], R. Aron, contre le positivisme historique desséchant du XIXᵉ siècle, était tout à fait justifiée : je l'ai toujours pratiquée moi-même, en un sens, dans la mesure où la plupart de mes recherches, tout en se voulant scientifiques, ont eu, à mes yeux, une valeur pédagogique, on pourrait dire, « édifiante », au sens fort, pour moi-même et pour les autres. *Historia magistra vitae* : l'idée est ancienne ! Les recherches sur le passé doivent avoir un sens actuel, personnel, formateur, existentiel. Mais ce n'est pas une raison pour dire n'importe quoi à propos des textes, comme le font beaucoup d'exégètes contemporains, réinventant ainsi, sans le savoir, la méthode allégorique des anciens. Il faut le dire clairement : un même texte ne tolère pas toutes les exégèses ; certaines sont valides, d'autres inadmissibles. Et le travail scientifique peut aboutir à des résultats certains et indiscutables. Finalement, comme je l'ai dit, dans la pré-

face au *Nietzsche* d'E. Bertram, c'est précisément l'ascèse de
la rigueur scientifique, cet exercice spirituel du détache-
ment de soi, qu'exige un jugement objectif et impartial,
qui nous permettra ensuite de nous impliquer personnellement dans notre recherche et de lui donner, pour nous
et pour les autres, un sens existentiel[7].

Au début de mes recherches, j'avais suivi la méthode
que Paul Henry avait utilisée dans son livre *Plotin et
l'Occident*, pour prouver l'influence de Plotin sur l'Occident
latin, et qui consistait à n'admettre comme preuve de l'influence d'un auteur sur un autre, que la citation littérale
du premier par le second. Cette méthode a été utilisée également par P. Courcelle dans son livre *Les Lettres grecques en
Occident de Macrobe à Cassiodore*[8] (P. Courcelle, offrant son
ouvrage au P. Henry, avait inscrit sur son exemplaire cette
dédicace : *Discipuli magistro*). Je suis resté fidèle à cette
méthode en étudiant des sermons d'Ambroise de Milan[9].
Mais, pour ce qui est de Victorinus, la pratique de cette
méthode n'a pu me conduire qu'à un résultat négatif,
indiscutable d'ailleurs : à part une citation littérale de
Plotin, on ne trouvait pratiquement aucune trace de cet
auteur chez Marius Victorinus. Il fallait donc chercher une
autre source, pour expliquer les pages néoplatoniciennes
de l'auteur chrétien, et, faute de source identifiable littéralement, il fallait aussi utiliser une autre méthode. Ce fut
celle que j'ai appelée la « méthode des structures conceptuelles », qui consiste à reconnaître de part et d'autre, chez
l'emprunteur et sa source, la présence de combinaisons
d'éléments typiques, liés ensemble de manière à former
une configuration unique et se retrouvant à la fois et uniquement dans l'emprunteur et dans sa source. Par
exemple, comme je l'ai dit plus haut, on retrouvait de part
et d'autre, dans les fragments du commentaire sur le
Parménide, et chez Victorinus, deux structures conceptuelles caractéristiques : d'une part, la triade être-vie-pen-

sée, conçue comme triade passant du repos à la procession et revenant à son origine dans la conversion, d'autre part et surtout une distinction extrêmement caractéristique entre l'être et l'étant, deux faits qui permettaient d'entrevoir qu'il devait y avoir un rapport, qui restait d'ailleurs à définir, entre Victorinus et l'auteur du commentaire.

Ces travaux sur Porphyre et Victorinus ne m'empêchaient pas de continuer à m'occuper de Plotin lui-même. En 1963 paraissait, chez Plon, mon livre *Plotin ou la simplicité du regard*[10], écrit à la demande du regretté et très cher Hubert de Radkowski, livre dont l'intention, il est vrai, était plus pédagogique que scientifique, et inspiré, dans sa composition formelle, du *Nietzsche* d'E. Bertram. Mais j'étais heureux, lorsqu'il parut, d'avoir pu m'exprimer personnellement. Je dois dire que j'éprouvais, après l'avoir terminé, les dangers de la mystique plotinienne. J'avais mis à peu près trois semaines à l'écrire, cloîtré chez moi, et quand, sortant enfin dans la rue, j'allai chercher mon pain chez le boulanger, j'eus l'impression, en quelque sorte, de me retrouver sur une planète inconnue. Je n'eus quand même pas, comme Porphyre, la tentation du suicide.

En 1964, je fus élu à un poste de Directeur d'études à la V⁰ Section de l'École Pratique des Hautes Études. Dans les premières années, ma direction d'études avait pour intitulé : *Patristique latine*, héritage de mes recherches sur Victorinus, et mes cours eurent pour thème : Ambroise ou Augustin. Mais j'obtins rapidement un changement d'intitulé et, sous le titre : *Théologies et mystiques de la Grèce hellénistique et de la fin de l'Antiquité*, je pus enfin, de 1970 à 1982, faire cours pendant plusieurs années sur la mystique de Plotin, ainsi que sur ses rapports avec les Gnostiques. Ces recherches furent poursuivies au Collège de France de 1983 à 1990. Elles aboutirent, non seulement à la rédaction de plusieurs articles sur la mystique de Plotin, mais aussi au projet, toujours en cours de réalisation, d'une collection de traductions des traités de Plotin, publiée par les éditions du Cerf. J'ai moi-même traduit et commenté deux traités « mystiques » (VI 7 et VI 9), à propos desquels j'ai pu exposer assez abondamment mes idées sur la mystique de Plotin, et un traité « mythique » (III 5). Sont également parus plusieurs autres traités (II 5, I 8), traduits par d'éminents « plotinisants », comme J. M. Narbonne et D. O'Meara. D'autres vont suivre.

On s'étonnera peut-être du fait que, mis à part Porphyre et aussi Synésius, je n'ai pas étudié d'autres néoplatoniciens que Plotin. Il est vrai que, lorsque j'enseignais la philosophie en 1948 au Collège Saint-Remi à Charleville, j'allais parfois, pendant l'heure de midi, lire Proclus ou Damascius, dans les traductions de Vacherot et de Chaignet, au sommet du Mont Olympe, qui surplombait la Meuse. Mais je ne fus guère attiré par ces textes, sauf par les premières pages du traité *Sur les Principes* de Damascius, où il développe les antinomies se rapportant à la notion de Principe. J'ai relu plus tard Proclus et Damascius, pour y chercher des éléments se rapportant notamment à l'exégèse des *Oracles chaldaïques*, qui auraient pu m'aider à connaître et à comprendre les doctrines de Porphyre et de Victorinus. Et, soit dit en passant, j'ai toujours éprouvé un grand intérêt pour ces mystérieux *Oracles*, qui restent à mes yeux une énigme. Même les conversations amicales que j'ai eues avec de fervents admirateurs de Proclus, comme J. Trouillard, A. J. Festugière, H. D. Saffrey, A. Segonds, ne m'ont pas, si l'on peut dire, converti à ce philosophe, je veux dire par là qu'elles ne m'ont pas décidé à l'étudier pour lui-même. L'énumération de ces noms me donne d'ailleurs l'occasion d'évoquer les figures de deux grands disparus : J. Trouillard et A. J. Festugière.

En 1944, j'avais lu des textes de J. Trouillard relatifs à Plotin qui circulaient sous forme de *samizdat* dans les milieux ecclésiastiques. Leur auteur, il est vrai, fut toujours un peu suspect aux yeux de la hiérarchie de l'époque, parce que l'on sentait bien que sa présentation du plotinisme lui permettait d'exposer une sorte de néoplotinisme qui correspondait en fait à sa propre pensée, teintée d'idéalisme, et tout à fait étrangère au thomisme. Je pense que H.-I. Marrou faisait allusion à J. Trouillard quand il parlait une fois devant moi de « ces prêtres qui utilisent le platonisme pour cacher leur hétérodoxie. » Quand je rencontrai personnellement J. Trouillard, je trouvai un homme rempli d'une grande paix intérieure, qui semblait, en quelque sorte, illuminé intérieurement par l'extase plotinienne. Mais personnellement, je n'admettais pas sa méthode. Il me semblait impossible d'étudier un philosophe, sans le replacer dans son contexte social, littéraire et historique. J. Trouillard, au contraire, m'avait dit que, dans mon petit livre sur Plotin, il n'aimait pas les phrases : « Dix-sept siècles nous séparent maintenant de Plotin… Un abîme immense s'est creusé entre nous et lui. »

J'avais lu dans les années 1936-39 le petit *Socrate* d'A. J. Festugière, qui m'avait fasciné ; j'avais lu aussi l'*Idéal religieux des Grecs et l'Évangile* et, plus tard, les quatre volumes de la *Révélation d'Hermès Trismégiste.* J'admirais beaucoup, dans la perspective du problème des méthodes d'interprétation et d'exposition, dont j'ai parlé plus haut, son art de concilier le « scientifique » et le « pédagogique ». J'ai suivi ses cours, de 1962 à 1964, à l'École Pratique des Hautes Études. Ils avaient pour sujet, ces années-là, la *Vie de Proclus* par Marinus et le commentaire de Proclus sur le *Timée.* Ce fut, pour moi, une merveilleuse école d'interprétation des textes. Mais à certaines boutades qui lui échappaient pendant ses cours, on devinait le combat qui se livrait dans son âme entre son admiration pour la civilisation grecque, et même pour la piété païenne des derniers philosophes néoplatoniciens, et sa fidélité à sa vocation monastique.

À Vitry-sur-Seine, le 26 VII 1962. Au premier plan, de g. à dr. : J. Trouillard,
P. Hadot, J. Pépin ; au deuxième plan : R. Roques, H. D. Saffrey,
L. G. Westerink ; au troisième plan, le P. Henry.

J'ajouterai que, d'une manière ou d'une autre, mes travaux néoplatoniciens m'ont amené à connaître et à aimer de remarquables personnalités, comme A. H. Armstrong, H. Blumenthal, F. Brunner, V. Cilento, E. R. Dodds, H. Dörrie, R. Harder, A.-C. Lloyd, H.-R. Schwyzer, W. Theiler, A. J. Voelke, L. G. Westerink.

*

Après la parution de mes deux livres sur Victorinus respectivement en 1968 et en 1971, je décidai qu'après plus de vingt ans consacrés à cet auteur, je ne m'occuperais plus jamais de Victorinus. Et je n'ai été que très rarement infidèle à cette décision. Débarrassé de ces thèses de doctorat, j'allais pouvoir enfin satisfaire mon intérêt non seulement pour la mystique plotinienne, mais aussi pour la philosophie antique et pour la philosophie en général.

Depuis plusieurs années déjà, d'ailleurs, je sentais que je ne devais pas me laisser absorber par ces travaux sur Victorinus, qui, finalement, ne correspondaient pas à mes intérêts profonds (H.-I. Marrou m'avait dit une fois : « On peut se demander quels péchés vous avez commis dans une vie antérieure pour être condamné à pareil travail ! »). En 1959-1960, je découvris le *Tractatus logico-philosophicus* de Wittgenstein, qui était alors pratiquement inconnu en France, et je fus fasciné par l'étrange rencontre entre positivisme et mystique que l'on trouve dans cet ouvrage. Dans l'un des quatre articles que je lui consacrai alors, je notai que j'avais été attiré par la notion wittgensteinienne de « limites du langage » à cause de mes propres études sur le mysticisme néoplatonicien, non pas d'ailleurs celui de Plotin, mais celui de Damascius, chez lequel la théologie négative est tellement radicale, qu'elle aboutit au silence complet. En disant cela, je commettais d'ailleurs une

quatement la pensée et les sentiments d'un individu. » Cela s'applique aussi bien aux dialogues de Platon, qu'aux lettres d'Épicure, aux traités de Plotin qu'aux *Écrits pour lui-même* de Marc Aurèle. S'il en était ainsi, la philosophie ne devait plus être comprise comme une spéculation théorique, mais, avant tout, comme un ensemble de discours et de conduites ayant pour but une transformation de la manière de voir le monde et d'être au monde ; et cette représentation correspondait à une conviction profonde qui s'était établie en moi depuis ma première rencontre avec la philosophie. Je me souviens toujours de ma dissertation de baccalauréat de philosophie, en 1939, où j'avais commenté avec enthousiasme la phrase de Bergson : « La philosophie n'est pas une construction de système, mais la résolution, une fois prise, de regarder naïvement en soi et autour de soi. » Finalement, mon étude de la philosophie antique me conduisait à penser que la philosophie contemporaine devait rester fidèle à ses origines. C'est dans cet esprit que je m'engageais, en 1972, à donner une édition de Marc Aurèle aux éditions des Belles Lettres, parce que Marc Aurèle me semblait un exemple privilégié de cette définition de la philosophie et en même temps un auteur qui, à la différence de Plotin, pouvait être assez accessible au lecteur d'aujourd'hui (il m'a fallu, malheureusement, presque 30 ans pour commencer à honorer ma promesse !). Et, pendant des années, j'ai donné des cours sur Marc Aurèle, notamment sur la structure conceptuelle, héritée d'Épictète, que je pense avoir découverte à l'arrière-plan des *Écrits pour lui-même*, celle des trois disciplines : du désir, de l'action et de la pensée. Surtout, en 1977, je rédigeai l'article liminaire de l'Annuaire de la Ve Section de l'E.P.H.E. intitulé « Exercices spirituels », noyau de mon livre paru en 1981 : *Exercices spirituels et philosophie antique.* Et c'est dans cette perspective que j'ai écrit aussi un livre sur Marc Aurèle[15] et un autre sur la philosophie antique[16].

erreur, qui reste encore très répandue[11], je confondais la théologie négative et la mystique, alors qu'il est dit explicitement par Plotin[12] que les négations sont une méthode théologique, qui ne conduit pas à Dieu, mais nous « instruit » à son sujet. Quoi qu'il en soit, j'éprouvais un réel plaisir à parler de choses qui me tenaient à cœur, et notamment de la définition de la philosophie. Je me passionnais aussi pour la tradition se rapportant à la philosophie de la nature, comme en témoigne ma conférence d'Ascona[13], en 1968, sur « l'apport du néoplatonisme à la philosophie de la nature en Occident », et, plus tard, certains cours de l'E.P.H.E. et du Collège de France.

Les sujets de mes cours à l'E.P.H.E., à partir de 1971, témoignèrent de ma libération, c'est-à-dire de la possibilité enfin retrouvée de travailler sur l'ensemble de la philosophie antique, sur son essence et ses structures. En 1971-1972, je pris pour sujet la définition « physique » des objets chez Marc Aurèle, c'est-à-dire l'effort qu'il pratique pour voir toutes choses dans la perspective de la nature, et j'introduisis mon résumé de cours par cette remarque : « Cette étude a été menée avec l'intention de mettre en valeur le fait que, dans l'Antiquité, la philosophie consiste en des exercices spirituels (méditation, préméditation, examen de conscience) destinés à provoquer une transformation radicale de l'être du philosophe. » Cette idée, et aussi d'ailleurs cette expression, déroutante aux yeux de certains, d'« exercice spirituel », je les avais d'abord découvertes dans mes efforts d'interprétation des œuvres philosophiques de l'Antiquité. Je m'étais aperçu que le langage philosophique (d'ailleurs toujours plus ou moins lié, à cette période, à la pratique du discours oral) n'était pas destiné avant tout à communiquer des informations sur des concepts ou des réalités. Comme je l'ai dit ailleurs[14] : « Toute assertion doit être comprise dans la perspective de l'effet qu'elle vise à produire et non comme une proposition exprimant adé-

Le lecteur me dira : et maintenant, êtes-vous toujours attiré par la mystique de Plotin ? Je lui répondrai que je suis extrêmement intéressé par les phénomènes mystiques en général. Je crois qu'ils correspondent à une expérience authentique. Mais que révèle cette expérience ? Il est extrêmement difficile de le savoir, car la description que le mystique donne de son expérience et de l'objet de cette expérience me semble déterminée en grande partie par l'univers de pensée, platonicien ou chrétien par exemple, dans lequel il se situe. Il a tendance à conformer sa description aux dogmes qu'il admet par ailleurs. Chez un mystique chrétien, l'expérience mystique sera décrite comme participation à la vie du Dieu-Trinité, chez Plotin, comme toucher de l'Un ou participation à la vie de l'Esprit qui émane de l'Un. Mais, finalement, ne pourrait-on pas dire que leur expérience, comme d'ailleurs celle des autres mystiques dans toute philosophie et dans toute religion, est foncièrement identique ?

Pierre Hadot

Je sais que la publication de ce recueil d'articles a demandé un travail considérable de mise en forme. C'est pourquoi je voudrais remercier Alain-Philippe Segonds pour le dévouement avec lequel il a assuré la réussite de cette entreprise. À Concetta Luna, qui a vérifié, complété, corrigé mon texte avec tant de compétence, je dis également toute ma gratitude.

P. H.

Notes

1. A. de Waelhens, *La philosophie de Martin Heidegger*, Louvain 1942.

2. Dans Michel Tardieu, *Recherches sur la formation de l'Apocalypse de Zostrien et les sources de Marius Victorinus*. Pierre Hadot, *"Porphyre et Victorinus". Questions et hypothèses* (Res orientales, IX), Bures-sur-Yvette 1996. Il s'agit – après la découverte, faite par Michel Tardieu, d'un parallèle littéral entre l'*Apocalypse de Zostrien* et un passage de Marius Victorinus – d'essayer de savoir quelle peut être la source commune de ces deux textes. Pour résumer brièvement le problème (tel qu'il se poserait tout au moins, si l'on considérait l'auteur du texte traduit respectivement en latin par Victorinus et en copte dans la version copte de l'*Apocalypse de Zostrien*, comme source unique de tous les passages platonisants de Victorinus), on pourrait dire que, d'une manière contradictoire, cet auteur devrait être, d'une part, antérieur à Plotin, puisque l'*Apocalypse de Zostrien* est antérieure à celui-ci, ou lui est contemporaine ; et, d'autre part, postérieur à Plotin, puisque l'on trouve dans les passages platonisants de Victorinus la traduction d'un texte de Plotin.

3. *Porphyre et Victorinus*, Paris 1968, t. II, p. 60-113.

4. Cf. *infra*, p. 206-207.

5. Formule citée, sans référence, par E. Bertram, *Nietzsche. Essai de mythologie*, Paris 1990, p. 57. Je n'ai pas retrouvé la référence. On trouve une idée analogue dans une lettre à Carl Fuchs du 26 août 1888 (dans F. Nietzsche, *Werke.* IV, édité par K. Schlechta, Frankfurt 1984, p. 1312) : « Der alte Philologe sagt, aus der ganzen philologischen Erfahrung heraus : es gibt keine alleinseligmachende Interpretation (il n'y a pas d'exégèse telle qu'elle soit la seule qui donne satisfaction). »

6. Cf. H.-G. Gadamer, « Stefan Georg (1868-1933) », dans *Die Wirkung Stefan Georgs auf die Wissenschaft. Ein Symposium*, éd. H. J. Zimmermann, Heidelberg 1985, p. 39-42.

7. Cf. l'ouvrage cité à la n. 3, p. 31-34.

8. Paris 1943, ²1948.

9. Ambroise de Milan, *Apologie de David*, (Sources Chrétiennes 239), Paris 1977 et « Platon et Plotin dans trois sermons de saint Ambroise », REL, 34 (1956), p. 202-220.

10. Quatrième édition dans la collection Folio Essais, Paris 1997.

11. Due sans doute au titre d'un ouvrage du Pseudo-Denys : *Théologie Mystique*, qui ne contient que des développements de théologie négative. Denys n'y parle pas d'expérience mystique, et « théologie mystique » (conformément à l'étymologie) veut dire « théologie secrète ».

12. Plotin, *Enn.* VI 7 [38], 5. 10.

13. Dans *Tradition und Gegenwart, Eranos-Jahrbuch*, t. 37, Zürich 1970, p. 91-132.

14. *Exercices spirituels et philosophie antique*, 3ᵉ éd., Paris 1993, p. 9.

15. *La citadelle intérieure. Introduction aux* Pensées *de Marc Aurèle*, 2ᵉ éd., Paris 1997.

16. *Qu'est-ce que la philosophie antique ?*, Paris 1995.

I

Problèmes généraux
du néoplatonisme

1

Introduction au Recucil *Le Néoplatonisme,* Actes du Colloque de Royaumont, 1969[*]

La philosophie occidentale n'est rien d'autre qu'une suite de notes au bas du texte de Platon : on connaît cette fameuse formule de Whitehead. C'est peut-être en effet le meilleur moyen de comprendre la pensée européenne que de la concevoir comme une immense exégèse, consciente ou inconsciente, critique ou enthousiaste, de l'œuvre de Platon.

Le néoplatonisme représente une forme particulière de cette exégèse : c'est une exégèse systématisante, qui essaie de fondre en un tout organique, non seulement les formules souvent difficilement conciliables employées par Platon en divers endroits de ses œuvres, mais aussi des éléments aristotéliciens et stoïciens. Cette interprétation aboutit à une synthèse très originale et à une vision du monde extrêmement caractéristique, qui est dirigée par quatre principes fondamentaux. Tout d'abord le principe de l'unité systématisante : toute multiplicité suppose une unité qui lui donne sa structure ; de ce principe, il résulte

* Introduction au volume *Le Néoplatonisme.* Actes du Colloque international de Royaumont 1969, Éditions du CNRS, Paris 1971, p. 1-3.

que l'univers entier forme un système, précisément parce qu'il suppose un principe unique par rapport auquel il s'ordonne et s'organise. Ensuite, le principe de transcendance : toute unité transcende la multiplicité qu'elle unifie ; de ce principe, il résulte que le principe exerce son action, sans diminution ni perte de son énergie et que l'univers forme un système hiérarchisé : la multiplicité de chaque plan de réalité suppose une unité qui le transcende, jusqu'à ce que l'on aboutisse à une unité absolument simple. Vient ensuite le principe d'immanence : toute multiplicité est contenue en quelque manière dans l'unité qui la trancende ; il en résulte que toutes choses s'interpénètrent dans leur état d'involution au sein du principe, avant de se distinguer dans leur état d'évolution. Il y a ainsi une continuité dynamique, grâce à laquelle les êtres ou les idées passent les uns dans les autres : le mouvement est, à l'infini, repos, le repos est, à l'infini, mouvement. Enfin le principe de conversion : toute réalité, pour se réaliser, sort de l'unité où elle était contenue, et va vers la multiplicité ; mais elle ne peut se réaliser pleinement que par un retour à l'unité dont elle émane. Ce principe fonde la structure ternaire de la réalité : état d'unité transcendante, état de procession, état de conversion. Il y a dans tout le néoplatonisme un remarquable effort pour atteindre à une vision simple et une des principes qui conditionnent la genèse de toute réalité et la structure générale de l'univers. Les *Éléments de Théologie* de Proclus représentent, à ce point de vue, une extraordinaire tentative pour exposer la genèse des choses *more mathematico*.

2 | On entrevoit toute l'importance que le mouvement néoplatonicien revêt dans la formation de la pensée moderne. Tout d'abord il a une influence déterminante sur la constitution de la théologie chrétienne, comme en témoignent notamment les œuvres du Pseudo-Denys et d'Augustin. Il a envahi le Moyen Âge par des canaux mul-

tiples : Calcidius, Macrobe, Augustin, le Pseudo-Denys, mais aussi les philosophes arabes et la *Théologie d'Aristote*, et il a marqué de son empreinte les grands systèmes philosophiques et théologiques de cette époque. La Renaissance a eu du courant néoplatonicien une connaissance directe et enthousiaste, notamment sous l'influence de l'Académie platonicienne de Florence. E. Panofsky a pu montrer en détail l'influence de ce courant sur la peinture de la Renaissance italienne. Mais ce sont surtout les penseurs qui se situent à l'aube des temps modernes : Giordano Bruno, Nicolas de Cuse, qui profitent de ce retour du néoplatonisme. L'élaboration de la science moderne s'effectue en partie à l'aide de concepts néoplatoniciens. Puis la grande lignée des métaphysiciens des temps modernes : Spinoza, Leibniz, Hegel, Schelling, puisera abondamment dans le courant issu de Plotin et de Proclus. Cette nouvelle Renaissance qu'est le mouvement romantique allemand s'accompagnera d'une renaissance parallèle du néoplatonisme : c'est l'époque où l'on commence à éditer et traduire les œuvres des grands maîtres de l'école. Goethe lui-même donnera une version partielle du traité de Plotin *Sur la contemplation* et sa conception de la Nature est profondément inspirée par les intuitions néoplatoniciennes. On sait enfin l'importance du rôle qu'a joué Plotin dans la formation de la philosophie de Bergson ; même la pensée de Heidegger n'est pas restée indépendante de ce puissant courant.

Le présent Colloque, qui a réuni des philosophes et des historiens venus de différents pays d'Amérique et d'Europe, n'a pas eu la prétention d'embrasser tout le champ des recherches possibles dans le vaste domaine du néoplatonisme. Les communications que l'on va lire se présentent plutôt comme une suite d'études sur des aspects particulièrement révélateurs et typiques ; ce sont autant de tentatives pour rejoindre, chacune a sa manière, l'essence

du néoplatonisme. C'est en effet une des caractéristiques du mode de pensée néoplatonicien qu'il soit tout entier présent dans chacun des problèmes particuliers qui se posent à son sujet, qu'il s'agisse – pour ne citer que quelques exemples parmi les études que l'on va lire – de la situation de l'âme ou de l'intellect ou de l'étant dans le système plotinien, ou du concept général d'altérité, ou encore de la place de la « manence » ou de l'imagination dans la pensée de Proclus. Confirmant un mouvement qui se développe depuis plusieurs années, le présent Colloque restitue à Porphyre, le disciple de Plotin, une place importante dans l'évolution du néoplatonisme. Les deux communications consacrées à la *Théologie d'Aristote* aboutissent sur ce point à des conclusions convergentes et montrent ainsi que, sous le pseudonyme d'Aristote, ce ne fut pas seulement la pensée plotinienne, mais aussi l'ontologie porphyrienne qui envahit le monde arabe et par lui le monde occidental. Ces conclusions n'ont été possibles que parce que, grâce à un ensemble de recherches menées en différents pays, on est maintenant beaucoup plus capable de distinguer la pensée de Porphyre de celle de Plotin, D'une manière générale, le présent Colloque a contribué à mieux marquer les distinctions et les nuances qui existent au sein de l'unité du mouvement, entre les différents néoplatoniciens, notamment en ce qui concerne leur manière d'interpréter les textes de Platon ou la logique d'Aristote. Les grandes lignes de l'histoire du néoplatonisme se dessinent mieux. Plusieurs communications se sont également atta-
3   chées | à suivre les cheminements (tradition arabe, tradition juive, histoire de la transmission des textes), par lesquels le courant néoplatonicien s'est infiltré en Orient et en Occident. Toute une étude serait à faire aussi sur l'importance des thèmes néoplatoniciens dans la tradition artistique et littéraire : la communication consacrée à Thomas Taylor est sur ce point exemplaire.

Le grand problème qui s'est posé du commencement du Colloque jusqu'à sa fin, c'est celui des rapports entre le platonisme et le néoplatonisme. Les néoplatoniciens eux-mêmes ne se sont jamais considérés autrement que comme des platoniciens tout court. Qu'il y ait dans ce sentiment de continuité et d'identité fondamentale, une vérité profonde, la thèse en a été soutenue pendant ce Colloque. Mais d'autres participants ont eu tendance à insister sur la nouveauté radicale qui caractérise le néoplatonisme par rapport au platonisme qu'il prétend ressusciter. À la limite le néoplatonisme serait un pseudo-platonisme. On se heurte là au problème de toute « renaissance » et aussi au problème même de « la » Renaissance : c'est pourquoi une importante communication a été consacrée pendant ce Colloque au rôle exact qu'a joué le « platonisme » dans l'essor de la science moderne.

On peut souhaiter que cet ensemble d'études et de dialogues suggèrent des directions de recherche, qu'elles fassent naître des vocations d'explorateurs, résolus à s'aventurer dans ces terres encore en partie inconnues. Il ne s'agit pas là simplement de philologie ou d'histoire. La grande leçon du néoplatonisme est en effet de nous inviter a réapprendre à voir les choses mêmes, c'est-à-dire, pour reprendre une phrase de Bergson « à aller lire la formule, invisible à l'œil, que déroule leur matérialité ».

2

« Causa sui »*

Causa sui est une notion qui, d'une manière générale,
sert à déterminer l'autodétermination. La notion d'autodétermination est elle-même ambiguë, puisqu'elle peut
signifier tout aussi bien la nécessité intelligible inhérente à
une réalité et la liberté radicale dans laquelle une réalité se
pose elle-même. Cette ambiguïté apparaît déjà dans le premier emploi de la notion de *causa sui* sous sa forme
grecque (αἴτιον ἑαυτοῦ), chez Plotin[1]. Les adversaires de
Plotin prétendent que l'Un est apparu de manière contingente et par hasard. Plotin leur répond que l'Un ne peut
résulter d'une causalité antérieure à lui-même, parce qu'il
est le Premier et parce qu'il est simple. Il est donc cause de
soi et libre parce qu'il se veut comme il est et qu'il est
comme il se veut[2]. Il y a donc, dans l'Un de Plotin, coïncidence de l'absolue liberté et de l'absolue nécessité. Mais
Plotin précise bien que la notion de cause de soi n'a
qu'une valeur métaphorique et qu'elle sert seulement à
faire comprendre la primauté absolue de l'Un[3].

* Paru en allemand dans : *Historisches Wörterbuch der Philosophie*, t. I,
Bâle-Stuttgart 1971, col. 976-977.

En latin, l'expression apparaît pour la première fois sous la forme *causa sibi* chez Marius Victorinus, sous le pseudonyme de Candidus, aux environs de 360 après J.-C. : la cause première est *sibi causa* non pas qu'elle soit une chose différente d'elle-même, mais ce qu'elle est, est cause qu'elle soit[4]. Cette définition de la notion de *causa sui* comme production de l'existence par l'essence restera vivante jusqu'au XIXe siècle. La notion n'est pas seulement appliquée à Dieu, à la fin de l'Antiquité. Elle est également étendue, dans le néoplatonisme tardif[5], au mouvement de l'Intelligence qui s'engendre elle-même sous la motion de l'Un et, chez Victorinus[6] et chez Augustin[7], à l'âme, douée, elle aussi, d'un mouvement automoteur.

Saint Thomas d'Aquin appliquera la notion à la liberté divine : *Liberum est quod sui causa est* […] *Hoc autem nulli magis competit quam primae causae quae Deus est*[8]. La créature ne peut donc être cause d'elle-même et c'est pourquoi elle a besoin d'une cause première[9]. Mais la tradition scolastique préférera la notion d'aséité à celle de *causa sui* pour exprimer la primauté divine.

À partir de Descartes, la notion de *causa sui* deviendra le thème fondamental de l'idéalisme dans la mesure même où elle sert à exprimer l'argument ontologique, c'est-à-dire l'implication nécessaire de l'existence dans l'essence parfaite. C'est bien là *der erhabendste Gedanke Descartes dass der Gott das ist, dessen Begriff sein Sein in sich schliesst*[10]. À vrai dire, Descartes reconnaît que la notion qu'il a employée dans ses *Méditations*[11] ne doit pas être prise au sens strict[12]. Mais, après | lui, Spinoza identifie clairement l'être nécessaire, *causa sui*, et l'essence conçue par elle-même[13]. Bien que Kant ait rejeté la notion de *causa sui* avec celle d'argument ontologique[14], cette notion est considérée par Hegel comme très importante, elle sert à définir la vie du concept : *Die Einzelnheit des Begriffes aber ist schlechthin das Wirkende und zwar auch nicht mehr wie die Ursache mit Scheine, ein Anderes zu wirken, sondern das Wirkende seiner selbst*[15]. Pour Schelling, si l'on conçoit la notion de *causa sui* comme autodétermination, on objectivera l'Absolu : il faut réduire cette notion à la simple expression de la pureté de l'être[16]. Schopenhauer critiquera violemment la notion de *causa sui* comme une contradiction *in adjecto*[17]. Pourtant la notion survivra. Elle sera remise en honneur par H. Schell[18] qui cherchera à l'utiliser pour décrire l'autoposition de Dieu.

À l'époque contemporaine, l'expression est employée en un sens large pour désigner le caractère propre d'une réalité qui se fait, et notamment l'absolu de la liberté (Lequier, Bergson, Whitehead, Sartre).

On peut dire avec Heidegger que la notion de *causa sui* représente l'*Inbegriff* de l'ontothéologie, c'est-à-dire de la tradition philosophique occidentale, dans la mesure même où elle identifie l'étant suprême et la nécessité intelligible[19].

Bibliographie

V. Berning, *Das Denken Hermann Schells*, Essen 1964 ; P. Hadot, *Marius Victorinus, Christlicher Platonismus*, Zürich 1967 ; D. Henrich, *Der ontologische Gottesbeweis*, Tübingen 1960 ; H. Ogiermann, « Metaphysische Gottesidee und Kausaldenken », *Theologie und Philosophie*, 42 (1967), p. 161-186 ; St. Schindele, « Aseität Gottes, essentia und existentia im Neuplatonismus », *Philosophisches Jahrbuch*, 22 (1909), p. 1-19, 159-170.

Notes

1. *Enn.* VI 8, 14. 41.
2. *Enn.* VI 8, 18. 49 et VI 8, 13. 55.

3. *Enn.* VI 8, 20. 1ss.

4. *Candidi Epistula* (= Marius Victorinus), I 3, 12 (Traduction française dans Sources Chrétiennes, vol. 68, p. 111). Expressions analogues chez Jérôme, *In Eph.* II 3 (PL 26, 520 B) et Hilaire, *De Trinitate,* I 4.

5. Proclus, *El. theol.,* § 46, p. 46. 22 Dodds.

6. Marius Victorinus, *Adv. Arium,* IV 6, 38 (SC 68, p. 519).

7. Augustin, *De immortalitate animae,* 9, 18.

8. Thomas d'Aquin, *Summa contra Gentiles,* I 88.

9. *Ibid.* II 47. Critique de la notion de Dieu *causa sui* dans *Summa contra Gentiles,* I 22.

10. Hegel, *Wissenschaft der Logik,* t. II, p. 353 Lasson.

11. Descartes, *Primae responsiones,* VII, p. 108-109 Adam-Tannery.

12. *Quartae responsiones,* VII, p. 208-209 Adam-Tannery.

13. B. Spinoza, *Tractatus de Intellectus emendatione,* § 92 ; *Ethica,* Def. 1.

14. I. Kant, *Principiorum primorum dilucidatio,* Sectio II, prop. VI.

15. Hegel, *Enzyklopädie der philos. Wissenschaft,* Heidelberg, § 112.

16. F. W. J. Schelling, *Philosophie der Offenbarung,* 168.

17. A. Schopenhauer, *Über die vierfache Wurzel des Satzes vom zureichenden Grunde,* II 8, p. 15 Brockhaus.

18. H. Schell, *Katholische Dogmatik,* t. I, p. 230-231 ; t. II, p. 20-21.

19. M. Heidegger, *Identität und Differenz,* Pfullingen 1957, p. 70.

3

« Conversio »*

Conversio (en grec στροφή et ses composés, notamment ἐπιστροφή ; μετάνοια).

1. Pour désigner le mouvement parfait, c'est-à-dire le mouvement circulaire, Platon emploie des mots de la famille de στρέφειν. Ce mouvement parfait est propre aux dieux[1], au ciel[2], au monde[3], parce qu'il est le mouvement propre à l'intellect et à la réflexion[4]. En faisant son entrée dans le vocabulaire philosophique, ἐπιστροφή a donc à la fois un sens cosmologique et un sens noologique, en sorte que, dès l'origine, le cercle est le symbole du retour à soi propre à l'intelligence. D'autre part, le mot στρέφειν sert à désigner, dans le mythe de la Caverne, la rotation de l'« œil de l'âme » de l'obscurité vers la lumière[5].

Chez les Stoïciens, le mouvement circulaire devient constitutif de toute réalité substantielle. Les mots de la famille de στρέφειν servent à désigner le mouvement de retour vers le centre ou vers l'intérieur, qui, selon la doctrine du mouvement « tonique », donne à la substance sa

* Paru en allemand dans : *Historisches Wörterbuch der Philosophie*, t. I, Bâle-Stuttgart 1971, col. 1033-1036.

cohésion : le mouvement tonique est en effet un mouvement qui, en allant du centre à la périphérie, engendre les dimensions et les qualités de la substance, et qui, en revenant de la périphérie vers le centre, donne à la substance son être et son unité. Cohésion, être et unité résultent donc de l'ἐπιστροφή vers l'intérieur[6]. Le cosmos est animé de ce même mouvement périodique qui le ramène toujours à son état primitif et le sage aussi maintient sa cohérence intérieure par l'ἐπιστροφή qui le ramène vers l'intérieur[7]. La notion prend une signification éthique.

1034 | La systématisation commencée par les Stoïciens s'achève chez les Néoplatoniciens. L'ἐπιστροφή devient chez eux la loi fondamentale aussi bien de la réalité que de la vie morale. Pour Plotin, l'Un lui-même est tourné vers soi, ce qui signifie qu'il demeure en lui-même[8]. La génération de l'Intelligence, puis celle de l'Ame s'effectuent par la conversion de l'hypostase inférieure vers l'hypostase supérieure qui l'illumine et la limite[9]. Avec Porphyre, l'ἐπιστροφή devient le troisième moment de l'autoconstitution de la réalité intelligible : celle-ci, préexistant à elle-même dans un état de repos, se distingue d'elle-même dans le mouvement de procession pour revenir à soi dans la conversion[10]. Proclus formule ces lois de l'autoconstitution dans les propositions 15-17 et 40-44 de ses *Éléments de Théologie* : toute réalité qui se constitue elle-même est capable de conversion vers soi et est incorporelle[11].

2. Dans la tradition judéo-chrétienne, les mots de la famille de στρέφειν sont employés dans les versions grecques, pour traduire des mots hébreux comme *shûv*, qui signifient très souvent dans l'ordre religieux un changement de disposition intérieure qui modifie les relations entre l'homme et Dieu. Il s'agit d'un retour, par lequel l'homme ou le peuple élu reviennent vers Dieu, c'est-à-dire reviennent à la fidélité de l'Alliance et, dans la perspective de l'exil, ont l'espoir de revenir à la Terre Sainte[12]. Ce

retour est donc un retournement intérieur, accompagné
de repentir (μετάνοια)[13] – passion que l'hellénisme interdisait au sage[14]. Le Nouveau Testament généralise cette
notion de retour à Dieu en l'appliquant à toute l'huma-
nité[15]. Cette notion est étroitement liée à celle de nouvelle
naissance[16]. Chez les Pères de l'Église, cette conception se
mêlera d'une manière de plus en plus étroite à la conception cosmo-noologique de l'ἐπιστροφή, qui était traditionnelle dans l'hellénisme. Le premier témoin de cette contamination est Clément d'Alexandrie. Il rapproche explicitement le texte de l'Évangile sur la conversion-renaissance
des formules platoniciennes et stoïciennes concernant la
rotation de l'âme dans la direction du Bien[17]. Origène
conçoit l'ἀποκατάστασις cosmique comme un retour de
l'univers à l'unité originelle[18]. Plus tard, le schème ternaire
du néoplatonisme s'introduit dans la théologie trinitaire :
la vie divine est animée d'un mouvement circulaire de procession et de conversion, *status, progressio, regressus*, comme
dit le théologien latin Marius Victorinus[19]. | Le Dieu-Trinité   1035
est déjà, en quelque sorte, l'Esprit Absolu qui se réfléchit
en lui-même.

3. Dans les traductions latines de la Bible, les mots de la
famille de *vertere (conversio, convertere, revertere)* servent à traduire les notions religieuses que les versions grecques de
la Bible exprimaient souvent par ἐπιστροφή. Toutefois,
l'usage de *conversio* chez les écrivains ecclésiastiques latins
est rare dans les trois premiers siècles[20]. Il ne se généralise
qu'avec l'expansion de l'origénisme chez Hilaire et chez
Ambroise[21]. Mais c'est chez Augustin que ce mot se charge
de toute la richesse de sens accumulée dans la tradition
hellénique et dans la tradition chrétienne. Dans ses premiers écrits, *conversio* a surtout un sens noologique et
moral, comme dans la tradition néoplatonicienne : il s'agit
avant tout d'un retour vers le Dieu présent à l'intérieur de
l'âme, Dieu qui est Vérité, Lumière et Raison[22]. Puis dans

les commentaires sur la *Genèse*, le mot revêt une signification cosmologique, qui est également conforme à la tradition néoplatonicienne : la créature est tout d'abord dans
un état informe, qui tend à l'éloigner de l'unité divine ;
mais elle prend forme, si elle se retourne vers sa source ;
elle est alors illuminée et achevée[23]. Si la *Genèse* est, en son
premier chapitre, l'histoire de cette conversion-illumination de la créature tout entière, les *Confessions* d'Augustin
sont le récit de la conversion-illumination de l'âme
d'Augustin, comme le montre clairement le livre XIII[24].
Chez Augustin, la conversion religieuse, dont il a fait l'expérience à Milan, n'est qu'un cas particulier de la loi universelle selon laquelle tous les êtres, pour être pleinement,
doivent se retourner vers leur source et tous les esprits,
pour demeurer dans la Vérité, doivent rentrer à l'intérieur
d'eux-mêmes, pour y trouver le Maître intérieur. Cette
image augustinienne de la *conversio* dominera toute la tradition occidentale jusqu'à Husserl[25].

1036 | Bibliographie

1. P. Aubin, *Le problème de la conversion*, Paris 1963 ; E. R. Dodds,
Proclus. The Elements of Theology, Oxford ²1963 ; P. Hadot, « Ἐπιστροφή et
μετάνοια dans l'histoire de la philosophie », Actes XIᵉ Congrès intern.
Philos. (Bruxelles 1953) XII, p. 31-36 ; W. Beierwaltes, *Proklos*, Frankfurt
am Mein 1965.

2. E. L. Dietrich, *Shûv-Shevuth. Die endzeitliche Wiederherstellung bei den
Propheten*, 1925 ; E. R. Witt, « The Hellenism of Clement of Alexandria »,
CQ, 25 (1931), p. 202 ; E. L. Dietrich, *Die Umkehr (Bekehrung und Busse)
im Alten Testament und im Judentum*, 1936 ; W. Theiler, « Antike und christ-
liche Rückkehr zu Gott », *Mullus*. Festschrift Th. Klauser, Münster West.
1964, p. 352-361.

3. A. D. Nock, *Conversion, the Old and the New in Religion from Alexander
the Great to Augustine of Hippo*, Oxford 1933 ; J. Guitton, *Le temps et l'éternité chez Plotin et Saint Augustin*, Paris 1933 ; W. Theiler, *Porphyrios und*

Augustin, Halle 1933 ; O. du Roy, *L'intelligence de la foi en la Trinité selon saint Augustin*, Paris 1966.

Notes

1. *Phèdre* 247 a 4.
2. *Pol.* 269 e 5.
3. *Tim.* 34 a 5 ; 40 a 5.
4. *Tim.* 34 a 2 ; *Lois* X 898 a 5ss. ; cf. Aristote, *De caelo*, I 2, 269 a 2 ; I 5, 272 a 5 et 19.
5. *Rép.* VII 518 c 7.
6. Philon, *Quod deus sit immutabilis* 35 (SVF II 458) ; *De plant.* 8 ; Simplicius, *In Cat.*, p. 269. 14 Kalbfleisch (SVF II 452) ; Nemésius, *De nat. hom.*, p. 42 Matthæi (SVF II 451) ; cf. Simplicius, *In Cat.*, p. 272. 17.
7. Épictète, *Diss.* III 22, 38-39 ; Marc Aurèle, VIII 48 ; cf. Sénèque, *Epist.* 65, 16.
8. *Enn.* V 1, 6. 18 (Harder).
9. *Enn.* V 2, 1. 10-19.
10. Cf. W. Theiler, *Porphyrios und Augustin*, p. 33 ; P. Hadot, « Fragments d'un commentaire de Porphyre sur le *Parménide* », REG, 74 (1961), p. 430 [cf. *infra*, p. 297-298].
11. Proclus, *El. theol.*, § 15-17, 25-51.
12. *Deuter.* 30. 1-10 ; I *Reg.* 8. 33-47 ; *Zach.* 1. 16 ; *Hierem.* 4. 1-3 ; *Isaie* 30. 15.
13. *Isaie* 46. 8 ; *Hierem.* 18. 8 ; *Joel* 2. 13-14.
14. Épictète, *Diss.* II 22, 35 ; Marc Aurèle, VIII 2.
15. *Act. Ap.* 2. 38 ; 3. 19 ; 26. 18-20.
16. *Matth.* 18. 3.
17. *Strom.* IV 6, 27, 3.
18. *Contra Celsum* IV 99. *De princ.* I 3, 8, p. 62. 13 Koetschau ; III 6, 9, p. 290. 14 ; III 10, 8, p. 183. 2.
19. *Hymn.* III 71-73 et *Hymn.* I 76 ; cf. Novatien, *De trin.* 192 (*reuoluitur... reuertitur*).
20. Tertullien, *Praescript.* 42, 1, mais *paenitentia* est beaucoup plus employé.
21. Hilaire, *In Psalm.* 119. 2 ; *In Matth.* 12. 11 et 27. 1 ; Ambroise, *De Helia et ieiunio* 21. 77.
22. *De musica* VI 5, 13 ; *De magistro* I 4, 46 ; *De beata vita* 4, 34 ; *De div. quaest.* 83, 9 ; *De immort. animae* 7, 12 et 12, 19 ; *Conf.* V 2, 2.

23. *De Genesi ad litteram* I 1, 2 ; I 4, 9 ; I 6, 12 ; II 8, 16 ; III 20, 31 ; IV 18, 34 ; *Conf.* XII 9, 9 ; XIII 2, 3 ; XIII 5, 6.

24. *Conf.* XIII 12, 13 *(conuersi sumus ad te)*.

25. Husserl, *Méditations Cartésiennes*, § 64.

4

« Un, Unité »*

1. Dans la langue grecque, εἶς a une multiplicité de significations. Il peut être un nom de nombre, cardinal ou, en composition, ordinal. Il peut désigner un individu, comme une unité prise à part dans un groupe ou en opposition à ce groupe ou d'une manière indéterminée. Mais il peut aussi désigner un ensemble par opposition à une partie, dans la mesure où cet ensemble est un rassemblement de parties selon un élément commun, par exemple dans l'expression εἰς ἕν συνάγειν. Le mot εἶς en vient donc à signifier des choses opposées : l'individu et le tout, l'élément particulier et l'élément universel. D'autre part, comme nom de nombre, il a une position particulière et privilégiée, précisément, comme l'a remarqué Aristote[1], parce qu'il représente plutôt la mesure des autres nombres et que les autres nombres sont mesurés par lui. L'extension des emplois de ce mot en dehors de l'arithmétique montre bien ce caractère particulier et cette position privilégiée. La

* Paru en allemand dans : *Historisches Wörterbuch der Philosohie*, t. II, Bâle-Stuttgart 1972, col. 361-367.

notion d'Un évoluera, tout au long de l'histoire de la pensée antique, en fonction de ces ambiguïtés de signification.

Dans le poème de Parménide, la notion d'Un fait son apparition comme prédicat de l'Étant, c'est-à-dire comme synonyme d'indivisible[2]. Mais la notion apparaît comme sujet chez Melissos et, implicitement, chez Zénon[3], dans des hypothèses du type « si les Plusieurs sont », « si l'Un est ». C'est ce genre d'hypothèse que reprend la seconde partie du *Parménide* de Platon. Pris comme sujet, l'Un des Éléates est en même temps l'Individu unique et le Tout indivisible. Platon, dans la seconde partie du *Parménide*, montre comment il est impossible de concilier cette notion avec l'exercice du discours et du langage. Poser que l'Un est un[4], c'est rendre impossible toute science et tout discours, c'est même être condamné à dire que l'Un n'est pas, c'est donc être obligé de renoncer à l'identification parménidienne entre l'étant et l'un. Cette identification en effet n'est possible qu'à partir du moment où l'on admet que l'un et le multiple s'impliquent mutuellement. C'est ce que montre la seconde hypothèse du *Parménide* : si l'Un est[5]. Dans ce cas, en effet, si l'on admet que l'Un est, l'être est l'être de l'Un sans être identique à l'Un : le mot « est » signifie quelque chose de différent de l'Un et pourtant s'identifie à l'Un, précisément dans le discours. On passe ainsi d'une chose à deux choses pour revenir à une seule et ce passage de *un* à *deux* permet la génération de tous les nombres jusqu'à l'infini[6]. Avec la deuxième hypothèse du *Parménide* s'effectue donc une transmutation radicale de la notion d'Un. L'Un n'est plus le Tout-Individu du cosmos, dont l'indivisibilité monolithique ne permet pas d'expliquer la possibilité de parler, il devient un genre, c'est-à-dire un principe de classification des idées (et non une idée parmi d'autres). Toute opération intellectuelle prend un aspect arithmétique, dans la mesure où elle cherche le « nombre »[7], c'est-à-dire la proportion exacte de « Fini » et d'« Infini » qui

| convient à chaque chose et permet de la situer dans l'ensemble des classes d'être. C'est ainsi que Platon réinterprète la tradition pythagoricienne dans le *Philèbe*[8], de la même manière qu'il réinterprétait la tradition éléatique dans le *Parménide*. Pour le pythagorisme ancien[9], la génèse des nombres servait à faire comprendre la genèse du cosmos : de la rencontre entre la Limite et l'Infini, naissait l'Un, semence originelle qui gardait de cette double origine le caractère propre d'être pair-impair ou bisexué. Le monde se développait d'une manière biologique à partir de l'Un, comme les nombres, engendrés par cette mesure première. Platon transpose ces spéculations cosmologiques dans le domaine cognitif : la méthode de recherche et d'enseignement consistera à chercher la chose « une », c'est-à-dire le nombre qui résulte de l'union en chaque essence du Fini et de l'Infini. De ce point de vue, le *Philèbe* appelle les idées « monades » ou « hénades »[10].

L'aspect mathématique et « pythagoricien » de la doctrine platonicienne s'accentue encore dans l'interprétation que les disciples de Platon donnent de son enseignement. Pour Speusippe, l'Un est le principe et l'élément des nombres mathématiques[11], pour Xénocrate[12], il est, avec la Dyade indéfinie, le principe de la génération des Idées-Nombres, mais, aux yeux de Xénocrate[13], il ne s'agit là que d'une considération didactique, d'une manière de présentation, et non d'une genèse réelle. C'est également sous cette forme qu'Aristote[14] présente habituellement la doctrine de Platon : les Idées-Nombres résulteraient d'un principe formel, l'Un, et d'un principe matériel, la Dyade indéfinie du « Grand » et du « Petit ». Cette opposition entre l'Un et la Dyade est à l'origine du schème logique dont nous retrouvons la trace aussi bien chez Xénocrate[15] que dans les *Catégories*[16] d'Aristote ou dans la logique[17] et la morale stoïciennes[18] : l'opposition entre l'« en soi » et le « relatif ». Les notions qui peuvent être considérées en soi, à part (καθ' αὐτά) sans avoir besoin d'autres notions pour être conçues, appartiennent au genre ou à la catégorie de l'Un. Les notions qui ne peuvent être conçues qu'en relation à d'autres se rattachent au genre ou catégorie du « Grand » et du « Petit ». Plus précisément, dans ce dernier groupe, il faut distinguer l'opposition de contrariété (égal-inégal, bon-mauvais) dans laquelle la série : égal, bon, etc. se rattache à la catégorie de l'Un, et la série : inégal, mauvais, etc. se rattache à la catégorie de la Dyade, et, d'autre part, l'opposition de corrélation (droite-gauche, grand-petit, etc.) dans laquelle les corrélatifs se rattachent totalement à la catégorie de la Dyade[19].

La critique d'Aristote s'est vigoureusement exercée contre la conception platonico-pythagoricienne de l'Un. Du point de vue strictement mathématique, il montre que le mécanisme de la numération devient incompréhensible si l'on confond les nombres avec les Idées. La numération en effet n'est possible que si toutes les unités sont additionnables, c'est-à-dire homogènes et égales mathématiquement. Or, s'il y a une Idée de l'Un, une Idée du Deux, une Idée du Trois, il y aura une différence spécifique entre les unités qui constituent l'Idée du Deux, l'Idée du Trois, etc., et ces unités seront inadditionnables. Tout processus de numération deviendra incompréhensible[20]. Surtout | Aristote distingue soigneusement les différents sens que peut revêtir la notion d'Un : l'Un peut désigner le continu (notamment dans le mouvement), l'Un peut désigner le Tout, surtout le Tout qui possède en lui la cause de sa propre continuité (on voit ici se former l'importante notion de totalité organique). L'Un, c'est aussi ce dont la notion est une et indivisible. Dans cette dernière acception, l'Un sera soit l'universel (unité spécifique), soit l'individu (unité numérique)[21]. L'élément commun à toutes ces significations, c'est l'indivisibilité : l'essence de l'Un consiste donc dans l'indivisibilité, mais Aristote se refuse[22] à hypo-

363

stasier cette essence, à la séparer des choses unes, comme font les platoniciens, qui considèrent l'Un comme le genre ou la substance des choses. L'Un n'est pas plus un genre que l'Être, parce que les différences spécifiques du genre Un comme du genre Être ne pourraient être différentes de leur propre genre. L'Un et l'Être sont coextensifs, ils sont les plus universels de tous les prédicats[23] ; ils signifient une seule et même chose : « être un », c'est la même chose qu'« être une chose particulière », ils correspondent à chacune des catégories sans être contenus dans l'une d'elles, ils n'ajoutent rien, par eux-mêmes, à la signification de ces catégories : « un homme » ne dit pas plus que « homme »[24]. La notion d'Un ajoute pourtant à celle d'Être l'idée d'indivisibilité et par conséquent de mesure : c'est en tant qu'indivisible que l'Un est mesure ; par exemple, la notion de cheval est mesure par rapport aux chevaux individuels[25]. De ce point de vue, l'un mathématique lui-même n'est pas un nombre, mais la mesure, donc le principe, des nombres[26]. Aristote considère que l'Un et l'Être sont toujours particularisés, mais ne peuvent être des universels concrets[27].

2. La réflexion sur la notion d'unité s'est développée plus lentement dans la pensée grecque que la réflexion sur la notion d'un, et le vocabulaire technique se rapportant à cette notion ne s'est constitué que peu à peu. Nous avons déjà vu que chez Platon les termes μονάς et Ι ἑνάς apparaissent, rarement d'ailleurs, pour désigner les unités à la fois conceptuelles et arithmétiques que sont les Idées[28]. Aristote utilise lui aussi le terme « monade » pour désigner les unités arithmétiques qui constituent les nombres[29] et il affirme que la « monade » est le principe du nombre ; il emploie quelquefois « monade » et « nombre » d'une manière synonyme[30]. Il semble donc que l'usage du terme « monade » se soit développé dans l'Ancienne Académie et se soit ainsi introduit dans le pythagorisme post-platoni-

cien, dans lequel il joue un grand rôle[31]. Comme terme exprimant un aspect de la notion d'unité, on trouve également chez Platon μόνωσις[32], qui sert à désigner l'unicité du monde, unicité qui est semblable à celle du Vivant parfait. Platon n'utilise ni ἑνότης ni ἕνωσις. Aristote emploie ἑνότης pour désigner l'identité qui fonde l'« unité » d'une multiplicité[33] ou pour désigner l'unité organique que constitue un tout naturel. À côté de l'idée d'unité, apparaît chez Aristote l'idée d'union, désignée par le terme ἕνωσις[34], en opposition à l'idée de division. Mais il n'y a pas de réflexion chez Aristote sur la distinction qu'il faudrait faire entre union et unité.

La notion d'union (ἕνωσις) est fondamentale dans le stoïcisme : un des problèmes principaux de la physique stoïcienne consiste à expliquer comment une totalité indivisible peut résulter d'un mélange total. Les Stoïciens distinguent donc des degrés d'union : l'inférieur est la juxtaposition ou l'amas (παράθεσις), puis vient le mélange (μίξις), dans lequel les composants gardent leurs qualités propres, puis la κρᾶσις, dans laquelle les composants deviennent inséparables, enfin la combinaison (σύγχυσις), dans laquelle les composants reçoivent, par suite du mélange, des qualités nouvelles. On peut dire que dans la combinaison l'union des composants forme une unité nouvelle[35].

Dans le néopythagorisme, la notion aristotélicienne de totalité organique et la notion stoïcienne d'union se combinent. C'est ainsi que Nicomaque de Gérasa distingue deux espèces de la quantité sensible : les grandeurs, qui sont des réalités « unifiées », douées de cohésion, telles un arbre, le monde, et les multitudes, qui sont des amas d'unités individuelles, comme le troupeau, le peuple, le chœur. Il reprend ainsi, en même temps que la distinction stoïcienne entre juxtaposition et union, la distinction aristotélicienne entre la grandeur, qui ne peut croître à l'infini, parce qu'elle constitue une unité organique, et le nombre, qui peut croître à l'infini, parce qu'il est formé d'additions d'unités[36].

Ce n'est que dans le néoplatonisme que les notions d'union et d'unité seront clairement distinguées.

3. L'arithmologie néopythagoricienne continue les spéculations platoniciennes sur l'Un. On voit ainsi s'élaborer une métaphysique de la transcendance de l'Un. Alors que chez Platon, la transcendance de l'Un par | rapport à la Dyade Indéfinie ne supprimait pas le dualisme entre les deux termes, on voit désormais l'Un, en vertu même de son isolement absolu et transcendant, devenir principe de la Dyade Indéfinie elle-même[37]. Un monisme dynamique fait son apparition. Le nombre naît du déploiement de la monade, de la mise en mouvement de l'Un. Il faut donc supposer que, d'une manière ou d'une autre, l'Infinité est maintenant au sein de l'Un lui-même[38].

C'est dans cette problématique néopythagoricienne que se situe la doctrine plotinienne de l'Un. Plotin n'ignore pas la critique qu'Aristote avait faite de la conception platonicienne de l'Un. Plotin affirme, comme Aristote, que l'un et l'étant sont équivalents : pour chaque être, l'un s'identifie à son essence[39]. Mais l'un que constitue chaque essence est imparfait parce que les parties substantielles de l'essence sont multiples[40]. Cette multiplicité intérieure à l'être suppose donc un Un absolu. Même l'essence première, l'Étant en soi, est encore multiple, parce qu'elle vit et pense. L'Intelligence pure aristotélicienne est encore multiple, parce qu'elle est un sujet qui se pense comme objet[41]. Les Idées aussi sont multiples, puisqu'elles sont des Nombres[42]. L'Un est donc le principe absolument simple qui unifie toute multiplicité, principe absolument indivisible, dont l'immédiateté absolue n'est pas celle d'un infini de petitesse, mais au contraire d'un infini de puissance[43]. Il est un Infini limitant, qui, paradoxalement, est Mesure en tant même qu'il est Infini[44].

365

Plotin insiste fortement sur la transcendance absolue de l'Un : si l'altérité ou l'infini passif viennent de lui, c'est par une sorte de surabondance qui le laisse absolument immuable[45]. Il semble bien que Porphyre, le disciple de Plotin, ait interprété la doctrine plotinienne dans un sens plus proche de l'arithmologie pythagoricienne. Pour lui, le Multiple est contenu dans l'Un dans un état d'involution : notamment si l'Étant vient de l'Un, c'est que l'Un lui-même est en quelque sorte l'Être, agir pur absolument indéterminé, qui pose l'Étant par l'exercice de son agir. On retrouve une sorte de coïncidence transcendante entre l'Être et l'Un[46]. Au contraire, d'autres néoplatoniciens chercheront à accentuer la transcendance du premier principe en renonçant même à l'appeler Un. C'est le cas de Jamblique[47], qui plaçait, au-dessus de l'opposition entre Monade et Dyade, l'Un transcendant toute opposition ; puis au-dessus de cet Un, il admettait un Inconnaissable absolu. Damascius lui aussi place au sommet de toutes choses l'Ineffable, puis, au second rang, l'Un-Tout, et au troisième rang l'Unifié (ἡνωμένον). C'est chez Damascius qu'apparaît pour la première fois clairement l'opposition entre l'unité (état dans lequel la multiplicité est totalement abolie) et l'union (état dans lequel la multiplicité est déterminée par l'Un, sans être abolie)[48]. L'Unifié de Damascius est de structure triadique (monade, dyade, triade)[49]. Ces spéculations sur l'Ineffable et l'Un existaient déjà chez Théodore d'Asiné : il plaçait, après l'Ineffable, une triade intelligible composée de la première monade, de la première dyade et de la première triade, et il la représentait par le mot grec qui correspond à Un : HEN, mot formé d'une aspiration imprononçable, d'une voyelle prononçable et d'une consonne prononçable grâce à la voyelle. La phonétique | révélait donc à Théodore d'Asiné que l'Un réunissait en lui l'ineffable et le dicible en une structure triadique[50].

366

Ces structures triadiques des Néoplatoniciens sont conçues sur le modèle des unités organiques des Stoïciens, c'est-à-dire qu'il y a en elles un mélange total, une implication réciproque des parties, dans laquelle chacun est soi en étant les autres : c'est sur ce modèle que sont conçus notamment les rapports entre l'être, la vie et la pensée, entre le fini, l'infini et le mixte qui en résulte. Quant à la hiérarchie des différents degrés d'unité, elle est imaginée à partir d'une exégèse systématique des hypothèses du *Parménide*.

Le néoplatonisme est avant tout une mystique de l'Un. Toutes les spéculations sur les degrés d'unité sont destinées à conduire l'âme à coïncider avec l'Un. On trouve ici l'aboutissement d'une longue tradition, qui a toujours identifié l'Un et le Bien[51]. Platon avait déjà invité l'âme à se recueillir, donc à s'unifier[52], les Stoïciens avaient identifié le bien de l'individu avec sa cohésion intérieure[53]. Les Néoplatoniciens veulent plus : ils ne se contentent plus de chercher à unifier leur multiplicité intérieure, ils veulent coïncider avec l'Un absolu et originel[54]. L'unité de l'Un devient un état de l'âme, et même, pour Proclus, le sommet de l'âme, la « fleur de l'intellect »[55]. L'homme doit chercher à coïncider avec cette partie transcendante de lui-même qui n'est autre que l'« Un en nous ».

Cette mystique de l'Un a eu peu d'influence sur la spiritualité chrétienne de l'époque patristique. Même le Pseudo-Denys, fortement influencé par Proclus, cherche plus à comprendre la hiérarchie des réalités intelligibles qu'à coïncider avec l'Un. Cette mystique ne réapparaîtra qu'à la fin du Moyen Âge chez les mystiques rhénans. On en retrouve quand même quelque trace chez Augustin[56], qui la met en rapport avec la doctrine évangélique de l'*Unum necessarium*.

Les théologiens chrétiens, aux prises avec le mystère trinitaire, devaient plutôt chercher à rendre compte de l'unité d'une multiplicité qu'à contempler l'unité pure. Les efforts terminologiques des théologiens latins sont, dans ce domaine, remarquables. Tertullien distingue soigneusement entre unité numérique, qu'il traduit par *unio*[57], et unité organique (au sens stoïcien), qu'il traduit par *unitas*[58]. Victorinus distingue entre la Monade, qu'il traduit par *unalitas*[59], et l'unité-multiple (au sens néoplatonicien), qu'il traduit par *unitio* ou *counitio*[60]. Comme Tertullien[61] et Calcidius[62], il emploie aussi *singularitas*[63] pour traduire μονάς. Il y a probablement chez Victorinus, comme dans les *Hymnes* de Synésius, la trace de la conception porphyrienne de l'Un. Mais l'ensemble de la théologie trinitaire, aussi bien en Orient qu'en Occident, utilise la notion aristotélicienne d'οὐσία, plutôt que la notion platonicienne d'unité.

367 | Bibliographie

1. W. Burkert, *Weisheit und Wissenschaft. Studien zu Pythagoras, Philolaos und Platon*, Nürnberg 1962 ; J. M. Rist, « The *Parmenides* again », *Phoenix*, 16 (1962), p. 1-14 ; K. Gaiser, *Platons Ungeschriebene Lehre*, Tübingen 1963, ²1968 ; W. Theiler, « Einheit und Unbegrenzte Zweiheit von Plato bis Plotin », dans *Isonomia*, hrg. von J. Mau und E. G. Schmidt, Berlin 1964, p. 89-109 ; J. Rist, « Monism. Plotinus and Some Predecessors », *Harv. Stud. Class. Philol*, 69 (1965), p. 329-344 ; H. Cherniss, *The Riddle of the Early Academy*, Berkeley (Calif.) 1945 (réimpr. New York-London 1980) ; C.J. de Vogel, *Pythagoras and Early Pythagoreanism. An interpretation of neglected evidence on the philosopher Pythagoras*, Assen 1966 ; H. G. Gadamer *et alii, Idee und Zahl. Studien zur platonischen Philosophie*, Heidelberg 1968.

2. H. Dörrie, *Porphyrios' Symmikta Zetemata*, München 1959, p. 24-35 ; P. Hadot, « Numerus intelligibilis infinite crescit », *Divinitas*, 11 (1967), p. 181-191.

3. J. Trouillard, « Un et Être », *Les études philosophiques*, 1966, p. 185-196 ; R. Braun, *Deus christianorum. Recherches sur le vocabulaire doctrinal de Tertullien*, Paris 1962 ; J. M. Rist, « Theos and the One in Some Texts of Plotinus », *Mediaeval Studies*, 24 (1962), p. 169-180 ; M. E. Marmura,

J. M. Rist, « Al Kindi': Discussion of Divine Existence and Oneness », *Mediaeval Studies*, 25 (1963), p. 338-354 ; J. M. Rist, « Mysticism and Transcendence in Later Neoplatonism », *Hermes*, 92 (1964), p. 213-226 ; O. du Roy, *L'intelligence de la foi en la Trinité selon saint Augustin*, Paris 1966 ; J. M. Rist, *Plotinus. The Road to Reality*, Cambridge 1967 ; A. H. Armstrong, *The Cambridge History of Later Greek and Early Mediaeval Philosophy*, Cambridge 1967 ; P. Hadot, *Marius Victorinus. Recherches sur sa vie et ses œuvres*, Paris 1971 ; H. D. Saffrey, L. G. Westerink, *Proclus. Théologie Platonicienne*, t. I, Paris 1968.

Notes

1. *Met.* 1088 a 6.
2. Parménide, fr. 8. 6.
3. Melissos, fr. 8 ; Zénon, fr. 3.
4. *Parm.* 137 c-142 a.
5. *Parm.* 142 b-155 e.
6. *Parm.* 142 b-c.
7. *Parm.* 142 c-144 e.
8. *Phil.* 16 c-d.
9. Cf. W. Burkert, *Weisheit und Wissenschaft*, p. 33-35.
10. *Phil.* 15 a-b.
11. Dans Aristote, *Met.* 1091 b 20-25.
12. Xénocrate, fr. 26 et 68 Heinze.
13. Xénocrate, fr. 33 et Aristote, *De caelo* 279 b.
14. Aristote, *Met.* 987 b 20. Autres témoignages sur la doctrine de l'Un chez Platon, *Met.* 1081 a 15 ; 1091 a 5 ; *Eth. Eud.* 1218 a 20 ; *De anima* 404 b 20 ; Περὶ τἀγαθοῦ, fr. 2 Ross.
15. Xénocrate, fr. 12.
16. Cf. Ph. Merlan, « Beiträge zur Geschichte des antiken Platonismus », *Philologus*, 89 (1934), p. 35-53 et 197-214.
17. Cf. O. Rieth, *Grundbegriffe der stoischen Ethik*, p. 70ss.
18. Cf. O. Luschnat, « Das Problem des ethischen Fortschritts in der alten Stoa », *Philologus*, 102 (1958), p. 178-214.
19. Simplicius, *In Phys.*, p. 247. 30-248. 20 Diels ; Sextus Empiricus, *Adv. Math.* X 263-277 ; Alexander Aphrod., *In Met.*, p. 56. 13-21 Hayduck.
20. Aristote, *Met.* 1080 a 15ss.
21. *Ibid.* 1052 a 15ss. ; 1015 b 16ss.
22. *Ibid.* 1053 b 20.

23. *Ibid.* 998 b 20.

24. *Ibid.* 1054 a 10-20.

25. *Ibid.* 1088 a 1-15.

26. *Ibid.* 1088 a 6.

27. *Ibid.* 1053 b 10.

28. *Phil.* 15 a-b ; *Phédon* 101 c 6, 105 c 6.

29. *Top.* 108 b 26-30 ; *Met.* 1053 a 27.

30. *Eth. Eud.* 1218 a 20 ; *De caelo* 300 a 15-20.

31. Cf. C. J. de Vogel, *Pythagoras and Early Pythagoreanism*, p. 207.

32. *Tim.* 31 b 1.

33. *Met.* 1018 a 7, 1023 b 36, 1054 b 3 ; *Phys.* 222 a 19.

34. *Phys.* 222 a 20.

35. SVF II 471.

36. Nicomaque de Gérasa, *Introd. Arithm.*, p. 4. 15 Hoche ; Aristote, *Phys.* 207 b 1ss.

37. Diogène Laërce, VIII 25 (monade principe de tout) ; Modératus, dans Stobée, *Ecl.* I, p. 21. 14 Wachsmuth (monade isolée) ; Sextus Empiricus, *Adv. Math.* X 261 (génération de la dyade par l'addition de l'unité à elle-même) ; Calcidius, *In Tim.* § 295 ; Eudoros dans Simplicius, *In Phys.*, p. 181. 17 Diels ; Favonius Eulogius, *In Somn. Scip.* 3, 32 Holder.

38. Modératus, dans Stobée, *Ecl.* I, p. 21. 8 Wachsmuth.

39. *Enn.* VI 9, 2. 1-10.

40. *Enn.* VI 9, 2. 19.

41. *Enn.* VI 9, 2. 24.

42. *Enn.* VI 9, 2. 27.

43. *Enn.* VI 9, 6. 1-12.

44. *Enn.* VI 7, 17. 15-20.

45. *Enn.* V 2, 1. 8.

46. P. Hadot, *Porphyre et Victorinus*, t. I, p. 408ss., t. II, p. 104.

47. Jamblique, dans Damascius, *Dub. et Sol.* § 50, t. I, p. 101. 14-21 ; § 51, p. 103. 7 ; § 52bis, p. 104. 15 Ruelle.

48. Damascius, *Dub. et Sol.* § 44, t. I, p. 87. 8 ; § 53, t. I, p. 108. 8 Ruelle.

49. *Ibid.* § 55.

50. Proclus, *In Tim.* II, p. 274. 19 Diehl ; *In Parm.*, p. 52. 9 Klibansky.

51. Aristote, Περὶ τἀγαθοῦ, dans Aristoxène, *Harm.* 2, p. 30 Macran ; Aristote, *Met.* 986 a 22ss.

52. *Phédon* 83 a.

53. SVF III 98 et 160.

54. Plotin, *Enn.* VI 9, 3. 23-27 ; VI 9, 9. 51-54.

55. Proclus, *De decem dubit.* 64, 9, p. 106 Boese.

56. Augustin, *Conf.* XI 29, 39 ; *Sermo* 255, 6 ; cf. aussi *De musica* VI 17, 56.

57. Tertullien, *Adv. Prax.* 19, 7 ; 13, 7 ; *Adv. Valent.* 38, 2.
58. Tertullien, *Adv. Prax.* 2, 4 ; 3, 1 ; 12, 1-3.
59. Marius Victorinus, *Adv. Arium* I 49. 9 ; 50. 20 Henry-Hadot.
60. *Ibid.* I 50. 20 ; I 61. 10.
61. Tertullien, *Adv. Valent.* 38, 2.
62. Calcidius, *In Tim.* § 39, p. 88. 13-16 Waszink.
63. Marius Victorinus, *Adv. Arium* IV 21. 30 ; *Hymn.* III 224.

5

« Existentia »*

Existentia apparaît pour la première fois en latin dans les
œuvres théologiques de Marius Victorinus (environ de 360
ap. J.-C.), dans lesquelles il sert presque toujours à traduire
ὕπαρξις en opposition à substantia, qui traduit οὐσία, subsistentia étant réservé à la traduction d'ὑπόστασις.
Existentia est dérivé d'existere qui, dans la langue philosophique, remplaçait souvent esse, notamment au participe.
En vertu de cette équivalence entre existere et esse, le mot
existentia équivaut à essentia chez Victorinus, qui lui-même
emploie très rarement essentia[1], et il signifie d'une manière
générale l'être. Mais selon les valeurs respectives accordées
à ὕπαρξις et à οὐσία dans les sources grecques utilisées par
Victorinus, le mot existentia admet chez lui trois significations différentes.

Selon une première signification, existentia (ὕπαρξις)
s'oppose à substantia (οὐσία) comme l'être pur, qui n'est ni
sujet, ni prédicat, s'oppose au sujet concret déterminé par
ses prédicats[2]. Cette opposition suppose une doctrine onto-

* Paru en allemand dans : Historisches Wörterbuch der Philosophie, t. II,
Bâle-Stuttgart 1972, col. 854-856.

logique selon laquelle l'être est originellement absolument
universel et indéterminé (c'est l'*existentia*) et se détermine
progressivement pour parvenir à la réalité concrète *(substantia)* par l'adjonction de déterminations ou qualités de
plus en plus particulières. On retrouve la même opposition
entre ὕπαρξις et οὐσία chez Damascius[3] et il est probable
que Victorinus lui-même a connu cette distinction par
Porphyre[4]. On peut l'expliquer par une étroite interaction
du platonisme, de l'aristotélisme et du stoïcisme. Cette
opposition correspond en effet tout d'abord à l'opposition
aristotélicienne entre l'être idéal d'une chose et la chose
elle-même (τὸ ἑκάστῳ εἶναι et ἕκαστος)[5]. Mais, dans la tradition aristotélicienne, ὕπαρξις n'est jamais employé pour
désigner l'être idéal d'une chose. Le mot ὕπαρξις a pris sa
valeur philosophique dans la tradition stoïcienne, dans
laquelle il s'oppose précisément à οὐσία ou ὑπόστασις.
Pour les Stoïciens, l'οὐσία ou ὑπόστασις désigne le sujet
concret et matériel qui possède en tant quel tel la plénitude de la réalité ontologique, tandis que l'ὕπαρξις désigne
un prédicat actuel de ce sujet concret, un événement qui
n'a, à leurs yeux, qu'une quasi-réalité, parce qu'il est incorporel[6]. Dans le néoplatonisme, cet incorporel stoïcien
devient un incorporel platonicien, ce prédicat sans consistance devient un prédicat tel que les Platoniciens le conçoi-
vent, c'est-à-dire une Idée préexistante à laquelle participe
la substance ou le sujet concret. Ce qui était activité sans
substance devient activité pure de l'être universel et indéterminé. Ainsi la notion aristotélicienne d'être idéal de la
chose (τὸ ἑκάστῳ εἶναι) peut reprendre son sens platonicien originel : l'être qui n'est pas encore concrétisé devient
l'Idée préexistante. Victorinus peut donc définir l'*existentia*
comme *praeexistens subsistentia,* c'est-à-dire comme la « pré-
supposition préexistante » à la réalité concrète[7]. Cette dernière définition fait allusion au sens étymologique
d'ὕπαρξις, interprété comme « commencement au-des-

sous », que la traduction par *existentia* laisse échapper. La présupposit'on absolue est Dieu lui-même, que Victorinus[8], à la suite probablement de Porphyre[9], n'hésite pas à appeler *existentia*. Il y a | une autoposition de la réalité divine, par laquelle l'*existentia* originelle et absolument indéterminée sort d'elle-même dans la Vie pour revenir à elle-même dans la connaissance de soi, en se constituant ainsi comme *substantia* pleinement déterminée[10], par un processus ternaire.

855

Selon la deuxième signification, c'est au contraire *substantia* (οὐσία) qui désigne l'être encore indéterminé et *existentia* (ὕπαρξις) qui désigne l'être qualifié qui a reçu une forme[11]. Ce sens provient de la tradition ecclésiastique du début du IVᵉ siècle qui, d'une part confondait ὕπαρξις et ὑπόστασις et d'autre part concevait l'οὐσία (= *substantia* pour Victorinus) comme indéterminée, l'ὑπόστασις comme déterminée[12]. Cette nouvelle distinction sert donc chez Victorinus à définir les rapports entre le Père, le Fils et l'Esprit-Saint : chacun des Trois est la *substantia* divine commune, mais selon le mode propre à chacun, c'est-à-dire selon son *existentia* (propriété, détermination, qualité, activité) propre[13]. Cet usage théologique d'*existentia* aura peu de succès, parce que les Latins, à partir de la fin du IVᵉ siècle, traduiront presque constamment ὑπόστασις par *substantia*. L'équivalence *existentia-proprietas* n'apparaîtra que chez Orose[14], puis dans une profession de foi anonyme[15], et enfin dans certaines traductions latines de documents conciliaires où *existentia* correspondra à ὑπόστασις[16].

Selon la troisième signification qu'il revêt chez Victorinus, *existentia* devient un pur et simple synonyme de *substantia* pour désigner d'une manière imprécise l'*aliquid esse*, l'être quelque chose[17].

Après Victorinus, on ne réfléchit plus, à la fin de l'Antiquité, sur le sens d'*existentia*, et le mot, qui est assez peu employé, a une valeur très indéfinie. Il désigne la réalité concrète d'une chose dans les cas très rares où il apparaît chez Augustin[18], Calcidius (2ᵉ moitié du IVᵉ siècle)[19], Pélage[20], Claudianus Mamertus[21], Cassiodore[22]. Plus précisément, il désigne un processus de réalisation, une apparition (sens etymologique de *ex-sistentia*) chez Calcidius[23] (en opposition à *possibilitas*), chez Julien d'Éclane[24] (en opposition à *possibilitas*), chez Léon le Grand[25] et chez l'auteur anonyme du *De attributis personae*[26]. Le mot semble totalement absent de Macrobe, de Boèce (le *De fide*[27], où il apparaît une fois, est probablement apocryphe). Il est remarquable que Scot Ériugène évite *existentia* et emploie *subsistentia* pour traduire ὕπαρξις[28].

Malgré cette désuétude du mot *existentia*, les formules victoriniennes appliquant ce terme à Dieu et faisant allusion à une triade *existentia, vita, intelligentia* ont été connues au Moyen Âge grâce à Alcuin qui les a citées dans son *De fide*[29].

| Bibliographie

Thesaurus Linguae Latinae V 2 (1950), 1867-1868 ; P. Hadot, *Marius Victorinus. Recherches sur sa vie et ses œuvres*, Paris 1971 ; Id., *Porphyre et Victorinus*, Paris 1968 ; Id., « Marius Victorinus et Alcuin », *Archives d'histoire doctrinale et littéraire du Moyen Age*, 21 (1954), p. 5-19 ; G. Hüber, *Das Sein und das Absolute*, Basel 1955.

Notes

1. Marius Victorinus, *Adv. Arium* III 7. 29-35 Henry-Hadot.
2. *Ibid.* I 30. 21-26 ; *Candidi Epistola* (= Marius Victorinus) I 2. 19.
3. Damascius, *Dub. et Sol.* § 120, t. I, p. 312. 11 Ruelle.
4. P. Hadot, *Porphyre et Victorinus*, p. 267-271 et 489.
5. Aristote, *Met.* VIII 3, 1143 b 2 et VII 6, 1031 a 15.

6. Arius Didyme 26, *Doxogr. Gr.*, p. 461. 19-20 Diels ; Sextus Empiricus, *Pyrrh. Hyp.* II 80. Cf. H. Dörrie, « Ὑπόστασις », *Nachrichten der Akademie der Wissenschaften Göttingen*, Philos.-hist. Kl., 3 (1955), p. 51-54, 63 ; P. Hadot, *Porphyre et Victorinus*, t. I, p. 489.

7. Marius Victorinus, *Adv. Arium* I 30. 22 ; cf. Damascius, *Dub. et Sol.* § 34, t. I, p. 66. 22 Ruelle.

8. Marius Victorinus, *Hymn.* III 38 ; *Adv. Arium* I 33. 24 ; *Candidi Epistola* I 1. 15 ; 2. 19 ; 3. 16.

9. P. Hadot, *Porphyre et Victorinus*, p. 267-271.

10. Marius Victorinus, *Adv. Arium* I 51. 19-27 et I 60. 5-12. Cf. Damascius, *Dub. et Sol.* § 121, t. I, p. 312. 16 Ruelle.

11. Marius Victorinus, *Adv. Arium* II 4. 11 et 31.

12. Athanase, *Epist. ad Afros* 4, PG 26, 1036 B ; Basile de Césarée, *Epist.* I 38, 3, PG 32, 328 B.

13. Marius Victorinus, *Adv. Arium* IV 33. 32 ; III 8. 41-44.

14. Orose, *Common.* 2, p. 154. 19 Schepps.

15. C. Caspari, *Kirchenhistorische Anecdota* 1, Christiania 1883, p. 310.

16. *Acta Conciliorum Oecumenicorum* II 2, 2, p. 65. 15 Schwartz.

17. Marius Victorinus, *Adv. Arium* I 30. 26 ; I 55. 19.

18. Augustin, *Sermo* 71, 26.

19. Calcidius, *Timaeus*, 25 d, p. 18. 2 Waszink.

20. Pélage, dans Augustin, *De natura et gratia* XIX 21.

21. Claudianus Mamertus, *De statu animae* III 12.

22. Cassiodore, *Var.* I 10, p. 19. 14 Mommsen.

23. Calcidius, *In Timaeum* § 235, p. 289. 2 Waszink.

24. Julien d'Éclane, dans Augustin, *Contra Julianum op. imperf.* I 47.

25. Léon le Grand, *Sermo* 76, 2.

26. *Rhetores Latini Minores*, p. 306. 10 Halm.

27. Boèce, *De fide*, ligne 57 Rand.

28. Par exemple PL 122, 1119 C (= traduction de Pseudo-Dionysius, *De divinis nominibus* II 1) et 1121 C (= *De divinis nominibus* II 4).

29. Alcuin, *De fide* II 2, PL 101, 24 D = Marius Victorinus, *Ad Cand.* 13, 6 et *Adv. Arium* I 33. 24.

6

« Vie » *

1. Deux mots désignent la vie chez les philosophes grecs : βίος et ζωή. Bien que souvent la signification de ces deux termes se confonde, on peut discerner parfois entre eux une différence de sens. Βίος est souvent lié au monde proprement humain et désigne, de préférence, la durée de la vie, la manière de vie[1]. C'est toujours ce mot qui est employé pour désigner la description biographique, la « vie » des philosophes. Tout spécialement, il sert à désigner la vie quotidienne et ordinaire ainsi que le langage quotidien, en sorte que chez Sextus Empiricus[2] on trouve une remarquable opposition entre οἱ ἀπὸ τοῦ βίου | et les philosophes, d'autant plus intéressante qu'un des principes du scepticisme est précisément de ne pas vivre « selon une théorie philosophique », mais de « prendre la vie pour guide ». Ζωή, au contraire, peut désigner plus particulièrement le fait même de vivre, qu'il s'agisse d'animaux ou de plantes[3]. En latin, le mot *uita* correspond indifféremment aux deux termes grecs.

53

* Paru en allemand dans : *Historisches Wörterbuch der Philosophie*, t. V, Bâle-Stuttgart 1980, col. 52-56.

2. La vie semble bien devenir pour la première fois un concept philosophique avec Platon, en s'identifiant avec la notion de force motrice intérieure. Le vivant est doué d'un mouvement automoteur qui est précisément la vie[4]. Le principe de la vie est l'âme[5] : elle est vie ou mouvement automoteur[6]. Ces notions ne servent pas seulement à rendre compte des mouvements des vivants particuliers ; leur application s'étend à l'univers entier que Platon présente comme un Vivant parfait[7], doué d'une Ame unique[8]. Dans le *Sophiste*, étudiant la communication et la participation des genres entre eux (étant, mouvement, repos) et affirmant l'existence d'une communion entre le genre « étant » et le genre « mouvement », affirmant donc que l'étant peut se mouvoir, Platon accorde au παντελῶς ὄν, c'est-à-dire à l'être total, l'intelligence, l'âme et la vie[9]. Platon attribue-t-il ainsi au monde des Formes pures, qui serait désigné dans ce texte du *Sophiste* par l'expression παντελῶς ὄν, le mouvement et la vie, ou bien, au contraire, considérant toujours les Formes comme immobiles, n'accorde-t-il la vie qu'à l'un des niveaux d'être qui, par leur ensemble, constituent l'être total ? À la difficulté soulevée par ce passage énigmatique du *Sophiste*, vient s'ajouter celle d'un passage du *Timée*[10], dans lequel Platon dit que l'Intellect du Dieu démiurge voit les Formes qui sont contenues dans le Vivant-en-soi, c'est-à-dire dans le Modèle intelligible. Peut-on concilier vie et immobilité, c'est l'un des problèmes fondamentaux que Platon a posé à toute la pensée occidentale. Pour sa part, Aristote, dans le livre XII de la *Métaphysique*, qui reflète probablement les discussions de l'Académie sur les rapports entre l'être, la vie et l'intelligence[11], n'hésite pas à accorder la vie au premier moteur immobile. L'acte de pensée est vie et Dieu est cet acte même ; cet acte subsistant en soi constitue la vie parfaite et éternelle de Dieu. Dieu est le vivant éternel parfait[12]. Mais précisément, la vie, identifiée concrètement

avec l'âme par Aristote, n'est plus, comme elle l'était chez Platon, mouvement automoteur, mais elle devient, chez lui, moteur immobile. Si Aristote peut ainsi lier ensemble les concepts de vie et d'immobilité, c'est grâce au concept d'acte (ἐνέργεια) et à la théorie de la priorité de l'acte sur la puissance. Les commentateurs néoplatoniciens constateront cette opposition entre Platon et Aristote[13].

S'il est vrai que le concept de vie est utilisé par Platon et Aristote dans l'argumentation et la réflexion philosophiques, en liaison avec les problèmes de | l'âme, du mouvement et de l'acte, on doit néanmoins constater que l'on ne trouve ni chez eux, ni chez les Stoïciens, de recherche propre sur la notion de vie en tant que telle. Les phénomènes vivants sont étudiés attentivement, mais dans le cadre général d'une théorie de la nature et des types de mouvement. Dans les degrés d'être (c'est-à-dire de tension du *pneuma*), distingués par les Stoïciens : ἕξις, φύσις, ψυχή, λόγος, on ne trouve pas non plus de place réservée explicitement au concept de vie[14].

3. Le concept néoplatonicien de vie est issu d'une systématisation des oppositions platoniciennes entre être et mouvement, identité et altérité, finitude et infinité : la vie est identifiée au mouvement, à l'altérité et à l'infinité. Comme, par ailleurs, Plotin, à la suite de Platon et surtout d'Aristote, conçoit la pensée comme une activité vitale, il est ainsi amené, en vertu de sa définition de la vie, à introduire le mouvement infini qu'est la vie, comme phase nécessaire et intégrante du processus d'autoposition de l'intelligence divine. De l'Un ou du Bien transcendant et absolument simple, rayonnent et procèdent une altérité, un mouvement, une infinité qui n'est autre que la Vie[15]. Ce mouvement s'éloigne de l'Un et se dirige vers un état de multiplicité et de dispersion. C'est l'origine transcendante de la matière. Mais ce mouvement, parce qu'il procède de l'Un, veut retourner à l'Un. Au moment où la vie amorce

54

sa conversion vers l'Un, elle est encore illimitée ; mais une fois qu'elle a vu l'Un, elle est limitée. La vie qui a reçu limite et définition par le rayonnement de l'Un, devient l'unité multiple de l'être et de l'intelligence. Ainsi l'unité et la substance, l'intelligence et l'intelligible sont les résultats d'une inversion de sens du mouvement primitif de dispersion vitale. La vie utilise la détermination intellectuelle pour essayer de rejoindre sa source[16]. Avec Plotin apparaît, pour la première fois, semble-t-il, dans l'histoire de la pensée, l'idée, qui sera chère au romantisme allemand et à Bergson, de la possibilité d'une vision intellectuelle capable de saisir la continuité dynamique du courant de la vie s'écoulant du principe premier des choses jusqu'aux limites inférieures de l'univers : « Si vous comprenez bien l'infinité inépuisable qui est en elle, sa nature infatigable, inlassable et indéfectible et bouillonnante de vie... »[17].

Dans le néoplatonisme postérieur, chez Porphyre, Jamblique, Proclus et Damascius, la systématisation des concepts néoplatoniciens devient plus rigide encore. La vie devient l'élément central et médiateur de la triade être-vie-pensée. Tous les plans ou degrés de la réalité véritable se réalisent par un mouvement d'autogénération et de procession qui comporte trois moments. Dans le moment de l'être, l'étant préexiste encore à lui-même comme pure existence. Il sort de cet état, se distingue et | s'éloigne de lui-même, dans le moment de la vie : c'est le bouillonement de la vie (ζωῆς τὸ ζέον)[18]. Il revient à lui-même, s'identifie à nouveau à lui-même dans le moment de la pensée, qui est connaissance de soi[19].

Ces théories se présentent d'ailleurs souvent sous des aspects mythiques par suite de l'influence des courants gnostiques, hermétiques et chaldaïques qui envahissent la pensée philosophique depuis le IIᵉ siècle ap. J.-C. Zoé se trouve ainsi identifiée aux figures de Psyché, d'Hécate, d'Artemis et de Koré. Dans ces représentations mythiques,

Zoé est donc toujours une entité féminine, la Vie représente de cette manière la phase féminine du processus
d'autoposition de la réalité : on peut dire que l'Étant, Père
transcendant, se féminise et devient « Vierge-Mère » pour
enfanter le Fils mâle qui est l'Esprit parfait[20].

3. « Sentir que l'on vit est agréable »[21]. Pour les philosophes de tradition platonicienne et aristotélicienne, il est
évident que la vie ne peut être qu'un bien : « La vie fait partie des choses bonnes et agréables en elles-mêmes »[22]. À
cette phrase d'Aristote répond celle de Plotin : « C'est dans
la vie que nous plaçons le bonheur »[23]. Il est vrai qu'Aristote
et Plotin précisent aussitôt, dans la suite de leurs textes,
que, par « vie », ils entendent la vie conforme à la vraie
nature de l'homme, c'est-à-dire la vie consciente et réfléchie, finalement la vie sage, se conformant à la raison dans
la contemplation et dans l'action. Ainsi formulée, l'identité entre vie et bonheur est, on peut le dire, une doctrine
commune à toutes les écoles philosophiques de l'Antiquité,
y compris le stoïcisme et l'épicurisme. Et sans aucun paradoxe on peut dire également que, pour toutes les philosophies de l'Antiquité, selon la formule de Platon, « philosopher, c'est apprendre à mourir »[24]. En effet, toutes considèrent la vraie vie, c'est-à-dire la vie philosophique, comme
une transformation intérieure, grâce à laquelle l'homme
perçoit sa propre vie de telle façon qu'il ne craint plus la
mort, soit parce qu'il la considère comme un phénomène
naturel, soit parce qu'il la considère comme une libération
qui délivre l'esprit de la prison du corps. Cette dernière
attitude est celle des platoniciens, pour qui la vie dans le
corps est une mort, alors que la séparation de l'âme et du
corps est la vraie vie[25]. La seule vie véritable est la vie de l'esprit.

À la fin de l'Antiquité se produit une rencontre historique entre les conceptions platoniciennes et chrétiennes
de la vraie vie. Pour Plotin et pour les néoplatoniciens, la

vraie vie se trouve hypostasiée dans l'Intellect divin qui
émane du Bien absolument simple. Cette sagesse et raison
primordiale est la source à la fois du vivre et du bien vivre :
la vie de l'Intelligence divine est lumière originelle et elle
éclaire l'âme de ses rayons[26]. Chez Origène et dans presque
toute la tradition chrétienne[27], ces théories platoniciennes
viennent coïncider avec les formules du prologue de
l'Évangile selon saint Jean : « Ce qui fut produit était en lui
vie et la vie était la lumière des hommes »[28]. La Sagesse ou
raison qui est le Fils de Dieu est elle-même vie et lumière et
vivre vraiment, c'est recevoir l'illumination de cette vie
lumineuse originelle. Augustin, dans ses *Confessions*,
admettra qu'il a reconnu cet enseignement de l'évangile
de Jean dans les livres platoniciens[29]. Païens et chrétiens
formulent leur idéal dans les mêmes termes : « Vivre selon
l'esprit »[30].

56

Bibliographie

1. R. Joly, *Le thème philosophique des genres de vie dans l'Antiquité classique*, Bruxelles 1956.
2. E. Degani, AIΩN. *Da Omero ad Aristotele*, Padova 1961 ; H. J. Krämer, « Zur geschichtlichen Stellung der aristotelischen Metaphysik », *Kantstudien*, 58 (1967), p. 352 ; J. M. Rist, *Eros and Psyche. Studies in Plato, Plotinus and Origenes*, Toronto 1964.
3. W. Beierwaltes, *Proklos*, Frankfurt am Mein 1965 ; W. Deuse, *Theodoros von Asine*, Wiesbaden 1973 ; P. Hadot, *Porphyre et Victorinus*, Paris 1968 ; Id., « Être, vie, pensée chez Plotin et avant Plotin », dans *Entretiens sur l'Antiquité classique*, Vandœuvres-Genève 1960, p. 105-157 [cf. *infra*, p. 127-181] ; Id., *Plotin ou la simplicité du regard*, Paris 1973, p. 43-60 ; H. J. Krämer, *Der Ursprung der Geistmetaphysik*, Amsterdam 1967 ; H. Lewy, *Chaldaean Oracles and Theurgy*, Kairo 1956.

Notes

1. Plotin, *Enn.* III 7, 11. 44 ; III 7, 12. 2 ; Platon, *Lois* V 733 d.
2. Sextus Empiricus, *Adv. Math.* VIII 355 ; XI 49 ; X 165 ; *Hypotyp.* I 226 ; Diogène Laërce IX 62.
3. Aristote, *De gen. anim.* II 1, 732 a 12 ; III 11, 762 a 32.
4. *Phèdre* 245 c 7-8.
5. *Phédon* 105 c-d.
6. *Lois* X 895-896.
7. *Timée* 33 a.
8. *Timée* 34 b.
9. *Sophiste* 248 e.
10. *Timée* 39 e.
11. Cf. H. J. Krämer, « Zur geschichtlichen Stellung der aristotelischen Metaphysik », *Kantstudien*, 58 (1967), p. 352.
12. *Met.* XII 7, 1072 b 26.
13. Macrobe, *In Somn. Scip.* II 13. 1-16. 26.
14. SVF II 1013.
15. Plotin, *Enn.* V 2, 1. 8 ; II 4, 5. 29-34 ; II 4, 15. 17-20.
16. *Enn.* VI 7, 17. 14-25 ; VI 7, 16. 13-19 ; VI 7, 21. 5.
17. *Enn.* VI 5, 12. 7-9 (tr. Bréhier ; voir tout le contexte) ; V 2, 2. 27 ; III 8, 10. 1-15.
18. Cf. Damascius, *Dub. et Sol.* § 81, t. I, p. 179. 9 Ruelle.
19. Cf. W. Beierwaltes, *Proklos*, p. 93-118 ; P. Hadot, *Porphyre et Victorinus*, Paris 1968, t. I, p. 306-312.
20. Marius Victorinus, *Adv. Arium*, I 51. 28-36 Henry-Hadot. Cf. H. Lewy, *Chaldaean Oracles and Theurgy*, Kairo 1956, p. 83-98.
21. Aristote, *Eth. Nic.* IX 9, 1170 b 1.
22. *Ibid.*, 1170 a 19 (tr. Tricot).
23. Plotin, *Enn.* I 4, 3. 2 (tr. Bréhier).
24. Platon, *Phédon* 67 e.
25. Macrobe, *In Somn. Scip.* I 10, 17 ; I 13, 5.
26. Plotin, *Enn.* V 3, 8. 24-40.
27. Origène, *In Iohannem* II § 112-157.
28. *Ioh.* 1. 4.
29. Augustin, *Conf.* VII 9, 13.
30. Porphyre, *De abst.* I 29 ; Marius Victorinus, *In Galatas* 5, 16, p. 64. 23 Locher.

7

L'être et l'étant
dans le Néoplatonisme[*]

Dans la perspective de la philosophie de Heidegger, Jean Beaufret a écrit les lignes suivantes au sujet de la notion d'être :

> « Le participe est [...] grammaticalement porteur d'une remarquable ambiguïté. D'un côté, comme participe nominal, il va jusqu'à mettre en liberté une sorte de substantif. Mais de l'autre, comme participe verbal, il fait retour de ce substantif à la signification propre du verbe et indique dès lors moins la personnalité de l'agent que la modalité de l'action. *Vivant*, par exemple, dit ainsi à la fois celui qui vit et le fait qu'il vit, le *vivre*. Cette ambiguïté singulière du participe de tous les verbes, nous la retrouvons singulièrement dans le verbe des verbes, celui dont le dire est le dire simple de l'être. En un sens, τὸ ἐόν est le singulier de τὰ ἐόντα. Mais en un sens plus fondamental, ἐόν ne dit plus seulement tel étant singulier (ens *quoddam*, un étant, *a* being, *ein* Seiendes), mais la singularité même de εἶναι *(esse, être, to be, sein)* dont tous les ἐόντα *participent* en propre, sans qu'elle s'épuise jamais en aucun d'eux. La problématique qu'introduit

* Paru dans : *Revue de Théologie et de Philosophie*, 2 (1973), p. 101-113, et dans un volume séparé, intitulé *Études néoplatoniciennes*, Neuchâtel 1973, p. 27-41. Nous n'avons reproduit que la pagination de l'article originel.

la réflexion sur le participe ἐόν est donc une problématique double, de sorte que la question que posera plus tard la *Métaphysique* d'Aristote, τί τὸ ὄν, est à double sens. S'agit-il en effet d'identifier l'étant qui mérite particulièrement d'être appelé ainsi et qui sera dès lors le suprême Étant ? S'agit-il au contraire d'indiquer la qualité en vertu de quoi tous les Étants, y compris le suprême Étant, peuvent être tenus pour étants ? »[1]

C'est un fait que presque toute la philosophie grecque a surtout cherché à identifier « l'étant qui mérite particulièrement d'être appelé ainsi et qui sera dès lors le suprême Étant. » La présente étude voudrait pourtant décrire le moment historique où, dans l'histoire de la pensée occidentale, l'être-infinitif a été clairement distingué de l'être-participe, sous la forme d'une distinction entre εἶναι et ὄν (transformée ensuite en une distinction entre ὕπαρξις et οὐσία). Il s'agit de l'ontologie néoplatonicienne. La double problématique dont parle Jean Beaufret n'y est sans doute pas supprimée, mais elle y prend un sens nouveau.

102 | Ce moment historique résulte, je dois le souligner, d'un ensemble de contingences historiques : je ne veux pas nier qu'il y ait sous ces contingences une plus profonde logique, mais il me semble impossible de comprendre cette apparition de l'être-infinitif, sans la situer historiquement.

Première contingence : la formulation employée par Platon au début de la seconde hypothèse du *Parménide* :

« Veux-tu donc que, faisant retour à l'hypothèse, nous la reprenions à son origine, pour voir si, en la reprenant ainsi, des conséquences différentes nous apparaîtront? – Parfaitement, je le veux ! – Eh bien donc, l'Un, s'il est, nous l'admettons, les conséquences qui pour lui en résultent, que peuvent-elles bien être ? Et il nous en faudra convenir, c'est bien entendu ? – Oui ! – Attention donc, voilà le début. L'Un, s'il est, y a-t-il moyen que, lui, il soit et qu'à l'Être (οὐσία) il n'ait point part ? – Pas moyen. – Par suite, également, l'Être de l'Un sera, sans être identique à l'Un ; sans quoi, celui-ci ne serait pas l'Être de celui-là, ni celui-là [l'Un] n'aurait point part à celui-ci et il serait équivalent de dire

que l'Un « il est » ou de dire que l'Un « c'est l'Un ». Or pour
l'instant, notre hypothèse n'est point : « si l'Un, c'est l'Un, qu'en
doit-il résulter ? », mais bien : « si l'Un, il est » ; c'est bien entendu ? – Parfaitement. – Donc il y a une autre signification dans « il
est » que dans « un ». – Nécessairement. – Est-ce alors autre chose
que ceci : « l'Un a part à l'Être » ? N'est-ce pas cela que veut dire
en bref « l'Un, il est » ? – Si, tout à fait »[2].

Dans le poème de Parménide, la notion d'Un avait fait
son apparition comme prédicat de l'Étant. Dans les argumentations d'autres Éléates, tels Mélissos et Zénon, on
trouve des formules du type : si l'Un est – il y aura telle
conséquence ; si les Plusieurs sont – il y aurait telle conséquence[3]. Il semble que, dans le *Parménide*, Platon veuille
montrer que le simple emploi du langage, notamment
l'emploi de phrases du type « si l'Un est » suffit à réfuter la
conception que les Éléates se faisaient de l'unité absolue
des choses. Ne pas tenir compte du « est » dans l'affirmation l'Un « est » Un (telle est la première hypothèse du
Parménide), c'est être conduit à l'impossibilité de parler.
L'Un ne sera même plus Un[4]. La seconde hypothèse du
Parménide, celle qui nous intéresse, prend en considération
le fait de la prédication, le fait que le discours lie ensemble
au moins deux notions, ici l'Un et l'Être. Ce paradoxe du
discours, Platon cherche à l'exprimer ici en disant que, s'il
est vrai que l'Un « est », il est vrai qu'il participe de l'*ousia*[5].
Cela veut dire, comme la suite du texte le montre, que
chaque part de l'Un est à la fois un et être et chaque | par-   103
tie de l'être à la fois être et un[6]. Parler d'un contenu de
pensée c'est y introduire une multiplicité, c'est engendrer
le nombre. Le genre de participation dont il est question
ici est analogue à celui que l'on trouve dans le *Sophiste*[7], où
mouvement et repos participent à l'étant, parce que celui-
ci est mêlé à eux. Il s'agit de la communion des genres
suprêmes entre eux. Notons aussi que le terme *ousia* reflète dans ce passage l'ambiguïté du verbe ἐστί à la fois
copule et existence[8].

Seconde contingence historique : l'exégèse néoplatonicienne du *Parménide*. Le premier témoignage clair que
nous possédions sur ce genre d'exégèse est celui de Plotin
lui-même[9]. Plotin fait correspondre à chaque hypothèse
une hypostase, un type d'unité. La première hypothèse
(l'Un, c'est l'Un) correspond à l'unité absolue, c'est-à-dire
à la première hypostase, l'Un. Si cette première hypothèse
aboutit à la conclusion qu'il est impossible de parler de
l'Un, c'est parce qu'effectivement, il est impossible de parler de l'Absolu. Toute la théologie négative se retrouve
ainsi dans la première hypothèse. La seconde hypothèse du
Parménide (l'Un est) correspond à une Unité où commence à se manifester la Multiplicité, c'est-à-dire à l'Un-Étant
pour reprendre la terminologie de Plotin[10]. Cette seconde
hypostase est pour Plotin un second Un, l'Un-Multiple,
c'est-à-dire le premier nombre, la première *ousia*, l'Idée
d'Essence, principe de toutes les essences, la première
Intelligence, le premier Intelligible. L'*ousia* n'apparaît
donc qu'au second rang de la réalité, au niveau de la seconde hypostase, et elle se fonde sur la première hypostase.
Reprenant les réflexions aristotéliciennes[11], Plotin affirme[12]
que, toujours, l'unité fonde préalablement l'être. Qu'est-ce
donc qui pourrait être, s'il n'était un, qu'il s'agisse des
amas comme le chœur, l'armée, des objets fabriqués
comme le navire, des grandeurs continues, des corps
vivants et de leurs qualités ou enfin de l'âme et de la première Essence elle-même ? Suivant la perspective platonicienne, si chaque étant est étant grâce à son unité, il faut
supposer une Unité en soi qui ne soit pas multipliée, mais
qui soit transcendante. C'est l'Unité en soi, correspondant
à la première hypothèse, qui fonde l'Essence en soi, correspondant à la seconde hypothèse. Cette Essence en soi,
cette première Essence, est plénitude de réalité : elle est
104   vivante et pensante[13], | conception qui peut être rap-
prochée de l'idée moderne de sujet et de personne. On

mesure ainsi l'étendue de l'évolution qui va de Platon à
Plotin. Aux deux hypothèses dialectiques, qui se rappor-
taient à un genre, c'est-à-dire à un principe de classification
des Idées, se sont substituées deux « choses en soi » :
l'Intellect divin ou Essence première et l'Absolu qui rend
possible l'unité de cette Essence avec elle-même.

Troisième contingence : les scrupules d'un commentateur néoplatonicien du *Parménide*. Dans le fragment 5 de
l'« Anonyme de Turin », dont j'ai donné l'édition en 1968
(en l'attribuant à Porphyre[14], mais la question d'attribution
n'a pas d'importance pour notre présent propos), nous
voyons le commentateur néoplatonicien s'appliquer à
l'exégèse du passage du *Parménide* que nous avons cité plus
haut[15] : « Si l'Un est, se peut-il qu'il soit et ne participe pas
à l'*ousia* ? »[16]. Dans la perspective de l'exégèse plotinienne
du *Parménide*, la seconde hypothèse correspond à la seconde hypostase, c'est-à-dire à l'Essence en soi ou à l'Étant en
soi. Normalement l'Un, dont il est question au niveau de la
seconde hypothèse, ne devrait pas participer à l'*ousia*, puisqu'il est lui-même l'*ousia* en soi, la première *ousia*.
Comment se fait-il donc, se demande le commentateur,
que l'Un de la seconde hypothèse soit dit « participer à
l'*ousia* » ? Pour expliquer ce paradoxe, le commentateur
fait une première remarque : Platon n'a pas placé comme
sujet de la phrase le mot « Étant », mais le mot « Un ».
Autrement dit, il a défini l'Étant comme « l'Un participant
de l'*ousia* »[17]. Quel peut donc être le sens de cette formule ?
Le mot « participer » peut avoir deux sens. Il peut tout
d'abord avoir le sens que lui donne Platon lui-même dans
le passage du *Parménide* dont nous parlons en ce moment.
Participer signifie alors « être partie avec », « former un
tout en se mélangeant avec ». Il peut aussi avoir le sens que
lui donnent habituellement les néoplatoniciens : participer
signifiera alors « recevoir une forme qui est le reflet d'une
Forme transcendante ». Dans les deux cas, « être

participé » équivaut à « être attribué »[18]. Mais dans le premier cas, la prédication est conçue comme le mélange de deux formes qui se trouvent, en quelque sorte, sur le même niveau ontologique ; dans le second cas, la prédication est conçue comme la participation d'un sujet à une Forme transcendante.

105 | Voyons donc le premier sens possible : la participation est le mélange de deux formes. Platon a dit : l'Un participe de l'*ousia*. Cela signifiera donc que la propriété de l'Un se mélange avec la propriété de l'*ousia*, comme « animal » se mélange avec « raisonnable » dans la définition de l'homme. L'étant en soi, dans sa réalité concrète, est donc le Tout résultant du mélange de l'unité et de l'essentialité[19].

Le commentateur, toutefois, n'est pas satisfait de cette explication. Car elle ne rend pas compte de l'origine de cette propriété de l'essentialité qui vient s'ajouter à l'Un. Si l'essentialité apparaît au niveau de la seconde hypostase, il faut bien admettre que, d'une certaine manière, elle est déjà présente dans l'origine absolue qu'est la première hypostase. Le commentateur présente donc une seconde exégèse qui s'appuie cette fois sur l'autre sens du mot « participer », avec les corrections nécessaires, puisqu'il s'agit de réalités intelligibles, non de sujets du monde sensible. Le second Un, qui participe à l'*ousia*, n'est évidemment pas un sujet passif et matériel qui recevrait une forme particulière. Mais d'une certaine manière il reçoit l'*ousia* d'une *ousia* transcendante. Comment cela est-il possible, puisqu'encore une fois, il n'y a pas d'*ousia* avant le second Un ? Il est bien connu en effet que, dans la pensée néoplatonicienne, le premier Un, qui est identique au Bien de Platon, n'est ni Étant, ni *ousia*, ni *energeia*[20]. L'Un ne peut donc être *ousia* au sens strict, mais en un sens « énigmatique », dit notre commentateur. Il ne peut être *ousia* que selon son mode propre et son mode propre est d'être pur agir. Selon ce mode, l'*ousia* sera réduite à la pure activité d'être. C'est ainsi que nous voyons apparaître pour la première fois dans l'histoire de la pensée occidentale la notion d'un être-infinitif, distinct de l'être-participe ou des substantifs désignant la substance ou l'essentialité. Ces lignes méritent d'être citées intégralement :

> « Vois donc si Platon n'a pas aussi l'air de quelqu'un qui laisse entendre un enseignement caché : car l'Un qui est au-delà de l'Essence (οὐσίας) et de l'Étant (ὄντος) n'est ni Étant, ni Essence, ni acte, mais plutôt il agit et il est lui-même l'agir pur, en sorte qu'il est lui-même l'Être (τὸ εἶναι), celui qui est avant l'Étant. C'est en participant à cet Être, que le second Un reçoit de cet Être un être dérivé : c'est cela "participer à l'Étant"[21]. Ainsi l'être (τὸ εἶναι) est double : le premier préexiste à l'Étant, le second est celui qui est produit par l'Un-qui-est-au-delà[22] et qui est lui-même l'Être, au sens absolu, et en quelque | sorte l'Idée de l'Étant. C'est en participant à cet Être-là qu'un autre Un a été engendré auquel est accouplé l'être produit par le premier Un »[23].

106

On a donc le schéma suivant :

Le « est » ou « être » pur   = Le premier Un
L'Un qui « est »   = Le second Un

Le « est » de l'Un qui « est » est dérivé de l'« être » pur. Ce dernier est sans sujet ni attribut, il est absolu. Le « est » de l'Un qui « est », au contraire, est accouplé avec un sujet, avec le second Un qui reçoit cet « est » dérivé de l'« être » pur.

Il est intéressant de constater que chez Platon et chez son commentateur le terme *ousia* désigne la troisième personne de l'indicatif présent du verbe « être ». Platon disait : si l'Un « est », il participe à l'*ousia*. Son commentateur renverse en quelque sorte la proposition : si l'Un participe à l'*ousia*, c'est que le verbe « est » s'ajoute au sujet « Un ». Mais Platon ne disait rien d'une *ousia* antérieure à ce sujet

« Un ». Notre commentateur, au contraire, imagine, pour fonder l'attribution de « est » à « Un », un « est » absolu et incoordonné. Explicitons toute sa pensée : si Platon dit que l'Un participe à l'*ousia*, c'est que le verbe « est » s'ajoute au sujet « Un » et si le verbe « est » s'ajoute au sujet « Un », c'est que ce verbe « est », capable de s'accoupler à l'Un, est dérivé d'un « est » absolu, pur et incoordonné qui n'est autre que le premier Un lui-même.

Deux précisions du commentateur peuvent retenir notre attention. Tout d'abord l'être absolu est présenté comme « agir ». Ceci est extrêmement important. Chez Platon, le verbe « être », qu'il soit simple copule ou affirmation d'existence[24], n'impliquait pas l'idée d'un agir. Chez notre commentateur, au contraire, « être », c'est exercer une activité d'être, bien plus, il semble bien que le sommet de l'agir soit l'activité d'être, que l'agir le plus intense soit l'être. Et pourtant, seconde précision, cet être, qui est l'agir le plus pur, est, en même temps, l'Idée de l'Étant . L'Être est l'Idée de l'Étant, c'est-à-dire de l'Un-qui-est, parce que, comme le montre le schéma que nous avons présenté plus haut, il est la Forme transcendante qui fonde l'attribuition de « est » à « Un ». Il y a là une affirmation que Plotin lui-même n'eût pas admise[25]. Il en résulte en effet que le premier Un est l'Idée du second Un. Plotin se refusait à concevoir le rapport du premier et du second Un selon le modèle du rapport qui existe entre l'Idée et la forme participée qui en dérive. Toutefois, bien qu'il ne le fasse pas explicitement, notre commentateur aurait pu répondre à cette objection que l'Idée de l'Étant ne peut être une Idée comme les autres, car elle est antérieure à tout contenu intelligible, puisque précisément la première Forme, le premier contenu intelligible ne peut être que l'É- tant lui-même, c'est-à-dire le second Un. L'Idée de l'Étant n'est qu'un « verbe » pur, un agir pur. « Idée » signifie, dans ce contexte, fondement ontologique.

On se demandera évidemment comment une doctrine aussi nouvelle, aussi paradoxale, a pu apparaître ? Il se peut que cette identification entre « être », « agir » et « un » ait été préparée par le traité de Plotin « Sur la liberté et la volonté de l'Un ». Dans ce traité[26], il est dit que l'Intellect, c'est-à-dire le second Un, est libre parce qu'en lui coïncident l'être et l'agir. Cette coïncidence, qui va dans le sens d'une conception de l'être lui-même comme agir pur, se retrouve au niveau de l'Un : « Puisque ce que l'on pourrait appeler sa substance (ὑπόστασις) est identique à ce que l'on pourrait appeler son activité (ἐνέργεια) – car elles ne sont pas différentes, puisqu'elles ne le sont même pas dans l'Intellect –, il en résulte que son activité n'est pas plus déterminée par son être que son être n'est déterminé par son acte »[27]. Bien plus, il y a une sorte d'antériorité idéale de l'acte sur l'*ousia* : « Il ne faut pas craindre de poser un acte premier sans substance, mais il faut considérer alors qu'il est, en quelque sorte, son propre sujet »[28]. Et Plotin parle aussi de « production absolue » (ἀπόλυτον τὴν ποίησιν)[29]. Plotin aurait sans doute refusé énergiquement de dire que l'Un est « l'agir pur qui est l'être pur », mais il a lui-même inauguré une direction de pensée selon laquelle l'être vient coïncider avec l'agir, de telle manière que l'agir soit à lui-même son propre sujet[30].

On se demandera aussi comment il a été possible d'appeler Idée cet agir pur qu'est l'Être. Mais, dans une perspective néoplatonicienne, cela peut se concevoir. Dans la proposition « l'Étant (l'Un) | est », le verbe « est » définit à lui seul l'essence de l'Étant. Si l'on prend le verbe « est » en lui-même, on a donc bien en quelque sorte l'Idée de l'Étant, l'essence en soi à laquelle l'Étant participe. Mais cette essence en soi ne peut, à ce niveau, être une essence intelligible, elle n'est autre que le verbe « être » pris absolument, donc une activité pure. Le sommet de l'abstraction, c'est-à-dire de l'indétermination, coïncide avec le

108

sommet de l'activité. Indétermination, car l'Être n'indique ni sujet ni objet, tandis que l'Étant représente la première détermination. Activité, car l'Être est réduit à un agir pur, que ne limite aucune formalité, ni du côté du sujet, ni du côté du prédicat.

Dans cette doctrine, il n'y a pas d'opposition entre l'essence et l'existence, l'Être pur n'est pas un exister pur[31], l'Étant n'est pas réduit à l'ordre de l'essence. L'opposition entre l'Être et l'Étant se situe dans l'ordre de la Détermination : l'Être est absolument indéterminé, donc agir absolu, l'Étant est la première détermination, donc la première limitation de l'agir.

On comprend ainsi, dans une certaine mesure, comment l'Un absolu a pu être conçu comme Être pur. L'Être pur est en effet simplicité absolue. Son concept, comme celui de l'Un, n'admet aucune distinction intérieure, aucun contenu distinct. D'où cette conséquence capitale : identifié au premier Un du *Parménide*, l'être va devenir inconnaissable. Alors que l'Étant était traditionnellement l'objet propre de l'intellect[32], l'Être échappe par sa simplicité absolue aux prises de l'Intellect. Il y a là d'ailleurs une évolution compréhensible. Aristote avait déjà dit que le verbe « être » n'a pas de contenu intelligible[33]. De même Dexippe[34], commentateur des *Catégories* d'Aristote, affirme bien que le mot « est » n'ajoute rien au contenu des notions auxquelles on l'attribue, sinon l'idée de leur existence. À plus forte raison, donc, cette notion d'être devait se vider de tout contenu intelligible, si on la portait au niveau suprême de l'origine radicale, au niveau de l'indétermination absolue. C'est ainsi que nous voyons apparaître une théologie négative de l'être.

Nous avons donc situé historiquement l'apparition de cette théologie négative de l'être, liée à une conception de l'être comme pure activité. Elle suppose tout d'abord la formulation employée par Platon au début de la seconde

hypothèse du *Parménide,* ensuite | l'exégèse plotinienne du   109
Parménide, enfin les hésitations d'un commentateur néo-
platonicien du *Parménide* cherchant à expliquer pourquoi
Platon avait dit que le second Un participait à l'*ousia.*

La distinction, ainsi conquise, entre l'être-infinitif et
l'être-participe trouvera peu d'écho dans le néoplatonisme
postérieur, c'est-à-dire chez Proclus et chez Damascius. On
ne la retrouve d'une manière indiscutable que chez Marius
Victorinus, théologien chrétien du IVᵉ siècle, et chez Boèce.
Pour Marius Victorinus, le premier Un, le « Père » de la
théologie chrétienne, est agir pur et être pur *(esse purum),*
non déterminé et non participé, donc inconnaissable[35], le
second Un, le « Fils » de la théologie chrétienne, est l'É-
tant, la première essence, qui reçoit l'être du Père[36]. Quant
à Boèce, comme j'ai essayé de le montrer ailleurs[37], il paraît
bien que l'opposition qu'il introduit dans le *De hebdomadibus,* entre l'*esse* et le *quod est,* corresponde exactement à
l'opposition entre l'être et l'étant dont nous venons de parler. L'ouvrage de Boèce a été lu et abondamment commenté au Moyen Âge. Grâce à lui, la distinction entre l'être
et l'étant, interprétée d'ailleurs de très diverses manières[38],
a fait son entrée définitive dans la pensée philosophique
occidentale.

À vrai dire, le néoplatonisme postérieur, représenté
avant tout par Proclus et Damascius, a connu une distinction ontologique assez proche de celle dont nous avons
parlé, mais sous la forme d'une opposition entre ὕπαρξις et
οὐσία. Cette opposition provient très probablement de la
même source que la distinction entre l'être et l'étant. On
la trouve en effet, d'une manière encore obscure, esquissée
dans ce même commentaire du *Parménide* dont nous avons
parlé[39]. Surtout on la trouve très clairement formulée par
Victorinus, qui donne les définitions suivantes d'*exsistentia*
et de *substantia (exsistentia* correspondant à ὕπαρξις et *substantia* à οὐσία) :

« L'existence diffère de la substance, puisque l'existence est l'être en soi, l'être sans addition, l'être qui n'est ni en un autre ni sujet d'un autre, mais l'être en soi, un et seul, tandis que la substance n'a pas que l'être sans addition, mais elle a aussi l'être-quelque chose de qualifié. Car elle est sous-jacente aux qualités placées en elle et c'est pourquoi on l'appelle sujet »[40].

110 | « Les philosophes définissent l'existence et l'existentialité comme le fondement initial préexistant à la chose, sans ses accidents, en sorte que n'existent d'abord, purement et seulement, que les seules réalités qui constituent son être pur, sans addition, en tant qu'elles sont appelées ensuite à subsister ; ils définissent la substance comme le sujet pris avec tous les accidents qui sont inséparablement inhérents à la substance »[41].

Si l'on compare l'opposition entre ὕπαρξις et οὐσία avec l'opposition entre l'être et l'étant précédemment évoquée, il apparaît que l'opposition entre ὕπαρξις et οὐσία reproduit, en quelque sorte, à tous les degrés de la réalité, l'opposition entre l'être et l'étant qui se situait au sommet et à l'origine des choses. L'Être pur et absolu, sans sujet et sans attribut, est le fondement transcendant de l'Étant, au niveau duquel s'opère la première composition entre le sujet et l'être. D'une manière analogue, en chaque chose, il existe tout d'abord un « fondement initial préexistant à la chose », fondement qui est « être pur », « qui n'est ni en un autre ni sujet d'un autre », qui n'est qu'être pur, sans addition. Lorsque cet être pur et préexistant est concrétisé et déterminé par les qualités et les accidents inséparables, la chose est constituée en sa substance, il y a composition entre le sujet et l'être. Cette opposition rappelle évidemment l'opposition aristotélicienne entre l'être idéal de la chose et la chose elle-même[42]. Mais les notions aristotéliciennes sont ici profondément transformées. L'être idéal de la chose devient un moment de l'autoposition par laquelle la réalité, à partir de l'être pur, se concrétise, se qualifie et se substantifie. Chez Victorinus, comme plus tard, chez Damascius, ce processus d'autoposition est sortie de soi dans le mouvement de la vie et retour à soi dans le mouvement de l'intelligence. Sans entrer dans la description de ce processus, qui nous emmènerait trop loin hors de notre sujet, signalons le parallélisme étroit qui existe entre les textes de Victorinus et ceux de Damascius, lorsqu'il s'agit de formuler l'opposition entre *hyparxis* et *ousia*. Damascius écrit notamment :

> « L'*hyparxis* se distingue de l'*ousia*, comme l'être pris isolément en lui-même se distingue de l'être considéré en composition avec d'autres choses [...] L'*hyparxis* [...] représente le premier principe de chaque réalité ; c'est, pour ainsi dire, une sorte de fondement, de substructure placée à la base de la construction en son entier et en toutes ses parties [...] L'*hyparxis* est la simplicité antérieure à toutes choses, | à laquelle vient se surajouter toute composition. Elle est l'Un même qui préexiste au-delà de toutes choses ; il est cause de toute *ousia*, sans être lui-même *ousia* »[43].

111

En traduisant Victorinus, nous avions décalqué sur le mot *exsistentia*, le mot français « existence ». En fait cette traduction ne va pas sans difficulté ; elle cache le problème que pose la définition du sens exact du mot *hyparxis*. Damascius, dans le texte que nous venons de citer, joue sur l'étymologie *hyp-archein*, en définissant l'*hyparxis* comme « commencement » ou « principe » placé « sous » la construction. Le meilleur équivalent français serait en effet le mot « préexistence », qui aurait le mérite de suggérer que l'*hyparxis* est l'être antérieur à la chose-qui-est. On aura certainement remarqué que Damascius, dans ce texte, identifie l'*hyparxis* à l'être pur et à l'Un. Cela nous ramène aux concepts rencontrés à propos de la distinction de l'être et de l'étant. Mais cette identification entre *hyparxis* et Un ne doit pas nous égarer. Dans le système complexc de Damascius, l'Un dont il est ici question ne se situe pas à l'origine absolue des choses, mais au plan de l'intelligible et il a son analogue à chaque plan de la réalité[44]. En tenant compte de cette correction, nous pouvons néanmoins retenir de ce texte, que Damascius conçoit l'*hyparxis* comme l'être pur, préexistant à la concrétisation de la substance.

L'opposition entre *hyparxis* et *ousia* se trouve également chez Proclus, mais sans être jamais définie explicitement. *Hyparxis* est très souvent employé pour désigner des réalités transcendantes et le caractère transcendant de ces réalités. Il en est ainsi dans la proposition 23 des *Éléments de Théologie* : « Tout imparticipé produit à partir de lui-même les réalités participées et toutes les substances participées sont référables à des *hyparxeis* imparticipées »[45]. Ces *hyparxeis* ne sont autres que ce que Proclus appelle les *hénades*, ainsi que certains textes de Proclus le laissent entendre[46]. Ces hénades sont des sortes de modalisations de l'Un premier, antérieures à toute détermination ontologique. On en reste donc toujours à la | représentation d'une simplicité transcendante qui fonde la multiplicité inhérente à toute concrétisation. Cette opposition entre *hyparxis* transcendante et *ousia* concrétisée se retrouve au niveau de chaque âme : « il nous faut éveiller cette *hyparxis* suprême de l'âme, selon laquelle nous sommes Un »[47]. L'*hyparxis* correspond ici à la partie transcendante de l'âme, qui demeure toujours dans le monde intelligible. C'est l'être idéal de l'âme, source transcendante et préexistante, à partir de laquelle la réalité concrète et complexe de l'âme se déploie. Ce sommet de l'âme, cette « fleur » de l'intellect[48], sera, pour les mystiques du Moyen Âge, le lieu de l'union mystique.

L'opposition entre *hyparxis* et *ousia* correspond donc, en partie, à l'opposition entre l'être pur et l'étant. De part et d'autre, on retrouve une structure analogue : la composition sujet-prédicat, qui caractérise l'étant et l'*ousia*, se fonde dans la simplicité transcendante de l'être pur. Mais, dans l'opposition *hyparxis-ousia*, la notion d'être comme

activité pure reste dans l'ombre. C'est surtout le caractère
idéal et transcendant de l'*hyparxis* qui est mis en valeur.
Dynamisme et activité se manifestent plutôt dans le passage de l'*hyparxis* à l'*ousia*, passage qui est conçu comme un
mouvement d'autoposition.

Si nous revenons maintenant à cette double problématique de l'étant, de l'être-participe, dont parlait Jean
Beaufret, dans le texte cité au début de cette étude, nous
pourrons faire les remarques suivantes. S'il est vrai que la
philosophie grecque, dans son ensemble, s'est consacrée à
la recherche du suprême Étant, il n'en est pas moins vrai
que le néoplatonisme s'est efforcé de dépasser cette quête
du suprême Étant, en décelant dans l'Étant une composition interne qui lui interdisait d'être la simplicité première[49]. Le commentateur néoplatonicien du *Parménide*
qui, nous l'avons vu, distingue entre l'être et l'étant, est allé
jusqu'à concevoir cette simplicité première comme une
pure activité d'être, sans sujet. Indiscutablement, il a reconnu pour elle-même cette « qualité en vertu de quoi tous les
Étants, y compris le suprême Étant, peuvent être tenus
pour étants »[50]. Il y a là un moment historique capital :
découvrant pour elle-même la pure activité d'être, la philosophie était sur le point de s'engager dans des voies nouvelles. Mais presque aussitôt cette activité d'être, sans sujet,
a été hypostasiée, elle a été conçue comme une Idée[51] et   113
finalement, obscurément, comme un Étant *sui generis*.
Quoiqu'il en soit, le néoplatonisme a marqué d'une manière définitive la problématique de la philosophie. D'une
part, l'être pur a été présenté par certains néoplatoniciens
comme un agir antérieur à tout contenu intelligible, en
quelque sorte un mouvement pur, d'autre part cet être pur
a été présenté dans le néoplatonisme comme la préexistence idéale qui fonde la réalité concrète. L'être est-il idée
ou mouvement ? Faut-il concevoir l'idéalité comme un agir
ou au contraire réduire l'agir pur à la simplicité immobile

de l'idéalité ? C'est à cette problématique que s'efforceront de répondre les philosophies modernes, notamment celles de Hegel et de Bergson.

Notes

1. J. Beaufret, *Le poème de Parménide*, Paris 1955, p. 34-35.
2. Platon, *Parm.*, 142 b, trad. L. Robin (Bibliothèque de la Pléiade, Paris 1950).
3. Parménide, Fr. 8. 6 ; Mélissos, Fr. 8 ; Zénon, Fr. 3.
4. Platon, *Parm.*, 141 e.
5. Platon, *Parm.*, 142 b.
6. Platon, *Parm.*, 142 c-e.
7. Platon, *Soph.*, 251-252.
8. Sur l'ambiguïté du mot chez Platon, cf. M. Frede, *Prädikation und Existenzaussage* (Hypomnemata, 18), Göttingen 1967.
9. Plotin, *Enn.* V 1, 8. 24.
10. Plotin, *Enn.* VI 6, 3. 1 sq.
11. Aristote, *Met.*, 1054 a 10-20.
12. Plotin, *Enn.* VI 9, 1. 1 sq.
13. Plotin, *Enn.* VI 9, 2. 25.
14. P. Hadot, *Porphyre et Victorinus*, Paris 1968, t. II, p. 98 sq., et t. I, p. 102-143.
15. Cf. plus haut, n. 2.
16. *Parm.*, 142 b.
17. Cf. P. Hadot, *Porphyre et Victorinus*, t. II, p. 102, lignes 9-10.
18. Sur l'équivalence entre « être attribué » et « être participé », cf. P. Hadot, *Porphyre et Victorinus*, t. I, p. 411, n. 1.
19. Cf. P. Hadot, *Porphyre et Victorinus*, t. II, p. 98, lignes 5 et sq.
20. Cf. *ibid.*, p. 104, ligne 23.
21. Cf. *ibid.*, p. 106, ligne 29 : μετέχειν ὄντος. On s'attendrait à lire, conformément à la lettre du *Parménide* 142 b, μετέχειν οὐσίας.
22. Je modifie ici la traduction donnée, *ibid.*, p. 107 ; mon ancienne traduction était en contradiction avec la note, p. 107, n. 3, dans laquelle je signalais que l'expression ὁ ἐπέκεινα était une sorte de nom propre de l'Un, par exemple dans Porphyre, *Sent.*, 10, p. 3. 2-3 Mommert.

23. Cf. P. Hadot, *Porphyre et Victorinus*, t. II, p. 104, lignes 22 et sq. : "Ορα δὲ μὴ καὶ αἰνισσομένῳ ἔοικεν ὁ Πλάτων, ὅτι τὸ ἓν τὸ ἐπέκεινα οὐσίας καὶ ὄντος ὂν μὲν οὐκ ἔστιν οὐδὲ οὐσία οὐδὲ ἐνέργεια, ἐνεργεῖ δὲ μᾶλλον καὶ αὐτὸ τὸ ἐνεργεῖν καθαρόν, ὥστε καὶ αὐτὸ τὸ εἶναι τὸ πρὸ τοῦ ὄντος· οὗ μετασχὸν τὸ <ἐ>ν ἄλλο ἐξ αὐτοῦ ἔχει ἐκκλινόμενον τὸ εἶναι, ὅπερ ἐστὶ μετέχειν ὄντος. Ὥστε διττὸν τὸ εἶναι, τὸ μὲν προϋπάρχει τοῦ ὄντος, τὸ δὲ ὃ ἐπάγεται ἐκ τοῦ ὄντος τοῦ ἐπέκεινα ἑνὸς τοῦ εἶναι ὄντος τὸ ἀπόλυτον καὶ ὥσπερ ἰδέα τοῦ ὄντος, οὗ μετασχὸν ἄλλο τι ἓν γέγονεν, ᾧ σύζυγον τὸ ἀπ᾽ αὐτοῦ ἐπιφερόμενον εἶναι.

24. Cf. plus haut, n. 8.

25. Cf. Plotin, *Enn.* VI 7, 17. 41.

26. Plotin, *Enn.* VI 8, 4. 28.

27. Plotin, *Enn.* VI 8, 7. 47.

28. Plotin, *Enn.* VI 8, 20. 9.

29. Plotin, *Enn.* VI 8, 20. 6.

30. Concernant le rôle joué par Plotin dans cette transformation des conceptions ontologiques, cf. P. Aubenque, « Plotin et le dépassement de l'ontologie grecque classique », dans le recueil *Le Néoplatonisme*, Paris 1971, p. 101-109.

31. Sur ce point, je dois corriger mes affirmations de 1961, dans ma communication, « La distinction de l'être et de l'étant dans le *De hebdomadibus* de Boèce », au Congrès de Cologne, publiée dans *Miscellanea Mediaevalia*, t. II, 1963, p. 147-153.

32. G. Hüber, dans son ouvrage capital, *Das Sein und das Absolute*, Bâle 1955, a bien montré toute la signification historique de cette apparition d'une théologie négative de l'Être, tout spécialement chez Augustin.

33. Aristote, *De int.*, 16 b 22 sq.

34. Dexippe, *In Cat.*, p. 35. 16-22 Busse.

35. Marius Victorinus, *Adv. Ar.*, IV 19. 10 : « Esse primum ita inparticipatum est, ut nec unum dici possit, nec solum [...] infinitum, interminatum. »

36. Marius Victorinus, *Ad Cand.*, 14. 22 sq.

37. Cf. l'article cité plus haut, n. 31, et mon article : « *Forma essendi.* Interprétation philologique et interprétation philosophique d'une formule de Boèce », *Les Études classiques*, 38 (1970), p. 143-156.

38. Cf. mon article « *Forma essendi* », p. 143-148.

39. Cf. P. Hadot, *Porphyre et Victorinus*, t. II, p. 110, lignes 15 sq.

40. Marius Victorinus, *Candidi Epist.*, I 2. 18 : « Multo autem magis exsistentia a substantia differt, quoniam exsistentia ipsum esse est et solum esse et non in alio esse aut subiectum alterius, sed unum et solum ipsum esse, substantia autem non esse solum habet, sed et quale aliquid

esse. Subiacet enim in se positis qualitatibus et idcirco dicitur subiectum. »

41. Marius Victorinus, *Adv. Ar.*, I 30. 20 : « Et dant differentiam exsistentiae et substantiae ; exsistentiam quidem et exsistentialitatem praeexsistentem subsistentiam sine accidentibus, puris et solis ipsis quae sunt in eo quod est solum esse quod subsistent, substantiam autem subiectum cum his omnibus quae sunt accidentia in ipsa inseparabiliter exsistentibus. »

42. Aristote, *Met.*, VIII 3, 1043 b 2. Cf. P. Hadot, *Porphyre et Victorinus*, t. I, p. 359 et 490.

43. Damascius, *Dub. et Sol.*, §§ 120-121, t. I, p. 312. 11 Ruelle : Ταύτῃ ἄρα διοίσει τῆς οὐσίας ἡ ὕπαρξις, ᾗ τὸ εἶναι μόνον καθ᾽ αὐτὸ τοῦ ἅμα τοῖς ἄλλοις ὁρωμένου […] ἡ ὕπαρξις, ὡς δηλοῖ τὸ ὄνομα, τὴν πρώτην ἀρχὴν δηλοῖ τῆς ὑποστάσεως ἑκάστης, οἷόν τινα θεμέλιον ἢ οἷον ἔδαφος προϋποτιθέμενον τῆς ὅλης καὶ τῆς πάσης ἐποικοδομήσεως […].αὕτη δέ ἐστιν ἡ πρὸ πάντων ἁπλότης, ᾗ πᾶσα προσγίγνεται σύνθεσις· αὕτη δέ ἐστιν αὐτὸ δήπου τὸ πάντων ἐπέκεινα προϋποκείμενον ἕν, ὅπερ αἴτιον μὲν πάσης οὐσίας, οὔπω δὲ οὐσία.

44. Cf. P. Hadot, *Porphyre et Victorinus*, t. I, p. 269.

45. Cf. E. R. Dodds, *Proclus. The Elements of Theology*, 2ᵉ éd., Oxford 1963, p. 26.

46. Proclus, *Plat. Theol.*, III 21, p. 163. 36 Portus.

47. Proclus, *In Plat. Alcib.*, p. 114 Westerink.

48. Sur ce thème chez Proclus, cf. J. M. Rist, « Mysticism and Transcendence in Later Neoplatonism », *Hermes*, 92 (1964), p. 213-226, qui en montre tout l'arrière-plan ontologique.

49. Cf. la communication de P. Aubenque, citée plus haut, n. 30.

50. Cf. J. Beaufret, *op. cit.*, p. 66.

51. Cf. le texte cité plus haut, n. 23.

8

Bilan et perspectives
sur les *Oracles Chaldaïques**

Le livre de H. Lewy représente un moment décisif dans l'histoire de l'étude des *Oracles Chaldaïques* et du platonisme tardif. C'est tout le climat religieux et philosophique de la fin de l'Antiquité qui ressuscite dans cet ouvrage où la profondeur de la réflexion ne le cède en rien à l'immensité de la culture et de l'érudition. Toutefois, malgré sa valeur irremplaçable, le livre de H. Lewy ne résout pas tous les problèmes que posent les *Oracles Chaldaïques*. Depuis H. Lewy, et certainement sous l'impulsion de son œuvre, les recherches sur ces énigmatiques fragments se sont poursuivies, tel ou tel aspect particulier a été approfondi, mais, dans son ensemble, l'énigme des *Oracles* est loin d'être totalement résolue. Je voudrais énumérer ici brièvement les éléments de solution déjà proposés et, éventuellement, les directions de recherche à envisager.

---

* Post-face à la réimpression de H. Lewy, *Chaldæan Oracles and Theurgy*, Paris 1978, p. 703-720.

I. L'AUTEUR

Pour commencer par un problème mineur, il faut reconnaître qu'il subsiste toujours des incertitudes et des imprécisions concernant la personnalité du rédacteur des *Oracles*.

Tout d'abord, est-ce bien Julien le Théurge, qui vécut sous Marc Aurèle ? Après bien des hésitations, on s'accorde en général à le penser, en s'appuyant sur les témoignages de « Suidas » et de Psellus, qui ont tous | deux puisé à des sources néoplatoniciennes[1]. Tous deux distinguent deux personnages du nom de Julien, le père et le fils, qui ont vécu à l'époque de Marc Aurèle. « Suidas »[2] nous rapporte que le père, surnommé « le Chaldéen », n'avait composé qu'un seul ouvrage : « Sur les Démons », tandis que le fils, surnommé « le Théurge », avait rédigé des livres se rapportant à la théurgie, à la télestique[3], et des *Oracles* en vers. Psellus, de son côté, parle bien de deux Julien « qui vécurent sous Marc Aurèle »[4], mais il dit une fois que c'est un Julien, vivant à l'époque de Trajan, qui « a exposé en vers les dogmes appelés *Oracles* par ceux qui magnifient les dires de ces Chaldéens »[5] et une autre fois que c'est un Julien contemporain de Marc Aurèle « qui a rédigé en vers ces opinions (des Chaldéens) que ceux qui sont après célèbrent comme des *Oracles* »[6]. La mention de l'empereur Trajan est- elle une bévue, comme le pense W. Theiler[7] ? Ou bien Psellus veut-il parler de Julien le père ? Les néoplatoniciens eux-mêmes nous apportent sur ce point peu de renseignements précis. Proclus parle plusieurs fois des « Théurges qui vécurent sous Marc Aurèle ».

| Mais, dans de tels cas, il fait allusion, non pas aux *Oracles* en vers, mais à d'autres œuvres, traitant par exemple d'opérations théurgiques consistant à faire sortir l'âme de l'initié de son corps, puis à l'y faire rentrer[8].

704

705

L'empereur Julien lui-même semble ne connaître qu'un seul Julien : « Cherche pour moi tout ce que Jamblique a écrit sur mon homonyme […] Pour ma part, je raffole de Jamblique en philosophie et de mon homonyme en théosophie »[9]. Rien, dans ce texte, ne permet d'ailleurs d'affirmer que Julien parle des *Oracles Chaldaïques* et du commentaire de Jamblique sur ces *Oracles*. On peut tout aussi bien supposer qu'il s'agit des ouvrages théurgiques de l'« homonyme » de Julien. Est-ce aussi ces ouvrages théurgiques que Porphyre avait commentés dans son livre : εἰς τὰ Ἰουλιανοῦ τοῦ Χαλδαίου [10] ? Il est vrai que J. Bidez avait identifié cet ouvrage avec un commentaire des *Oracles* dont parle Jean Lydus[11]. Mais il faudrait, dans ce cas, supposer que, pour Porphyre, c'était Julien le Chaldéen, donc le père, qui aurait été l'auteur des *Oracles*. Ou alors, il faut admettre que l'on employait indistinctement les expressions « Chaldéen » et « Théurge », et que, par suite, l'on distinguait mal entre Julien le Chaldéen et Julien le Théurge.

Ces hésitations de la tradition doivent nous inciter à montrer un très grand esprit critique dans l'examen de ce problème de « paternité ». Julien le Théurge est-il le seul rédacteur des *Oracles* ? Ou bien les deux Julien ont-ils collaboré à cette rédaction[12] ? Ne vaut-il pas mieux dire avec É. des Places, qu'il « reste plus sûr de garder aux *Oracles* l'anonymat »[13] ? Car, somme toute, l'attribution explicite des *Oracles* à Julien ou aux deux Julien est très tardive et résulte peut-être d'une confusion entre les œuvres théurgiques de ces deux personnages et les *Oracles* proprement dits[14]. Les néoplatoniciens eux-mêmes distinguent mal | souvent entre ces deux types d'ouvrages : c'est ainsi, par exemple, que l'expression κυρτῷ σχήματι « de forme convexe » est, selon Damascius, une formule employée par les dieux, donc par les *Oracles*, et selon Proclus, par le Théurge, donc par les œuvres en prose[15]. Le contenu et la

706

signification des œuvres en prose des Théurges demeurent encore très imprécis[16].

On se demandera aussi avec E. R. Dodds quelle a été la part exacte du rédacteur[17]. A-t-il tout inventé de toutes pièces ou bien s'est-il contenté de mettre en vers des réponses de médiums ? Et finalement ne faut-il pas penser avec J. Geffcken[18], que les *Oracles Chaldaïques*, comme les écrits hermétiques, les *Oracles Sybillins* et les textes magiques, ont été un livre de révélation toujours en devenir, auquel de nouveaux textes sont venus sans cesse s'ajouter ?

II. LE TITRE

Pourquoi ces Oracles s'appellent-ils « chaldaïques » ? On n'a guère progressé depuis que Kroll écrivait en 1899 : « Ce titre provient peut-être d'un prétendu rapport avec Julien le Chaldéen ou il peut s'expliquer par le fait que ce genre d'occultisme pouvait être désigné comme "chaldéen" »[19]. On peut penser que le rédacteur des *Oracles* a voulu présenter ces vers comme l'expression des traditions ancestrales (πάτρια δόγματα, comme dit Jamblique), révélées originellement par les dieux aux Chaldéens et aux Assyriens[20]. On connaît bien le goût des philosophes de l'Antiquité tardive pour ces révélations faites aux peuples « sacrés »[21]. Mais il est curieux de constater que si les écrits hermétiques, qui sont une révélaltion du même genre, présentent une certaine couleur locale égyptienne[22], les *Oracles Chaldaïques* ne présentent, apparemment, aucun trait proprement « chaldéen » et n'évoquent que des dieux grecs, comme Hécate et peut-être Apollon. On se demandera aussi pourquoi la théurgie, liée aux *Oracles*, a été présentée comme « chaldéenne ». Jusqu'ici, il n'existe aucune réponse satisfaisante à ces questions.

707

III. Les témoins

Les *Oracles* ne nous sont parvenus que d'une façon indirecte, grâce aux citations que, de Porphyre à Psellus (et à Pléthon), les néoplatoniciens ont faites. On s'accorde généralement à reconnaître que Porphyre est le premier témoin des *Oracles*[23]. Pourtant certains historiens ont pensé pouvoir déceler des traces de ces *Oracles* chez Plotin et même chez Numénius.

1. *Numénius et les « Oracles »*

Depuis longtemps on a remarqué la parenté entre ce que nous pouvons encore fragmentairement connaître de la pensée de Numénius et la doctrine philosophique des *Oracles*[24]. De part et d'autre on retrouve une distinction entre deux Intellects, l'un, paternel, qui est transcendant et pur de tout contact avec la matière, l'autre, engendré par le premier, qui organise le monde sensible et présente, en vertu de son double aspect, contemplatif et actif, un caractère dyadique[25]. L'analogie devient presque parallèle textuel lorsque l'on compare ce fragment des *Oracles* (p. 14 Kroll = fr. 7 des Places) : « Le Père a créé toutes choses en un état de perfection et il les a livrées au second Intellect, que vous appelez le Premier, tous, tant que vous êtes, race humaine » et ce fragment de Numénius (fr. 26 Leemans = fr. 17 des Places) : « Comme Platon savait que chez les hommes le démiurge est seul connu, tandis que le Premier Intellect, celui qui est l'Étant en soi, est complètement ignoré chez eux, pour cette raison il s'est exprimé comme quelqu'un qui dirait : "Ô Hommes, celui en qui vous conjecturez l'Intellect, n'est pas le Premier, mais il y a avant lui un autre Intellect, antérieur et plus divin." » On peut donc penser que les *Oracles* ont subi l'influence de la philosophie de | Numénius. C'est l'opinion d'A. J. Festugière[26]   708 et de J. H. Waszink[27]. On peut aussi imaginer l'inverse, en constatant notamment que dans le parallèle presque littéral que nous venons de citer, l'apostrophe adressée à l'humanité est plus naturelle dans un Oracle que dans un texte philosophique ; c'est l'opinion d'E. R. Dodds[28] ; opinion qu'il a d'ailleurs nuancée dans son compte rendu de H. Lewy en parlant plutôt d'échange réciproque : a two-way traffic[29]. H. Lewy lui-même excluait toute influence des *Oracles* sur Numénius[30], mais doutait également d'une influence de Numénius sur les *Oracles*, en insistant avec raison sur les différences capitales qui, à côté de ces analogies, séparent profondément Numénius et les *Oracles* pour d'autres questions de la philosophie platonicienne. Il songeait plutôt à une source commune ou à des développements parallèles autonomes[31]. Il me semble, en tout cas, qu'il ne faut pas exagérer la parenté entre Numénius et les *Oracles*. Tout d'abord, la doctrine des deux Intellects n'est pas propre à Numénius. Elle est assez répandue au Ier et au IIe siècle après Jésus-Christ[32]. Surtout il y a, entre Numénius et les *Oracles*, d'importantes divergences doctrinales. Pour les *Oracles*, la matière est engendrée par le Père[33] (c'est-à-dire pour eux, par le premier principe), alors que Numénius est violemment hostile à l'idée d'une matière engendrée[34]. Numénius refuse toute dérivation de la | dyade à partir de la monade[35], alors qu'il semble bien que les *Oracles* admettent un engendrement de la dyade par la monade[36].

709

2. *Plotin*

« Les *Oracles Chaldaïques* ont été portés à la connaissance des néoplatoniciens par Porphyre » ; cette affirmation de H. Lewy[37], qui implique donc que Plotin a ignoré ou voulu ignorer les *Oracles*, se heurte à certaines difficultés.

Tout d'abord, les premiers mots du traité I 9 : *Sur la sortie de l'âme* sont présentés comme un *Oracle Chaldaïque* dans le commentaire de Psellus sur les *Oracles*[38]. M. N. Bouillet, le traducteur français de Plotin au XIXe siècle, et, à sa suite, R. Volkmann, dans son édition de 1883-1884, avaient accepté cette identification[39]. Mais W. Kroll (p. 5) a refusé de reconnaître comme chaldaïque cette formule qui ne peut provenir d'un hexamètre. Il pensait que Proclus avait, dans son commentaire des *Oracles*, cité ces quelques mots de Plotin et que, par inadvertance, Psellus avait cru qu'il s'agissait d'un *Oracle*. E. R. Dodds, lui aussi, refuse de compter cette formule parmi les *Oracles*[40]. Il semble bien qu'É. des Places aurait dû ranger ce texte au moins dans les fragments douteux[41].

| D'autre part, S. Eitrem[42], sans se référer à une utilisation précise et littérale des *Oracles* par Plotin, a voulu, d'une manière plus générale, faire dériver de Plotin lui-même la théurgie néoplatonicienne. E. R. Dodds[43] a remarquablement réfuté cette affirmation, en définissant le vrai sens de la mystique plotinienne.

710

Récemment, W. Theiler a cru découvrir des réminiscences littérales des *Oracles* chez Plotin[44]. Il s'agissait pour lui d'expliquer les allusions qu'Hiéroclès fait aux *Oracles Chaldaïques* : comme, selon son hypothèse de travail, Hiéroclès ne fait que reproduire l'enseignement d'Ammonius Saccas, il lui fallait prouver qu'Ammonius avait connu les *Oracles* et il fallait, pour cela, découvrir des traces chaldaïques chez Plotin, témoin de l'enseignement d'Ammonius. Il pense donc pouvoir reconnaître ces traces dans trois mots employés par Plotin : πιχρά (II 3, 17. 23), ὀπισθοβαρής (VI 9, 4. 22), ἀμφίστομος (III 8, 9. 31). On conviendra que ces rapprochements sont bien minces, d'autant plus que ces termes n'ont rien de spécifiquement chaldaïque. Il est vrai que les *Oracles* (p. 61 Kroll = fr. 129 des Places) emploient l'image de l'amertume de la matière, qui apparaît chez Plotin. Mais c'est là une image qui vient naturellement à partir du moment où l'on considère

la mer comme le symbole de la matière. L'*Antre des Nymphes*
de Porphyre fait remonter cette métaphore à Homère lui-
même[45]. Et l'on peut voir chez saint Augustin comment
cette liaison entre matière, mer et amertume se présente
facilement à l'esprit[46]. D'ailleurs l'*Oracle* (non-chaldaïque)
cité par Porphyre dans sa *Vie de Plotin* parle lui aussi des
vagues amères de la vie dans la matière[47]. Quant à
ὀπισθοβαρής, il n'est pas du tout sûr que ce soit un terme
proprement chaldaïque. H. Lewy avait noté qu'il n'était pas
introduit, chez Proclus, par l'une des formules typiques de
citation des *Oracles*[48]. Et ce mot apparaît déjà au milieu du
711   Iᵉʳ siècle av. J.-C., dans une inscription I royale, pour désigner les conséquences de l'impiété[49]. Enfin, en ce qui
concerne ἀμφίστομος, il faut bien constater que ce mot, lui
non plus, n'est jamais cité comme proprement chaldaïque
par les néoplatoniciens. Il fait probablement allusion aux
multiples visages d'Hécate et, à cause de cela, il est utilisé
par Proclus pour décrire la situation de l'âme[50]. Mais le mot
est assez courant pour désigner un être qui regarde dans
deux directions, et d'ailleurs Plotin ne l'emploie pas à propos de l'âme, mais à propos de l'Intellect[51], qui n'a rien à
voir avec Hécate.

Selon toute vraisemblance, Plotin n'a pas connu les
Oracles Chaldaïques ou a refusé de s'y intéresser.

3. *Porphyre*

En ce qui concerne Porphyre, il n'y a aucun doute : il a
connu et utilisé les *Oracles Chaldaïques*. Mais dans quels
ouvrages ? Un premier problème surgit avec sa *Philosophie
des Oracles*. Nous connaissons ce traité grâce aux citations
d'Eusèbe de Césarée, Firmicus Maternus, Lactance,
Augustin, Jean Philopon[52] et, comme l'a montré H. Lewy[53],
par l'intermédiaire également de la collection chrétienne
publiée par Buresch[54] sous le titre *Prophétie des dieux païens*
(Theosophia Tubingensis). G. Wolff[55] a tenté en 1856 de

reconstituer le plan de cet ouvrage. Un premier livre traitait des *dieux* : après une préface, il montrait successivement à l'aide de citations d'*Oracles* ce que doivent être la piété et le culte envers les dieux, ce qu'est leur genre de vie, le sens des statues qui les représentent, quelles formes ils prennent pour apparaître, les lieux qu'ils fréquentent, les sacrifices qu'il faut leur offrir, les jours où il faut les invoquer, les nations qui sont les plus savantes dans les choses divines. Le second livre traitait des *démons*, le troisième, des *héros*. On trouve dans cet ouvrage des réponses oraculaires d'Apollon, de Sérapis, d'Hécate. Jusqu'à H. Lewy, | on pensait[56] que, dans cette *Philosophie des Oracles*, Porphyre ne citait aucun *Oracle Chaldaïque*. H. Lewy lui-même, dans son premier chapitre, a cru pouvoir démontrer que certains *Oracles* cités dans la *Philosophie des Oracles* étaient des *Oracles Chaldaïques*, en raison des concepts et du vocabulaire qui y étaient utilisés[57]. Cette hypothèse a été admise par certains historiens[58], refusée par d'autres[59]. Elle est loin, en tout cas, de faire l'unanimité. On lui objecte surtout le fait qu'aucun néoplatonicien tardif ne cite comme « chaldéen » un seul des *Oracles* identifiés comme chaldaïques par H. Lewy. Mais, d'un autre côté, il semble bien étrange, comme le note E. R. Dodds[60], qu'un collectionneur d'*Oracles* aussi diligent que Porphyre ait pu ignorer un recueil aussi important que les *Oracles Chaldaïques*, recueil qui circulait déjà depuis un certain temps si l'on admet que Julien le Théurge ou les deux Julien en étaient les rédacteurs. Nous sommes ici en pleine énigme : pourquoi les *Oracles* dits *Chaldaïques* de la *Philosophie des Oracles* seraient-ils restés inconnus aux néoplatoniciens postérieurs ? Mais à l'inverse, comment Porphyre a-t-il pu ignorer les *Oracles Chaldaïques* en rédigeant sa *Philosophie des Oracles* ?

Le *De regressu animae*, qui nous est connu par Augustin et probablement Macrobe, faisait un abondant usage des *Oracles Chaldaïques*[61]. Il y définit le rôle que la théurgie chal-

712

daïque joue dans la remontée de l'âme : elle ne purifie que la partie irrationnelle de l'âme humaine et ne permet qu'une remontée jusqu'aux dieux astraux ; seule la philosophie, qui n'est accessible qu'à un petit groupe d'hommes, permet une totale délivrance de l'âme[62]. Il ne semble pas que l'on puisse identifier cet ouvrage avec la *Philosophie des Oracles*, bien que l'hypothèse ait été proposée[63].

713 | On se demandera quel a pu être le contenu exact de l'ouvrage[64] cité par « Suidas » : εἰς τὰ Ἰουλιανοῦ τοῦ Χαλδαίου. Est-ce un commentaire des écrits d'un Julien se rapportant aux opérations théurgiques ? Est-ce un commentaire des *Oracles Chaldaïques* (dont Julien le Chaldéen serait le rédacteur) ? Faut-il identifier ce commentaire avec l'ὑπόμνημα τῶν λογίων dont parle Jean Lydus[65] ?

Une nouvelle difficulté apparaît avec un texte d'Énée de Gaza qui n'a pas encore été expliqué jusqu'ici d'une manière satisfaisante : ἐπιγράφει δὲ καθόλου τὸ βιβλίον, ὃ εἰς μέσον προάγει τῶν Χαλδαίων τὰ λόγια[66]. C'est le mot καθόλου qui fait difficulté. Certains interprètes le conservent ; ils proposent alors de traduire : « Porphyre donne comme titre général au livre qui les révèle au public *Les Oracles des Chaldéens* »[67], ou bien : « Porphyre donne un titre général au livre qui révèle au public les *Oracles des Chaldéens* »[68]. On voit que la première traduction fait apparaître un livre de Porphyre : *Les Oracles des Chaldéens* qui est différent de la *Philosophie des Oracles* et du *De regressu animae*, mais qui s'identifie peut-être avec l'ouvrage *Sur les écrits de Julien le Chaldéen*. L'auteur de la seconde traduction voudrait reconnaître dans ce « titre général », « *La Philosophie des Oracles* »[69]. D'autres interprètes corrigent en καθόδου ou περὶ καθόδου. Dans cette hypothèse, on traduirait : « Porphyre donne comme titre : "De la descente" au livre qui révèle au public les *Oracles* des Chaldéens. » Selon certains, ce titre se rapporterait à l'un des livres du grand ouvrage que Porphyre aurait écrit *Sur la matière*[70]. Selon H. Lewy, ce titre désignerait l'un des livres du traité de Porphyre sur les *Oracles Chaldaïques*, le titre complet de l'ouvrage étant alors : « Sur les *logia* de Julien le Chaldéen, au sujet de la descente et de la remontée des âmes »[71]. Le *De regressu animae* ne serait que la seconde partie de cet ouvrage. On voit que bien des incertitudes subsistent encore dans l'interprétation de ce passage.

| On ajoutera à cette liste des ouvrages de Porphyre citant les *Oracles Chaldaïques*, les fragments du commentaire sur le *Parménide*, dont j'ai proposé l'attribution à Porphyre. On trouve, en tout cas, dans ce texte, une allusion précieuse à la doctrine des *Oracles* concernant le premier Dieu et une intéressante distinction entre les rédacteurs des *Oracles* et les dieux auxquels ces rédacteurs attribuent cette révélation[72]. 714

C'est par Porphyre que certains auteurs latins comme Arnobe, Lactance peut-être, Victorinus et Augustin, et des auteurs grecs comme Synésius, ont connu les *Oracles*[73]. Surtout, comme je l'ai montré ailleurs, tout le néoplatonisme postérieur, de Jamblique à Damascius, a reçu de Porphyre la problématique à laquelle il essaie de répondre : concilier la lettre des *Oracles* et l'esprit du plotinisme, c'est-à-dire d'une part un système, celui des *Oracles*, dans lequel Dieu comporte en lui-même une multiplicité virtuelle : une Puissance et un Intellect, et d'autre part un système, celui de Plotin, dans lequel Dieu est absolument un et simple. La solution de Porphyre consiste à admettre une certaine préexistence de la seconde hypostase (l'Intellect ou Un-Multiple) au sein de l'Un. Les néoplatoniciens postérieurs, à partir de Jamblique, refuseront d'appliquer cette solution au niveau du premier principe, mais ils la conserveront pour expliquer la naissance de l'Un-Multiple[74]. La doctrine proclienne des hénades se situe dans cette tradition porphyrienne[75].

4. Les néoplatoniciens, de Jamblique à Pléthon

Ce sont évidemment les principaux témoins ; grâce à eux, nous possédons la plupart des citations littérales des *Oracles* qui sont réunies dans les recueils de W. Kroll et d'É. des Places. Il semble bien que le recensement de ces citations soit maintenant complet. On peut tout au plus prévoir des progrès dans le domaine de la critique textuelle. Grâce aux admirables | éditions critiques de Proclus[76], qui ont été récemment réalisées, de grands progrès ont déjà été accomplis. On peut encore attendre beaucoup d'éditions, qui restent à faire, par exemple de celle des *Dubitationes et Solutiones* de Damascius. Bidez et Cumont croyaient, en 1938, à l'utilité d'une édition du commentaire de Pléthon, estimant que celui-ci aurait connu une autre source que Psellus pour le texte des *Oracles* qu'il commentait ; mais H. Lewy a montré que Pléthon dépend entièrement de Psellus[77].

On pourrait donc supposer que, dans ce domaine, il reste relativement peu de choses à faire. Ce serait, je crois, une erreur. Jusqu'ici on s'est presque toujours contenté de glaner, dans les écrits des néoplatoniciens, les fragments épars des *Oracles Chaldaïques*, on les a rassemblés dans un ordre plus ou moins systématique en les séparant de leur contexte. Mais il faudrait maintenant les replacer dans leur contexte : il faudrait étudier la manière dont les néoplatoniciens ont vu et commenté les *Oracles*. Il n'existe qu'un travail de ce genre, qui pourra servir de modèle pour d'autres recherches futures, c'est l'ouvrage de F. W. Cremer sur les *Oracles Chaldaïques* et le *De mysteriis* de Jamblique : la manière dont les *Oracles* s'intègrent dans le mouvement conceptuel du *De mysteriis* y est analysée avec beaucoup de précision[78]. Il faudrait ainsi étudier la manière dont chaque néoplatonicien a vu et utilisé les *Oracles* : dans quels ouvrages il l'a fait ; dans quel contexte précis ; quels *Oracles*

715

il a cités ; pourquoi et comment il les a cités ; le sens qu'il
leur a donné. Il faudrait étudier de la même manière l'utilisation néoplatonicienne des écrits des théurges, qui,
comme le notait J. Bidez en 1919[79], est inséparable de la
recherche sur les *Oracles Chaldaïques*. Ces travaux permettraient peut-être, comme l'espérait J. Bidez, de reconstituer
les commentaires néoplatoniciens des *Oracles* et des œuvres
des théurges de Porphyre à Proclus. Ils permettraient en
tout cas de suivre l'histoire de la découverte et de l'interprétation des *Oracles* dans le néoplatonisme tardif. Ce serait
| une contribution importante à l'étude de la formation et   716
du fonctionnement du mode de pensée néoplatonicien.
Ces travaux n'éclaireraient pas seulement la signification
du néoplatonisme, ils conduiraient peut-être aussi à une
meilleure compréhension des *Oracles*. En étudiant attentivement la manière dont les *Oracles* sont cités, groupés, commentés, on parviendrait peut-être à entrevoir l'ordre véritable des fragments et le contexte où ils s'inséraient. Il faudrait aussi analyser la genèse, la structure et la valeur de la
systématisation néoplatonicienne des *Oracles*, qui nous est
présentée plusieurs fois par Psellus[80]. C'est sous l'influence
de cette systématisation néoplatonicienne que nous avons
tendance à croire que les *Oracles Chaldaïques* proposaient
originellement un système philosophique cohérent. On
peut se demander légitimement si cela est justifié. Sans
doute, on a parfaitement le droit d'étudier tel ou tel thème
ou notion dans les *Oracles*. Et par exemple le livre d'O.
Geudtner sur la doctrine chaldaïque de l'âme, est extrêmement précieux[81]. Mais il faut bien dire que, pour être
assuré de l'existence d'un système chaldaïque, il faudrait
que nous soyons mieux renseignés sur la forme littéraire
des *Oracles*. Il est presque sûr qu'ils ne formaient pas un
poème didactique unique, car on devine çà et là les traces
d'un dialogue entre le dieu et un consultant : le dieu parle
souvent à la première personne ou s'adresse aux hommes[82].

Ces réponses sont-elles homogènes ? Ont-elles été forgées par un théurge-philosophe habillant le néoplatonisme dans ce style oraculaire ? Ou bien correspondent-elles à différentes expériences médiumniques ? Dans ce dernier cas, toutes les expressions chaldaïques ne peuvent être totalement cohérentes, et les reconstructions systématiques doivent être menées avec la plus grande prudence.

717 | IV. Mystique, magie, théurgie, gnosticisme

Un des grands mérites du livre de H. Lewy est certainement d'avoir analysé avec beaucoup de soin les pratiques théurgiques chaldaïques[83]. Parfaitement conscient de l'originalité de ce phénomène religieux, H. Lewy ne s'est pourtant pas libéré des confusions de vocabulaire qui régnaient encore au début du XXᵉ siècle, à une époque où l'on englobait dans un même mépris le mysticisme et la magie, que l'on parvenait mal à distinguer[84]. Le sous-titre de l'ouvrage de H. Lewy est tout à fait significatif : après le titre *Chaldaean Oracles and Theurgy*, les mots *Mysticism, Magic and Platonism* semblent l'expliquer, comme si « mysticisme et magie » étaient les composantes de la théurgie. De même dans l'introduction, les *Oracles Chaldaïques* sont présentés comme un « poème magico-mystique ». Heureusement, depuis H. Lewy, les études de E. R. Dodds[85], de Cl. Zintzen[86] et, tout particulièrement, de F. W. Cremer[87] ont défini avec beaucoup de clarté l'essence propre de la théurgie chaldaïque en la distinguant aussi bien de l'expérience unitive plotinienne que de la magie. À la différence de la magie, la théurgie n'exerce pas de contrainte sur les dieux, pour les forcer à apparaître, mais au contraire elle se soumet à leur volonté en accomplissant les actes qu'ils veulent. D'autre part, à la différence de l'expérience unitive de type plotinien, la théurgie atteint l'union avec les dieux, non par un exercice spirituel, mais par des actions sacramentelles, des rites sensibles, incompréhensibles à l'intelligence : « L'accomplissement des opérations ineffables qui dépassent toute connaissance, selon un mode qui convient aux dieux, et la puissance des "symboles" indicibles compris par les dieux seuls produisent l'union théurgique. Ainsi n'est-ce point par l'intelligence que nous accomplissons les choses sacrées : sinon cette opération sera un effet de notre intelligence et dépendra de nous »[88]. Ce texte de Jamblique montre bien le supernaturalisme qui a envahi le platonisme tardif et qui sépare si profondément Jamblique de Plotin et de Porphyre.

| Malgré ces utiles distinctions, il subsiste encore beaucoup de confusion dans les esprits, lorsqu'il s'agit d'étudier ces phénomènes religieux de l'Antiquité tardive[89]. Tout d'abord, il faut bien reconnaître que le mot « mystique » est un terme mal défini, que l'on emploie souvent à tort et à travers. Cette imprécision provient probablement du fait que ce mot a été employé d'une manière technique en des sens très différents. Lévy-Bruhl l'employait à propos de la croyance des « primitifs » à des correspondances ou sympathies occultes entre les parties de l'univers[90]. Mais les psychologues et historiens de la spiritualité réservent le terme « mystique » aux états psychologiques, analogues à l'expérience unitive plotinienne, dans lesquels le sujet éprouve une union directe et immédiate avec le principe fondamental de l'être[91]. Normalement, si l'on parle de « mystique » plotinienne ou néoplatonicienne, il ne faudrait employer ce mot que dans le sens qui vient d'être défini, donc en le distinguant soigneusement des notions de théurgie et de magie qui font intervenir des rites sensibles. La mystique se caractérise précisément par le détachement de toute activité corporelle : l'expérience mystique est préparée par une ascèse intérieure et des exercices purement spirituels. Mais il faut bien prendre garde au fait que le mot

718

grec *mustikos* est employé par les néoplatoniciens dans un sens très différent de celui que nous venons de définir. Il désigne ce qui se rapporte aux mystères, donc aux rites religieux et théurgiques et, par extension, ce qui est caché, secret, mystérieux. On pourrait donc employer le mot « mystique » à propos de la théurgie, mais à condition de bien préciser alors qu'il ne s'agit pas de l'expérience mystique au sens où on peut l'employer à propos de Plotin. Il me semble que la solution la plus sage serait de bannir ce mot, source de confusion et d'obscurité.

Quoiqu'il en soit, il est important de constater que les *Oracles Chaldaïques*, s'ils proposent des techniques théurgiques d'union avec le divin, semblent connaître aussi une autre méthode de connaissance du divin, qui est très analogue à l'expérience unitive plotinienne. Un assez long fragment des *Oracles* (p. 11 Kroll = fr. 1 des Places) nous dit en effet qu'il ne faut pas chercher à saisir le principe en l'imaginant comme un objet déterminé parmi d'autres, mais qu'il faut tendre vers lui une | intelligence vide de tout contenu, précisément parce que ce principe se trouve hors des limites de l'intelligence[92]. Faut-il en conclure que les *Oracles* juxtaposent des méthodes d'union avec le divin très différentes : une méthode théurgique et une méthode purement spirituelle ? On peut imaginer, pour réduire cette incohérence, que les pratiques théurgiques sont utilisées pour l'union avec les dieux inférieurs, et la méthode purement spirituelle, lorsqu'il s'agit d'atteindre le principe suprême. Cette différence de méthode correspondrait assez bien aux conceptions porphyriennes, selon lesquelles la théurgie ne fait accéder qu'aux dieux inférieurs et seule la théologie négative permet d'atteindre le Dieu transcendant[93]. On peut aussi penser avec F. W. Cremer que ce texte se rapporte aux dispositions d'esprit dans lesquelles doit se trouver le théurge et qui s'opposent radicalement à celles du mage[94]. En effet, le fragment dont nous parlons insiste

719

beaucoup sur le fait qu'il ne faut pas « concevoir cet Intelligible avec véhémence », mais avec une intelligence docile, prête à s'abandonner à son objet. Or ce qui distingue précisément la théurgie de la magie, c'est l'absence de véhémence, de contrainte, de menace, la docilité et la soumission à la volonté des dieux. Dans cette interprétation, le fragment n'aurait pas un sens « plotinien », il ne proposerait pas une union directe et purement spirituelle avec le divin, mais il se rapporterait aux dispositions intérieures nécessaires à la réussite de l'opération théurgique.

F. W. Cremer a bien souligné l'originalité de la théurgie : « Une confusion entre théurgie et magie n'est plus possible »[95]. On peut parler d'une utilisation par le théurge de certaines pratiques magiques, mais elles sont intégrées à une démarche radicalement différente de la magie. Car la théurgie est une opération dans laquelle ce sont les dieux qui donnent une efficacité divine à l'action humaine, en sorte que l'action humaine reçoit son sens en raison d'une action et d'une initiative divines. Il serait intéressant dans cette perspective de comparer la théologie chrétienne des sacrements et la théologie néoplatonicienne de l'opération théurgique.

| W. Kroll a défini les *Oracles Chaldaïques* comme un document de gnose païenne[96]. Ici encore nous nous heurtons à un problème de terminologie à peu près inextricable. Dans l'emploi du mot « gnose », la plus grande confusion règne encore aujourd'hui, pour la simple raison que l'on n'a jamais défini clairement des critères absolument caractéristiques qui permettent de distinguer ce qui est « gnose » de ce qui n'est pas « gnose »[97]. Quoiqu'il en soit, il est bien évident qu'il faudra tenir compte désormais dans l'étude des *Oracles Chaldaïques* des progrès gigantesques faits dans les recherches sur le gnosticisme à la suite de la découverte de Nag Hammadi. Comme l'a bien montré M. Tardieu[98] au Congrès de Yale de 1978, il est possible

720

d'analyser maintenant les analogies de structure entre la pensée gnostique, notamment valentinienne, et la pensée « chaldaïque ». On peut « considérer Valentin et les *Oracles* comme appartenant au même état de développement de la pensée-mère platonicienne. » Là encore un champ très vaste d'investigations s'ouvre aux recherches futures.

***

Voilà quelques-uns des problèmes qui se posent encore à l'historien qui aborde l'énigmatique domaine des *Oracles Chaldaïques*. Souhaitons que la réédition présente de l'ouvrage de H. Lewy incite les chercheurs à s'aventurer dans ces terres qu'il a magnifiquement explorées. Il reste beaucoup de travaux à entreprendre afin de préparer la grande synthèse dont rêvait J. Bidez et qui réunirait à la fois les *Oracles*, étudiés dans leur contexte néoplatonicien, et tous les documents relatifs à la théurgie, théorique et pratique.

Notes

1. Hésitations : en 1829, Ch. A. Lobeck (*Aglaophamus*, p. 102) est le premier à supposer que le rédacteur des *Oracles* est Julien le Théurge. En 1839-1840, Thilo (*De coelo empyreo*, II, p. 14) a accepté cette hypothèse. W. Kroll, dans sa monographie sur les *Oracles Chaldaïques* (Breslau 1894), l'admet lui aussi avec beaucoup de circonspection et de prudence. Il y renonce en 1918 dans son article *Iulianos* de la *Realencyclopädie* (X, 1, col. 15-18). J. Bidez se contente d'affirmer que les deux Julien furent les premiers interprètes des *Logia* (*Catalogue des manuscrits alchimique grecs*, t. VI, Bruxelles 1928, p. 106).

2. Suidas, *Lexikon*, art. *Ioulianos* (n° 433-434 Adler).

3. À lire le texte de Suidas, on a l'impression que ces *Telestika* sont différents des *Oracles* en vers. Or une scholie du *Philopseudes* de Lucien (t. IV, p. 224 Jacobitz) parle d'un commentaire de Proclus sur ces

Telestika de Julien, et l'on s'accorde en général à reconnaître en ces *Telestika* les *Oracles* eux-mêmes (cf. L. G. Westerink, « Proclus, Procopius, Psellus », *Mnemosyne*, 3ᵉ série, 10 (1942), p. 276 ; E. R. Dodds, « Theurgy and its Relationship to Neoplatonism », *Journal of Roman Studies*, 37 (1947), p. 55).

4. Psellus, dans J. Bidez, *Catalogue des manuscrits alchimiques grecs*, t. VI, p. 178, n. 2.

5. Psellus, *Accusation de Michel Cérulaire*, dans É. des Places, *Oracles Chaldaïques*, Paris 1971, p. 219.

6. Psellus, *Du premier discours sur le Fils* (de Grégoire de Nazianze), dans É. des Places, *Oracles Chaldaïques*, p. 224. Dans son petit traité *A ceux qui avaient demandé combien il y a de genres de discours philosophiques* (É. des Places, *Oracles Chaldaïques*, p. 222), Psellus parle bien de Julien le Théurge qui opéra un prodige pendant l'expédition de Marc Aurèle contre les Daces, mais il ne dit pas explicitement que ce Julien est le rédacteur des *Oracles* ; ce Julien n'intervient qu'à propos du thème des évocations de dieux, comme adversaire d'Apulée dans une joute de pouvoir incantatoire.

7. W. Theiler, *Die chaldäischen Orakel und die Hymnen des Synesios*, Halle 1942, p. 2, n. 2 (= *Forschungen zum Neuplatonismus*, Berlin 1966, p. 253, n. 5) ; O. Geudtner, *Die Seelenlehre der chaldäischen Orakel*, Meisenheim am Glan 1971, p. 1, n. 5.

8. Proclus, *In Remp.* II, p. 123. 12 Kroll ; *In Crat.*, p. 72. 10 Pasquali (où il est question de la conjuration des dieux par leur nom).

9. L'Empereur Julien, *Lettres*, 12, p. 19 Bidez.

10. Suidas, art. *Porphyrios*. Cf. *infra*, n. 64.

11. J. Bidez, *Vie de Porphyre*, Gand 1913, p. 70*, cf. Jean Lydus, *De mens.*, IV 53, p. 110. 18 Wünsch.

12. Cf. H. Lewy, *Chaldæan Oracles*, cit., p. 5 et n. 5 ; A. J. Festugière, *La Révélation d'Hermès Trismégiste*, t. III, Paris 1953, p. 53, n. 5.

13. É. des Places, *Oracles Chaldaïques*, p. 7. Cf. aussi F. W. Cremer, *Die Chaldäischen Orakel und Jamblich de mysteriis*, Meisenheim am Glan 1969, p. 10 : « Wir können der allgemeinen Gepflogenheit, Julian dem Theurgen allein die Orakel zu geben, nicht ohne Bedenken folgen ; so lässt Psellos Julian <den Chaldäer> (le texte imprimé porte : den Theurgen, mais tout le contexte montre qu'il s'agit d'une faute d'impression) sie verfassen, und die neuplatonische Zitierweise als "die Chaldäer", "die Assyrer", "die Theurgen", "die Theologen", "die Theosophen", "die Barbaren" u.a. vergrössert nur unsere Verlegenheit. »

14. On ne la trouve clairement que chez Psellus, qui a connu Proclus, par l'intermédiaire de commentaires sur Grégoire de Nazianze, eux-

mêmes inspirés de Procope, cf. J. Whittaker, « Proclus, Procopius, Psellus and the scholia on Gregory Nazianzen », *Vigiliae Christianae*, 29 (1975), p. 309-313.

15. Proclus, *In Tim.* I, p. 317. 24 Diehl ; et Damascius, *Dub. et Sol.*, t. II, p. 128. 3-4 Ruelle (cf. W. Kroll, p. 34 et des Places, fr. 63). Le fr. 71 des Places (= p. 36 Kroll) est rapporté par Proclus à τις τῶν θεουργῶν.

16. Cf. plus haut, n. 3. Que sont exactement les ὑφηγητικά (Proclus, *In Tim.* III, p. 124. 32) ou ὑφηγηματικά (Damascius, *Dub. et Sol.*, t. II, p. 203. 29 Ruelle) ? Cf. F. W. Cremer, *Die Chaldäischen Orakel und Jamblich de mysteriis*, p. 88.

17. E. R. Dodds, « Theurgy », art. cit., p. 56.

18. J. Geffcken, *Der Ausgang des griechisch-römischen Heidentums*, Heidelberg 1929 (réimpression Darmstadt 1963), p. 276, n. 94.

19. W. Kroll, art. Χαλδαϊκὰ λόγια dans *Paulys Realencyclopädie*, t. III, 2 (1899), col. 2045.

20. Jamblique, *De myst.*, I 2, p. 5. 9 Parthey (p. 40 des Places). Sur le sens du mot « Chaldéen » chez Jamblique, cf. F. W. Cremer, *Die Chaldäischen Orakel und Jamblich de mysteriis*, p. 14-15.

21. Les peuples « sacrés », expression de Jamblique, *De myst.*, VII 5, p. 257. 9 Parthey (p. 193 des Places). Sur l'idée que les Grecs de l'Antiquité tardive se faisaient des Chaldéens, cf. l'article *Chaldaioi* de Baumstark dans *Paulys Realencyclopädie*, t. III, 2 (1899), col. 2055-2061.

22. Par exemple, chez Jamblique, *De myst.*, VIII 3, p. 262. 14 Parthey (p. 196 des Places).

23. Cf. H. Lewy, *op. cit.*, p. 7.

24. W. Kroll, *De orac. chald.*, p. 14, n. 1.

25. Cf. A. J. Festugière, *La Révélation d'Hermès Trismégiste*, t. III, p. 54-56.

26. A. J. Festugière, « La religion grecque à l'époque hellénistique », REG, 64 (1951), p. 482 : « Le recueil démarque, sous mode oraculaire, le traité de Numénius *Sur le Bien.* »

27. J. H. Waszink, « Porphyrios und Numenios », dans *Entretiens sur l'Antiquité classique*, t. XII, Fondation Hardt, Vandœuvres-Genève 1966, p. 65.

28. E. R. Dodds, « Numenius and Ammonius », dans *Entretiens sur l'Antiquité classique*, t. V, Fondation Hardt, Vandœuvres-Genève 1960, p. 10-11.

29. Cf. l'article cité *infra* n. 59, dans H. Lewy, *op. cit.*, p. 700.

30. H. Lewy, *op. cit.*, p. 320, n. 27 : « A reversal of the relation between Numenius and the Chaldaeans is out of question, if only for the reason that the philosopher never gives any sign of knowing the *Oracles.* » É. des

Places commet donc une erreur lorsqu'il range H. Lewy parmi les partisans d'une priorité des *Oracles* par rapport à Numénius (*Oracles Chaldaïques*, p. 11).

31. H. Lewy, *op. cit.*, p. 320-321. L'auteur souligne le fait que les *Oracles* ignorent la doctrine de Numénius sur l'âme mauvaise et que Numénius ignore la doctrine des *Oracles* sur les puissances divines et les émanations.

32. Cf. H. Lewy, *op. cit.*, p. 318, n. 19. La théorie des deux sagesses divines, dans la théologie chrétienne, se rattache au même courant de pensée, cf. A. Orbe, *Estudios Valentinianos*, I, 1, Rome 1958, p. 359 et 572.

33. Πατρογενὴς ὕλη : Psellus, *Hypotyp.*, 27 (p. 201 des Places) dans Jean Lydus, *De mens.*, II 11, p. 32. 3, il faut lire probablement πατρογενῆ ὕλην avec le groupe X (et non πρωτογενῆ ὕλην, p. 10, n. 1 Kroll ; fr. 173 des Places) ; cf. aussi Jean Lydus, *De mens.*, IV 159, p. 175. 9 : ὁ Χαλδαῖος ἐν τοῖς λογίοις πατρογενῆ τὴν ὕλην ὀνομάζει. Voir F. W. Cremer, *Die Chaldäischen Orakel und Jamblich de mysteriis*, p. 27, n. 73.

34. Cf. Numénius, test. 30 Leemans = fr. 52 des Places (Calcidius, *In Tim.*, § 295), qui reproche à certains Pythagoriciens de faire dériver la matière de Dieu : *ex deo silva*. Sur ce thème, cf. A. J. Festugière, *La Révélation d'Hermès Trismégiste*, t. IV, p. 37.

35. Cf. le texte cité note 34 : « Recedente a natura sua singularitate et in duitatis habitum migrante. »

36. Je pense en effet qu'il faut traduire l'*Oracle* suivant (p. 15 Kroll = fr. 12 des Places) : τανοὴ μονάς ἐστιν καὶ δύο γεννᾷ de cette manière : « La monade est étendue et elle engendre deux », et non pas comme H. Lewy et, à sa suite, É. des Places : « Il est une monade subtile qui engendre deux. » Dans le contexte de la citation de cet *Oracle* par Damascius (*Dub. et Sol.*, § 148), il apparaît clairement que τανοή implique l'idée de déploiement et d'extension. Le vers est appliqué à l'Aiôn, parce qu'il est élan et *tension* (τετάσθαι, c'est l'étymologie de τανοή) vers la génération. Sur cette dérivation de la dyade à partir de la monade, cf. les références données par J. H. Waszink dans l'apparat de son édition de Calcidius, § 295. Il faut probablement donner le même sens, dans le fr. 1 de des Places (= p. 11 Kroll), au mot τανοός : « Il faut penser cet Intelligible avec la flamme tendue de l'Intellect tendu. » Ce sens est confirmé par le τεῖναι du vers 9 (des Places) = 10 (Kroll).

37. H. Lewy, *op. cit.*, p. 7.

38. Psellus, *Commentaire des Oracles Chaldaïques*, 1125 d, p. 164 des Places.

39. Cf. l'apparat critique de l'édition Henry-Schwyzer, ad I 9, 1. Voir aussi F. Cumont, « Comment Plotin détourna Porphyre du suicide », REG, 32 (1919), p. 116, n. 3.

110   PROBLÈMES GÉNÉRAUX

40. E. R. Dodds, « Theurgy », art. cit., p. 57, n. 26 a.
41. Comme le note É. des Places lui-même, p. 165, n. 1 : cet oracle « s'accommode mal du mètre, même avec la transposition proposée. »
42. S. Eitrem, « La théurgie chez les néo-platoniciens et dans les papyrus magiques », *Symbolae Osloenses*, 22 (1942), p. 49-79, notamment p. 50-51 et 62-66.
43. E. R. Dodds, « Theurgy », art. cit., p. 57-58.
44. W. Theiler, « Ammonios und Porphyrios », dans *Entretiens sur l'Antiquité classique*, t. XII, Fondation Hardt, Vandœuvres-Genève 1966, p. 112-113, suivi par Ch. Elsas, *Neuplatonische und gnostische Weltablehnung in der Schule Plotins*, Berlin 1975, p. 272-281. Les allusions d'Hiéroclès aux *Oracles* s'expliquent par le néoplatonisme de son époque, cf. Ilsetraut Hadot, *Le problème du néoplatonisme alexandrin. Hiéroclès et Simplicius*, Paris 1978, p. 69-71, 73.
45. Cf. Porphyre, *De antro nymph.*, 34 (peut-être inspiré d'ailleurs de Numénius). Voir F. Buffière, *Les mythes d'Homère et la pensée grecque*, Paris 1956, p. 414.
46. Cf. H. Rondet, « Le symbolisme de la mer chez saint Augustin », dans *Augustinus Magister*, t. II, Paris 1954, p. 691-701.
47. Porphyre, *Vita Plot.*, 22. 31 : πικρὸν κῦμα.
48. H. Lewy, *op. cit.*, p. 278, n. 77. Cf. O. Geudtner, *Die Seelenlehre der chaldäischen Orakel*, p. 12, n. 57.
49. *Orientis Graeci Inscriptiones Selectae*, t. I, n. 383, 120, p. 601 Dittenberger : τῆς δὲ ἀσεβείας (ἔργον) ὀπισθοβαρεῖς ἀνάγκαι cité par I. Hadot, dans les notes de l'édition (à paraître) du Commentaire de Simplicius *Sur le Manuel d'Épictète* (ad p. 35. 2 Dübner : ἵνα μὴ... ὀπισθοβαρὴς εὑρεθῇς).
50. Le mot ἀμφίστομος est plusieurs fois employé par Proclus en liaison avec ἀμφιπρόσωπος qui est peut-être un terme chaldaïque (*In Tim.* II, p. 246. 19 et 293. 23 Diehl). Cf. H. Lewy, *op. cit.*, p. 355, A. J. Festugière, *Proclus, Commentaire sur le Timée*, t. III, p. 170, n. 1).
51. L'Intellect plotinien est ἀμφίστομος parce qu'il regarde d'une part vers lui-même, c'est-à-dire vers les Idées, d'autre part vers l'Un (en renonçant d'ailleurs alors à être Intellect). Cette situation a peu de rapport avec celle de l'Hécate chaldaïque.
52. Cf. G. Wolff, *Porphyrii de philosophia ex oraculis haurienda librorum reliquiae*, Berlin 1856 (réimpr. Hildesheim 1962).
53. H. Lewy, *op. cit.*, p. 8-65.
54. K. Buresch, *Klaros*, Leipzig 1889.
55. G. Wolff, *Porphyrii de philosophia ex orac. rel.*, p. 42.
56. C'était l'opinion de G. Wolff, p. 29 et 66 ; W. Kroll, *De oraculis chaldaicis*, p. 6 ; E. R. Dodds, « Theurgy », art. cit., p. 58.

57. H. Lewy, *op. cit.*, p. 8-65.

58. J. J. O'Meara, *Porphyry's Philosophy from Oracles in Augustine*, Paris 1959, p. 35 ; P. Hadot, « Citations de Porphyre chez Augustin », *Revue des études augustiniennes*, 6 (1960), p. 208 (je serais beaucoup moins affirmatif aujourd'hui).

59. E. R. Dodds, « New Light on the *Chaldaean Oracles* », *Harvard Theol. Review*, 54 (1961), p. 263-273 (repris dans H. Lewy, *op. cit.*, p. 639-701), p. 265 (= p. 695) ; É. des Places, *Oracles Chaldaïques*, p. 55.

60. E. R. Dodds, « New Light », art. cit., p. 267 (= p. 697).

61. Cf. les principaux fragments rassemblés par J. Bidez, *Vie de Porphyre*, Gand 1913 (réimpression Hildesheim 1964) p. 27*-44*. Cf. Macrobe, *In Somn. Scip.*, I 13, 15 : « In arcanis de animae reditu disputationibus. »

62. Cf. P. Hadot, *Porphyre et Victorinus*, t. I, Paris 1968, p. 94 et 107-108.

63. J. J. O'Meara a proposé cette identification dans son livre *Porphyry's Philosophy from Oracles in Augustine*, Paris 1959. Voir mes objections dans « Citations de Porphyre chez Augustin », *Revue des études augustiniennes*, 6 (1960), p. 205-244 et dans « La métaphysique de Porphyre », dans *Entretiens sur l'Antiquité classique*, t. XII, Fondation Hardt, Vandœuvres-Genève 1966, p. 133 [voir *infra*, p. 322]. Cf. aussi E. R. Dodds, « New Light », art. cit., p. 265 (= p. 695), n. 8.

64. « Suidas », t. IV, p. 178. 22 Adler qui donne le texte des manuscrits : εἰς τὴν Ἰουλιανοῦ τοῦ Χαλδαίου, mais il faut admettre la correction de Valesius : εἰς τὰ. La faute des manuscrits vient probablement d'une erreur d'un scribe qui a cru que la φιλόσοφον ἱστορίαν qui fait suite, était l'œuvre de Julien le Chaldéen. Ou bien faut-il lire : εἰς τὴν Ἰουλιανοῦ τοῦ Χαλδαίου <τέχνην> ?

65. C'est l'opinion de J. Bidez, *Vie de Porphyre*, p. 70* ; E. R. Dodds, « New Light », art. cit., p. 266-267 (= p. 696-697).

66. Énée de Gaza, *Théophraste*, p. 45. 4 Colonna (p. 51 Boissonade).

67. Cf. J. Bidez, *Vie de Porphyre*, p. 160 et W. Theiler, *Die chaldäischen Orakel und die Hymnen des Synesios*, p. 2 (dans son livre *Porphyrios und Augustin*, p. 16, W. Theiler propose de lire αὐτὸς οὗτος au lieu de δὲ καθόλου τὸ).

68. J. J. O'Meara, *Porphyry's Philosophy from Oracles*, p. 41.

69. J. J. O'Meara, *ibid.*, p. 42.

70. G. Wolff, *Porphyrii de philosophia ex oraculis haurienda*, p. 28-30.

71. H. Lewy, *op. cit.*, p. 450.

72. Cf. P. Hadot, *Porphyre et Victorinus*, t. I, p. 107-109 et t. II, p. 91-95. Cf. W. Theiler, « Das Unbestimmte, Unbegrenzte bei Plotin », *Revue internationale de Philosophie*, 24 (1970), p. 291, qui reconnaît Porphyre

comme l'auteur du commentaire sur le *Parménide* et donne une interprétation du texte sur les *Oracles Chaldaïques*.

73. Cf. le résumé de É. des Places, *Oracles Chaldaïques*, p. 29-41. Sur Porphyre et l'Occident, cf. P. Hadot, *Porphyre et Victorinus*, t. I, p. 81-86 et p. 461-474.

74. Cf. *Porphyre et Victorinus*, t. I, p. 484-485 résumant de nombreux développements.

75. Cf. la thèse inédite de Ch. Guérard, *Proclus et la théologie porphyrienne. Recherches sur les traces et l'importance du commentaire sur le* Parménide *attribué à Porphyre dans l'*In Parmenidem *de Proclus*, Université de Paris-IV, 1977, p. 160-167. Sur la théorie des hénades chez Proclus, cf. H. D. Saffrey-L. G. Westerink, *Proclus, Théologie platonicienne*, livre III, Paris 1978, p. LI-LXXVII.

76. Je fais allusion ici aux éditions des œuvres de Proclus, Olympiodore et Damascius, qui ont été réalisées récemment par H. Boese, H. D. Saffrey, L. G. Westerink, Cl. Zintzen, et d'autres savants.

77. J. Bidez-F. Cumont, *Les Mages hellénisés*, t. I, Paris 1938, p. 158-163. H. Lewy, *op. cit.*, p. 474.

78. Cf. plus haut, n. 13. Le travail de W. Theiler, *Die chaldäischen Orakel und die Hymnen des Synesios*, est une monographie du même genre, mais le mouvement de la pensée de Synésius, la structure littéraire des *Hymnes* y sont assez peu étudiés.

79. J. Bidez, « La liturgie des mystères chez les Néo-platoniciens », *Bulletin de l'Académie royale de Belgique, Classe des Lettres*, 1919, p. 415-423. Cf. aussi J. Bidez-E. Cumont, *Les mages hellénisés*, t. I, p. 163 : « Comme nous l'avons montré ailleurs, si l'on voulait donner une suite utile à l'entreprise de M. Kroll, on ne pourrait pas se contenter de reproduire avec ses derniers accroissements la série des hexamètres qu'il a magistralement reconstitués. Il faudrait y joindre un ensemble considérable de textes relatifs à la théurgie que ces vers prétendaient prescrire et justifier, ce qui entraînerait à réunir les fragments du grand ouvrage de Proclus sur l'accord des *Logia* avec Orphée, Pythagore et Platon. »

80. Psellus, dans É. des Places, *Oracles Chaldaïques*, p. 189-191, 194-195, 198-201, 223-224 et Michel Italicus, *ibid.*, p. 214-217.

81. Pour les références bibliographiques, cf. *supra*, n. 7.

82. W. Theiler (*Die chaldäischen Orakel und die Hymnen des Synesios*, p. 1) a rassemblé les textes des néoplatoniciens qui font allusion aux réponses des dieux aux théurges : Proclus, *In Remp.* I, p. 39. 18 : « Les dieux parlant clairement au théurge » ; *ibid.* II, p. 242. 9 « Les dieux parlant aux théurges » ; *In Alc.*, 53. 1 (p. 23) Westerink : « Les dieux recommandent aux théurges » ; Damascius, *Dub. et Sol.*, t. I, p. 154. 15 : « Les

dieux, dans ces vers où ils s'adressent au théurge » ; Julien, *Orat.* V, 178 d : « Les dieux le promettent dans leurs recommandations aux théurges qui sont tout à fait purs. » Cette dernière citation semble laisser entendre que le mot « théurge » ne désigne pas, dans toutes ces citations, les deux Julien, mais les théurges en général, autrement dit que les *Oracles* s'adressent aux hommes qui pratiquent la théurgie. D'ailleurs les *Oracles* eux-mêmes parlent des théurges en général (p. 53 Kroll = fr. 153 des Places).

83. H. Lewy, *op. cit.*, p. 177-309.

84. Cf. J. Bidez lui-même dans J. Bidez-Fr. Cumont, *Les mages hellénisés*, p. 163 : « Ils [*scil.* les *Oracles Chaldaïques*] sont mystiques. » Dans son étude : « La théurgie chez les néo-platoniciens et les papyrus magiques », *Symbolae Osloenses*, 22 (1942), p. 49-79, S. Eitrem voudrait expliquer la contemplation plotinienne par la *systasis* magique (p. 53 et suiv.). Voir la mise au point de E. R. Dodds, dans l'article cité plus haut, n. 3.

85. E. R. Dodds, « Theurgy », art. cit., p. 55-69.

86. Cl. Zintzen, « Die Wertung von Mystik und Magie in der neuplatonischen Philosophie », *Rheinisches Museum*, 108 (1965), p. 71-100.

87. F. W. Cremer, *Die Chaldäischen Orakel und Jamblich* de mysteriis, p. 19-36.

88. Jamblique, *De myst.*, II 11, p. 96. 17 Parthey (p. 96 des Places).

89. On trouvera un exemple de cette confusion en lisant la discussion qui suivit la conférence de É. des Places, « La religion de Jamblique », dans *Entretiens sur l'Antiquité classique*, t. XXI, Fondation Hardt, Vandœuvres-Genève 1975, p. 98-100 (B. Dalsgaard Larsen insiste avec raison sur la différence entre théurgie et magie).

90. L. Lévy-Bruhl, *L'expérience mystique et les symboles chez les primitifs*, Paris 1938, où l'on trouve une confusion totale entre mystique et magie (pouvoir sur les puissances invisibles).

91. Pour une initiation à ces problèmes, cf. l'article de M. de Certeau, *Mystique*, dans l'*Encyclopaedia Universalis*, où l'on trouvera une bibliographie, à laquelle on ajoutera R. C. Zaehner, *Mysticism sacred and profane*, Oxford 1957 ; J. Baruzi, *Saint Jean de la Croix et le problème de l'expérience mystique*, Paris 1924.

92. On comparera avec Plotin, *Enn.* VI 7, 34. 1-4 : l'âme se dépouille de toute forme même intelligible ; V 3, 13. 1 ; V 5, 6. 7 : impossibilité de saisir l'Un comme un τόδε, une chose déterminée.

93. Cf. Porphyre, *De regressu animae*, p. 32*-40*, dans Macrobe, *In Somn. Scip.*, I 2. 14-21.

94. F. W. Cremer, *Die Chaldäischen Orakel*, p. 13, notamment n. 52 : « Schon hier tritt die Position der *Chaldaica* und des Jamblich zu Tage :

Die Hingabe an die Götter, das Sichöffnen ; der Weg nach oben vollzieht sich in Gegensatz zur plotinischen und porphyrischen Forderung nach der sittlichen Leistung in Wahrheit als 'Passion'. Der Theurge liefert sich aus. Der handelnde Teil sind immer nur die Götter ; die Bewegung geht von oben nach unten. »

95. F. W. Cremer, *Die Chaldäischen Orakel*, p. 20 (qui donne comme exemple de cette confusion S. Eitrem, *Orakel und Mysterien*, Zurich 1947, p. 64).

96. W. Kroll, *De oraculis chaldaicis* (réimpr. Hildesheim 1962), p. 70.

97. J'ai essayé de définir les caractéristiques du gnosticisme chrétien dans l'article « Gnosticisme chrétien » de l'*Encyclopaedia universalis*. Reste le problème de la définition du gnosticisme païen, s'il existe.

98. M. Tardieu, « Le Congrès de Yale sur le Gnosticisme (28-31 mars 1978) », *Revue des études augustiniennes*, 24 (1978), p. 199-200, en attendant la publication de sa communication intitulée *La gnose valentinienne et les Oracles Chaldaïques* [publiée dans *The Rediscovery of Gnosticism*, Proceedings of the International Conference on Gnosticism at Yale, Connecticut, March 28-31, 1978, t. I : *The School of Valentinus*, ed. by B. Layton, Leiden 1980, p. 194-237.]

9

Dieu comme acte d'être.
À propos des théories d'Étienne Gilson
sur la « métaphysique de l'*Exode* »[*]

Je voudrais tout d'abord exprimer toute mon admiration pour celui qui fut pour moi un maître, non seulement dans le domaine de l'histoire de la philosophie, par ses grands ouvrages sur Descartes, saint Bernard, saint Thomas, mais aussi dans le domaine de la philosophie générale, notamment par son étude sur l'*Être et l'Essence*. Deux thèmes de cet ouvrage ont marqué définitivement ma pensée. Ce fut tout d'abord l'idée que la philosophie ne peut être un système sans renoncer à l'essence même de la connaissance qui est de « voir » et non de « construire »[1]. Ce fut ensuite et surtout l'idée que l'acte d'être transcende l'étant et l'essence. Je lui fus d'ailleurs tout particulièrement reconnaissant d'avoir écrit à propos de l'existentialisme : « Pour la première fois, depuis longtemps, la philosophie se décide à parler de choses sérieuses [...] L'existence est chose sacrée, son contact est intolérable et toutes les ressources du divertissement pascalien ne sont

* Paru dans : *Étienne Gilson et nous : la philosophie et son histoire*, Paris 1980, p. 117-122.

pas de trop pour se protéger contre lui. S'il y a du divin dans le monde, c'est là qu'il réside et nul ne saurait approcher sans éprouver à son contact un effroi proprement religieux, dans une expérience de tout l'être à laquelle le corps même est vitalement intéressé »[2].

Dans la perspective de cette philosophie de l'être, j'ai longtemps pensé qu'É. Gilson avait raison de parler d'une métaphysique de l'*Exode*. Il voulait, par cette expression, faire comprendre le rôle que le christianisme avait joué dans l'élaboration de la notion d'être. Il ne voulait pas dire qu'il y avait, en toutes lettres, une métaphysique dans le passage de l'*Exode* (3. 14) auquel il faisait allusion, mais que le christianisme avait découvert sa métaphysique, sa doctrine de Dieu, dans la réflexion philosophique sur ce passage de la Bible : « Pour savoir ce qu'est Dieu, c'est à Dieu même que Moïse s'adresse. Voulant connaître son nom, il le lui demande, et voici sa réponse : *Ego sum qui sum. Ait : sic dices filiis Israel : qui est misit me ad vos*. Ici encore pas de métaphysique, mais Dieu a parlé, la cause est entendue, et c'est l'*Exode* qui pose le principe auquel la philosophie chrétienne tout entière sera désormais suspendue. À partir de ce moment, il est entendu une fois pour toutes que l'être est le nom propre de Dieu et que, selon la parole de saint Ephrem reprise par saint Bonaventure, ce nom désigne son essence même. Or, dire que le mot « être » désigne l'essence de Dieu et que Dieu est le seul dont ce mot désigne l'essence, c'est dire qu'en Dieu l'essence est identique à l'existence et qu'il est le seul en qui l'essence et l'existence soient identiques. C'est pourquoi, se référant expressément au texte de l'*Exode*, saint Thomas d'Aquin déclarera qu'entre tous les noms divins il en est un qui est éminemment propre à Dieu, c'est *Qui est*, justement parce qu'il ne signifie rien d'autre que l'être même : *non enim significat formam aliquam, sed ipsum esse*. Principe d'une fécondité métaphysique inépuisable et dont toutes les études qui suivront ne feront que considérer les suites. Il n'y a qu'un Dieu et ce Dieu est l'être, telle est la pierre d'angle de toute la philosophie chrétienne, et ce n'est pas Platon, ce n'est même pas Aristote, c'est Moïse qui l'a posée [...] Par delà toutes les images sensibles et toutes les déterminations conceptuelles, Dieu se pose comme l'acte absolu de l'être dans sa pure actualité »[3]. On voit donc que pour É. Gilson, il y avait une liaison étroite entre le monothéisme : « Il n'y a qu'un Dieu » et l'affirmation de la transcendance de l'acte d'être : « Dieu est l'acte d'être, *ipsum esse.* » C'est pourquoi il lui semblait qu'il était exclu *a priori* que la tradition hellénique, essentiellement polythéiste, ait pu parvenir à concevoir que le principe de toutes choses pût être l'acte d'être.

Il m'est apparu peu à peu que ce schéma historique appelait beaucoup de corrections. Tout d'abord, la « pierre d'angle » dont parle Gilson n'a pas été posée par Moïse lui-même, mais par ses traducteurs grecs, eux-mêmes tributaires de conceptions philosophiques grecques. Ce sont eux qui n'ont pas hésité à identifier Dieu et l'Étant, parce qu'ils trouvaient pareille identification dans la philosophie grecque : c'est ce qu'a bien montré C. J. de Vogel[4].

On pourrait évidemment répondre à cette objection que l'originalité de la philosophie chrétienne a consisté à découvrir, non seulement que Dieu était l'Étant, mais qu'il était l'acte d'être, l'*ipsum esse.* Cette notion de pure actualité de l'être n'aurait été découverte que par saint Thomas.

Pourtant, là encore, il faut apporter de sérieuses restrictions[5]. L'idée d'acte d'être n'est pas du tout étrangère à la pensée grecque. Elle apparaît très clairement dans un texte néoplatonicien que j'ai été amené à étudier attentivement. Il s'agit d'un commentaire sur le *Parménide* de Platon, commentaire qui, malheureusement, ne nous est parvenu que dans quelques fragments palimpsestes de la Bibliothèque de Turin. Ils furent édités par W. Kroll en 1892 et réédités par moi-même en 1968[6]. J'ai attribué ce commentaire à Porphyre, disciple et éditeur de Plotin. Mais, peu importe l'auteur, on ne peut nier que ce commentaire soit l'œuvre d'un néoplatonicien antérieur à Proclus.

Le fragment qui nous intéresse commente le passage suivant du *Parménide* (142 b) : « L'Un, s'il *est*, y a-t-il moyen que lui, il *soit* et que, pourtant, à l'*ousia*, il n'ait point part ? ». Il s'agit, on le voit, du début de la seconde hypothèse du *Parménide* : quelles seront les conséquences, si nous disons : l'Un est ? Platon veut dire dans le passage en question : si l'on attribue à « Un » le prédicat « est », cela signifie que sujet (« Un ») et prédicat (« est ») communient ensemble, participent l'un à l'autre, et notamment que « Un » participe à « être » ou à *ousia* (c'est-à-dire au fait d'être). Platon pose donc le problème de la participation.

119

Cette participation de l'Un à l'Être, de l'Être à l'Un, pose à notre commentateur néoplatonicien de redoutables apories. Il existait, depuis Plotin, une grille d'interprétation du *Parménide*. Selon ce système, la première hypothèse (« l'Un est *Un* ») correspondait au premier Un, au principe de toutes choses : l'Un, transcendant et inconnaissable. La seconde hypothèse (« l'Un est ») correspondait au second Un, c'est-à-dire à un type d'unité déjà dégradé et mélangé de multiplicité : l'Un-qui-est, l'Un-Étant, c'est-à-dire la première Essence *(ousia)*, le premier Étant, à partir duquel tous les étants recevront l'être, le premier Intellect aussi qui se pose en se pensant et se pense en étant[7]. Notre commentateur identifie d'ailleurs explicitement le premier Un avec Dieu : « Car bien que le Dieu qui est au-dessus de tout soit indicible et innommable au plus haut point, pourtant ce n'est pas à cause d'un défaut de sa nature que lui advient précisément la notion d'Un. Car d'une manière adéquate, cette notion écarte de lui toute multiplicité, toute composition, toute variété »[8]. Et tout aussi explicitement, il identifie l'objet de la seconde hypothèse avec le second Un, l'Étant en soi[9]. C'est précisément ici que commencent les difficultés. Notre commentateur note que cet Étant ne participe pas à l'*ousia*[10] ; il veut dire qu'étant lui-même l'Étant en soi et l'*ousia* première, cet Étant ne peut participer à une *ousia* qui lui serait antérieure ; ceci est le propre des étants inférieurs et particuliers : ce sont ces étants qui participent à l'Étant, c'est-à-dire qui ont leur acte d'être par lui. Mais alors, pourquoi Platon dit-il que cet Un-Étant, cette seconde hypostase, participe à l'*ousia* ? N'est-ce pas tout à fait impossible puisque cet Un-Étant est lui-même la première *ousia* ? La difficulté est d'autant plus grande que, pour un platonicien, du moment que l'on énonce la proposition : « L'Un *est* », on est obligé d'accepter la formule de Platon et de dire avec lui : « L'Un participe à l'*ousia*. » En effet un sujet ne peut recevoir un prédicat différent de lui qu'en participant à la Forme en soi, pure et non-mêlée, dont ce prédicat atteste la présence. Dire que l'Un est, c'est supposer que l'Un participe à l'idée d'être. Il s'agit évidemment ici du second Un ; mais il n'en reste pas moins que la difficulté demeure entière. N'est-ce pas lui qui joue le rôle d'idée de l'Être par rapport à tous les autres étants ? Et avant le second Un, il n'y a que le premier Un, qui n'est évidemment ni Étant, ni *ousia*.

Notre commentateur propose deux solutions à ce problème. Je ne parlerai pas de la première, qui ne se rapporte pas directement à notre propos. J'en ai exposé ailleurs le sens[11]. La seconde solution consiste à chercher dans le premier Un un aspect qui puisse justifier la formule : le second Un participe à l'*ousia*, donc un aspect ontologique.

C'est ici qu'apparaît la notion d'acte d'être : « Vois donc si Platon n'a pas l'air de quelqu'un qui laisse entendre un enseignement caché : car l'Un qui est au-delà de l'Essence et de l'Étant, n'est ni Étant, ni Essence *(ousia)*, ni Acte, mais plutôt il agit, il est lui-même l'agir pur, en sorte qu'il est lui-même le[12] "être", le "être" qui est avant l'Étant. C'est en participant à ce "être" que le second Un reçoit de lui un "être" dérivé : c'est cela participer à l'étant[13]. Ainsi le "être" est double : le premier préexiste à l'Étant, le second est celui qui est produit par l'Un. » Et notre commentateur précise que l'Un qui produit le "être" de l'Étant, « c'est l'Un qui est l'au-delà *(Epekeina)*[14] et qui est le "être" au sens absolu, en quelque sorte l'Idée de l'Étant. » « C'est en participant à ce "être", continue-t-il, qu'un autre Un a été engendré auquel est accouplé le "être" produit par le premier Un. »

On le voit, ce texte est tout à fait explicite. Il distingue clairement entre le premier et le second Un. Le premier Un est purement Un : il est l'au-delà, il est au-delà de l'Essence, de l'Étant et de l'Acte (l'Acte étant conçu certainement ici comme la Détermination). Le second Un est produit par le premier ; il est l'Étant, composé d'un sujet : l'Un (mais abaissé, dérivé, précisément parce qu'il est devenu un sujet qui entre en composition avec le prédicat : *est*), et d'un prédicat qui est le « être » reçu du premier Un. Ce « être » reçu par le second Un, doit nécessairement préexister sous une forme absolue, en bonne doctrine platonicienne. Ce « être » absolu ne peut être alors que le premier Un. On notera que notre commentateur exprime cela en disant que le premier Un est en quelque sorte l'Idée de l'Étant. Il veut dire par là que le premier Un est la préexistence transcendante de l'être de l'Étant. Mais on voit par le contexte que le commentateur emploie le mot « Idée » dans un sens très particulier, puisqu'il insiste fortement par ailleurs sur le fait que le « être » est un agir, un agir pur et absolu. Il veut dire par là qu'il faut se représenter le premier Un, comme une activité qui est à elle-même son propre sujet.

Nous voyons donc, dans ce texte, l'infinitif du verbe être, « l'agir de l'être », devenir un concept philosophique, mieux encore, s'identifier à Dieu. Il est évident que la problématique et le contexte dans lesquels apparaît cette doctrine sont tout à fait différents de ceux que suppose la doctrine thomiste de l'*ipsum esse*. Cette dernière se situe dans la perspective de la distinction entre l'essence et l'existence, alors que celle de notre commentateur correspond à une opposition entre l'étant et l'être, entre l'être participe et l'être infinitif. Notre commentateur oppose la simplicité de l'être qui est pur agir à la composition de l'étant qui est un sujet qui est. Dans la doctrine thomiste, il n'y a pas de distinction entre une première hypostase et une hypostase dérivée : l'*ipsum esse* s'oppose radicalement à l'être des créatures. Mais ces conditions étant posées, il n'en reste pas moins que nous rencontrons, dans un texte philosophique païen, Dieu défini comme acte d'être, sans aucun recours à une « métaphysique de l'*Exode* ». Nous avons vu comment cette doctrine naissait en quelque sorte naturellement de l'exégèse du *Parménide* de Platon. Et d'autre part, nous devons bien reconnaître qu'elle place à l'origine de l'acte d'être des étants, un acte d'être absolu, un agir pur.

On dira peut-être que nous sommes en présence d'un texte isolé. Il n'en reste pas moins que, s'il est de Porphyre, comme je le pense, il a, selon toute vraisemblance, influencé la théologie trinitaire de Marius Victorinus, chez qui l'on retrouve une opposition analogue entre l'être et l'étant[15]. De plus, on trouve dans le néoplatonisme postérieur des structures conceptuelles qui évoquent cette même opposition. C'est ce qui arrive par exemple chez Dalmascius qui oppose l'*hyparxis*, qu'il définit comme « l'être pur », à l'*ousia*, qu'il définit comme l'être qui est entré en composition avec un sujet. L'être pur joue le rôle de principe transcendant, par rapport à l'*ousia* qui en dérive[16].

Il semble bien que ces structures conceptuelles ont influencé le *De Hebdomadibus* de Boèce. On y trouve tout d'abord une nette distinction entre l'être et l'étant :

121

Diuersum est esse et id quod est[17]. L'être n'est pas encore prédicat, il est pur de toute attribution : *Ipsum enim esse nondum est.* Au contraire l'étant est un sujet qui reçoit l'être comme prédicat, en recevant une forme d'être déterminée ou en recevant la forme d'être[18] : *At uero "quod est", accepta essendi forma, est atque consistit.* L'être pur est non-mêlé, il ne participe à rien, entendons par là, il n'est pas attribué à un sujet et il n'y a aucune Idée de l'être dont il soit dérivé : *Ipsum esse nullo modo aliquo participat* [...] *ipsum esse nihil aliud praeter se habet admixtum.* L'étant, au contraire, doit participer à l'être pour être : *Id quod est participat eo quod est esse ut sit.* Nous retrouvons donc chez Boèce l'opposition entre un être pur, qui n'est ni sujet ni prédicat, et un étant, qui est sujet entrant en composition avec le prédicat.

On sait l'influence décisive que le *De Hebdomadibus* a exercée dans la formation de la pensée ontologique médiévale, notamment l'importance qu'il a eue dans la pensée de saint Thomas. On peut légitimement penser qu'il a été le véhicule de structures de pensée néoplatoniciennes et que celles-ci ont contribué à la formation de la doctrine thomiste de l'acte d'être.

Quoi qu'il en soit, il faut bien admettre que l'idée d'acte d'être, d'être conçu comme agir, ne suppose pas nécessairement une réflexion chrétienne sur la métaphysique de l'*Exode*. Sans vouloir entrer dans le complexe débat relatif à la notion de philosophie chrétienne, on se demandera, en terminant, si la notion d'être ne doit pas être considérée comme une notion typiquement hellénique, originellement étrangère au message chrétien, risquant peut-être même de l'altérer[19].

| Notes

1. É. Gilson, *L'être et l'essence*, Paris 1948, p. 306.

2. *Ibid.*, p. 298.

3. É. Gilson, *L'esprit de la philosophie médiévale*, 2ᵉ éd., Paris 1944, p. 50 et n. 1.

4. C. J. de Vogel, *Antike Seinsphilosophie und Christentum im Wandel der Jahrhunderte*, dans *Festgabe Joseph Lortz*, Baden-Baden 1958, t. I, p. 527-548, et « "Ego sum qui sum" et sa signification pour une philosophie chrétienne », *Revue des sciences religieuses*, 35 (1961), p. 337-355.

5. Le problème de la « métaphysique de l'*Exode* » a fait l'objet d'une recherche collective dans le cadre du Laboratoire associé au CNRS n° 152 et de l'École Pratique des Hautes Études (Vᵉ section) parue aux Études Augustiennes, en 1978, sous le titre : *Dieu et l'Être. Exégèses d'*Exode *3, 14 et de* Coran *20, 11-24*.

6. P. Hadot, *Porphyre et Victorinus*, t. II, Paris 1968, p. 60-113. Le palimpseste a été détruit dans l'incendie de la bibliothèque de Turin en 1904, mais nous possédons encore deux précieuses copies, celle de B. Peyron et celle de W. Studemund, éditée par W. Kroll. Cf. également mes contributions au recueil *Études néoplatoniciennes*, Neuchâtel 1973, p. 27-41 [cf. *supra*, p. 71-88] et à l'ouvrage collectif *Dieu et l'Être*, cité à la note précédente.

7. Plotin, *Enn.* V 1, 8. 24. Sur l'histoire de l'exégèse des différentes hypothèses du *Parménide*, cf. H. D. Saffrey-L. G. Westerink, *Proclus, Théologie platonicienne*, t. I, Paris 1968, p. LXXX-LXXXIX. Il apparaît clairement que les principes d'interprétation de notre commentateur sont néoplatoniciens, mais encore très proches de Plotin.

8. <Porphyre>, *In Parm.*, I 3-8, p. 64 Hadot.

9. <Porphyre>, *In Parm.*, XI 1 sq., p. 98 Hadot.

10. <Porphyre>, *In Parm.*, XI 2, p. 98 Hadot.

11. <Porphyre>, *In Parm.*, XI 4 - XII 10, p. 99-102 Hadot. On trouvera un commentaire de ce passage dans P. Hadot, *Porphyre et Victorinus*, t. I, p. 130 sq.

12. Je prie le lecteur d'excuser cette graphie : elle est destinée à souligner que le mot « être » désigne ici, non pas un substantif, mais un infinitif.

13. Notre commentateur substitue à l'expression « participer à l'*ousia* » de *Parm.* 142 b, la formule « participer à l'étant ».

14. L'expression se trouve chez Porphyre, *Sent.* X, p. 4. 9 et 12, p. 5. 8 Lamberz.

15. Marius Victorinus, *Adv. Ar.*, IV 19. 11 sq. Henry-Hadot, et cf. *Cand. Epist. ad Mar. Vict.*, I 2. 18 et également *Adv. Ar.*, I 30. 20. Cf. P. Hadot, *Porphyre et Victorinus*, t. I, p. 413 sq.

16. Damascius, *Dub. et Sol.*, § 120-121, t. I, p. 312. 11 Ruelle.

17. Boèce, *De Hebdom.*, 28 sq. Stewart-Rand.

18. Cf. P. Hadot, « *Forma essendi.* Interprétation philologique et interprétation philosophique d'une formule de Boèce », *Les études classiques*, 38 (1970), p. 143-156, où les deux possibilités d'interprétation sont discutées. Sur le *De Hebdomadibus* de Boèce, cf. aussi l'ouvrage d'Ingrid Craemer-Ruegenberg, *Die Substanzmetaphysik des Boethius in den* Opuscula Sacra, Diss. Cologne 1969, p. 115-152.

19. Je fais allusion ici au problème de la théologie naturelle posé par la théologie de K. Barth.

II

Autour de Plotin

10

Être, Vie, Pensée
chez Plotin et avant Plotin*

Pour le néoplatonisme postérieur à Plotin, la triade de
l'être, de la vie et de la pensée représente à la fois une
interprétation de la structure de l'être en soi et une explication de la constitution des êtres particuliers. L'être est
conçu comme un acte d'autoposition en trois moments :
simple position de soi, puis sortie de soi, enfin retour à soi.
Mais cette position de soi, c'est l'acte d'être non encore
déployé, cette sortie de soi, c'est l'acte de vivre, ce retour à
soi, c'est l'acte de se penser ; ainsi, l'acte d'être est triple et
un, chaque acte plus particulier contenant les autres.
Quant aux êtres dérivés de l'être premier, de la vie première, de la pensée première, ils participent plus ou moins de
ces trois caractères, suivant leur nature propre.

Dans son beau commentaire sur les *Eléments de Théologie*
de Proclus, M. Dodds[1] a fait remarquer que l'on pouvait
déceler déjà chez Plotin une tendance à distinguer au sein
du νοῦς, au sein de la seconde hypostase, la triade de l'être,

* Paru dans : *Les sources de Plotin*, Entretiens sur l'Antiquité classique,
V, Fondation Hardt, Vandœuvres-Genève 1960, p. 107-157.

de la vie et de la pensée. M. Dodds a énuméré les principaux motifs de cette distinction, notamment l'influence
très importante du *Sophiste* (248 *e*) de Platon.

Cette tendance de la pensée plotinienne mérite d'autant plus d'être étudiée pour elle-même que l'abondance
et le caractère des passages où on la trouve laissent bien
supposer que cette doctrine n'a pas été élaborée par Plotin
lui-même, mais qu'il l'a reçue, tout en l'assimilant avec son
originalité si particulière. Il peut être intéressant de constater cette continuité des schémas philosophiques scolaires
au sein de la transformation radicale de la pensée philosophique provoquée par Plotin.

108 | Comme l'a souligné M. Dodds[2], c'est en premier lieu
dans l'exégèse du *Sophiste* 248 *e* que l'on peut reconnaître
la présence de la triade être-vie-pensée chez Plotin. On se
souvient de ce fameux passage de Platon où celui-ci, reconnaissant que l'être, pour être connu, doit pâtir, donc être
en mouvement, n'hésite pas à conclure que l'être n'exclut
ni la vie, ni la pensée, ni le mouvement : « Eh quoi, nous
laisserons-nous aisément convaincre que ce qui est complètement l'être dans sa totale plénitude et dans son achèvement puisse être sans posséder une intelligence, et possède une intelligence sans avoir la vie, que possédant la vie,
il ne puisse avoir une âme [...] ? »[3]. Mais, alors que Platon
défendait la vitalité de l'être contre des idéalistes[4] revendiquant l'immobilité totale de l'être, c'est contre le matérialisme stoïcien que Plotin, dans ses premiers traités surtout,
utilise cette formule platonicienne. Définissant la nature
divine ou la nature de l'intelligence[5], il reproduit une argumentation traditionnelle dans l'école platonicienne, dont
Numénius[6], par sa doctrine de l'incorporel, semble le
meilleur témoin avant Plotin. « L'être, écrit Plotin[7], n'est
pas un cadavre, comme de la pierre ou du bois, mais il doit
être vivant, jouir d'une vie pure, pour autant qu'il subsiste
seul et de lui-même. » Ou encore cette formule[8] analogue :

« L'être n'est pas un cadavre, car il a la vie et l'intelligence. » L'expression | οὐ νεϰρόν qui revient trois fois, montre bien qu'il s'agit d'une polémique antistoïcienne. Plus tard, Plotin, dans le premier traité *Sur les Genres de l'Être*[9], reprochera à la doctrine stoïcienne de prendre, pour premier principe, ce qui est privé de vie et d'intelligence, c'est-à-dire la matière. Numénius affirmait contre les stoïciens que l'être doit être incorporel et que les corps ne sont que des cadavres[10].

Cette utilisation du *Sophiste* dans la polémique antistoïcienne continue d'ailleurs dans les traités de la seconde période de l'activité littéraire de Plotin. Le passage le plus caractéristique à ce sujet se trouve dans le traité *Sur l'Impassibilité des Incorporels* où, pour arriver à la conclusion : l'être n'est ni un corps, ni le substrat des corps, Plotin reprend les expressions du *Sophiste*, décrivant comme doué de vie et d'intelligence l'être qui est complètement être : « L'être qui mérite véritablement le nom d'être, c'est l'être réel, c'est-à-dire ce qui est l'être d'une manière totale[11], ce à quoi il ne manque rien de l'être (τοῦτο δέ ἐστιν, ὃ πάντῃ ἐστὶν ὄν· τοῦτο δέ, ᾧ μηδὲν ἀποστατεῖ τοῦ εἶναι) [...] Si nous avons raison, il s'ensuit nécessairement que l'être est en vie et qu'il vit d'une *vie* parfaite [...] Cet être est *intelligence* et sagesse universelle (τοῦτο δὲ νοῦς ϰαὶ πάντῃ φρόνησις) [...] Si donc nous *définissons* l'être par ces caractères (et il le faut bien ; sans quoi l'*intelligence et la vie* ne viendraient pas de l'être ; elles s'adjoindraient à l'être et proviendraient du non-être ; l'être ne posséderait ni vie ni intelligence ; le non-être les | posséderait véritablement, comme si l'on croyait qu'elles doivent n'être qu'aux degrés inférieurs et postérieurs de la réalité [...]), si tel est bien l'être, il ne doit être ni un corps ni le substrat des corps »[12]. Ici apparaît nettement la liaison entre la doctrine de la substantialité de l'incorporel héritée de Numénius et la *définition* de l'être comme vie et comme intelligence héritée du

Sophiste. Il est très caractéristique que Plotin ne retienne, pour la définition de l'être, que la vie et l'intelligence parmi tous les caractères que Platon, *Sophiste* 248 *e*, énumère : le mouvement, la vie, l'intelligence, l'âme. Il est difficile de ne pas reconnaître que Plotin, recevant la doctrine de la substantialité de l'incorporel, reçoit en même temps une définition, déjà classique, de l'être comme vie et comme intelligence.

On retrouve le même groupement d'idées dans un autre traité de la seconde période, *Que les Intelligibles ne sont pas hors de l'Intelligence* : pour les Stoïciens, l'intelligence, la vérité sont des êtres, c'est-à-dire sont corporels ; au contraire, les intelligibles, les objets de pensée, les énoncés, ne sont que des incorporels et n'existent pas vraiment. Plotin va donc montrer, contre eux, que ces incorporels que sont les intelligibles existent réellement et absolument. Pour affirmer cette réalité, Plotin recourt une fois de plus à la définition de la réalité comme vie et comme intelligence : « Ou bien les intelligibles sont privés de sentiment, de vie et d'intelligence (ἀναίσθητα καὶ ἄμοιρα ζωῆς καὶ νοῦ), ou bien ils possèdent l'intelligence. S'ils possèdent l'intelligence, il y a à la fois en eux les deux choses, la vérité et la première Intelligence ; et nous aurons à chercher quelle est ici la manière d'être de cette vérité, de cet intelligible et de cette intelligence : consistent-ils en une même chose et sont-ils à la fois ? [...] Mais s'ils sont privés d'*intelligence* et de *vie*, pourquoi dire : ils sont des êtres ? »[13].

111 | Comme le texte précédent le montre assez nettement, en cette seconde période de l'activité littéraire de Plotin, la définition de l'être comme vie et comme intelligence tend à devenir une définition de la vie de l'intelligence elle-même, une description de l'activité intellectuelle première. C'est dans le second traité *Sur les Genres de l'Être*[14] que l'exégèse plotinienne du *Sophiste* se révèle comme la plus originale. Par une méthode d'analyse réflexive[15], très neuve,

Plotin découvre que l'âme est une essence vivante et pensante, qui cherche à se contempler[16], et remontant de l'âme à l'intelligence, il conçoit celle-ci comme l'essence vivante et pensante par excellence. Les genres de l'être du *Sophiste* (254-255) : être, mouvement, repos, identité et altérité, apparaissent comme les différents aspects sous lesquels notre intelligence morcelante saisit la vie unique de l'intelligence[17]. Mais c'est bien parce que la réalité intelligible est douée de vie et de pensée que cette multiplicité de points de vue est possible : « Quiconque a vu, d'ensemble, cette puissance à multiples faces, écrit Plotin dans le traité *Sur l'Éternité et le Temps*, contemporain du précédent, l'appelle *substance*, en tant qu'elle est comme un sujet, *mouvement* en tant qu'il voit la *vie* en elle, *repos* en tant qu'elle reste absolument dans le même état, *altérité* et aussi *identité* en tant que toutes ces choses forment ensemble une seule unité. Puis, inversement, il réunit tout cela en une unité, en sorte que l'ensemble soit une *vie* unique ; il rassemble l'altérité, l'infinité de l'acte, l'identité sans différence, la *pensée* ou la *vie* qui ne vont pas d'un objet à un autre, en un mot, il considère ce qui reste toujours identique et sans interruption, et voyant tout cela, il voit l'éternité, cette vie qui demeure toujours identique, toujours présente, possédant la totalité »[18]. L'unité de l'être, de la vie et de | la pensée   112
procure à l'intelligence l'unité du mouvement et du repos, de l'identité et de l'altérité qui constitue l'éternité.

Ainsi, menée jusqu'à l'affirmation de l'éternité et de l'autonomie de la vie intellectuelle, l'exégèse du *Sophiste* rejoint une autre tradition, issue celle-là du livre XII de la *Métaphysique* d'Aristote. Aristote avait affirmé avec force le caractère vivant de son Intellect suprême : « La vie aussi appartient à Dieu, car l'acte de l'intelligence est vie, et Dieu est cet acte même ; cet acte subsiste en soi, telle est sa vie parfaite et éternelle. Aussi appelons-nous Dieu, un Vivant éternel parfait »[19].

Plotin fait souvent allusion à la vie parfaite de l'intelligence en des termes aristotéliciens, en des termes qui évoquent ce passage de la *Métaphysique* d'Aristote. Par exemple, dans le traité *Sur le Bien ou sur l'Un* : « La vie de là-bas, c'est l'acte de l'intelligence »[20]. De même, cette formule du traité *Sur ce qui est en Puissance et en Acte* : « Si l'on dit avec raison que cette nature est sans sommeil, qu'elle est une vie et la vie parfaite, c'est là-bas qu'on trouve les plus beaux des actes »[21], rappelle doublement le livre XII de la *Métaphysique* d'Aristote : on y retrouve la ζωὴ ἀρίστη[22] qui, pour Aristote, définit l'activité de l'intelligence ; d'autre part, la nature sans sommeil rappelle aussi bien l'expression de ce même livre XII de la *Métaphysique*[23] : « Elle serait comme celui qui dort (si elle ne pensait pas) » que celle de l'*Éthique à Nicomaque*[24] : « Les dieux ne sont pas plongés dans le sommeil comme Endymion. »

113 | Tout à l'heure, quand Plotin s'inspirait du *Sophiste*, la vie apparaissait plutôt comme acte de l'être. Maintenant, sous l'influence d'Aristote, elle s'identifie à l'intellection, elle devient l'acte de l'intelligence.

Il y a donc tout un aspect aristotélicien de la doctrine qui lie indissolublement être, vie et pensée. Si l'être est une vie, comme le veut Platon, la pensée est aussi une vie, comme le veut Aristote. Plotin semble conscient de cette rencontre entre le *Sophiste* 248 *e* et le livre XII de la *Métaphysique* d'Aristote. Cette rencontre est le résultat d'un double mouvement, l'un qui part de l'être intelligible, pour reconnaître en lui la *vie* et la *pensée*, l'autre qui part de la pensée, pour reconnaître que, pensée de soi, elle *est* et elle *vit*. On trouve un exemple de ce double mouvement dans le traité *Sur les Hypostases qui connaissent* : « Certes l'intelligible n'est point un être en puissance et sans *vie*, à qui du moins n'appartiendraient qu'une vie et qu'une pensée empruntées, comme s'il était une pierre ou une chose inerte et inanimée ; non, l'intelligible, c'est la substance

première. Donc il est un *acte*. Or le premier des actes et le
plus beau, c'est l'acte *d'intelligence* »[25]. Cela représente le
mouvement qui va de l'être à la pensée, en passant par la
vie ; maintenant, le mouvement inverse, de la pensée à
l'être, en passant par l'acte, c'est-à-dire par la vie : « Car
cette intelligence n'est pas en puissance, et elle n'est pas
différente de l'acte intellectuel. Si donc elle est un acte et
si sa substance est son acte, elle ne fait qu'une seule et
même chose avec son acte. Or l'être ou l'intelligible était
identique à l'acte. Donc tous ces termes, intelligence, acte
intellectuel, intelligible ne font qu'un »[26]. Conclusion qui
nous ramène à Aristote : « Si donc l'acte de l'intelligence
est l'intelligible et si l'intelligible est l'intelligence, l'intelligence se pensera elle-même »[27].

| Rapport plus net encore entre le *Sophiste* et la   114
Métaphysique : Platon et Aristote emploient tous deux le
mot σεμνόν[28]. On peut même légitimement se demander
si, chez Aristote, il n'y a pas là un souvenir de Platon. Alors
que Platon avait dit : « Est-ce que l'être, *vénérable* et sacré,
sans intelligence, se tient immobile ? » Aristote précise : « Ou bien l'intelligence ne pense rien : qu'a-t-elle
alors de *vénérable* ? Elle est comme celui qui dort. Ou bien
elle pense ? » Alors que Platon se contentait de dire
que l'être « vénérable et sacré », tel que le conçoit
Parménide, est inconnaissable, Aristote, pour sa part,
refuse d'appeler vénérable et sacré, un être sans vie et sans
intelligence.

Nous retrouvons chez Plotin l'écho de cette formule
aristotélicienne : « Si l'Un n'est pas intelligent, il n'aura
même pas la connaissance de lui-même ; et alors qu'a-t-il de
vénérable ? »[29]. Se faisant ici l'objection aristotélicienne,
Plotin y répondra plus tard, dans le traité *Sur l'Origine des
Idées,* en pensant toujours à Aristote : « Ceux qui douent le
Bien de pensée (= Aristote), n'ayant pas trouvé d'objet plus
précieux que la pensée, lui donnent seulement la pensée

de lui-même. Comme si le fait de penser le rendait plus *vénérable* ! Comme si la pensée de soi le rendait supérieur à ce qu'il est par lui-même ! Comme si ce n'était pas lui qui rend la pensée *vénérable* ! Qu'est-ce qui fait son prix, sa pensée de soi ou lui-même ? »[30]. Au caractère *vénérable* de l'Intelligence aristotélicienne, Plotin superpose le caractère *vénérable* de l'Un, acceptant ainsi l'effrayante hypothèse, δεινὸς λόγος, qui faisait reculer Platon dans le *Sophiste* : « Quoi, il ne connaîtra ni lui-même, ni les autres choses ! » – Non, répond Plotin, dans ce même traité *Sur l'Origine des Idées*, non, il se tiendra | *immobile et vénérable*. C'est de l'*être* que Platon disait qu'il *pensera* ; mais l'être ne restera pas *immobile et vénérable*. C'est que l'être pense ; mais c'est ce qui ne pense pas qui reste *immobile et vénérable*. Ces mots « rester immobile » désignent une idée que l'on ne peut traduire autrement ; mais il est bien d'opinion que ce qui dépasse la pensée est plus *vénérable* que la pensée, et seul réellement *vénérable*[31]. Cette exégèse du *Sophiste* n'exclut pas le souvenir et même l'acceptation de la formule aristotélicienne, transformée d'ailleurs, puisque Plotin considère comme *vénérable* l'être doué de vie et d'intelligence : « Qu'aurait l'intelligence de *vénérable*, écrit Plotin, dans le même traité *Sur l'Origine des Idées*, s'il n'y avait en elle aucune différence, si nulle altérité ne l'éveillait à la *vie*, l'intelligence ne serait pas un *acte* ! »[32]. Et dans le traité *Que les Intelligibles ne sont pas en dehors de l'Intelligence*[33], on retrouve la même conception : « Il faut attribuer tous les intelligibles à l'intelligence véritable [...] La vérité sera alors en elle [...] ainsi elle *vivra* et elle *pensera*. C'est tout cela qui doit être en cette nature bienheureuse. Où chercher ailleurs ce qui est précieux et vénérable ? » (τὸ τίμιον καὶ σεμνόν). Ici la liaison entre être, vie, pensée exprime la présence de la vérité, de la réalité, au sein de l'intelligence ; elle s'inscrit donc finalement dans la tradition de la conception aristotélicienne de l'intelligence comme pensée de la pensée.

115

Mais on sait que si Plotin refuse de faire de l'intelligence aristotélicienne la première hypostase, c'est à cause de la multiplicité qu'implique l'acte d'intelligence. S'il y a chez Plotin, jusqu'à un certain point, identification entre le παντελῶς ὄν de Platon et le νοῦς d'Aristote, il y a aussi chez lui revendication en faveur d'un au-delà de la multiplicité impliquée par l'un comme par l'autre. L'être, justement parce qu'il est vie et pensée, implique multiplicité. Plotin y revient souvent : « Cet être universel possède la *vie* et l'*intelligence*, puisqu'il n'est pas une chose morte ; il est donc multiple »[34]. « Donc, en ce qui est, il y a, à la fois *pensée, vie* et *être*. S'il est être, il est pensée et s'il est pensée, il est être ; la pensée est inséparable de l'être. Donc penser, c'est être multiple et non pas un »[35].

116

Par opposition à cette multiplicité interne de l'Intelligence, constituée par la triplicité de l'acte d'être, de vivre, de penser, l'unité de la première hypostase apparaît comme la source de l'être, de la vie et de la pensée. On trouve des expressions de cette doctrine depuis les premiers traités de Plotin jusqu'aux tout derniers, et la constance de ces formules qui, parfois, font allusion très nettement au *Sophiste* 248 *e*, nous fournit une preuve supplémentaire de l'existence d'une exégèse traditionnelle de ce passage de Platon, allant dans le sens de la définition de l'être plénier, comme être, vie, pensée. Dès le premier traité de Plotin, *Sur le Beau*, nous lisons : « Jusqu'à ce qu'on voie seul à seul [...] l'être dont tout dépend, vers qui tout regarde, par qui est l'être, la vie et la pensée ; car il est cause de la *vie*, de l'*intelligence* et de l'*être* »[36]. Et dans un traité de la seconde période : « Il est la puissance productive de la vie sage et intellectuelle ; de lui viennent la vie et l'*intelligence*, puisqu'il est le principe de l'essence et de l'*être* ; et il l'est parce qu'il est un »[37]. Et dans le grand traité *Sur l'Origine des Idées* : « Que produit donc un tel principe ? – Il a produit l'intelligence ; il a produit la vie, et par l'intelligence, les âmes et tous les êtres qui

participent à la raison et à la vie. Source et principe de tous
ces êtres, qui pourrait dire à quel point il est un bien ? –
Mais maintenant que fait-il ? – Maintenant ? Il conserve ces
êtres ; il fait *penser* les êtres intelligents, en leur inspirant
l'intelligence ; il fait *vivre* les vivants, en leur infusant la vie ;
et il fait au moins *exister* les êtres qui ne sont pas capables |
de vivre »[38]. Ici, être, vie, penser apparaissent nettement
comme les trois formes de l'existence, l'existence plénière
et totale n'étant obtenue que par la possession simultanée
des trois. Mais cette existence plénière n'est réalisée que
dans la seconde hypostase : « Le Bien doit être supérieur à
la *vie* et à l'*intelligence* ; ainsi, la seconde hypostase converti-
ra vers Lui la *vie* qui est en elle, cette vie qui est une image
de ce qui est dans le Bien et qui la fait vivre ; elle converti-
ra vers lui l'*intelligence* qui est en elle, cette intelligence, qui
est une image de ce qui est dans le Bien, quel qu'il puisse
être »[39]. Plus proches de la lettre du *Sophiste*, mais témoins
de la même tradition sont les textes suivants : « Dans cette
danse, on contemple la source de la *vie*, la source de l'*intelligence*, le principe de l'*être*, la cause du bien, la racine de
l'*âme* »[40]. Ou encore, dans un des tout derniers traités : « De
lui viennent l'*intelligence* et l'*être*, l'*âme* et la *vie*, l'activité
intellectuelle qu'il donne aux choses »[41].

Si l'ensemble des textes examinés jusqu'ici s'inscrit nettement dans une tradition issue du *Sophiste* de Platon, le
traité *Sur les Nombres* nous met en présence d'une autre tradition et d'une autre conception des rapports entre l'être,
la vie et la pensée. Sans doute, la plénitude de la réalité
implique toujours, pour Plotin, ces trois formes. Mais, sous
l'influence de l'exégèse de *Timée* 39 e, elles se hiérarchisent
dans un ordre différent de tout ce que nous avons vu précédemment.

L'exégèse de *Timée* 39 e est un des points sur lesquels
l'évolution de la pensée de Plotin est la plus sensible. On
connaît le texte de Platon : « L'intelligence voit les Idées

qui sont dans le vivant en soi »[42]. Sous l'influence de Numénius, comme l'a montré M. Dodds[43], Plotin commence par consildérer le vivant en soi, comme l'intelligible, en quelque sorte antérieur à l'intelligence, comme l'intelligence en repos peut être antérieure à l'intelligence en acte. Dans le traité *Sur les Gnostiques*, il rejettera cette première interprétation[44].

Dans le traité *Sur les Nombres*, ce même texte de Platon sert à introduire une triplicité de plan au sein de l'intelligence, et cette fois le vivant en soi prend la dernière place. Il s'agit de savoir où se trouve le nombre primitif. Dans la nature intelligible et une où il se trouve nécessairement, il y a des degrés : « S'il faut placer au premier rang l'être premier, puis l'intelligence et enfin le vivant qui, semble-t-il, contient tous les vivants, si donc l'intelligence est au deuxième rang, puisqu'elle est l'acte de l'essence, le nombre ne correspond pas au vivant ; avant l'animal, il y a une chose et même deux ; il ne correspond pas non plus à l'intelligence ; avant elle, il y a l'essence qui est à la fois une et multiple »[45]. Considérée du point de vue du nombre, cette hiérarchie s'établit de haut en bas, de la manière suivante : « L'être serait-il le nombre à l'état d'union, les êtres, le nombre à l'état de développement, l'intelligence, le nombre dans son mouvement interne, le vivant en soi, le nombre qui comprend tout ? »[46]. Du point de vue du nombre, le vivant en soi, idée de tous les vivants particuliers, représente une multiplicité plus divisée que l'être ou l'intelligence[47]. C'est ce qui explique sa place dans la hiérarchie. Mais, dans ce traité même où il situe le vivant en soi à la dernière place de la triade, Plotin ne renie pas sa présentation habituelle, et plus qu'ailleurs, insiste sur sa conception triadique de l'être, sur la structure triadique de toute existence : « Disons que l'être total, l'être véritable, celui qui est là-bas est être, intelligence et vivant parfait »[48]. « Contemplez cette *essence* qui pénètre en tous les êtres de

119 là-bas, qui leur donne cette *vie* immobile et incapable | de changer, ainsi que l'*intelligence*, la sagesse et la science [...] Près de l'*être*, réside la *vie*, réside l'*intelligence* et les êtres y sont immuables dans l'éternité »[49]. Et, en une formule qui résume admirablement toute la doctrine : « Ce monde-ci ne veut la *vie* et la *sagesse* qu'afin d'*être* »[50].

Ainsi l'exégèse du *Timée* 39 *e* rejoint finalement celle du *Sophiste* 248 *e*, dans la description de la plénitude de l'être, dans la contemplation du monde intelligible : « Que l'on voie là-bas tous les intelligibles qui ont en ce modèle l'éternité, la *connaissance* interne d'eux-mêmes et la *vie* ; que l'on voie la pure intelligence qui est leur chef, et la prodigieuse sagesse et la vie, la véritable *vie* sous le règne de Cronos, du Dieu qui est satiété et intelligence »[51]. « L'intelligence ou être constitue le monde véritable ou premier [...] il réunit en une unité indivisible toute *vie* et toute *intelligence*, si bien que cette unité fait de chaque partie un tout »[52]. La présence totale de l'être implique l'indivisibilité de la triade qui le constitue : « Divisera-t-on sa *vie* ? [...] Divisera-t-on son *intelligence* ? [...] Divisera-t-on son *être* ? »[53]. Ainsi, pour Plotin, la plénitude de l'être ne peut se concevoir autrement que comme l'unité multiple de l'être, de la vie et de la pensée[54].

On remarquera que, dans tous les passages qui ont été cités, Plotin ne prend jamais la peine de justifier sa définition de l'être plénier, comme vie et comme pensée. Jamais il ne considère que ces expressions aient besoin d'une explication. Toutes ces formules donnent l'impression d'être connues, classiques, traditionnelles.

Pourtant on ne les trouve pas en toutes lettres chez Platon et chez Aristote. Elles sont très évidemment le fruit d'une systématisation, qui a été l'œuvre de cette scolastique 120 plato|nicienne, dont on s'accorde à déceler les traces dès l'Ancienne Académie[55]. Malheureusement, la disparition de beaucoup de documents et notamment des commentaires platoniciens qui servirent de thèmes, pour les cours de Plotin, nous oblige à reconstruire hypothétiquement cette systématisation progressive de la doctrine platonicienne concernant l'implication mutuelle de l'être, de la vie et de la pensée.

Une chose est certaine : depuis Platon, l'idée de perfection substantielle, de plénitude d'être, est liée à la possession simultanée de ces trois formes de la réalité : l'existence, la vie et l'intelligence. Le monde sensible du *Timée*, « être vivant, pourvu d'une âme et d'un intellect »[56] est le type aussi bien du ciel aristotélicien[57] que du monde stoïcien[58] : « mundus *animans sapiensque* », comme dira Cicéron[59]. Et, à tous les degrés de la réalité, la même définition de la perfection se retrouve, par exemple, à propos de la semence stoïcienne : « semen, ignis is qui *anima ac mens* »[60], aussi bien qu'à propos de l'ἡγεμονικόν que Tertullien, à la suite de Soranus, définira : « gradus *vitalis ac sapientialis* »[61]. Et la prière d'Arnobe : « cui *spirans* omnis *intellegensque* natura et habere et agere numquam desinat gratias »[62] reste fidèle à cette tradition.

La hiérarchie des êtres s'établit selon la possession de ces caractères. Déjà Aristote distingue les φυτά doués seulement de vie, des ζῷα, doués de sensation, et, parmi ces derniers, l'homme, doué de réflexion[63]. Cette hiérarchie devient plus systématique et plus dynamique dans le stoïcisme, parce qu'elle a, chez lui, un principe unique d'explication : les degrés de tension du *pneuma* qui marquent également les degrés d'autonomie des êtres[64]. À son degré le plus humble, cette tension du *pneuma* n'est que *consistance* (ἕξις), puis, dans les plantes, elle est *croissance* (φύσις), et dans les animaux, elle est âme (ψυχή), quand viennent s'ajouter à la vie, la sensation et l'action[65]. Le quatrième et suprême degré, le *logos*, n'est pas toujours distingué du précédent[66]. Cette hiérarchie dynamique est intégrée par Antiochus d'Ascalon et Posidonius[67] à la doctrine

121

platonicienne des degrés d'être. Au point de vue logique, elle implique évidemment compréhension croissante et extension décroissante. C'est, somme toute, le principe de hiérarchie qui préside au fameux arbre de Porphyre[68].

Mais cette hiérarchie n'exclut pas l'implication réciproque des trois constituants de la réalité plénière, et cela sous une double forme : les degrés inférieurs sont *déjà* les degrés supérieurs, ou bien, par contre, les degrés supérieurs récapitulent les degrés inférieurs. Par exemple, pour la première forme, Tertullien dira que les enfants, comme les plantes elles-mêmes, possèdent depuis le premier moment de leur existence la vie en même temps que la pensée, autrement dit, il revendiquera pour l'âme la perfection substantielle, atteinte dès sa constitution : « inde igitur et *sapiunt* unde *vivunt,* tam vivendi quam sapiendi proprietate, et quidem ab | infantia et ipsae sua »[69]. Quant à la récapitulation de l'inférieur dans le supérieur, on la trouve chez Aristote lui-même, qui définit l'âme humaine, ce principe « par quoi nous vivons, percevons et pensons »[70], et surtout dans la tradition issue du livre XII de la *Métaphysique* qui fait de l'être divin une réalité vivante et pensante[71].

Mais si, dans tous ces exemples, on trouve de fait la triade : existence, vie et pensée, on ne la rencontre pourtant pas dégagée pour elle-même et consciemment mise en valeur. Or chez Plotin, nous l'avons vu, cette même triade apparaît comme un schéma fortement structuré, comme une définition de l'être intelligible que Plotin ne songe pas à mettre en question. Je pense que l'on peut émettre, avec beaucoup de vraisemblance, l'hypothèse selon laquelle les manuels platoniciens auraient introduit la triade en question dans leur présentation scolastique de la doctrine de Platon. Je crois que l'on peut appuyer cette hypothèse sur le caractère tout particulier d'un résumé de la doctrine de Platon que nous trouvons dans le *De civitate dei* de saint Augustin[72].

Sans doute, il est difficile d'assigner la source exacte de ce manuel platonicien. Faut-il penser à la partie philosophique de l'Encyclopédie de Cornelius Celsus[73] ? Faut-il, avec M. Courcelle[74], penser à un manuel de Celsinus, gendre de Julien l'Apostat, qui avait pour titre *Opiniones omnium philosophorum*, et qui aurait pu être traduit par Manlius Theodorus ? Mais, même s'il s'agit d'un manuel composé après Plotin, les éléments « antéplotiniens » y sont suffisamment nombreux pour nous permettre de nous faire une idée | concernant le rapport entre la triade être-vie-pensée et l'ensemble de la scolastique platonicienne[75].

123

Voici le passage essentiel : « Peut-être, en effet, ceux qui ont placé Platon, non sans raison, bien au-dessus de tous les philosophes païens [...], ceux que la voix publique célèbre comme ses disciples, ont-ils sur Dieu cette conception qu'on trouve en lui, *la cause qui nous fait subsister, la raison qui nous permet de connaître et l'ordre selon lequel nous devons vivre.* De ces trois aspects, l'un se rapporte à la partie *physique* de la philosophie, le second à la partie *logique*, le troisième à la partie *morale*. Car si l'homme a été créé pour toucher par la partie supérieure de son être, ce qui est supérieur à toutes choses, c'est-à-dire, le Dieu *un*, le Dieu *vrai*, le Dieu *bon*, sans qui nulle *nature* ne *subsiste*, nulle *doctrine* n'*instruit*, nul *exercice* ne profite, c'est donc qu'il faut le rechercher là où, pour nous, toutes choses sont suspendues, qu'il faut le contempler là où, pour nous, toutes choses sont assurées, qu'il faut l'aimer là où toutes choses sont bonnes »[76].

Ainsi ce résumé de la philosophie platonicienne fonde la distinction des trois parties de la philosophie sur la distinction entre les trois formes fondamentales de la réalité : l'être, la pensée, la vie, les réunit en un tout systématique en faisant de Dieu la cause de cette triade et les associe aux trois éléments constitutifs de la *paideia* : *natura, doctrina, usus.*

On obtient le schéma suivant :

pars naturalis	pars rationalis	pars moralis
causa subsistendi	ratio intellegendi	ordo vivendi
natura	doctrina	usus

124 | Le principe de ce schéma est évidemment la triade être-pensée-vie. Les trois parties de la philosophie correspondent aux trois aspects de la réalité dont Dieu est la source unique : la physique étudie l'être en lui-même et la causalité qui le rattache à Dieu ; la logique étudie la connaissance de l'être et l'illumination qu'elle reçoit de Dieu ; l'éthique enfin s'attache au mouvement vital qui ramène l'être vers sa source. Les trois parties de la philosophie correspondent d'ailleurs au progrès spirituel de l'homme, aux étapes de la *paideia* qui révèlent, elles aussi, la structure triadique de la réalité humaine : le fondement ontologique est la *natura*, l'aspect cognitif est la *doctrina*, enfin l'aspect vital correspond à l'exercice, à la pratique, à l'*usus*.

Variant ses expressions, saint Augustin reste fidèle à son schéma dans toute l'étendue de son résumé de la philosophie de Platon : Dieu est *causa naturarum, lumen rationum, finis actionum*[77] ; *principium naturae, veritas doctrinae, felicitas vitae*[78] ; *principium nostrum, lumen nostrum, bonum nostrum*[79] ; *causa constituendae universitatis, lux percipiendae veritatis, fons bibendae felicitatis*[80]. Cette « trinité » est utilisée évidemment par Augustin comme image de la Trinité chrétienne[81].

Le caractère fortement systématique de cette division de la philosophie remonte en dernière analyse au « système » stoïcien qui insistait tout particulièrement sur l'implication
125 | réciproque des trois parties de la philosophie[82]. Cette implication réciproque n'était d'ailleurs, pour les Stoïciens, qu'un cas particulier de l'implication réciproque des vertus entre elles : « Les vertus sont pénétrables les unes aux autres et forment par leur mutuelle union et sympathie

un tout indissoluble : il est impossible d'agir suivant une vertu sans agir suivant les autres »[83].

Or cette doctrine de l'implication mutuelle des vertus est reprise dans le manuel platonicien d'Apulée. Bien plus, elle y est liée avec l'idée de l'implication mutuelle des étapes de la *paideia*, ce qui nous met bien sur le chemin du résumé platonicien de saint Augustin : « Platon pense que les vertus parfaites ne peuvent se séparer les unes des autres et qu'elles sont étroitement liées entre elles, pour cette raison principale que celui qui possède un *naturel* excellent, s'il y ajoute le travail, l'*exercice* et une science dont la raison elle-même, guide de ses actes, aura été le fondement, ne laissera rien échapper de lui-même à l'ordre de la vertu »[84].

Avec Plutarque et Philon d'Alexandrie, le type d'implication représenté par la triade de la *paideia* se précise encore. Au début du *De liberis educandis*[85], Plutarque insiste sur l'insé|parabilité de ces trois moments : « Sans la doctrine, la nature est aveugle ; sans la nature, la doctrine est défectueuse ; sans les deux autres, l'exercice est imparfait. » Et Plutarque affirme que les âmes des trois plus grands philosophes : Pythagore, Socrate, Platon, réunissaient chacune en elles, en une unique « conspiration », ces trois éléments indivisibles de la *paideia*[86]. Le résumé platonicien d'Augustin qui, lui aussi, réunit tout spécialement Pythagore, Socrate, Platon[87], définit lui aussi la perfection philosophique par la réunion de la nature, de la doctrine et de l'exercice : « *ingeniosi* et *docti* et in his *exercitati* homines »[88]. Philon d'Alexandrie ne nous parle plus de Pythagore, Socrate et Platon, mais d'Abraham, Isaac et Jacob[89]. Chacun des trois patriarches devient le type d'une des étapes de la *paideia*. Pourtant, aucune des étapes n'est séparée des autres : leur distinction ne s'oppose pas à leur implication réciproque ; elle provient seulement de la prédominance d'un des aspects sur les deux autres : « Le pre-

126

mier, surnommé Abraham, est le symbole de la vertu *didactique* ; le second, Isaac, de la vertu *naturelle*, le troisième, Jacob, de la vertu *ascétique*. Il ne faut pas ignorer que chacun prétendait également aux trois puissances, mais chacun a reçu son nom de la puissance *qui surabondait en lui par prédominance* (ἀπὸ τῆς πλεοναζούσης κατ᾽ ἐπικράτειαν) ; impossible en effet que la doctrine atteigne la perfection sans la nature ou l'exercice ou que la nature parvienne à son terme sans la doctrine ou l'exercice ou qu'enfin l'exercice lui-même s'achève, s'il n'a pour fondement la nature ou la doctrine »[90].

Le type d'implication ici décrit est très caractéristique et très précis. C'est exactement le type d'implication que le néoplatonisme postérieur reconnaîtra dans la triade être-vie-pensée. On trouve par exemple chez Marius Victorinus, qui écrit aux environs de 360, une formule tout à fait analogue : | « Ces puissances [existence, vie, intelligence] doivent, prises chacune à part, être considérées comme étant les trois à la fois, mais de telle sorte pourtant qu'on leur donne leur nom et qu'on définisse leur être propre, *par l'aspect où elles prédominent.* En effet, aucun de ces trois, qui ne soit les trois. Car cet être-là n'est être que s'il vit, c'est-à-dire s'il est en vie. Quant au vivre lui-même : ce n'est pas vivre que ne pas avoir la connaissance de son acte de vivre »[91]. On trouve chez Philon et chez Victorinus, la même structure, le même type d'implication. Et cette identité de structure est d'autant plus intéressante qu'elle se réalise entre deux triades que le résumé platonicien de saint Augustin rapprochait étroitement : la triade de la *paideia*, nature, doctrine, exercice, et la triade de l'être plénier : existence, vie, pensée. Nous sommes assurés d'un fait : le schéma selon lequel le néoplatonisme postérieur concevait la triade : être, vie, pensée, était déjà appliqué avant Plotin, à une triade parente de celle-ci, la triade de la *paideia* : nature, doctrine, exercice. Et ce schéma, que nous avons

rencontré chez Philon, était une élaboration et un développement du schéma stoïcien de l'implication mutuelle
des vertus, qui assurait le caractère systématique des trois
parties de la philosophie. Non exprimé dans le résumé platonicien d'Augustin, ce type d'implication est sous-entendu
par le rapprochement que le résumé établit entre les trois
parties de la philosophie, les trois étapes de la *paideia*, les
trois moments de l'être plénier. Dans cette triple triade, il
s'agit toujours de termes qui s'impliquent et se supposent
mutuellement, et qui ne se distinguent que par la prédominance en chacun, d'un aspect sur les autres.

    | Peut-on situer historiquement cette théorie de la déno-
mination par prédominance, qui caractérise l'implication
entre être, vie et pensée ou entre les étapes de la *paideia* ?
Ses origines lointaines se trouvent certainement chez
Anaxagore[92]. Mais il semble bien que ce soit dans les théories morales d'Antiochus d'Ascalon[93] que le principe de
dénomination par prédominance commence à jouer un
rôle qui annonce la brillante carrière qu'il aura dans le
néoplatonisme, et déjà chez Numénius, le précurseur
immédiat de Plotin[94]. Son emploi chez Philon montre, en
tout cas, comment ce principe a pu servir à concevoir ce
type tout particulier de réalité que peuvent être des unités
multiples, formées par la compénétration mutuelle et totale de leurs parties, et dont la triade être-vie-pensée constitue un des meilleurs exemples.

    Je crois que l'on peut donc émettre l'hypothèse sui-
vante : les manuels ou résumés de la doctrine de Platon
avaient, dès avant Plotin, fait une place spéciale à la triade
être-vie-pensée, en la rapprochant de la division des trois
parties de la philosophie et de la distinction entre les trois
étapes de la *paideia*. Si le manuel platonicien utilisé par
Augustin n'est peut-être pas antérieur à Plotin, du moins
certains de ces éléments fondamentaux se reconnaissent,
nous l'avons vu, dans des doctrines antérieures à Plotin. Il

y a d'ailleurs une assez profonde signification philosophique dans le parallélisme, instauré par ce résumé, entre
physique, logique, éthique, d'une part, nature, doctrine,
exercice, d'autre part, et enfin avec être, intelligence et vie.
Ce parallélisme signifie en effet que le mouvement de
l'homme vers sa perfection coïncide avec le mouvement
universel de l'être qui ne s'achève que par la pensée et la
vie. La *nature* de l'homme ne s'achève que par la *connais-*
sance et la *pratique* de ce qui est conforme à la *nature*. Mais
cette *nature* ne s'achève qu'en se | *connaissant* et en *vivant*
comme un effet de Dieu. Remarquons d'ailleurs que ce
progrès spirituel peut se concevoir comme une conversion,
théorie et pratique, intelligence et vie ayant alors pour seul
rôle de ramener à la pureté de l'être. C'est, semble-t-il, le
sens de ce passage de Marius Victorinus[95] : « Bien que l'âme
soit parfaite, son regard est comme emprisonné et enseveli
par l'épais vêtement du corps ; il arrive ainsi qu'elle éprouve une sorte d'oubli de soi. Mais lorsque l'ascèse et la
connaissance *(studio ac disciplina)* commencent en quelque
sorte à dévêtir[96] et dénuder l'âme, à ce moment-là, l'état
de l'âme est retourné et ramené au mode originel de sa
nature propre *(in naturae suae modum)* »[97].

On dira peut-être que le résumé platonicien utilisé par
Augustin nous met en présence d'une triade être-intelli-
gence-vie, et non d'une triade être-vie-intelligence. Mais
cette constatation confirme simplement le parallélisme qui
s'était institué entre cette triade et celle des parties de la
philosophie : physique, logique, morale. On trouve par
exemple chez Plotin, dans son traité *De la Dialectique*[98], une
prédominance de celle-ci sur la physique et l'éthique ; il en
résulte que la perfection du philosophe réside dans la
connaissance. Par contre le schéma du résumé platonicien
d'Augustin peut se comparer avec la trinité telle
qu'Origène la concevait, le Père étant la source de l'*être*, le
Fils, source de la *rationalité*, l'Esprit-Saint, source de la *sain-*

129

teté : « Cum ergo primo, *ut sint*, habeant ex deo patre, secundo, ut *rationabilia* sint, habeant ex verbo, tertio, ut sint *sancta*, habeant ex | spiritu sancto »[99]. La sainteté dont l'Esprit-Saint est la source, correspond en effet à la vie, à l'action, à l'exercice de la vertu. L'achèvement de la perfection est alors le bon usage de la liberté, la pratique morale.

Un certain nombre d'indices convergents nous permettent donc de supposer qu'avant Plotin, la tradition platonicienne avait lié en un tout systématique les trois étapes de la *paideia*, les trois parties de la philosophie, et les trois éléments constituants de la réalité plénière : l'être, la vie, la pensée, en définissant l'implication réciproque de ces moments, par le principe de dénomination par prédominance.

Si Plotin emploie d'une manière aussi fréquente et aussi naturelle la triade être-vie-pensée, c'est très probablement sous l'influence de ce schéma qui lui imposait en quelque sorte une définition de l'être plénier. Mais, nous l'avons vu, les principaux textes où l'on rencontre cette triade, chez Plotin, gardent le souvenir du *Sophiste* ou de la *Métaphysique* d'Aristote et trahissent peut-être ainsi l'influence des commentaires de Platon et d'Aristote que Plotin a utilisés.

Mais, pour Plotin, il ne s'agit plus de l'être, de la vie, de la pensée chez les êtres particuliers, il s'agit de l'être en soi, de la vie en soi, de la pensée en soi. La triade se situe au plan de la seconde hypostase, de ce monde intelligible qu'est l'Intelligence. La triade être-vie-pensée définit en quelque sorte l'Intelligence, révèle sa structure et sa genèse.

Sa structure : Plotin retrouve ici le vœu profond de Platon dans ce passage du *Sophiste* 248 *e*, qui est à l'origine de toute la tradition sur l'être-vie-pensée ; « l'intelligible ne doit pas être du sensible appauvri ; il faut donc que, par sa constitution synthétique, par son unité multiple, il en garde la richesse, que, par le mouvement de sa hiérarchie,

131 il en conserve la vie »[100]. Si tel était bien ce que Platon revendi|quait, en affirmant que l'être plénier n'est pas dépourvu de mouvement, de vie et de pensée, tel est bien aussi le sens des affirmations de Plotin concernant la présence du mouvement et de l'altérité au sein de l'Intelligence. La *vie* est en quelque sorte à la fois le lieu du mouvement et le mouvement lui-même qui va de la *pensée* à l'*être*. Cette *vie* assure ainsi à l'Intelligence cette sortie de soi qui lui permet d'être l'intelligence de l'être : « Nous pouvons dire d'où part ce mouvement [de l'intelligence] et quel est son terme : mais l'*entre-deux* tout entier est-il comme une ligne ou comme un autre corps, homéomère et sans variété ? Mais alors qu'aurait-il de vénérable[101] (τί τò σεμνόν) ? S'il n'avait en lui aucune différence, si nulle altérité ne l'éveillait à la *vie*, ce ne serait pas un acte[102] […]. Mais il n'est pas possible qu'il y ait des êtres, si l'intelligence n'est pas en acte ; en acte, l'intelligence produit sans cesse une chose après une autre, en parcourant en quelque sorte sa course universelle, et en la parcourant en elle-même ; c'est une course telle qu'il est naturel à l'intelligence véritable de la parcourir en soi-même ; il est naturel à l'intelligence de parcourir cette course, dans les essences, et les essences elles-mêmes accompagnent les courses de l'intelligence. Mais l'intelligence est partout ; sa course est donc aussi une station. Et cette course a lieu dans la "plaine de la vérité", dont elle ne sort pas. L'intelligence la possède en la comprenant tout entière et elle s'en fait comme un lieu pour son mouvement ; mais *le lieu n'est pas différent de ce dont il est le lieu*. Elle est variée, cette plaine de la vérité, afin d'offrir une carrière à parcourir ; si elle n'était totalement et toujours variée, l'intelligence s'arrêterait, dans la mesure même où il n'y aurait plus de variété. Et si elle s'arrêtait, l'intelligence ne penserait plus ; en sorte qu'une fois immobile, elle aurait fini de penser ; et s'il en était ainsi, elle ne

132 serait plus intelligence. Elle est donc acte | de pensée : le

mouvement universel remplit l'essence universelle, et l'*essence* universelle est une *pensée* universelle embrassant la vie universelle »[103]. Cette description, presque hégélienne, du mouvement des déterminations montre bien que Plotin utilise la triade être-vie-pensée, pour découvrir une sorte de dialectique nécessaire au sein de l'Intelligence. Au point de vue des Idées, c'est-à-dire de l'Être ou de l'Intelligible, la vie correspond au mouvement de division intérieur de l'être qui l'organise en une hiérarchie de genres et d'espèces. Au point de vue de l'Intelligence, la vie correspond à l'activité de la pensée qui exige sans cesse un passage de l'identité à l'altérité et un retour à l'identité. C'est ce double et unique mouvement de l'être et de la pensée, de l'Idée et de l'Intelligence, qu'exprime Plotin, dans son deuxième traité *Sur les Genres de l'Être* : « L'idée [c'est-à-dire l'Intelligible, donc l'être] est la limite en repos de l'Intelligence, mais l'Intelligence est le mouvement de l'idée [traduisons : la *vie* de l'être], en sorte que mouvement et repos, tout est un ; ce sont des genres qui se pénètrent totalement »[104]. C'est le mouvement, c'est l'acte de la vie qui effectue l'identité entre l'être et la pensée, entre l'objet et le sujet. Autrement dit, l'Intelligence plotinienne est douée d'un mouvement intérieur qui n'est autre que la vie.

Donc la triade être-vie-pensée révèle la structure de l'Intelligence. Mais aussi sa genèse. Libre et autonome, l'Intelligence reçoit pourtant cette liberté et cette autonomie du Créateur de la liberté et de l'autonomie. Son mouvement, spontané sans doute, vient pourtant de l'Un et y retourne. Mais, pour rendre compte de la naissance de l'Intelligence, Plotin utilise encore les trois termes : être, vie, pensée. Ici encore, la vie joue un rôle tout particulier par | rapport à la dyade être-pensée, c'est-à-dire à l'unité de l'Intelligible et de l'Intelligence. Ici encore, la vie représente le mouvement, mais cette fois, il ne s'agit plus du mouvement intérieur de l'Intelligence, il s'agit d'un mouvement d'autodétermination dont l'Être-Intelligence représente le terme. La vie sort immédiatement de l'Un et c'est à partir d'elle que l'Intelligence se constitue. Inversement, « le déploiement des nombres et des idées », dans l'Intelligence, est « pour la vie, la seule façon de médiatiser son contact avec l'Un »[105]. « La vie, nous dit Plotin, est l'acte du Bien, ou plutôt un acte dérivé du Bien ; l'Intelligence est cet acte même quand il a reçu une limite »[106]. Ou encore : « La vie qui a reçu une limite, c'est l'Intelligence »[107]. Et dans le même traité *Sur l'Origine des Idées*, d'où les deux citations précédentes sont déjà extraites, Plotin, décrivant les phases de la naissance de l'Intelligence, distingue d'abord la sortie de la vie, à partir de l'Un, puis une conversion de cette vie, qui correspond à une vision encore confuse, enfin l'achèvement de cette conversion qui correspond à la constitution de l'Intelligence comme connaissance proprement intellectuelle. On comparera ce premier texte : « Au moment où la *vie* dirigeait vers lui ses regards, elle était encore illimitée ; une fois qu'elle l'a *vu*, elle a été limitée, sans que l'Un lui-même n'ait aucune limite [...] La vie qui a reçu une limite, c'est l'*Intelligence* »[108] avec cet autre texte du même traité : « Mais elle n'est pas encore Intelligence, quand elle le regarde et sa vision n'est pas une pensée intellectuelle. Ou plutôt, il ne faut pas dire qu'elle *voit* ; elle *vivait* vers lui, elle était suspendue à lui, et elle était tournée vers lui ; le mouvement de l'Intelligence ayant été achevé par le fait de se mouvoir vers l'Un et autour de l'Un, a achevé l'*Intelligence* elle-même ; | ce n'est plus un simple mouvement ; c'est un mouvement achevé et complet »[109].

134

Peut-on préciser l'idée que Plotin se fait de cette *vie* pré-intellectuelle, de cet état d'indétermination de la pensée qui est une phase nécessaire de la genèse de l'Intelligence ? Je pense que l'on peut utiliser pour cela les textes plotiniens concernant la naissance de la Matière intelligible. Plotin admet une sorte de surabondance de l'Infinité de l'Un[110] qui engendre une indétermination, une illimitation. « Dans les intelligibles, la matière aussi est l'illimité. Il est engendré de l'illimitation de l'Un ou de sa puissance ou de son éternité ; mais cette illimitation de la matière intelligible n'est pas dans l'Un, mais il la produit »[111]. Mais cet indéfini issu de l'Un est aussi bien mouvement illimité : « Le principe de la matière intelligible, c'est l'altérité et le mouvement premier ; c'est pourquoi on appelle altérité, ce mouvement ; car mouvement et altérité sont nés ensemble. Le mouvement et l'altérité, qui viennent de l'Un, sont indéfinis et ont besoin de lui pour être déterminés ; ils sont définis quand ils se tournent vers lui »[112]. Il y a donc une première phase de mouvement aveugle, d'altérité pure, de pur éloignement. Puis, ce mouvement – et c'est là tout son mystère – peut se convertir vers l'Un et se définir. Il est difficile de ne pas rapprocher ces deux phases, avec les deux phases rencontrées plus haut : illimitation de la vie, puis conversion de la vie qui s'achèvera dans la constitution plénière de l'Intelligence. La vie issue de l'Un, et de soi illimitée, se convertit vers l'Un et se convertissant, devient l'Intelligence, dans la mesure où elle est définie dans sa conversion. La vie représente donc un mouvement d'autodétermination, d'autoactualisation de l'être ; elle est le mouvement de la matière intelligible qui se donne à elle-même forme et détermination, en se tournant vers l'Un. L'*être* et | la *pensée*, dont l'unité constitue l'Intelligence, apparaissent alors comme le produit de l'autodétermination de la *vie*.

135

Que ce soit dans la structure interne de l'Intelligence, ou dans sa genèse à partir de l'Un, la vie représente donc, au sein de la triade être-vie-pensée, le moment de sortie, de déploiement qui permet la conversion, le mouvement vers l'extérieur qui *déjà* est mouvement vers l'intérieur. On entrevoit dans ce schéma plotinien le futur schéma du néo-platonisme postérieur : repos, procession, conversion, intimement lié à la triade être-vie-pensée. Mais le rôle que Plotin assigne à la vie dans cette triade suppose une conception dynamique de l'être qui a ses antécédents historiques. Elle correspond à une transposition platonicienne, c'est-à-dire à une élévation au plan métaphysique de la conception stoïcienne du mouvement alternatif constitutif de l'être, mouvement appelé par les stoïciens τονιχὴ χίνησις[113].

Le mouvement tonique qui assure la consistance du *pneuma* est dirigé alternativement vers l'extérieur et vers l'intérieur. Le mouvement dirigé vers l'extérieur produit la grandeur et les qualités des individus. Le mouvement dirigé vers l'intérieur produit leur unité et leur substance. Ce qui importe ici, l'aspect essentiel qui a pu être transporté du plan physique au plan métaphysique, c'est que l'unité et la substance des êtres sont, dans cette conception, le résultat d'un *mouvement converti*, d'un mouvement qui subit l'attraction d'une sorte de centre vital, principe de l'expansion comme du retour à soi de l'être vivant. La substance apparaît comme le résultat d'un mouvement de concentration difficilement concevable sans une expansion préalable.

Je crois que l'on peut reconnaître une trace d'une spiritualisation de cette notion stoïcienne dans le mouvement de sortie et de retour accordé par certaines théologies du | IIᵉ siècle après Jésus-Christ, à leur second Dieu. Ce second Dieu, chez Numénius par exemple, est doué d'un double mouvement : se tournant vers la matière, il répand la *vie* ; se retournant vers le premier Dieu, il jouit ensuite de la vie bienheureuse de la *contemplation*[114]. Ou encore, il produit spontanément sa propre forme et le monde ; puis il devient totalement contemplatif après son activité démiurgique[115]. Ces deux formes de l'activité du second Dieu s'opposent

136

bien comme un mouvement vers l'extérieur et un mouvement vers l'intérieur, le second étant le résultat d'une
conversion. De même, entre autres formules des Pères de
l'Église, on retiendra ce texte de Novatien, contemporain
de Plotin, qui laisse concevoir une sorte de circulation de
la substance divine : « Unus deus ostenditur verus et aeter-
nus pater, a quo solo haec vis divinitatis emissa, etiam in
filium *tradita* et *directa*, rursum *per substantiae communionem
ad patrem revolvitur* »[116].

Le mouvement de l'Intelligence plotinienne qui se fait
être et *pensée*, en convertissant et en définissant l'indétermination de la *vie*, semble donc s'inscrire dans cette tradition.
Mais l'Intelligence plotinienne reste pure de tout contact
avec la matière, sa vie ne sort pas du monde intelligible.
Dans cet ordre purement intelligible, elle semble bien
douée d'une sorte de mouvement « tonique », c'est-à-dire
d'expansion et de retour, à partir de ce centre transcendant qu'est l'Un, et vers lui.

L'unité, la continuité de ce mouvement de l'Intelligence impliquent que *la vie est déja pensée*, qu'il y a une sorte
d'unité | préintellectuelle dont l'Intelligence n'est que le
développement. L'unité multiple de l'*être* et la connaissance définie de la *pensée* intellectuelle sont préformées
dans le dynamisme de la *vie*. L'étude de la triade être-vie-
pensée chez Plotin semble bien nous conduire à conclure
que l'intuition centrale de Plotin est celle d'une vie qui utilise la détermination intellectuelle pour essayer de
rejoindre sa source[117]. On pourrait voir là une transposition
de l'expérience familière à tout homme, celle du désir
d'expression. La volonté d'expression devient en nous
d'abord sens, puis phrase exprimée, sans que la phrase
exprimée puisse jamais rendre adéquatement ce qui voulait s'exprimer. Certaines expressions de Plotin, par
exemple celles par lesquelles il représente le rapport de
l'âme à l'intelligence, comme analogue à celui du *logos* pro-

137

féré au *logos* intérieur[118], pourraient justifier cette interprétation. En tout cas, je dirais volontiers avec É. Bréhier : « Dans le cadre plotinien, c'est la vie qui forme les extrêmes et la conscience réfléchie est l'intermédiaire entre la vie supérieure à la conscience et qui sourd de l'Un et une vie inférieure. Mais c'est la vie inférieure qui, beaucoup plus que la conscience, nous donne les moyens de concevoir la vie supérieure »[119].

Ce primat de la vie sur la conscience réfléchie se traduit de plusieurs manières. Tout d'abord, Plotin affirme que la vie inconsciente a plus d'intensité que la vie consciente : « La conscience risque d'affaiblir les actes qu'elle accompagne. Tout seuls, ces actes ont plus de pureté, plus d'acte, plus de vie ; oui, dans l'état d'inconscience, les êtres parvenus à la sagesse ont une vie plus intense ; cette vie ne se disperse pas dans les sensations et se rassemble au même point »[120]. Ce texte concerne la conscience sensible ; mais il trahit déjà par lui-même une tendance du plotinisme. Plus profondélment, l'image des raisons séminales permet à Plotin d'exprimer le mode d'activité propre à l'Intelligence, parce qu'elles témoignent de l'unité concrète de la vie et de l'intelligence. D'un bout à l'autre de son œuvre, Plotin y revient. Dès le traité *Sur l'Intelligence, les Idées et l'Être*, les raisons séminales servaient à faire comprendre la multiplicité intérieure de l'Intelligence[121]. Dans le traité *Sur la Beauté intelligible*, elles servent à faire admettre par analogie que le monde intelligible contient une sagesse substantielle[122]. Et c'est la même conclusion qui se dégage du deuxième traité *Sur les Genres de l'Être* : « On dirait que l'être a produit une intelligence douée de réflexion toute faite. C'est la même chose que dans les raisons séminales qui produisent les êtres vivants ; tout ce que la raison la plus pénétrante pourrait trouver de mieux, l'être vivant l'a dans ses raisons séminales qui existent pourtant avant toute réflexion. Que faudrait-il alors attendre dans les réalités

plus hautes encore que la nature et que les raisons qui sont
en elles ? Comme, en elles, *l'essence n'est pas autre chose que
l'intelligence*, et comme elles n'ont pas une intelligence ni
un être d'emprunt, elles atteignent sans effort la perfection »[123]. On pourrait ajouter, en liaison avec la doctrine de
l'être-vie-pensée que nous avons rencontrée jusqu'ici chez
Plotin, que « l'essence n'est pas autre chose que l'intelligence », lorsque toutes deux sont identiques à la vie. C'est
la vie qui est l'unité concrète de l'être et de la pensée.
Impossible de ne pas reconnaître une parenté entre ces
affirmations et une philosophie de la vie qui considérerait
le vital comme une sagesse supérieure à la réflexion.
Bergson dira : « La nature n'a pas eu plus de peine à faire
un œil que je n'en ai à lever la main »[124]. La vie ne réalise
pas un plan préétabli par une intelligence ; loin de copier
des idées préexistantes, c'est elle qui crée les formes
intellligibles. Ainsi le danseur : c'est en son activité même
que réside sa fin[125].

139

Cette intelligence immanente à la vie est pour Plotin
une contemplation ; le sens du magnifique traité *Sur la
Contemplation,* c'est justement l'identification du regard et
de la vie : « Je contemple, dit la Nature, et les lignes des
corps se réalisent comme si elles sortaient de moi »[126]. Si la
vie inférieure est regard contemplatif, la vie supérieure à
l'Intelligence est, elle aussi et à plus forte raison, regard
vers l'Un. Ce regard est conversion, et cette conversion de
la vie vers l'Un reproduit le regard et la conversion de l'Un
vers lui-même : « Comment existe-t-il ? C'est comme s'il
s'appuyait sur lui-même et s'il jetait un regard sur lui-
même. Ce qui correspond à l'être en lui, c'est ce regard.
Tout se passe comme s'il se produisait lui-même »[127]. La *vie*
se convertissant en *intelligence* et en *essence* déterminée
mime donc, par son autoposition et son autodétermination, l'autoproduction de l'Un.

Ainsi la pensée plotinienne exige en quelque sorte que,
dans la triade être-vie-pensée, la vie précède, de quelque

manière, les deux autres termes, être et pensée apparaissant ainsi comme l'aboutissement d'un processus par lequel la matière intelligible se donne à elle-même sa forme en se tournant vers l'Un. S'il y a une sorte de pré-existence de l'être et de la pensée au sein de la vie, il y a aussi un déploiement de la vie au sein de l'Intelligence constituée, au sein de l'Essence délimitée. Cette « puissance universelle »[128] qu'est la vie préintellectuelle, qui porte en elle toute la surabondance issue de l'Un, devient dans l'Intelligence constituée, ce mouvement perpétuel, cette « course vagabonde »[129] de l'Intelligence en elle-même qui assure la richesse et la variété du monde intelligible. La vie, finalement, n'est rien d'autre | que cette continuité de mouvement qui, sortant de l'Un, tend à revenir vers lui, pour « revivre sa propre genèse »[130].

140

Au fond de cette conception des rapports entre l'être, la vie et la pensée, il y a une intuition fondamentalement anti-aristotélicienne : celle de la supériorité de la puissance sur l'acte : la forme intelligible, l'acte intellectuel ne parviennent jamais à épuiser l'infinité de la puissance qu'ils cherchent à exprimer. La vie est l'image la moins imparfaite de l'Un, parce qu'elle est un mouvement qui garde en lui-même cette infinité de la puissance.

Ici encore, Plotin est l'héritier de la tradition stoïcienne[131], bien qu'il en rejette la lettre, dans ses réflexions sur les catégories[132]. En concevant l'être, la vie et la pensée comme un procès unique, comme un mouvement d'auto-constitution, Plotin est obligé de transposer dans le monde intelligible la conception stoïcienne du dynamisme de l'être.

Ainsi le rôle important joué dans la pensée plotinienne par la triade être-vie-pensée révèle certains éléments de la tradition platonicienne dont Plotin a subi l'influence : 1° la systématisation qui a abouti à faire de l'être, de la vie, de la pensée, trois éléments nécessaires et suffisants à la plénitu-

de de l'être et qui a conçu ces trois éléments, comme s'impliquant mutuellement au sein d'une unité multiple analogue aux trois parties de la philosophie ou aux trois moments de la *paideia* ; 2° la transposition du stoïcisme, du physique au métaphysique, qui a permis d'utiliser la triade être-vie-pensée pour exprimer le dynamisme de l'être intelligible, et l'autodétermination qui le caractérise ; 3° l'exégèse de Platon et d'Aristote qui a ramené la doctrine de l'être-vie-pensée à ses véritables sources, en lui faisant retrouver le souci de sauver toute la richesse du sensible dans la pureté de | l'intelligible. Héritier de cette tradition,   141
Plotin l'a assimilée d'une manière particulièrement originale, et proprement unique, en conservant plus que tout autre philosophe antique, le souci de la transcendance divine et de la liberté de la vie spirituelle. Après Plotin, le néoplatonisme apparaîtra plutôt comme un continuateur de la scolastique platonicienne antérieure à Plotin.

* * *

| Discussion   142

P. Henry : Ce qui m'a intéressé plus particulièrement dans votre exposé, c'est l'idée que l'Un est une sorte de synthèse supérieure de ces mouvements. Je me demande si l'on ne pourrait pas ajouter à votre documentation deux textes, l'un qui se trouve en VI 8,15. 30, où dans cette description, toujours imparfaite de l'Un, il est dit explicitement : ὑπόστασις δὲ πρώτη οὐκ ἐν ἀψύχῳ οὐδ᾽ ἐν ζωῇ ἀλόγῳ. C'est une expression très remarquable, par l'intensité de vie qui est attribuée à l'Un. Quant à la Vie qui descend de l'Un – votre thèse que la Vie est tout à fait première – je crois qu'il faudrait se souvenir du texte de V 2,

2. 2-7, que Bréhier traduit : « Toutes choses sont donc comme une vie qui s'étend en ligne droite » : Ἔστιν οὖν οἷον ζωὴ μακρὰ εἰς μῆκος ἐκταθεῖσα.

M. Hadot : Au point de vue de l'image géométrique, cette Vie qui s'étend en ligne droite, sans s'arrêter, représente une nuance différente de celle que j'ai voulu souligner dans mon exposé. Plotin veut exprimer avant tout la continuité de la Vie. La métaphore de l'arbre a le même but.

P. Henry : Reste aussi le texte qui me séduit toujours, V 4, 2. 12-19, texte technique, dans lequel la Vie est attribuée à l'Un, en particulier : « πάντῃ διακριτικὸν [c'est une correction pour διακριτὸν] ἑαυτοῦ ζωὴ ἐν αὐτῷ ». Je sais bien que ceci n'est pas directement dans votre thème triadique.

M. Hadot : Il y a là la ζωή et la συναίσθησις. Mais je crois cependant que Plotin n'affirme pas vraiment que la vie et la conscience soient dans l'Un. Il y a là plutôt une sorte d'asymptote, de tendance indéfinie. Ou plutôt il pense par analogie : puisque dans l'être que nous pouvons analyser, on trouve ces trois aspects, il doit y avoir quelque chose dans l'Un qui y correspond. L'ἑτέρως est très important.

P. Henry : Comme vous le savez, depuis longtemps j'ai orienté mes recherches vers le problème de la conscience de l'Un. Je | vois ici que les mêmes textes qui affirment la conscience de l'Un d'une manière technique ou non technique, lui attribuent également à ce propos la « Vie ». Les deux vont de pair. Je n'oserais pas dire s'il y a priorité de l'une sur l'autre.

M. Hadot : En tout cas, il y a affirmation de l'unité concrète des deux.

P. Henry : Ce qui m'intrigue, c'est l'objet de la conscience, le νοητόν. Il est objet intelligible non pour soi-même, mais pour l'hypostase suivante. Dans le traité V 6 [24], 2. 4, la distinction est fort marquée. Le Premier peut être νοητόν sans être νοοῦν. Il est même très rare que Plotin parle de l'Un comme νοητόν pour autrui. Je ne vois que ces deux traités.

M. Hadot : Il reste que ce nom de νοητόν est identifié en III 9 [13], 1. 16 avec le νοῦς ἐν ἡσυχίᾳ si bien que dans V 4 [7], traité encore ancien, il y a une trace de cette mentalité. Ceci est intéressant du point de vue des rapports avec Numénius signalés par M. Dodds dans sa conférence à propos de III 9, 1.

M. Dodds : I should like first to say how deeply I was impressed by the originality and subtlety of this paper. One question, however, remains in my mind : is the scholastic formulation of this triad really pre-Plotinian ? Unfortunately, almost everything seems to turn on the passage in Augustine, *De civitate dei* VIII 4, and we do not know whether Augustine got this from a pre-Plotinian Celsus or from a post-Plotinian Celsinus – perhaps Hadot will tell us what the evidence is ? I am troubled also by the strange equation drawn in this passage between the triad being-life-mind and certain other triads which are not obviously similar. Is there any trace of such equations either in Plotinus or in Middle Platonism ? If not, the antiquity of the triad *natura-doctrina-usus,* to which Philo bears witness, is hardly relevant. Again, the passage which Hadot quotes from Cicero, *Tusculans* V 22, proves only that the general principle of naming by predominance is as old as Antiochus. This is important, but it does not establish that it was applied before the Neoplatonists to the triad ὄν -ζωή-νοῦς. – Incidentally, I is it 144 true that, as Hadot says, this principle « joue un rôle quasi inexistant chez Plotin » ? I thought it was recognised, for example, at V 8, 4. 10, where he says ἐξέχει δ᾽ ἐν ἑκάστῳ ἄλλο, ἐμφαίνει δὲ καὶ πάντα.

M. Hadot : Voyons d'abord le problème du résumé augustinien selon les données fournies par M. Courcelle dans ses *Lettres grecques en Occident,* p. 179-181. Le problème tient au fait que dans son *De haeresibus* (prol.), saint

Augustin rapporte à un *quidam Celsus,* un manuel intitulé *Opiniones omnium philosophorum,* qui pourrait à première vue être identifié avec la partie philosophique de l'encyclopédie latine de Cornelius Celsus, tandis qu'ailleurs et justement dans *De civitate dei* VIII 1 et sq., il utilise encore un manuel intitulé *Opiniones omnium philosophorum* par lequel cette fois il semble connaître Plotin, Porphyre et Jamblique, donc, qui ne pourrait être de Celsus. M. Courcelle croit pouvoir identifier le *quidam Celsus* du *De haeresibus* avec ce *quidam Celsinus* du *Contra Academicos* (II 2, 5) qui avait dit que les livres de Plotin étaient des livres « substantiels », *libri quidam pleni.* Ce Celsinus est donc nécessairement postplotinien. Peut-être faut-il l'identifier (P. Courcelle, p. 181, n. 2) avec le gendre de Julien l'Apostat qui porte ce nom.

À mon avis, même si l'auteur est postplotinien, le contenu du manuel est archaïque. J'ai signalé certains traits de cet archaïsme dans mon exposé. Le rapprochement entre la triade des parties de la philosophie, la triade de la *paideia* et la triade être-vie-pensée, que nous trouvons si nettement chez Augustin, m'a semblé d'autant plus intéressant que l'on retrouve chez Philon, chez Victorinus, chez Proclus, une identité de structure (dénomination par prédominance) entre les triades considérées isolément par ces auteurs. Je reconnais que cette identité de structure n'est soulignée explicitement nulle part, mais elle est reconnaissable et trahit une systématisation scolastique. Je reconnais également que le principe de dénomination par prédominance n'est pas appliqué avant Victorinus à la triade être-vie-pensée, et donc que son emploi par Antiochus signale simplement une date possible pour le développement de la doctrine.

145 | *M. Armstrong* : One might say that that particular principle of naming by predominance goes back to Anaxagoras. He also taught that the things were characterized by the

predominance of one particular elementary substance. In
fact, it must have been a familiar doxographic tag.

M. Hadot : En tout cas, *Enn.* V 8, 4. 10 cité par M. Dodds
est un texte intéressant, mais semble bien confirmer, par
son caractère isolé, le fait que la doctrine de la dénomination par prédominance n'est pas un thème plotinien très
développé et qu'il s'agit, là encore, d'une doctrine reçue
par Plotin, d'un élément de la tradition scolastique platonicienne.

M. Schaerer : Lorsque Plotin lit le *Sophiste*, étudie les
genres, est-ce que le mot "genre" dans son esprit a la même
valeur qu'il devait avoir pour Platon, ou surtout pour
Aristote ? Dans la perspective platonicienne, les genres, les
espèces sont inclus les uns dans les autres. Il y a une différence d'extension. Ce qui a le moins d'étendue est inclus
dans ce qui en a davantage. Il y a une construction logique
assez moderne des choses. À l'époque de Plotin et déjà
avant lui, les stoïciens avaient rompu avec cette conception
de l'extension des genres. Le syllogisme stoïcien est un syllogisme qui ne reconnaît plus de grand terme et de moyen
terme. Tout est singulier. C'est un syllogisme très différent
du syllogisme d'Aristote, et précisément en ce qui concerne la question du genre, est-ce que Plotin a une théorie du
genre en tant que tel ? La notion de genre est-elle compa-
tible avec une philosophie qui attribue la réalité fondamentale aux choses singulières ? Même les idées sont des
singuliers, ainsi l'αὐτοσωκράτης. Peut-il avoir une théorie
du genre ? Jean Trouillard, dans ses beaux livres sur *La
purification plotinienne* et *La procession plotinienne* (Paris
1955) a démontré, je crois, que ce qu'il y a de mathématique chez Platon se retrouve sous une forme esthétique
chez Plotin. Le mot γένος est-il compris chez Plotin dans
une acception analogue à celle de Platon ?

M. Hadot : Plotin s'est tout à fait posé la question. Dans
le traité *Sur les Genres de l'Être*, VI 2 surtout. Il est pris par sa

146 double | formation platonicienne et aristotélicienne entre deux tendances doctrinales : la doctrine platonicienne, ou issue d'une réflexion sur le platonisme, qui considère l'Être comme le genre suprême (c'est la contamination avec le stoïcisme que l'on trouve dans la *Lettre* 58 de Sénèque), et la doctrine aristotélicienne de la distinction irréductible entre les genres de l'Être, leur hétérogénéité totale. Il se refuse nettement en VI 2, 3 à interpréter sa théorie des hypostases comme une hiérarchie de genres. L'Un n'est pas un genre suprême, ni l'Intelligence, un genre déterminé. On pourrait sans doute trouver certaines tendances dans ce sens, par exemple le texte du traité *Sur les Nombres* (VI 6) que je citais tout à l'heure à propos du Vivant considéré comme plus déterminé que l'Intelligence et que l'Être. En tout cas, dans le traité *Sur les Genres de l'Être*, il refuse cette conception. Et en VI 2, 6-8, il y a ce texte cité dans mon exposé sur l'âme vivante et pensante, et sur l'Intelligence vivante et pensante. Les genres de l'Être correspondent aux ἐπίνοιαι que l'on retrouve chez Origène : ils deviennent des points de vue différents par rapport à une réalité unique. É. Bréhier l'explique très bien dans sa notice d'introduction aux traités *Sur Les Genres de l'Être* (p. 37) : c'est une analyse réflexive « qui éclaire divers aspects inséparables d'un même tout, pour employer une expression de Leibniz ». Je crois que le problème que vous venez de poser mériterait d'être étudié pour lui- même.

M. Schaerer : La philosophie de Plotin est une philosophie de points de vue ?

M. Hadot : Oui, je le crois. On a même cherché à interpréter la théorie des hypostases comme une philosophie non pas tellement de points de vue, que d'états psychologiques, l'âme étant une première étape, l'Intelligence une intériorité plus grande, et l'Un l'intériorité totale.

M. Puech : À vrai dire, nous hésitons à employer un langage moderne, de peur de commettre des anachronismes.

Cet emploi est cependant, en bien des cas, légitime et ins-
tructif. Vous parliez des ἐπίνοιαι d'Origène : ce sont exactement des « points de l vue » sur le Fils, par exemple, mais
qui ne supposent pas une multiplicité d'hypostases ou de
personnes. Ces « points de vue » sont liés aux états pro-
gressifs de la contemplation du Fils. Si on le considère
comme Sophia ou Logos, on est au-delà de la perception
du Fils comme Juge, Médecin, etc. Les ἐπίνοιαι correspondent aux étapes successives d'un progrès spirituel, aux
divers aspects d'un même objet saisi à chaque fois dans une
perspective différente, selon la capacité ou la situation du
sujet qui le contemple. À chacune d'elles – Origène insiste
là-dessus contre les gnostiques – ne répond pas un Eon distinct, une Hypostase ou une Entité indépendante : le Fils –
qu'il soit Juge, Médecin, Verbe, Sagesse – demeure une
seule Personne, un ὑποκείμενον unique.

En ce qui concerne la *Sophia* comme substance vivante,
il y a aussi, dans le *De principiis* (I 2, 3) un endroit où
Origène appelle le Logos « animal vivant » (*Verbum animal
vivens*). Il emploie, du reste, ailleurs l'expression de
« Sagesse vivante » (ἔμψυχος σοφία : *In Joh.* I 19 [22] § 115 ;
ζῶσαν καὶ οἰονεὶ ἔμψυχον [...] τὴν ὑπὲρ πᾶσαν κτίσιν
σοφίαν τοῦ θεοῦ : *In Joh.* I 34 [38] § 244).

M. Dörrie : Ihr Referat hat das Thema, das gestern Herr
Theiler ausführte, in einem Punkt weitergeführt. Im lehr-
reichen Vergleich mit dem, was wir gestern gelernt haben,
haben wir wieder gesehen, wie vom stoischen Ausgangspunkt her ein Gedanke Plotins lebendig wird, und dieser
Ausgangspunkt ist ja zweifellos jene Begriffsreihe ἕξις,
φύσις, ψυχή. Diese Begriffsreihe war in der älteren Stoa
wahrscheinlich parataktisch gemeint, es war eine διαίρεσις
um die verschiedenen Arten der ὄντα zu gliedern. Nun
gibt es bei Sextus Empiricus (*Adv. math.* 9, 81) eine Stelle,
an der man sieht, wie Poseidonios sich dieser drei Begriffe
bedient und sie stuft, um festzustellen, in welcher Weise die

147

Welt als Ganzes ein Wesen ist. Er muss es ablehnen, dass die
Welt ein Wesen auf Grund der ἕξις oder der φύσις sein
könne. Sie kann nur ein ἔμψυχον sein, und damit kündigt
sich zum ersten Mal eine Wertung an. Wir geraten also
148   auch jetzt wieder in die | Nähe des Poseidonios insofern, als
er die ursprüngliche Parataxe in eine Stufung verwandelt
hat. Zudem kann man auf einen typischen Zug hinweisen,
wie stoische Gedanken in das plotinische Denken einge-
gliedert werden. Es erfolgt jedes Mal eine Umsetzung, sie
müssen des ursprünglich materialistischen Charakters
entkleidet werden und oft können sie nur auf grossen
Umweg und sehr häufig auch nur subsidiär für Plotins
transzendentale Fragestellung nutzbar gemacht werden.
Nun wäre es natürlich banal, wenn wir sagen wollten, dass
Plotins Transzendental-Philosophie auf Platon basiert ist,
das steht ja sowieso fest. Aber ich möchte es unterstreichen,
beim Einbauen und beim Umsetzen stoischer Elemente
wird eine Technik angewendet, eine Technik, die nachmals
Porphyrios geradezu souverain beherrscht, und es wäre der
Mühe wert, die Elemente dieser Technik im Einzelnen fest-
zulegen. Natürlich liegt es an der Unvollkommenheit der
Art, wie wir uns einander mitteilen, dass wir Elemente sondern müssen, da wir eigentlich eine Synthese bezeichnen
wollen. Für Plotin stand ja gewiss im Vordergrund, dass er
die Harmonie auffinden und darstellen wollte, die zwischen allem bisher Gelehrten, zwischen dem schon säkular
gewordenen Platon und der noch immer aktuellen, wenig-
stens die Fachsprache beherrschenden, Stoa bestand. Aber
darüber kann eigentlich kein Zweifel sein : Was man aus
Platon entnimmt, das kann sogleich auf der betreffenden
Ebene, auf der es bei Platon beginnt, diskutiert und ein-
gefügt werden. Aber eine aus der Stoa stammende
Gedankenreihe muss immer erst auf die Ebene transzen-
dierender Betrachtung emporgehoben werden, und dabei
erfährt sie gewöhnlich ganz substantielle Veränderungen.

M. Schwyzer : Herr Hadot hat gegen den Schluss seines Vortrages das Problem des Bewusstseins gestreift und einen Text zitiert (I 4, 10. 28), wo gesagt wird, dass das Bewusstsein die Handlungen, die es begleitet, hindert. Neben dieser geringen Einschätzung des Bewusstseins gibt es aber auch Stellen, wo es durchaus als positiver Wert in Erscheinung tritt. Darauf werde ich in meinem eigenen Referat noch zu sprechen kommen. Zwischen | der Stelle III 9, 1, wo innerhalb der Trias ὄν, ζωή, νοῦς der Primat der ζωή eingeräumt wird, und der Stelle VI 6, 8. 18, wo es heisst : πρῶτον ὄν, εἶτα νοῦν, εἶτα τὸ ζῷον, hat Herr Hadot mit Recht einen Widerspruch festgestellt. Es mag interessieren, dass dieser Widerspruch schon von Proklos *In Tim.* p. 130 B aufgedeckt worden ist.

149

M. Hadot : Oui, Plotin n'est pas toujours systématique. Je crois qu'il y a une tendance très nette de la pensée de Plotin à mettre la Vie (non plus dans son unité, mais du point de vue de la multiplicité des vivants) à la suite du νοῦς. C'est la tendance même qui fait de l'âme une troisième hypostase.

P. Henry : Voyez-vous un développement dans la pensée de Plotin, du point de vue de cette place du « Vivant » ?

M. Hadot : Je crois qu'il y a une évolution dans l'interprétation du Vivant en soi du *Timée*. En III 9 [13], 1 τὸ ζῷον c'est le νοῦς ἐν ἡσυχίᾳ. En II 9 [33], il y a une certaine hostilité à cette tendance. Quand on arrive à VI 6 [34], il place le Vivant en soi au troisième rang, sur le plan de l'Intelligence ; et il y a encore un autre texte à la fin du deuxième traité *Sur les Genres de l'Être*, VI 2, 22, et surtout VI 2 [43] 21. 57 ; c'est la même idée que dans VI 6 : « l'intelligence qui contient tous les êtres, c'est l'*animal total* ».

P. Henry : Mais vous aviez insisté sur la priorité de la « Vie ».

M. Hadot : Il y a deux tendances de Plotin. On peut concevoir la vie sous deux aspects : d'abord comme une multiplicité de formes qui se manifestent dans le monde, les arbres, les animaux, etc., et d'autre part, comme Vie infinie, qui est la source unique. Et je trouve qu'É. Bréhier a parfaitement raison quand il dit que, pour Plotin, il y a une vie supérieure à la conscience, et une vie inférieure. Et la vie inférieure, c'est elle qui est l'Ame, le Vivant en soi, etc., inférieure à la pensée pure. La vie inférieure, finalement, est le meilleur analogue de la vie supérieure, et même de l'Un. La conscience n'est qu'une île au milieu d'un fleuve de vie.

150 | *P. Henry* : Ce que je voudrais marquer à ce propos, c'est qu'il redevient intéressant de considérer la possibilité d'un développement de la pensée de Plotin, dans les quelques années qu'il a passées à écrire. C'est la seconde fois nettement que dans ces *Entretiens* nous constatons un développement entre les premiers traités et les derniers.

M. Puech : Surtout, il y a changement, modification de l'expression des thèses en fonction des adversaires. Pour la théorie de la matière, c'est très net. Tant qu'il y avait accord apparent avec les gnostiques, Plotin usait d'un langage et d'images assez dualistes. Mais, après la rupture, il développe le thème de la matière-miroir.

M. Schaerer : Léon Robin, dans son dernier ouvrage, posthume : *Les rapports de l'être et de la connaissance d'après Platon*, 1957, tend à démontrer que Platon introduit de plus en plus la vie dans le monde des Idées. Il aboutirait ainsi à une sorte de vitalisme, ce qui confirmerait ce que vous disiez de l'interprétation plotinienne des derniers dialogues de Platon.

M. Hadot : Personnellement, j'ai été convaincu par la démonstration de Robin. Mais je n'ose trop m'aventurer dans ce domaine. C'est le problème de l'interprétation de ce fameux passage du *Sophiste* : est-ce que, oui ou non, pour reprendre la question de Mlle de Vogel, Platon a introduit le mouvement dans son monde des idées ? Certains ont tendance à voir dans ce texte du *Sophiste* un moyen pour Platon de sauvegarder tout simplement le mouvement sensible. Dans ce texte du *Sophiste*, l'Ame joue un grand rôle : le mouvement et la pensée sont localisés en elle. On trouve des traces littérales du passage du *Sophiste*, aussi avec la mention de l'âme, chez Plotin, par exemple VI 9 [9], 9. 2. Tout le problème, c'est la traduction de παντελῶς ὄν, est-ce la somme des formes de l'être ou est-ce l'être plénier ? Je crois que Plotin est favorable à la deuxième traduction : la plénitude de l'être.

M. Puech : Si l'on reprend les idées et le vocabulaire de l'époque, le παντελῶς ὄν de Plotin, c'est évidemment le « plérome », le πλήρωμα.

| *M. Theiler* : Ich will hier nicht eingreifen bei dieser interessanten Frage von Herrn Schaerer, die uns weit in Plato hineinführen würde. Ich will nur sagen, dass wir einen sehr gelehrten Vortrag gehört haben. Die Hauptfrage, woher die Triade bei Plotin kommt, liess sich im Ganzen nicht aus vorangehenden Versuchen lösen, es sei denn aus der Stelle des platonischen *Sophisten*, die Herr Hadot richtig an den Anfang gestellt hat. Dazu kommt, das parmenideische τὸ γὰρ αὐτὸ νοεῖν ἐστίν τε καὶ εἶναι, ferner, wie ebenfalls richtig betont wurde, die aristotelische Formulierung aus der Metaphysik ἡ γὰρ νοῦ ἐνέργεια ζωή. Damit haben wir die drei Glieder, wenn auch nicht voll zu einer festen Triade gestaltet. Anderes ist zwar interessant, aber führt nicht an das Ziel. Der Ausgangspunkt von Augustin ist die traditionnelle Einteilung in Physik, Logik und Ethik. Davon ausgehend hat er die Begriffe des Seins, des Logos und also auch des Lebens (*ordinatio vitae*) sehr geschickt verwandt. Ich glaube die nächste Stelle, die es für diesen Ternar gibt, ist Clemens von Alexandrien *Strom.* IV 162, 5 ὁ θεὸς […] ᾗ […] ἐστιν οὐσία, ἀρχὴ τοῦ φυσικοῦ τόπου· καθ' ὅσον ἐστὶν τἀγαθόν, τοῦ ἠθικοῦ· ᾗ δ' αὖ ἐστι νοῦς, τοῦ λογικοῦ τόπου. Mit der Stoa kommen wir wohl

nicht weiter, weder die τόνος-Lehre, die tatsächlich wichtig ist, um die Einheit der Substanz zu erklären, führt zu unserem Ternar, noch auch die Oikeiosislehre, obgleich es richtig ist : zuerst gibt es eine Zuwendung zum Leben und nachher die Aneignung des Logos. Und auch die psychologische Überlegung der παρακολούθησις (in der Schrift über die Glückseligkeit, *Enn.* I 4) hilft nicht fort. Das Thema ist alt : wenn ein Mensch wegen Verrücktheit oder Trunkenheit nicht mehr die Dinge der Aussenwelt aufnehmen kann, ist er da nicht unglücklich ? Nun, da bringt ganz hübsch Plotin die Auffassung hinein, dass eigentlich das Bewusstwerden eine Abschwächung der reinen natürlichen Lebenskraft sei. Auch das schöne Bild vom Tänzer, der ohne Bewusstheit die Figurationen tanzt, gehört dazu ; oder ein Musiker findet ohne weiteres die komplizierten Griffe, ohne sich dessen bewusst zu sein ; eben wäre es ihm bewusst, könnte er sie nicht so rasch finden. Am | ehesten ist vielleicht noch von Belang die stoische Dreiheit in *Apostelgeschichte* 17. 28. Die grossartige Auffassung, dass das « Leben » Grundlage des νοῦς ist, also ihm voransteht, dass der νοῦς ὁρισθεῖσα ζωή ist, ist auch zu trennen vom Ternar. Ich glaube es gibt zwei ganz verschiedene Linien ; die Ternar-Linie, die primär mit dem *Sophistes* zusammenhängt, und diese andere Linie vom Leben, das zum *Nous* geformt wird. Ich würde nicht ungeneigt sein, in der ἀόριστος δυάς einen bestimmten Vertreter des Begriffes Leben im zuletzt genannten Sinne zu sehen. Die Dyas ist ja tatsächlich ein Ausdruck für die dumpfe Variabilität, die durch das ἕν dann Bestimmtheit, Geschiedenheit, usw. bekommt. Ich will aber noch einmal sagen, wie ausserordentlich förderlich der Vortrag war, weil er alle Möglichkeiten durchprobierte.

152

    M. Hadot : Je remercie beaucoup M. Theiler pour cette mise au point, notamment pour le texte de Clément d'Alexandrie qui montre bien que le résumé platonicien rapporté par Augustin, *civ. dei* VIII 4, nous fait connaître probablement un *compendium* antérieur à Plotin. En tout cas, la fréquence des allusions de Plotin à la triade être-vie-pensée m'a donné l'impression que cette triade était, chez Plotin, quelque chose de *reçu*, qu'elle représentait un des schémas tout faits que Plotin a pu rencontrer et à partir desquels il a élaboré sa réflexion originale. D'autre part, la conception dynamiste de l'être que suppose une telle triade ne peut s'expliquer pour moi que par la présence chez Plotin d'une philosophie qui donne à la vie, le primat sur les autres moments de la triade, ou encore, qui identifie mouvement, vie et acte. Je pense qu'il y a là une transposition du dynamisme stoïcien et de l'ontologie stoïcienne. Mes allusions à la doctrine du τόνος stoïcien s'expliquent par là, comme recherche du schéma ontologique qui rend possible la conception plotinienne de la triade être-vie-pensée.

P. Cilento : Di fronte ai numerosi testi nei quali M. Hadot ha trovato la triade « essere-vita-pensiero » il dubbio ch'io affaccio non lascerà il pungiglione. A me sembra di interpretare i testi che riguardano lo Spirito come se ponessero sempre una | diade essenziale « essere-pensiero ». Solo Essere e Pensare mi sembrano, in questo grado dell'unica realtà spirituale, i costitutivi categoriali. Se la vita è categoria, lo è solo nel grado inferiore, nella terza Ipostasi, nell' Anima e con l'Anima, la « grande viaggiatrice del paese metafisico » (Inge). È l'anima ch'è la vita. La ζωή è legata alla daimonia. Certo, lo Spirito è vivente. Anche l'Uno è vita (altrimenti non sarebbe « venerabile » σεμνόν). Ma all'anima la vita è tutta propria per οἰκείωσις. Nei gradi superiori la vita s'addice per pura *communicatio idiomatum*. A questa interpretazione mi fa persuaso la lettura dello splendido trattato περὶ εὐδαιμονίας (I 4) in cui, p. es., è detto : πολλαχῶς τοίνυν τῆς ζωῆς λεγομένης (I 4, 3. 18). Il termine « vita » è usato in molteplici sensi... Il vivere è un

153

termine che importa pura identità di nome : ὁμωνύμως τοῦ ζῆν λεγομένου (ivi). Insomma, a me sembra che Plotino veda, a partire dall'Uno e ad arrivare allo zero metafisico della materia, una vita spirituale unica, quella che Bréhier chiama (p. 47) « la vie spirituelle hypostasiée ». E vita è beatitudine. Più che categoria, da inserirsi in una triade, la vita è slancio, è moto, è δαίμων. Solo in Proclo è quella aritmologia triadica che piacerà ad Hegel. In Plotino la difesa della triade, nel preludio di II 9, stabilisce solo la necessità delle tre Ipostasi : non più, non meno. In definitiva mi è nuova, in Plotino, la sutura necessaria, *sine qua non*, tra être, vie, pensée, nella seconda Ipostasi. Un testo che potrebbe dar luce è in VI 7, 17. 13-14 : καὶ ἦν ἡ ζωὴ ἴχνος τι ἐκείνου, οὐκ ἐκείνου ζωή.

M. Hadot : Je suis pleinement d'accord avec le Père Cilento sur le fait que Plotin ne fait jamais de la vie une catégorie, mais j'en dirais tout autant de l'être et de la pensée, qu'il entend d'une manière tout aussi analogique que la vie. D'autre part, j'admets aussi parfaitement que être, vie, pensée ne constituent pas chez Plotin une triade au sens de Proclus. Mais, sans « arithmologie », il y a quand même un groupement caractéristique de ces trois concepts chez Plotin. Ce groupement introduit dans la pensée plotinienne des considérations étrangères à la seule doctrine des trois hypostases.

154 | *M. Puech* : Tout cela renforce en moi une impression. Ne pourrait-on pas se demander pourquoi Plotin attache une grande importance au concept de Ζωή ? N'y aurait-il pas à cela deux raisons ? D'une part, Plotin est amené à accorder à la « Vie » une place particulière par son exégèse des textes platoniciens relatifs à l'αὐτοζῷον, à la structure du monde intelligible ou transcendant. D'autre part, il n'a pu que subir ici l'influence de son temps : exigences sotériologiques et intérêt porté au terme et à la notion de « Vie » (de la vraie Vie, de la Vie authentique et plénière)

vont de pair à son époque, se confondent même. « Vie »,
en sémitique et dans des religions « orientales », est le
synonyme de « Salut ». Les « Vivants », ce sont les êtres sau-
vés, qui ont atteint à la plénitude du « Repos » ou – comme
le diraient plutôt les Grecs – de la « Béatitude ». Ces deux
facteurs ne jouent pas sur le même plan. Dans le premier
cas, Ζωή intervient sur le plan intellectuel, comme rouage
d'un système spéculatif, comme pièce d'une construction
ontologique ; dans le second cas, le même terme prend un
sens affectif, a des résonances émouvantes et une valeur
mystique, religieuse. Disons, en simplifiant beaucoup, que
l'un des facteurs est purement hellénique, l'autre d'origine
sémitique ou « orientale ».

P. Henry : Croyez-vous que Plotin s'intéressait à la
vie-salut ?

M. Puech : Non pas, sans doute, expressément et au premier chef, mais il serait difficile que Plotin eût échappé, ou
fût resté entièrement étranger aux tendances et aux préoccupations de son temps.

P. Henry : Évidemment dans l'ambiance religieuse de
l'époque, on tendait à considérer la vie comme identique
au salut. J'hésite à croire que Plotin tendait à faire du
« bonheur » un terme très important, bien qu'il ait écrit
vers la fin de sa vie le traité I 4 [46].

M. Puech : Ce que je voudrais caractériser, c'est la problématique de Plotin, telle qu'ont pu la déterminer les circonstances historiques. Nous avons reconnu, semble-t-il,
qu'il n'y a pas, avant Plotin, de doctrines où Ζωή inter-
vienne. Il est donc légitime de se demander pourquoi on
s'est alors si vivement intéressé à la notion de « Vie » chez   155
les chrétiens, chez les gnostiques, chez les philosophes eux-
mêmes qui – il n'est que de songer aux néoplatoniciens
postérieurs – feront, dans leurs systèmes, une place de plus
en plus grande à un tel concept. Il faut bien qu'une cause
extérieure, contingente, si je puis dire, ait joué, et avant

Plotin, provoquant une question qui n'a pas dû laisser celui-ci indifférent.

M. Hadot : D'ailleurs, dans l'interprétation même de Platon, il y a des textes du *Phédon* qui s'intéressent avant tout à la destinée de l'âme, et des textes comme le *Timée* ou même certains passages du *Phèdre*, dans lesquels l'intérêt est ontologique. Plotin, systématisant des notions tirées du *Phédon*, du *Phèdre* ou du *Sophiste*, effectue une contamination entre des notions tenant au problème du salut et des notions ontologiques.

M. Puech : À cette époque, cela se rejoint. Ζωή en son sens religieux, affectif, etc. c'est la plénitude de vie que donne le Christ, l'ἀνάπαυσις, le repos de la plénitude de l'être.

P. Henry : Voilà le problème. Est-ce que Plotin donne à ζωή un sens religieux, sotériologique ? Personnellement je répondrais non.

M. Puech : Je suis d'accord avec vous. Mais je veux dire que Plotin est en présence d'une notion que son époque avait colorée d'une certaine façon, ce qui expliquerait peut-être la place – autrement inexplicable – qu'il accorde à la « Vie ». Ce qui n'exclut pas qu'il y ait eu, auparavant, des tentatives analogues à la sienne, qui la préparent. M. Hadot a raison d'indiquer que certaines traditions scolastiques ou scolaires étaient de nature à la favoriser. Mais nous ne pouvons préciser si, dans quelque école antérieure, existait déjà la triade ὄν, ζωή, νοῦς.

M. Hadot : M. Dodds avait noté, à propos de la triade être-vie-pensée dans le néoplatonisme postérieur, la possibilité d'une influence de la ζωή, comme Αἰών.

M. Puech : Oui. Les néoplatoniciens postérieurs sont beaucoup plus préoccupés du problème du salut, et ils se placent sur un autre plan que Plotin.

| *M. Schaerer* : Ne croyez-vous pas qu'il y a aussi ce fait que le christianisme a érigé la Vie par elle-même en valeur ?

Pour Platon, par exemple, la Vie n'est pas une valeur en elle-même. Il y a des textes où il montre un médecin se demandant, avant de sauver un moribond : est-ce utile de prolonger cette vie ?

M. Puech : Mais il faudrait distinguer, avec le vocabulaire grec de l'époque, βίος et ζωή. Le βίος, c'est l'existence terrestre, historique, contingente ; la ζωή, c'est tout autre chose : la vie accomplie et stabilisée en sa plénitude, l'épanouissement en liberté et en totalité de notre être.

Si vous le permettez, je reviens sur un petit détail : c'est au sujet de Philon. Vous avez cité le développement philonien relatif aux trois patriarches et aux trois voies d'accès à la connaissance de Dieu qu'ils représentent respectivement. Vous dites qu'il faut voir dans pareille théorie plutôt le résultat d'une tendance à découvrir non pas tant des degrés hiérarchisés que des unités multiples. Il me semble, au contraire, que c'est bien une hiérarchie de degrés que Philon entend signifier par là. Abraham, Isaac, Jacob typifient trois modes de vie, trois étapes de la progression spirituelle par quoi la créature s'approche de plus en plus de Dieu. Trois degrés de connaissance donc, mais successifs et hiérarchisés, et qui correspondent à trois classes de catégories d'hommes : ceux qui n'ont encore qu'une connaissance inférieure, purement empirique ou pratique ; les « progressants », peu ou prou semblables aux « psychiques » du gnosticisme ; les « spirituels », mystiques ou extatiques qui sont des « voyants », parviennent – comme est censé le signifier le nom d'Israël – à une vision de Dieu.

M. Hadot : Nous revenons au problème posé par M. Schaerer à propos des genres de l'Être. Il y a évolution de la notion d'ἐπίνοιαι : Origène les conçoit comme des vues progressives ; Plotin conçoit ces mêmes ἐπίνοιαι, qui permettent la distinction entre les cinq genres, non plus comme un progrès, mais comme une multiplicité simultanée de points de vue. Dans ce texte de Philon, nous trou-

157 vons une ébauche du passage de la notion de | degrés à la notion d'unité multiple, parce que Philon dit : « Chacun est nommé d'après ce qui prédomine en lui. » Donc, chacun a en lui une annonce, une amorce de ce que les autres possèdent.

M. Puech : Oui, mais chez Philon, il y a cette vue grandiose ; la succession des patriarches, le déroulement de l'histoire d'Israël représente une progression réalisée à travers des types. Tout n'est donc pas simultanément accompli dans chacun de ces types. Il ne s'agit pas, bien entendu, de classes d'êtres éternellement séparées, déterminées par nature et en soi, substantiellement distinctes comme chez les gnostiques. Mais, chez Philon, Abraham, Isaac et Jacob sont les jalons d'un développement, d'un processus historique. L'histoire est interprétée en fonction de cette ascension graduelle vers Dieu qui s'accomplit à travers les patriarches et dont chacun de ceux-ci symbolise exemplairement une étape spéciale, distincte.

M. Hadot : Je crois qu'il y a deux formes de pensée logique, dont Philon et Plotin seraient, respectivement, les types : une pensée qui consiste à analyser des puissances qui coexistent entre elles, et une pensée qui consiste à dépasser des étapes, en abolissant les moments précédents.

M. Puech : C'est pour cela que je serais un peu sceptique sur la signification que vous attribuez à ce texte de Philon. Sans doute, il est intéressant d'y voir une amorce de la théorie qui nous occupe. Je ne sais pas pourtant si vous n'insistez pas trop sur la division *natura, doctrina, usus*. De même pour ἕξις, φύσις, ψυχή.

Notes

1. E. R. Dodds, *Proclus, The Elements of Theology*, Oxford 1933, p. 252-253.

2. *Ibid.*

3. J'utilise ici la paraphrase de L. Robin, dans *Les Rapports de l'être et de la connaissance d'après Platon*, Paris 1957, p. 107, parce qu'elle me semble insister avec force et clarté sur le sens qu'il faut donner à τὸ παντελῶς ὄν.

4. Cf. L. Robin, *ibid.*, p. 107.

5. Plotin, *Enn.* IV 7 [2], 9. 1 : ἡ δὲ ἑτέρα φύσις, ἡ παρ᾽ αὐτῆς ἔχουσα τὸ εἶναι ; IV 7 [2], 10. 1 : τῇ θειοτέρᾳ φύσει ; V 9 [5], 3. 1 : ἐπισκεπτέον δὲ ταύτην τὴν φύσιν.

6. Cf. note 3.

7. *Enn.* IV 7 [2], 9. 23 : τοῦτο τοίνυν τὸ ὂν πρώτως καὶ ἀεὶ ὂν οὐχὶ νεκρόν, ὥσπερ λίθον ἢ ξύλον, ἀλλὰ ζῶν εἶναι δεῖ, καὶ ζωῇ καθαρᾷ κεχρῆσθαι, ὅσον ἂν αὐτοῦ μένῃ μόνον. J'ai utilisé généralement les traductions d'É. Bréhier, me réservant le droit de les modifier légèrement, en certains cas.

8. *Enn.* V 4 [7], 7. 44 : τὸ γὰρ ὂν οὐ νεκρὸν οὐδὲ οὐ ζωὴ οὐδὲ οὐ νοοῦν ; VI 9 [9], 2. 24 : ἔχει δὲ καὶ ζωὴν καὶ νοῦν τὸ ὄν· οὐ γὰρ δὴ νεκρόν.

9. VI 1 [42], 27. 1-4 : « Il aurait fallu d'ailleurs, si l'on maintient le principe de toutes choses dans un rang honorable, ne pas prendre pour principe, ce qui est sans forme, passif, *privé de vie et d'intelligence* (τὸ ζωῆς ἄμοιρον καὶ ἀνόητον) obscur et indéfini ! Et c'est à cela qu'on donne l'attribut de substance ! »

10. Numénius, fr. 15 Leemans, *ap.* Eusèbe, *Praep. ev.* XI 10, 7 ; II, p. 27. 7 Mras : « Que personne ne me trouve ridicule si j'ose dire que le nom propre de l'incorporel, c'est l'essence, c'est l'être (οὐσίαν καὶ ὄν) » ; fr. 13 Leemans, *ap.* Eusèbe, *Praep. ev.* XV 17, 6 ; II, p. 382. 10 Mras : τὰ σώματά ἐστι φύσει τεθνηκότα καὶ νεκρά.

11. On remarquera cette formule qui éclaire la manière dont Plotin comprenait le παντελῶς ὄν.

12. III 6 [26], 6. 10-32.

13. V 5 [32], 1. 32-38.

14. VI 2 [43], 6. 1-8, 48.

15. Cf. É. Bréhier, Plotin, *Ennéades*, t. VI, Paris 1936, p. 37.

16. VI 2 [43], 6. 16 : οἷον δὲ θεωρεῖν ἐπιχειροῦν ἑαυτὸ πολλά.

17. VI 2 [43], 7. 1-8, 48.

18. III 7 [45], 5. 11-17.

19. *Met.* XII 7, 1072 b 27, notamment : ἡ γὰρ νοῦ ἐνέργεια ζωή.

20. VI 9 [9], 9. 17 : τὸ δὲ ἐκεῖ ζῆν, ἐνέργεια μὲν νοῦ.

21. II 5 [25], 3. 36 : εἰ δὴ καλῶς εἴρηται ἐκείνη ἡ φύσις ἄγρυπνος εἶναι καὶ ζωὴ καὶ ζωὴ ἀρίστη, αἱ κάλλισται ἂν εἶεν ἐκεῖ ἐνέργειαι.

22. *Met.* XII 7, 1072 b 28.

23. *Met.* XII 9, 1074 b 17 : ἔχει ὥσπερ ἂν εἰ ὁ καθεύδων.

24. *Eth. Nic.* X 8, 1178 b 20, dans un contexte où il s'agit également de l'acte de l'intelligence. Veille et acte sont réunis chez Aristote, cf. *Met.* XII 7, 1072 b 17 comme chez Plotin, *Enn.* VI 8 [39], 16. 32.

25. V 3 [49], 5. 33-37.

26. V 3 [49], 5. 39-43.

27. V 3 [49], 5. 43-44.

28. *Sophiste* 249 a : σεμνὸν καὶ ἅγιον, νοῦν οὐκ ἔχον, ἀκίνητον ἑστὸς εἶναι ; *Met.* XII 9, 1074 b 18 : εἴτε γὰρ μηδὲν νοεῖ, τί ἂν εἴη τὸ σεμνόν ;

29. III 8 [30], 9. 15-16 : νοοῦν μὲν οὖν νοῦς, ἀνόητον δὲ ἀγνοήσει καὶ ἑαυτό· ὥστε τί σεμνόν ;

30. VI 7 [38], 37. 1-7, notamment la fin : οὐκ αὐτοῦ σεμνύνοντος τὴν νόησιν.

31. VI 7 [38], 39. 19-20 : σεμνὸν ἑστήξεται. VI 7 [38], 39. 28-33.

32. VI 7 [38], 13. 10-12 : τί τὸ σεμνόν ;

33. V 5 [32], 2. 9-13.

34. VI 9 [9], 2. 24-25.

35. V 6 [24], 6. 20-24.

36. I 6 [1], 7. 9-12.

37. V 5 [32], 10. 12-14 : ζωῆς γὰρ ἔμφρονος καὶ νοερᾶς αἴτιος δύναμις ὤν, ἀφ' οὗ ζωὴ καὶ νοῦς, ὅτι οὐσίας καὶ τοῦ ὄντος, ὅτι ἕν.

38. VI 7 [38], 23. 18-24.

39. V 3 [49], 16. 38-42, et la suite V 3 [49], 17. 1-3 : τί οὖν ἐστι κρεῖττον ζωῆς ἐμφρονεστάτου [...] καὶ νοῦ πάντα ἔχοντος καὶ ζωῆς πάσης καὶ νοῦ παντός ;

40. VI 9 [9], 9. 1.

41. I 8 [51], 2. 5-7 : δοὺς ἐξ αὐτοῦ νοῦν καὶ οὐσίαν καὶ ψυχὴν καὶ ζωὴν καὶ περὶ νοῦν ἐνέργειαν.

42. *Timée* 39 e : ᾗπερ οὖν νοῦς ἐνούσας ἰδέας τῷ ὅ ἔστιν ζῷον [...] καθορᾷ.

43. Cf. plus haut, p. 127 sq.

44. II 9 [33], 6. 14 sq.

45. VI 6 [34], 8. 17-22.

46. VI 6 [34], 9. 29-31.

47. VI 6 [34], 17. 28 : πάντοτε οὖν σχῆμα ἓν τῷ ὄντι, διεκρίθη δὲ ἤτοι ἐν τῷ ζῴῳ ἢ πρὸ τοῦ ζῴου.

48. VI 6 [34], 15. 1-3.

49. VI 6 [34], 18. 29-36.

50. VI 6 [34], 18. 50-51.

51. V 1 [10], 4. 5-10.

52. III 2 [47], 1. 26-32.

53. VI 4 [22], 3. 31-35.

54. On ajoutera encore les textes suivants : II 2 [14], 1. 9-10 (sur la perfection du mouvement circulaire : συννοητικὴ καὶ ζωτική) ; VI 7 [38], 36. 12 : γενόμενος οὐσία καὶ νοῦς καὶ ζῷον παντελῶς.

55. C'est le sens du livre de Ph. Merlan, *From Platonism to Neoplatonism*, La Haye 1953. On remarquera également la note du Père Festugière, *La Révélation d'Hermès Trismégiste*, t. III. *Le Dieu Inconnu et la Gnose*, Paris 1954, p. 53, n. 5 : « Il est possible que, dès l'Ancienne Académie, on ait spéculé sur des passages comme *Soph.* 248 e 7 ss., où le mouvement et la vie sont attribués au παντελῶς ὄν [...] ».

56. *Timée* 30 b-c : ζῷον ἔμψυχον ἔννουν τε.

57. Aristote, *De caelo* II 2, 285 a.

58. Cf. Chrysippe, *ap.* Diogène Laërce VII 142 : ζῷον ὁ κόσμος καὶ λογικὸν καὶ ἔμψυχον καὶ νοερόν.

59. Cicéron, *De natura deorum* II 8, 22.

60. Varron, *De lingua latina* V 59.

61. Tertullien, *De anima* 15. 1, p. 18. 28 Waszink.

62. Arnobe, *Adv. nationes* I 31.

63. Aristote, *De iuuent. et senect.* 1, 467 b 23 sq.

64. D'où les caractéristiques de chaque degré, quant à l'origine de son mouvement : ἔξωθεν, ἐξ αὐτῶν, ἀφ' αὐτῶν, δι' αὐτῶν ; cf. SVF II 989.

65. Je reprends ici les traductions de L. Robin, *La pensée grecque*, Paris 1928, p. 416-417 ; cf. SVF II 458 et 633.

66. Par exemple, Sextus Empiricus, *Adv. Math.* IX 81.

67. Pour Antiochus d'Ascalon, cf. W. Theiler, *Die Vorbereitung des Neuplatonismus*, Berlin 1930, p. 54 (citant notamment Sénèque, *Epist.* 124, 14 : « quattuor hae naturae sunt, arboris, animalis, hominis, dei ») et pour Posidonius, cf. M. Pohlenz, *Die Stoa*, Göttingen 1948-1949, t. I, p. 224.

68. Cf. Porphyre, *Isagoge*, p. 4. 22-25 Busse ; cet arbre de Porphyre correspond à la suite : substance-corps (= être) ; corps animé-animal (= vie) ; animal raisonnable-homme (= pensée).

69. Tertullien, *De anima* 19, 4, p. 27. 13-14 Waszink.

70. *De anima* II 2, 414 a 12-13.

71. *Met.* XII 7, 1072 b 14-30.

72. *De civ. dei* VIII 4-9.

73. C'est l'opinion de L. Schwabe, « Die *Opiniones philosophorum* des Celsus », *Hermes*, 19 (1884), p. 385-392, et de A. Dyroff, « Der philosophische Teil der Encyclopädie des Cornelius Celsus », RhM, 88 (1939), p. 7-18 ; cf. P. Courcelle, *Les Lettres grecques en Occident de Macrobe à Cassiodore*, Paris 1943, p. 179.

74. *Ibid.*, p. 180-181.

75. Éléments traditionnels : le platonisme conçu comme synthèse de Socrate et de Pythagore (cf. Apulée, *De Platone et eius dogmate*, n° 187, p. 65. 20 Goldbacher) ; la répartition des écoles philosophiques et l'allusion aux philosophies barbares (*De civ. dei* VIII 9 que l'on peut comparer avec Diogène Laërce I 1).

76. *De civ. dei* VIII 4, t. I, p. 287. 37 Dombart.

77. *Ibid.* VIII 4, p. 287. 21-23.

78. *Ibid.* VIII 9, p. 294. 31.

79. *Ibid.* VIII 10, p. 296. 14.

80. *Ibid.* VIII 10, p. 296. 30.

81. *Ibid.* XI 26, p. 439. 20-440. 34 : Il y a trois parties de la philosophie, la physique, la logique, la morale. Platon est le premier auteur de cette division, parce qu'il lui est apparu que Dieu seul pouvait être l'auteur de toutes les *natures*, le donateur de l'*intelligence* et l'inspirateur de l'amour qui rend la *vie* heureuse. Dans la pratique de tout art, il faut considérer trois choses : la *nature*, la *doctrine*, l'*exercice*. Pour atteindre la vie bienheureuse, les philosophes ont donc inventé la science physique qui s'applique à la nature, la science logique, qui s'applique à la doctrine, la science éthique, qui s'applique à l'exercice. Si notre *nature* venait de nous-mêmes, science et amour viendraient de nous, mais ayant reçu notre être de Dieu, nous devons recevoir le reste de lui. Cf. également, *De trinitate* VI 10, 12 où l'on trouve un triple parallèle :

unitas	species	ordo
naturae corporum	qualitates corporum	pondera corporum
ingenia animarum	doctrinae animarum	amores animarum

à propos de la formule trinitaire de saint Hilaire : « infinitas in aeterno, species in imagine, usus in munere ».

82. Sur cette implication et sur le caractère systématique de la pensée stoïcienne, cf. V. Goldschmidt, *Le système stoïcien et l'idée de temps*, Paris 1953, p. 60-67.

83. É. Bréhier, *Chrysippe*, Paris 1951, p. 242.

84. Apulée, *De Platone et eius dogmate*, n° 228, p. 84. 26-85. 3 Goldbacher : « eas vero quae perfectae sunt, individuas sibi et inter se connexas esse, ideo maxime arbitratur, quod ei, cui sit egregium *ingenium*, si accedat *industria*, usus etiam et *disciplina*, quam dux rerum ratio fundaverit, nihil relinquetur quod non virtus administret. »

85. Plutarque, *De liberis educandis* 2a-3b, p. 2. 22-5. 4 Paton (spécialement, p. 3. 1-3). Sur ce texte, cf. W. Jaeger, *Paideia* I, Berlin 1934, p. 394 sq.

86. Plutarque, *ibid.*, p. 3. 9.

87. *De civ. dei* VIII 4, p. 287. 9-15.

88. *De civ. dei* VIII 6, p. 292. 2.

89. Philon, *De Abrahamo*, II 52-54.

90. *Ibid.* II 53. La suite du texte assimile ces trois vertus aux trois Grâces.

91. Marius Victorinus, *Adv. Arium* IV 5 (PL 10, 1116 D) : « Haec tria accipienda ut singula, sed ita ut qua suo plurimo sunt, hoc nominentur et esse dicantur. Nam nihil horum quod non tria sit ; esse enim, hoc est esse, si vivat, hoc est in vita sit. Ipsum vero vivere, non est vivere quod vivat intellegentiam non habere. »

92. Anaxagore, *ap.* Aristote, *Phys.* I 4, 187 b 1 sq. : ὅτου δὲ πλεῖστον ἔχει.

93. Cicéron, *Tuscul.* V 9, 22 : « ex maiore parte plerasque res nominari. »

94. Cf. l'exposé de M. Dodds, « Numenius and Ammonius » dans *Sources de Plotin*, p. 1 sq.

95. Marius Victorinus, *Explanationes in Ciceronis Rhetoricam*, p. 155. 31-156. 2 Halm.

96. Th. Stangl, « Pseudo-Boethiana », *Neue Jahrbücher für Philologie und Pädagogik*, 127 (1883), p. 205, propose de lire *detergeri* au lieu de *detegi*. Mais il semble bien que la phrase, dans son ensemble, suppose la métaphore du vêtement.

97. On remarquera qu'Origène (*De princ.* I 4, 1) explique de la même manière, l'éloignement de Dieu : de même que le géomètre ou le médecin, par défaut d'exercice, finit par oublier son art, de même le défaut de pratique de la vertu fait perdre la science de Dieu.

98. *Enn.* I 3 [20], 6. 1-7.

99. Origène, *De princ.* I 3, 8 (p. 61. 5-7 Koetschau ; PG 11, 154 C).

100. L. Robin, *Les rapports de l'être et de la connaissance d'après Platon*, Paris 1957, p. 101.

101. Cf. plus haut, note 32.

102. VI 7 [38], 13. 8-13.

103. VI 7 [38], 13. 28-42.

104. VI 2 [43], 8. 23-25 : ἔτι δὲ ἡ μὲν ἰδέα ἐν στάσει πέρας οὖσα νοῦ, ὁ δὲ αὐτῆς ἡ κίνησις, ὥστε ἓν πάντα, καὶ κίνησις καὶ στάσις, καὶ δι᾽ὅλων ὄντα γένη.

105. J. Trouillard, « Vie et pensée selon Plotin », dans *La vie, la pensée*. Actes du VIIᵉ Congrès des Sociétés de philosophie de langue française (Grenoble 12-16 septembre 1954), Paris 1954, p. 354.

106. *Enn.* VI 7 [38], 21. 4-6.

107. VI 7 [38], 17. 25 : ὁρισθεῖσα γὰρ ζωὴ νοῦς.

108. VI 7 [38], 17. 14-25.

109. VI 7 [38], 16. 13-19.

110. V 2 [11], 1. 8.

111. II 4 [12], 15. 17-20.

112. II 4 [12], 5. 29-34.

113. Cf. Simplicius, *In Cat.*, p. 269. 14-16 Kalbfleisch ; Némésius, *De natura hominis* 2, PG 40, 540 A. Philon est déjà un témoin de la spiritualisation de la notion, *De sacrif. Abel et Cain* 68, t. I, p. 230. 5 Cohn.

114. Numénius, fr. 21 Leemans, *ap.* Eusèbe, *Praep. ev.* XI 18, 10 : βλέποντος μὲν οὖν καὶ ἐπεστραμμένου πρὸς ἡμῶν ἕκαστον τοῦ θεοῦ συμβαίνει ζῆν τε καὶ βιώσκεσθαι [...] μεταστρέφοντος δὲ εἰς τὴν ἑαυτοῦ περιωπὴν τοῦ θεοῦ [...] τὸν δὲ νοῦν ζῆν βίου ἐπαυρόμενον εὐδαίμονος.

115. Numénius, fr. 25 Leemans, *ap.* Eusèbe, *Praep. ev.* XI 22, 4. Si l'on accepte la correction textuelle proposée par M. Dodds (art. cit., n. 94, p. 48 sq.) mon interprétation de ce texte devrait être abandonnée.

116. Novatien, *De trinitate* 31, PL 3, 952 A.

117. La pensée n'est qu'une βοήθεια, *Enn.* VI 7 [38], 41. 1.

118. V 1 [10], 3. 7-10.

119. E. Bréhier, *Plotin, Ennéades*, t. V, Paris 1931, p. 80, n. 1 à propos de V 4 [7], 1. 26 sq.

120. *Enn.* I 4 [46], 10. 28-33.

121. V 9 [5], 6. 10-24.

122. V 8 [31], 5. 8-15.

123. VI 2 [43], 21. 34-41.

124. *L'Évolution créatrice*, Paris 1927, p. 100.

125. *Enn.* III 2 [47], 16. 23-28. Sur cette image stoïcienne, cf. V. Goldschmidt, *Le système stoïcien*, p. 150.

126. III 8 [30], 4. 9.
127. VI 8 [39], 16. 19-21.
128. VI 7 [38], 17. 32.
129. VI 7 [38], 13. 30.
130. H. Bergson, *L'Évolution créatrice*, p. 209.
131. Sur cette supériorité de la puissance sur l'acte, dans le stoïcisme, cf. V. Goldschmidt, *Le système stoïcien*, p. 154, qui montre le rapport qui existe sur ce point entre Plotin et les stoïciens.
132. *Enn.* VI 1 [42], 26. 3.

11

Compte rendu de :

Harder (Richard). *Plotins Schriften*, Band I. Hambourg, F. Meiner, 1956 ; deux vol. in-8°, XI-584 p. (Philosophische Bibliothek, t. 211)*

J'ai rencontré, pour la première fois de ma vie, et hélas, pour la dernière, M. Richard Harder, aux cinquièmes *Entretiens sur l'Antiquité classique* qui, à la fin du mois d'août de cette année 1957, réunirent à Vandœuvres, près de Genève, sur la magnifique initiative de Monsieur le Baron K. de Hardt, quelques plotiniens d'Europe. Ces dix jours de discussions, dans le calme de la campagne genevoise, furent consacrés aux *Sources de Plotin*. Cette rencontre plotinienne était depuis longtemps un des rêves de M. Harder. Mais nous fûmes tous assez émus de le voir arriver à ces *Entretiens*, encore tout affaibli par une maladie récente. Personnellement je fus pourtant extrêmement séduit par cette personnalité brillante, cet esprit aigu, par cette voix qui, brisée souvent par l'étouffement, prenait une étrangeté presque prophétique. Sa conférence fut consacrée au concept de *totalité*, avant Plotin et chez Plotin. M. Harder

* Paru dans : *Revue Belge de Philologie et d'Histoire*, 36 (1958), p. 156-162.

voulait illustrer par cette étude une idée qui lui était chère :
il est plus fécond d'étudier la continuité d'une tradition
que de rechercher des sources précises, la notion de source n'étant qu'une métaphore obscure et ambiguë. Après
les *Entretiens* de Vandœuvres, M. Harder partit se reposer
quelques jours à Vevey, puis il se mit en route vers
l'Allemagne où la rentrée scolaire allait bientôt exiger de
lui la préparation d'un cours sur Homère. Malheureusement, saisi d'un malaise cardiaque, il devait succomber,
le 4 septembre, lors de l'arrêt de son train, dans la gare de
Zurich. Ainsi, les derniers jours qui précédèrent cette mort

157 | tragique, solitaire et prématurée – M. Harder était dans sa
62ᵉ année – furent consacrés à Plotin, comme la plus grande partie de la vie de ce grand traducteur allemand des
Ennéades. Il avait été dans sa jeunesse l'élève à Berlin de
Wilamowitz et de W. Jaeger. Longtemps, il avait été le
rédacteur de la revue allemande très célèbre : *Gnomon*. Il
était alors professeur à l'Université de Münster.

Ce présent compte rendu du premier volume de la
deuxième édition de sa traduction des *Ennéades* revêt donc
pour moi un caractère très émouvant, et je voudrais qu'il
soit un hommage à la mémoire d'un grand savant et d'un
grand penseur. De 1930 à 1937, M. Harder avait déjà fait
paraître sous le même titre : *Plotins Schriften,* chez le même
éditeur, Felix Meiner, alors à Leipzig (maintenant à
Hambourg) et dans la même collection, une traduction
allemande de Plotin. La traduction parut seule sans édition
du texte et sans commentaires. Mais à elle seule, elle était
un événement dans les études plotiniennes, en Allemagne
et en Europe. Sans doute, c'est presque en même temps
(1924-1938) que fut publiée l'édition et la traduction de
Plotin par É. Bréhier (Paris, Les Belles Lettres) et l'on sait
les services immenses que rendit ce magnifique travail.
Mais la traduction allemande de M. Harder apporta sur
beaucoup de points des éclaircissements inespérés.

Si la traduction de 1930-1937 avait une grande valeur, que dire de cette seconde édition de 1956, malheureusement interrompue par cette mort tragique ! Non seulement Richard Harder présente une traduction améliorée par vingt années de réflexion, mais il donne cette fois le texte grec et ce premier tome comprend un volume contenant texte et traduction et un volume entier de commentaires. Le format, la présentation font de ces livres, les ouvrages les plus commodes pour qui veut approfondir Plotin.

L'ouvrage s'appelle *Plotins Schriften* et non pas *Enneaden*, et c'est tout un programme. On sait que la répartition des écrits de Plotin en six groupes de neuf traités est l'œuvre du premier éditeur de Plotin, son élève Porphyre. Cette répartition systématique ou prétendue telle est très artificielle et a séparé arbitrairement des écrits qui tiennent ensemble. Mais Porphyre nous a laissé également une liste chronologique des traités de Plotin. R. Harder, dès sa première traduction, avait décidé de suivre cet ordre chronologique. Ses arguments présentés dans l'Avant-propos de la 2ᵉ édition (p. IX), notamment l'unité des traités III 8, V 8, V 5, II 9, sont très séduisants. Évidemment rien ne peut nous obliger à admettre l'exactitude absolue de la liste chronologique que Porphyre nous donne. Mais on peut faire confiance à Porphyre pour un grand nombre de traités. Je pense qu'on doit suivre cet ordre si l'on veut étudier sérieusement la pensée de Plotin. Ce premier tome de la deuxième édition contient donc les 21 premiers traités de Plotin, c'est-à-dire ceux que Plotin composa avant que Porphyre ne vienne à son école. Cette disposition permet de | percevoir plus nettement certains thèmes directeurs de la pensée de Plotin, qui s'accentuent ou s'estompent suivant les périodes. Par exemple pour cette première période de la production plotinienne on remarquera : le rapport entre V 1, 3. 10-15 et V 9, 7-12 (Harder p. 432 et 498),

158

l'Intelligence est comme un père qui élève l'Ame ; le rapport étroit entre les écrits V 4 et V 1 (parallèles signalés par Harder p. 454) ; le rapport entre Intelligence et Ame conçu d'une manière analogue au rapport qui existe entre Logos intérieur et Logos proféré (V 1, 3. 7 et I 2, 3. 27 ; Harder p. 567) ; des citations favorites, par exemple Aristote, *De anima* III 5 : la science des êtres sans matière est identique à son objet, que l'on trouve en V 9, 5. 30 ; V 4, 2. 50; I 2, 5. 13 (Harder p. 576). R. Harder a d'ailleurs l'art de présenter brièvement l'évolution d'un thème dans la pensée de Plotin, par exemple p. 440, le thème de la permanence de l'Ame, même après sa descente dans le corps, dans le monde intelligible. Cette disposition chronologique ne peut donc être que bienfaisante. Toutefois elle pose un problème quand il s'agit de citer Plotin. À l'encontre de la méthode habituelle de références à Plotin (V = n° de l'*Ennéade*, 2 = n° du traité dans l'*Ennéade*, 1 = n° du chapitre du traité), R. Harder cite Plotin en désignant chaque traité par son numéro d'ordre chronologique et en distinguant des paragraphes dans chaque traité. Plus exactement, il emploie un double système de référence : le sien, et celui des éditeurs récents de Plotin, P. Henry et H. R. Schwyzer qui, fidèles au système traditionnel, y ajoutent simplement la ligne du chapitre de l'édition Bréhier, ligne qu'ils ont conservée dans leur édition critique. Ainsi l'apparat critique de R. Harder (et son commentaire), lorsqu'il se réfère à un mot ou à une ligne précise, utilise, lui aussi, comme système de références la ligne du chapitre de l'édition Henry-Schwyzer, reprise elle-même de l'édition Bréhier. Malgré la différence de caractères typographiques (la notation conforme à Henry-Schwyzer est en italique, la notation propre à Harder en romain, le n° chronologique du traité de Plotin étant en caractères gras), il y a souvent des confusions. Par exemple, en bas de la page 370, la référence donnée par Harder 3, 3. 7. 4, 2 ne désigne pas sui-

vant le système convenu *Enn.* III 1, 14-18 et *Enn.* IV 2,
1. 12-17, mais en fait le chapitre 3, lignes 3 à 7 et le chapitre
4, ligne 2 du traité (I 6) que R. Harder est en train de commenter. 3, 3. 7 et 4, 2 devraient, suivant les conventions de
R. Harder, être en italiques. De même, page 399 (13 lignes
avant la fin de la page), c'est 25, 21 (= II 5, 3. 30) et non 5,
21 qu'il faut lire ; p. 457, paragraphe 10, je n'ai pu identifier 2, 44 ; de même, p. 544, paragraphe 15, impossible
d'identifier 13, 77 ; p. 571, à la première ligne de la page,
17 est imprimé à tort en caractère gras, il désigne le paragraphe 17 du traité même que R. Harder commente, et
non le traité 17. Si l'œuvre de Harder doit avoir un continuateur, il devra veiller à ce grave danger. Le plus simple
serait de renoncer purement et simplement à la numérota-
tion par paragraphes.

| La plus grande partie des commentaires est consacrée   159
aux problèmes d'établissement du texte de Plotin. La force
de R. Harder dans ce domaine, c'était cette traduction
entreprise depuis près de 30 ans. L'effort pour rendre la
pensée de Plotin, jusque dans les moindres nuances, l'obli-
gea à méditer longuement les variantes, les passages déses-
pérés. Sa première traduction supposait déjà une prise de
position sur ces difficiles problèmes. Depuis, la traduction
des *Ennéades* en italien, par le Père Cilento, l'œuvre d'É.
Bréhier, surtout l'édition Henry-Schwyzer lui apportèrent
des éléments nouveaux. Il put consulter, pour les *Ennéades*
non encore publiées (IV-VI) par les deux savants éditeurs,
leurs collations des manuscrits faites avec tant de soin. Le
texte grec de Plotin que R. Harder nous donne est donc
riche de tous ces apports. Il est vraiment admirable de voir
avec quelle rigueur scientifique, il renonce aux positions
qu'il avait adoptées dans sa première traduction (*Harder
falsch* apparaît souvent dans les commentaires), avec quelle
non moins grande rigueur il se sépare parfois de l'édition
Henry-Schwyzer. R. Harder a tendance à considérer l'en-

semble de la tradition manuscrite des *Ennéades* comme
assez mauvais. S'efforçant pourtant d'être conservateur, il
n'hésite pas, quand il le faut, à risquer une conjecture ou
au contraire à renoncer, à reconnaître son ignorance,
quand les difficultés sont insurmontables (p. 369 : I 6,
1. 34 ; p. 482 : VI 9, 8. 14 ; p. 495 : V 1, 2. 17). Quelques
exemples de corrections textuelles m'ont semblé intéres-
sants : I 6, 9. 37 οὐσίας introduit par Heintz et repris par
Harder, à la place de οὐσίᾳ me semble exigé par le sens ;
par contre en IV 7, 4. 18, l'introduction de ὄν me semble
inutile, comme le fait remarquer Mras dans son édition de
la *Préparation Évangélique* d'Eusèbe ; je préfère également
en IV 7, 8[1]. 4-5 la conjecture de Mras : καὶ ἐνταῦθα τὰ
σώματα à celle de Kirchhoff-Harder : καὶ αὐτὰ τὰ σώματα ;
en V 2, 1. 23 la restitution de ἄνω à la place d'ἀνθρώπου me
paraît excellente ; on remarquera en V 1, 6. 27 et V 1, 11. 9
respectivement les coupures de μένον en μὲν ὄν et de
μένοντος en μὲν ὄντος, toutes deux exigées par le sens ; en
V 1, 7. 13 le γοῦν qui remplace γεννᾶν est un retour à la
tradition manuscrite. Le don propre de R. Harder est
moins la conjecture textuelle que la ponctuation. Il sent le
rythme, le souffle, le ton des phrases de Plotin. Et par sa
ponctuation judicieuse, il retrouve bien souvent le cours
véritable de la pensée plotinienne. C'est déjà ce sens de la
phrase plotinienne qui autorise certaines des corrections
de R. Harder. Par exemple V 4, 2. 12, E. Bréhier écrit : ἔστι
δὲ καὶ ἄλλο τὸ μετ' αὐτὸ νοητόν et traduit : « Mais après
elle (= l'Intelligence) viennent tous les autres objets de sa
pensée ». Harder, p. 457 fait bien remarquer que νοητόν,
ainsi compris, représente une signification tout à fait différente de celle qu'il a dans tout le contexte. D'autre part le
ἔστι δὲ répond au ἔστι μὲν οὖν de la phrase précédente qui
signifie : « L'Intelligence est-elle aussi le *pensé*, mais aussi le
pensant, et ainsi elle est déjà une dyade. » Aussi Harder pro-
pose-t-il d'introduire τὸ : ἔστι δὲ καὶ | ἄλλο, τὸ μετ' αὐτὸ

<τὸ> νοητόν et de traduire : « D'un autre côté, l'Intelligence est différente du *pensé* et elle lui est postérieure. » Pour ma part, toutefois, tout en reconnaissant que le sens est ainsi bien meilleur, j'écrirais avec une partie de la tradition manuscrite : ἔστι δὲ καὶ ἄλλο, τῷ μετ' αὐτό, νοητόν, et je traduirais les deux phrases en question : « L'Intelligence est donc sans doute, elle aussi, l'Intelligible – mais en même temps, elle est pensante : c'est pourquoi elle est déjà une dyade – *et d'un autre côté, elle est aussi un Intelligible différent, par le fait* (τῷ) *d'être postérieure à cet Intelligible-là* (αὐτό). » Je pense que la doctrine de Plotin est déjà celle qu'il exposera en VI 7, 40. 50 : « La pensée n'a de quoi penser que parce qu'il y a autre chose avant elle ; lorsqu'elle se pense elle-même, elle apprend en quelque sorte ce qu'elle a en elle en contemplant un être différent d'elle. » Cela veut dire qu'en tant qu'objet de l'Intelligence, l'Un est à la fois différent de l'Intelligence et identique à elle. Il y a une sorte de projection de l'Un au plan de l'Intelligence. D'une manière générale, les rapports entre l'Un et l'Intelligence sont encore loin d'avoir été parfaitement approfondis par les exégètes de Plotin et bien des textes restent incompris ou discutés. Alors qu'en V 1, 7. 5-6 l'Intelligence naît parce que l'Un se tourne vers lui-même et que la vision qui résulte de cette conversion est l'Intelligence (telle est du moins la traduction de Harder et de Bréhier), en V 2, 1. 9-10 l'Intelligence naît en se tournant elle-même vers l'Un (traduction Harder et Bréhier). Le rapport entre ces deux conversions est loin d'être clair. De même en V 1, 7. 12, je regrette que Harder n'ait pas mis de note pour justifier sa traduction. Alors que Bréhier traduit : « L'Intelligence tire d'elle-même une sorte de sens intime du pouvoir qu'elle a d'engendrer par elle-même une essence », Harder traduit la phrase comme si elle se rapportait à l'Un : « Hat doch das Eine schon von sich selbst aus eine Art Selbstgewahren von seinem Vermögen,

davon, dass es die Substanz hervorzubringen vermag. »
Personnellement, je ne vois pas comment on peut rapporter à l'Un une phrase qui ne le désigne pas explicitement,
alors que la phrase précédente et la phrase suivante ont
pour sujet l'Intelligence. Je pense que ce sens intime
(synaisthesis) dont parle Plotin, c'est la connaissance encore
confuse qu'a l'Intelligence de son pouvoir autodétermina-
teur. On peut comparer avec VI 7, 40. 54 : « L'Intelligence
cherche quelle est l'étendue de sa puissance. » Comme on
le voit par ces exemples, dans bien des phrases de Plotin,
on ne sait pas clairement s'il parle de l'Un ou de
l'Intelligence.

Pour revenir aux excellentes ponctuations de R. Harder,
je signalerais V 1, 7. 41-42 ; Bréhier traduisait : « Le produit
de l'Intelligence est un Verbe et la réflexion discursive (τὸ
διανοούμενον) est une réalité subsistante. » Harder, en faisant de τὸ διανοούμενον une apposition, grâce à la virgule
qu'il place devant, peut traduire : « Das Erzeugnis aber des
Geistes ist irgendwie Gedanke und Existenz, nämlich das
Organ welches nach|denkt. » On voit par cette traduction
d'une manière beaucoup plus nette que Plotin affirme ici
que le produit de l'Intelligence, c'est à dire l'Ame, est une
réalité hypostatique. Dans son commentaire, R. Harder
aurait pu rapprocher ce τὸ διανοούμενον, de III 9, 1. 25 où
le même mot est un véritable nom propre de l'Ame, tiré de
Timée 39 e. Il y a certainement ici une allusion à cette problématique et une fois de plus, on constate une identité de
préoccupations dans ces écrits de la première période de
Plotin. Comme M. Dodds l'a admirablement montré dans
sa communication aux *Entretiens de la Fondation Hardt* au
mois d'août 1957, la problématique de III 9, 1 remonte en
dernière analyse à Numénius. Je crois que l'on peut voir en
V 1, 7. 41-42 également, une trace de cette exégèse du
Timée. L'Ame est, après l'Animal en soi et l'Intelligence,
l'Être qui réfléchit.

Certains passages difficiles, par exemple IV 7, 3. 2-5 ; VI 9, 8. 15 ; V 1, 7. 7 ; II 4, 7. 24 sont expliqués par ce que nous appellerions : le style télégraphique de certaines notes aide-mémoires de Plotin, ce que R. Harder appelle : le *Notizstil.* Cette méthode d'explication est assez vraisemblable.

En résumé la traduction de R. Harder, fondée sur un texte très étudié, oblige à réfléchir, éclaire beaucoup d'obscurités. Forte et nerveuse, elle est courageuse et ne camoufle aucune difficulté.

Un deuxième volume est consacré aux commentaires. Pour chaque traité, on trouve d'abord un court Avant-propos, assez analogue aux Notices d'É. Bréhier. La signification générale du traité dans l'œuvre de Plotin ou dans l'histoire de la philosophie y est présentée. Puis R. Harder donne une analyse du traité. Idée excellente, mais il me semble que la structure des traités, leur articulation interne n'apparaît pas d'une manière assez schématique. Les notes qui viennent ensuite et se rapportent à des paragraphes, des mots, ou des phrases, sont presque exclusivement consacrées à la critique textuelle, parfois aux sources. J'aurais préféré que les sources soient indiquées en bas du texte grec. Dans ses notices comme dans les notes, Harder insiste souvent sur la transformation des concepts philosophiques opérée par Plotin, par exemple p. 561, la transformation des conceptions éthiques ; p. 372 (I 6, 3. 6-8) l'apparition de la notion de forme intérieure ; p. 377, la transformation du concept de vie ; p. 440, l'apparition de la notion d'inconscient. Il y a beaucoup de remarques intéressantes sur le genre littéraire, les caractères stylistiques des traités, sur les parallèles textuels qui existent entre certains passages de Plotin.

Ces deux volumes sont donc un admirable instrument de travail. Malheureusement la mort de l'auteur nous prive de l'espoir de voir paraître rapidement les quatre tomes encore attendus. Souhaitons qu'il trouve un successeur qui

continue son œuvre dans le même esprit, à la fois si rigou-
reux et si souple. J'ajouterai que, devant cette belle réussite, on se prend à souhaiter qu'une nouvelle traduction de
162 Plotin en français | fasse bientôt profiter les historiens de la
philosophie, des récents enrichissements de la recherche
plotinienne. Il est bon que retentisse encore en notre XXᵉ
siècle, ce vibrant appel à la conversion spirituelle.

12

Compte rendu de :

Plotins *Schriften*. Übersetzt von R. Harder. Neubearbeitung mit griechischem Lesetext und Anmerkungen, fortgeführt von R. Beutler und W. Theiler. Band V (Philosophische Bibliothek, t. 215). Hamburg, F. Meiner, 1960. Deux volumes in-8° : xi + 456 pp.[*]

R. Harder avait donné de 1930 à 1937, sous le même titre et chez le même éditeur, une traduction allemande de Plotin qui a fait époque dans l'histoire des études plotiniennes. Vingt ans après, il avait décidé de publier une révision de cette traduction en l'accompagnant du texte grec et des notes. Malheureusement sa mort subite, en 1957, l'empêcha de mener à son terme cette vaste entreprise. Seul un premier volume, comprenant les 21 premiers traités de Plotin, était paru en 1956. C'est, pour tous ceux qui ont connu R. Harder et pour tous les plotinisants, une grande joie de voir cette œuvre reprise et poursuivie par les deux éminents savants que sont B. Beutler et W. Theiler. Ils viennent de publier un des quatre volumes qui restaient en attente. R. Beutler a mis au point le texte

* Paru dans : *Revue des études grecques*, 76 (1962), p. 278-283.

grec et la révision de la traduction, tandis que W. Theiler se chargeait des commentaires. Ils ont utilisé les notes laissées par le grand philologue allemand, mais leur œuvre est originale et indépendante, parce qu'elle est le fruit d'une longue fréquentation des écrits de Plotin. On saura gré aux auteurs d'avoir renoncé, pour le texte grec, à la numérotation de Harder (n° chronologique du traité de Plotin, en caractère gras, et n° de paragraphe) et d'avoir reproduit le système traditionnel (n^{os} de l'*Ennéade,* puis du traité dans l'*Ennéade,* puis du chapitre, puis de la ligne du chapitre, cette ligne de chapitre étant, dans l'édition Beutler-Theiler, la même que celle de l'édition Henry-Schwyzer, laquelle reproduit à peu de chose près les lignes de l'édition Bréhier). Dans ses notes, W. Theiler a utilisé la manière de citer qui avait été proposée à Vandœuvres lors des *Entretiens* de la Fondation Hardt consacrés aux *Sources de Plotin* : n° de l'*Ennéade,* puis n° du traité dans l'*Ennéade,* puis, entre parenthèses, n° chronologique du traité de Plotin, ensuite n° de chapitre et de ligne, par exemple II 3 [52], 6. 9. Ce système a l'avantage de faire place à l'ordre chronologique tout en conservant la manière traditionnelle de citer Plotin. Dès sa première traduction, R. Harder avait décidé de présenter les traités de Plotin dans l'ordre chronologique. La nouvelle édition reste fidèle à ce principe. C'est ainsi que le présent volume contient les neuf derniers traités écrits par Plotin. Cette disposition présente beaucoup | d'avantages. Il est intéressant par exemple de reconnaître, dans le présent volume, certains thèmes qui dominent la production de la vieillesse du philosophe. Ces traits communs apparaissent moins lorsqu'on lit ses œuvres dans l'ordre artificiel que Porphyre a introduit dans les *Ennéades.*

Le texte grec, que R. Beutler a préparé pour l'impression, utilise évidemment, non seulement les notes laissées par R. Harder, mais aussi la récente édition de P. Henry et

279

H.-R. Schwyzer. Mais alors que ces deux savants éditeurs cherchent surtout à reconstituer le manuscrit original, c'est-à-dire l'archétype des *Ennéades*, et renoncent le plus possible aux conjectures nombreuses des éditeurs du XIXe siècle, R. Beutler et W. Theiler n'hésitent pas à proposer de fréquentes corrections, souvent hardies, lorsque le sens du texte des manuscrits fait difficulté. Nous sommes en présence de deux conceptions diamétralement opposées du travail philologique. Il faut reconnaître que certaines des corrections proposées par R. Beutler et W. Theiler s'imposent indiscutablement. D'autres sont moins satisfaisantes ; mais alors, dans la plupart des cas, le texte qui résulte de la tradition manuscrite ne l'est guère plus. Les notes de W. Theiler qui justifient chacune de ces conjectures sont extrêmement précieuses, parce qu'elles analysent à fond les difficultés du texte, passent en revue les solutions possibles et permettent ainsi une meilleure compréhension.

En III 2 [47], 4. 38-39, il faut très probablement accepter la correction de τροπήν [...] τροπή en ῥοπήν [...] ῥοπή (Heintz-Theiler). Le parallèle avec III 3, 4. 47 et les formules proverbiales rapportées par W. Theiler (Isocrate 4, 139 : μικραὶ δυνάμεις μεγάλας τὰς ῥοπάς ; Cicéron, *Phil.* 3, 26 : *minimis momentis maximae inclinationes*) semblent fournir un argument décisif. Excellente correction en III 2, 7. 11 où ἐπανελθεῖν, incompréhensible, devient ἐπανθεῖν (Theiler). Le sens exige en III 2, 16. 8, comme l'avait bien vu Kirchhoff, et en III 2, 17. 18, comme l'avait bien vu Harder, δράματι au lieu de δράμασι. Par contre (comme l'a déjà signalé E. R. Dodds, c. r. du présent volume dans *Gnomon*, 33 (1961), p. 708), il est difficile d'admettre trois conjectures qui tendent toutes trois à éliminer le mot λίθος, attesté par la tradition manuscrite en trois passages de Plotin. En III 2, 17. 67 : καὶ τὸ ὅλον τοῦτο καλόν, οὐκ εἰ λίθος εἴη ἕκαστος, ἀλλ' εἰ τὸν φθόγγον τὸν αὐτοῦ εἰσφερόμενος συντελεῖ εἰς μίαν ἁρμονίαν ζωὴν καὶ αὐτὸς

φωνῶν, que Bréhier traduit : « Cet univers est beau parce
que chaque être n'est pas une pierre inerte, mais apporte
sa voix, qui est sa vie, pour concourir à son unité harmo-
nieuse. » J. H. Sleeman avait proposé de lire Λίνος au lieu
de λίθος (*Class. Quart.*, 20 (1926), p. 153). Le sens de la
phrase devenait alors : cet univers est beau, non parce que
chaque être est un Linos, [c'est-à-dire un musicien accom-
pli], mais parce que chacun fait la partie, plus ou moins
belle, qui lui a été dévolue. Cette conjecture est séduisante : P. Henry et H. R. Schwyzer, comme R. Beutler et
W. Theiler, l'ont acceptée. Toutefois, elle ne semble pas
indispensable. Un texte parallèle semble même justifier la
leçon λίθος, *Enn.* IV 4 [28], 36. 10 : οὐ γὰρ δὴ ὥσπερ
ἄψυχον οἰκίαν μεγάλην […] οἷον λίθων καὶ ξύλων, εἰ δὲ
βούλει, καὶ ἄλλων τινῶν, εἰς κόσμον ἔδει αὐτὸ γεγονέναι,
ἀλλ᾽ εἶναι αὐτὸ ἐγρηγορὸς πανταχῇ καὶ ζῶν ἄλλο ἄλλως
(« L'univers n'est pas comme une vaste maison sans âme
faite de pierres et de bois, et, si l'on veut, d'autres matériaux, il faut qu'il soit un monde ordonné, il faut qu'il soit
un être éveillé et que tout y vive à sa manière »). On voit le
sens de λίθος en III 2, 17. 67 : la beauté de l'univers n'est
pas celle d'un édifice, dans lequel les parties seraient des
pierres interchangeables, mais celle d'un chœur où chacun
doit rendre un son déterminé. De même, en V 3 [49],
13. 27 : οὐ γὰρ ὡς λίθον λέγει τὸ ὄν, W. Theiler voudrait
rem|placer λίθον par λιτόν Le sens ne serait donc pas : « Si
l'être dit la vérité (en disant : je suis l'être), il ne dit pas :
l'être, comme il dirait : une pierre, mais en un seul mot, il
dit une multiplicité » ; avec λιτόν, la phrase voudrait dire :
« Il ne parle pas de l'être comme de quelque chose de
pauvre. » Mais ici en-core la correction ne s'impose pas et
les parallèles en faveur de λίθον ne manquent pas. On peut
citer en premier lieu, dans ce même traité, en V 3, 5. 35 :
« L'intelligible n'est pas une simple puissance […] il n'est
pas séparé de la vie, il ne peut avoir la vie et la pensée

280

comme quelque chose d'emprunté, reçu dans un sujet différent, comme cela se trouverait dans une *pierre ou* une chose inanimée. » On peut ajouter aussi IV 7 [2], 9. 23, où il est dit que l'être n'est pas un cadavre, comme de la pierre ou du bois, mais qu'il est vivant. « Pierre ou bois » sont donc un exemple familier à Plotin pour désigner ce qui est privé de vie, donc de multiplicité interne (cf. VI 9 [9] 2. 24-25 ; V 4 [7] 2. 43, où il est question seulement de « cadavre »). Ce qui est sans vie est dans une immobilité *monolithique* ; seul le vivant, qui est d'ailleurs, en sa perfection, vie et intelligence, peut se rapporter à lui-même. La plénitude de l'être est unité-multiple. Tout ceci remonte finalement à *Sophiste* 249 a. C'est également λίθος que W. Theiler propose d'éliminer en I 7 [54], 3. 6 où, après avoir posé la question : « Si la mort est un mal, elle est un mal pour qui ? », Plotin répond en posant le principe : le mal doit arriver à quelqu'un et ajoute aussitôt : ὃ δ' οὐκ ἔστιν ἔτι, ἢ εἰ ἔστιν, ἐστερημένον ζωῆς, οὐδ' οὕτω κακὸν τῷ λίθῳ. Ici encore λίθος apparaît en liaison avec l'idée de privation de la vie. W. Theiler propose de lire Τιθωνῷ à la place de τῷ λίθῳ : « Pour Tithonos, il n'y a pas non plus de mal. » Mais le contexte de Plotin ne semble pas faire allusion à l'histoire de ce Tithonos qui, ayant demandé l'immortalité, avait oublié de demander en même temps l'éternelle jeunesse. Il reste que la phrase semble présenter une lacune, que l'on peut essayer de combler avec W. Theiler en introduisant οὐ τούτῳ κακόν, entre ζωῆς et οὐδ'. E. R. Dodds (*Gnomon*, p. 708) propose une solution plus simple : lire οὐδ' οὕτω κακὸν <ἢ> τῷ λίθῳ.

En V 3, 1. 17, les éditeurs ont raison d'introduire <οὐ> devant πάνυ ἄτοπον : ce n'est pas une chose absolument absurde de supposer que l'âme n'ait pas la connaissance de soi. En V 3, 3. 33 également, l'introduction de <οὐχ> paraît légitime : nous ne sommes pas « sentant », mais « raisonnant ». En V 3, 5. 33, excellente correction de Theiler, par

laquelle οὐδέ γε νοητόν devient οὐδέ γ'ἀνόητον, conformément au sens (VI 7 [38], 37. 24 : νοῦς μὲν γὰρ μὴ νοῶν
ἀνόητος confirme d'ailleurs la conjecture, puisque, dans
les deux cas, il s'agit de l'Intelligence qui reste en puissance). En V 3, 13. 25, ἐξευ<πο>ρῶν, proposé par
W. Theiler, à la place de ἐξευρών, ne paraît pas s'imposer.
Lorsque l'Intelligence dit : « Je suis l'Être », elle le dit,
comme si elle faisait une découverte, comme si elle répon-
dait à une question, cf. VI 7 [38], 37. 19 : la pensée se
cherche elle-même, et 40. 50 : elle apprend en quelque
sorte ce qu'elle a en elle, et c'est cela la marque de sa multiplicité.

En III 5 [50], 9. 5, il faut accepter la correction de
Kirchhoff : πληρούμενον au lieu de πληροῦν, en vertu des
parallèles avec 9. 37 et 9. 43.

En I 8 [51], 3. 35 ὕλην (Schröder) à la place de τὴν
semble indispensable. En I 8, 4. 15 le déplacement de
δεύτερον et la suppression de οὐ πρῶτον et de δεύτερον
κακόν sont inutiles.

I 8, 6. 46 fait difficulté. Plotin se demande si, en admettant que le Bien soit la substance et même au-delà de la substance, il est possible que le Bien ait un contraire qui soit le
Mal, puisque la substance n'a pas de contraire. Il résout la
difficulté en disant que le mal a un être mensonger, qu'en
lui le mensonge est substantiel, tandis que le bien a un être
véritable et qu'en lui la vérité est également substantielle.
Suit la phrase telle qu'on la trouve dans la tradition manuscrite : ὥστε καὶ κατὰ τὸ ψεῦδος τῷ ἀληθεῖ ἐναντίον καὶ τὸ
κατ' οὐσίαν τῷ κατ' οὐσίαν αὐτῆς ἐναντίον. On devine
facilement le sens général de la phrase : puisque le mal n'a
qu'un être mensonger et que le bien possède l'être véritable, ce qui est l'essentiel en l'un est le contraire de ce qui
est essentiel en l'autre, comme le vrai est le contraire du
faux. Mais κατὰ τὸ ψεῦδος fait difficulté. Schröder (1916)
avait proposé de lire τὸ κατὰ ψεῦδος, ce qui permettait de

281

donner un sujet au premier ἐναντίον. Mais la tournure restait bizarre : pourquoi pas tout simplement τὸ ψεῦδος ?
Sleeman (1926), suivi par Henry et Schwyzer, propose de
lire καθὰ τὸ ψεῦδος, ce qui donne le sens suivant : en sorte
que, comme le faux est contraire au vrai, ce qui est essentiel en l'un est le contraire de ce qui est essentiel en l'autre.
Cette conjecture est plausible. Mais la répétition des deux
καὶ reste mal expliquée. W. Theiler propose de garder
κατὰ τὸ ψεῦδος, mais de lire : ὥστε καὶ κατὰ τὸ ψεῦδος τῷ
ἀγαθῷ ἐναντίον ; le sens devient : en sorte que le mal est
aussi contraire au bien, selon le mensonge, en tant que
mensonge. Ἀληθεῖ aurait été lu à la place de ἀγαθῷ, à
cause de la proximité de ἀληθῶς. Je pense que toutes
ces tentatives n'insistent pas assez sur la force de la phrase
finale : καὶ τὸ κατ' οὐσίαν τῷ κατ' οὐσίαν [...] ἐναντίον
καὶ τὸ κατ' οὐσίαν τῷ κατ' οὐσίαν. C'est parce que le mal
est essentiellement faux et le bien essentiellement vrai que
le bien et le mal s'opposent substantiellement. En effet,
s'ils s'opposent *en tant que* vrai et *en tant que* faux et si vrai
et faux sont leur être même, ils s'opposent donc en tant
que substance. Je pense donc qu'il faut lire : ὥστε καὶ τὸ
κατὰ ψεῦδος τῷ <κατ'> ἀληθὲ<ς> ἐναντίον καὶ τὸ κατ'
οὐσίαν τῷ κατ' οὐσίαν αὐτῆς ἐναντίον, et traduire littéralement : « en sorte que le "selon le faux" est contraire au
"selon le vrai" et le "selon la substance" contraire au "selon
la substance" de cette nature-là » (c'est-à-dire de la nature
du Bien. La conjecture αὐτοῖς au lieu de αὐτῆς de
Kirchhoff semble inutile). Moins littéralement : « Ce qui
est vrai en l'une est contraire à ce qui est vrai en l'autre, et
ce qui est substantiel en l'une est contraire à ce qui est substantiel en l'autre nature. » La chute du second κατ' peut
expliquer le déplacement du premier.

En I 8, 9. 19, le texte n'est compréhensible qu'en accep-
tant avec les éditeurs la correction τῷ du ms. J (au lieu de
τό) et en supprimant, avec Müller et les éditeurs, le second

ἵνα ἴδῃ τὸ σκότος, qui n'est qu'une répétition. De même, en I 8, 9. 24, les éditeurs ont raison de supprimer, avec Volkmann, ἐλθών, qui n'est qu'une mauvaise variante de προελθών. En I 8, 14. 51, important retour des éditeurs à la tradition manuscrite. Comme le fait remarquer W. Theiler dans sa note, en lisant τὴν ὕλην, avec les mss. et Henry-Schwyzer, contre Müller et Bréhier qui proposent τῇ ὕλῃ, et Bury qui propose τι ἐν ὕλῃ, il en résulte que, pour Plotin, l'âme engendre la matière, παθοῦσα, « par sa passion ». Une telle doctrine, remarque W. Theiler, est, au fond, gnostique : les passions de *Sophia* se concrétisent dans la matière. C'est précisément la doctrine que Plotin avait refusée en II 9 [33], 12. 41 : « Si nous disons que l'âme a produit la matière en s'inclinant [...] la cause de l'inclinaison est [...] la nature même de l'âme. C'est dire que l'inclinaison est due à une nécessité qui a précédé la matière ; et la responsabilité des maux retombe sur les êtres primitifs. » Cette dernière conséquence, tout le traité I 8, où se trouve notre τὴν ὕλην, s'emploie à la réfuter. Il semble donc très difficile d'admettre ce τὴν ὕλην, c'est-à-dire d'admettre que Plotin ait pu dire que l'âme, en éprouvant la passion, a engendré la matière. Sans doute, W. Theiler nous dit que cette formule signifie que la matière a trouvé place grâce au « recul » de l'âme : il y aurait | causalité réciproque, la matière dupant l'âme, l'âme engendrant la matière en se laissant duper. Mais il semble bien que tout ce passage de Plotin vise à éliminer toute dérivation de la matière à partir de l'âme. Plotin veut prouver que si l'âme vient *dans* la matière, c'est que la matière était déjà présente, pour que l'âme puisse se laisser entraîner à venir en elle, cf. 14. 43 : οὐ γὰρ ἂν ἦλθε τῷ μὴ παρόντι, phrase à laquelle répond la conclusion, 14. 53-54 : οὐ γὰρ ἂν ἐγένετο εἰς αὐτὴν μὴ τῇ παρουσίᾳ αὐτῆς τὴν γένεσιν λαβοῦσα, qu'il faut traduire, non pas comme Bréhier : « L'âme ne s'engagerait pas dans le devenir, si, grâce à la présence de la matière, elle ne rece-

282

vait en elle la réalité qui n'est pas, mais devient », ou Beutler (dont la traduction est meilleure) : « Denn die Seele hätte gar nicht in einem Werdeprozess in sie eintreten können, wenn sie nicht dank der Anwesenheit der Materie ins Werden geraten wäre », mais bien : « L'âme ne serait pas venue dans la matière (ἐγένετο εἰς αὐτὴν répond à εἰς αὐτὴν ἐλθεῖν de 14. 43), si, par suite de la présence de la matière (τῇ παρουσίᾳ αὐτῆς, cf. III 6 [26], 14. 7 : τῇ δ᾽ αὐτοῦ παρουσίᾳ, dans un contexte qui, comme ici, fait allusion au mythe de Pénia, *Banquet* 203 b), elle n'avait pris naissance (comme Éros, fils de Poros et de Pénia, symbole de l'âme tombée dans la *genesis*). » Immédiatement avant la phrase de conclusion que nous venons de traduire, se trouve la phrase qui contient le τὴν ὕλην litigieux, 14. 51 : καὶ γὰρ ἡ αὐτὴ ἡ ψυχὴ τὴν ὕλην ἐγέννησε παθοῦσα καὶ εἰ ἐκοινώνησεν αὐτῇ καὶ ἐγένετο κακή, ἡ ὕλη αἰτία παροῦσα qu'il faudrait traduire (sens retenu par Beutler) : « Si c'est l'âme elle-même qui a engendré la matière, en tant qu'elle en a été affectée, et si elle est entrée en communion avec elle et est devenue mauvaise, c'est la matière qui en est cause parce qu'elle est présente. » Pour justifier la notion d'une génération de la matière par l'âme, W. Theiler cite deux parallèles : dans le premier, IV 3 [27], 9. 22, la matière est présentée comme une obscurité, une ombre qui résulte de l'obscurcissement progressif de la lumière émanant de l'âme ; l'âme donne ensuite forme à cette obscurité. Dans ce texte, la matière apparaît comme un résultat – l'image de l'ombre est ici très caractéristique – et non comme un produit engendré par l'âme. L'autre parallèle (III 3 [13], 3. 12) me semble plus important : l'εἴδωλον produit par l'âme, lorsqu'elle se détourne de l'intelligible, peut être la matière. Toutefois, il me semble que le contexte de la phrase que nous étudions ne permet pas d'admettre cette notion d'une génération de la matière par l'âme. C'est parce que la matière est *déjà là*, que l'âme devient mauvaise et même qu'elle éprouve des passions. Ce que l'âme engendre, ce ne peut être que son image dans la matière. Comme le dit I 1 [54], 12. 20 sq., la naissance, la *genesis*, consiste dans la projection d'un reflet de l'âme sur la matière. C'est donc la matière qui est cause du mal, dans la mesure où elle entraîne l'âme à effectuer cette projection. Je pense donc qu'il faut en revenir à la conjecture de Bury et lire τι ἐν ὕλῃ ἐγέννησε et traduire : « Si l'âme a éprouvé la passion en engendrant quelque chose dans la matière, si elle est entrée en communion avec la matière et si elle en est devenue mauvaise, la faute en est à la matière qui était présente. » Ce n'est donc pas la passion de l'âme qui engendre la matière, mais la matière qui provoque cette passion en entraînant l'âme à engendrer en elle. En I 8, 14. 35, il faut lire, avec les éditeurs, contre Henry-Schwyzer, ὕλῃ et non ὕλη. C'est la matière qui, comme Pénia, est une éternelle solliciteuse.

L'énumération et les discussions qui précèdent ne peuvent donner qu'une faible idée de l'apport que représente le travail de R. Beutler et de W. Theiler. Signalons encore que le commentaire de W. Theiler comporte, pour chaque 283 | traité, une notice d'introduction toujours extrêmement précieuse. On y trouvera, sous une forme extrêmement concise, l'histoire de la notion centrale étudiée par Plotin et celle des traités consacrés à ce sujet avant Plotin. C'est ainsi qu'on lira avec intérêt les études sur les mots εὐδαιμονία (p. 309), πρόνοια (p. 330-331), πάθος (p. 439), l'histoire des traités περὶ εὐδαιμονίας (p. 310), de la problématique concernant la providence (p. 321), concernant la connaissance de soi (p. 368), l'astrologie (p. 419) et l'homme « véritable » (p. 437). De nombreuses notes signalent également l'histoire de thèmes plus particuliers. . Remercions donc R. Beutler et W. Theiler de l'excellent et indispensable instrument de travail qu'ils nous procurent et qui complète admirablement le gigantesque monument que représente l'édition de P. Henry et H.-R. Schwyzer.

13

Compte rendu de :

Plotini Opera. Tomus II. *Enneades IV-V.* Ediderunt Paul Henry et Hans-Rudolf Schwyzer. *Plotiniana arabica* ad codicum fidem anglice vertit Geoffrey Lewis, Paris, Desclée de Brouwer, 1959 (Museum Lessianum, series philosophica XXXIV), 1 vol. in-8°, liv-504 p.[*]

Avec ce second volume, Paul Henry et Hans-Rudolf Schwyzer poursuivent magnifiquement leur monumentale édition de Plotin. Ils y restent fidèles à leur principe général de stricte fidélité au texte des manuscrits. Ils justifient d'ailleurs ce principe dans leur préface en montrant que sur 300 lignes communes aux manuscrits des *Ennéades*, de la *Préparation évangélique* d'Eusèbe et des *Sententiae* de Porphyre, les manuscrits des *Ennéades* ne doivent être corrigés que sept fois.

Comme dans le premier volume, l'édition est accompagnée de nombreux apparats extrêmement précieux : apparats des témoignages des sources, des marges fournissent au lecteur d'utiles matériaux pour l'intelligence du texte de Plotin. Mais une nouveauté apparaît dans ce second

* Paru dans : *Revue d'histoire des religions*, 164 (1963), p. 92-96.

volume : les *Plotiniana arabica*. On sait que l'on retrouve des traces des *Ennéades* dans certains textes arabes. Les éditeurs ont tenu à mettre ces textes à la portée des lecteurs des *Ennéades*. Ils en ont donc publié une traduction anglaise, faite par les soins de Geoffrey Lewis. Cette traduction est disposée en face du texte grec correspondant : un index final qui établit la correspondance entre les divisions du texte arabe et l'ordre des *Ennéades* permet d'ailleurs de reconstituer l'ordre du texte arabe. Tout cela n'a pu être réalisé qu'au prix d'une extraordinaire habileté typographique. Ces textes arabes sont la fameuse *Théologie d'Aristote*, la *Lettre sur la science divine* et les *Dits du Sage grec*. La *Théologie d'Aristote* comprend trois parties. La première partie est formée par le prologue (on le trouvera dans l'appendice, p. 486-488) qui, s'il ne comporte pas de citation de Plotin, expose très brièvement et à grands traits l'architecture d'un univers qui est celui de Plotin et de Porphyre : au sommet (p. 291), la cause première, puis l'Intellect, puis l'Âme universelle, puis la Nature, puis les corps ; ou encore, le monde intelligible, l'Âme universelle, les sphères célestes, la sphère de la lune, les âmes raisonnables, les âmes animales et végétales, enfin l'âme des éléments. La seconde partie est constituée par les *kephalaia*, c'est-à-dire les têtes de chapitres que Porphyre avait ajoutées au texte de Plotin ; les *Kephalaia* conservés ne se rapportent qu'au traité quatrième de la quatrième *Ennéade*. Les éditeurs en ont introduit la traduction anglaise dans l'apparat des marges se rapportant à ce traité. La troisième partie est constituée en très grande partie par des extraits de Plotin (*Enn.* IV 3 ; IV 4 ; IV 7 ; IV 8 ; V 1 ; V 2 ; V 8 ; VI 7). Toutefois de nombreux développements sont plutôt des paraphrases du texte de Plotin ; certains sont même étrangers à la doctrine des *Ennéades*. On les | trouvera imprimés en caractères plus petits. Les éditeurs ont rendu un grand service aux historiens du néoplatonisme en mettant à la disposition des

93

lecteurs cette traduction complète de la *Théologie d'Aristote*. Tel qu'il se présente à nous actuellement, cet ouvrage reste une énigme et il mériterait une étude approfondie. Personnellement je serais favorable à l'hypothèse de W. Kutsch (« Ein arabischer Bruchstück aus Porphyrios (?) περὶ ψυχῆς und die Frage des Verfassers der "Theologie des Aristoteles" », *Mélanges de l'Université Saint-Joseph à Beyrouth*, 31 (1954), p. 279) qui pense que c'est Porphyre qui a composé toute cette *Théologie d'Aristote*. Évidemment seuls des arabisants peuvent apporter dans ce domaine des arguments décisifs. Mais un certain nombre de particularités doctrinales, remarquées dans la traduction anglaise, m'ont fait penser à Porphyre. Tout d'abord la hiérarchie des réalités qui est exposée dans le prologue rappelle la hiérarchie selon laquelle Porphyre (*Vita Plotini*, 25. 1-25) introduit un ordre systématique dans les *Ennéades* : le transcendant, puis les idées et l'intellect, puis l'Âme, puis la Nature, puis le monde des générations. Mais surtout on retrouve dans les passages de la *Théologie* qui ne correspondent pas à des textes plotiniens, certains concepts porphyriens. On remarquera dans *Théol. Arist.*, III §§ 45-51 (p. 205-207) qu'il est question d'un *real self in actuality*. Cette expression fait penser à l'ὄντως ἑαυτόν de Porphyre, *De abst.*, III 27, p. 226. 16 ; I 29, p. 107. 7-8. En *Théol. Arist.*, III § 47 (p. 207), le Dieu suprême est *the thing truly existing in actuality : Indeed he is absolute activity*, doctrine peu plotinienne, mais que l'on retrouve chez Porphyre (cf. mon article, « Fragments d'un commentaire de Porphyre sur le *Parménide* », REG, 74 (1961), p. 410-438 [cf. *infra*, p. 281-316]) αὐτὸς δὲ τὸ μόνον ὄντως ὄν (on trouvera le texte complet dans W. Kroll, « Ein neuplatonischer Parmenides-commentar in einem Turiner Palimpsest », RhM, 47 (1892), p. 606. 27) et αὐτὸ τὸ ἐνεργεῖν καθαρόν (*ibid.*, p. 616. 25). D'autres expressions font penser à la doctrine porphyrienne telle qu'on peut la retrouver chez Marius

Victorinus ou chez Macrobe. Par exemple *Théol. Arist.*, X §
4-6 (p. 291) : *above completeness* que l'on rapprochera de
Victorinus, *Adv. Ar.*, I 50. 4 : *perfectus supra perfectos* et III
7. 15 : *supra omnes perfectiones.* Ou encore *Théol. Arist.*, X §
19 (p. 293), à propos de l'âme : *her gaze is deflected from it*
[scil. *the mind*] que l'on rapprochera de Macrobe, *In Somn.
Scip.*, I 14, 6 : *paulatim regrediente respectu* (sur l'origine porphyrienne de ce texte, cf. W. Theiler, *Porphyrios und
Augustin*, Halle 1933, p. 33). Le contexte de la *Théologie* est
ici identique au contexte de Macrobe, c'est-à-dire très
proche d'*Enn.* V 2. Je ne sais si une étude attentive de la
Théologie d'Aristote confirmerait cette première impression,
mais je pense que l'hypothèse doit être examinée.

Les deux savants éditeurs ne nous ont pas seulement
donné un admirable apparat critique qui nous donne clai-
94   rement tout l'état de l la tradition, dans les manuscrits et
dans les éditions. Ils nous aident à comprendre le texte, en
introduisant de très brèves explications grammaticales
dans l'apparat. En effet, bien des difficultés de compréhension – qui parfois ont incité les éditeurs anciens à proposer des conjectures – ne proviennent que du style ellip-
tique de Plotin. Il reste qu'un certain nombre de conjectures anciennes s'imposent et nos deux éditeurs les ont
retenues.

Je ne suis pas sûr qu'ils aient eu raison de rester fidèles
à la tradition manuscrite en écrivant αὐτό et non αὐτό en V
1, 6. 8 et V 1, 7. 5. Dans les deux cas, il s'agit de la génération de l'intelligence par l'Un et le problème est au fond
identique. En V 1, 6. 8, Henry et Schwyzer lisent donc
ἐπιστραφέντος ἀεὶ ἐκείνου πρὸς αὐτό ; pour eux, le sujet de
ce membre de phrase est « ce qui vient après l'Un ». On a
donc le sens général : ce qui vient après l'Un est engendré
en restant toujours tourné vers l'Un. Mais cette lecture et
cette interprétation se heurtent à de grosses difficultés. En
premier lieu, dans la même phrase, à la ligne précédente

ἐκείνῳ désigne l'Un lui-même : le changement de sens de ce pronom est assez déroutant. Mais surtout, comme l'a montré R. Harder (*Plotins Schriften*, t. I, Hambourg 1956, p. 501), la suite des idées ne laisse pas de place à cette interprétation. En effet, Plotin veut établir d'abord que l'Un est immobile, même lorsqu'il engendre l'Intelligence. Il pose donc un principe : tout ce qui est mû se meut vers quelque chose. L'Un ne peut donc être mû, puisqu'il ne peut se mouvoir vers quelque chose : d'une part (l'idée est sous-entendue dans la notion même d'Un), l'Un n'a rien avant lui ; d'autre part, si quelque chose vient après lui, l'Un ne peut se mouvoir vers cette chose pour l'engendrer : cette chose ne peut être engendrée qu'à condition que l'Un reste tourné vers lui-même (αὐτό). Autrement dit, l'Un ne peut se diriger vers autre chose que soi. Le fait que ce qui vient après l'Un soit engendré en se tournant vers l'Un ne signifierait rien quant à l'immobilité de l'Un. D'ailleurs, pour pouvoir se retourner, il faut être déjà engendré. Chez Plotin, la constitution de l'hypostase Intelligence comprend toujours deux phases : génération puis conversion. La génération pose un terme encore inachevé, une sorte de matière intelligible qui doit s'achever elle-même en se tournant vers son générateur, dont elle recevra sa forme (cf. V 2, 1. 9-10 : la chose engendrée se tourne vers l'Un et elle est alors fécondée ; II 4, 5. 33 : l'altérité et le mouvement premiers viennent de l'Un et se définissent en se tournant vers lui ; III 4, 1. 8 : toutes les réalités engendrées sont privées de forme au moment de leur génération, mais reçoivent leur forme en se tournant vers leur générateur). Ce n'est donc pas « en se tournant vers son générateur » que l'Intelligence est engendrée ; c'est *après avoir été engendrée*, qu'elle se tourne vers lui pour s'achever elle-même. Quant à la conversion de l'Un vers lui-même (αὐτό), il faut la concevoir comme identique au « repos en soi-même » dont parle par exemple V 4, 2. 19 et sq.

95 | En V 1, 7. 5 Henry-Schwyzer lisent : πῶς οὖν νοῦν
γεννᾷ; Ἢ ὅτι τῇ ἐπιστροφῇ πρὸς αὐτὸ ἑώρα· ἡ δὲ ὅρασις
αὕτη νοῦς. Ce qui donne le sens suivant : « Comment l'Un
engendre-t-il l'Intelligence ? C'est parce que l'Intelligence
voit en se tournant vers lui ; cette vision, c'est l'Intelligence. » V. Cilento (dans sa traduction italienne des
Ennéades) et K.-H. Volkmann-Schluck (*Plotin als Interpret der
Ontologie Platos*, Francfort 1941, p. 122) sont favorables à
cette interprétation. Mais je pense qu'elle se heurte à un
certain nombre de difficultés. En premier lieu, nous
retrouvons la même difficulté doctrinale que nous signa-
lions plus haut : pour pouvoir se tourner vers l'Un, il faut
que l'Intelligence soit déjà engendrée. La réponse de
Plotin ainsi comprise ne nous dirait rien sur le mode de
génération de l'Intelligence. En second lieu, on ne comprend pas bien la précision : « Cette vision, c'est l'Intelligence », si « Intelligence » est déjà sujet de ἑώρα. On ne
voit pas comment le second membre de phrase s'oppose au
premier. On peut encore ajouter que, dans les lignes précédentes, Plotin a parlé de la ressemblance qui doit exister
entre générateur et engendré. Puis il a ajouté : « Mais l'Un
n'est pas Intelligence. Comment donc engendre-t-il
l'Intelligence ? » On voit le sens de la question :
« Comment engendre-t-il ? » signifie donc « quelle ressemblance y a-t-il entre l'Un et l'Intelligence » ? On s'attend
donc à ce que cette ressemblance soit exprimée dans la
réponse : le premier membre de phrase se rapportant à
l'Un, le second à l'Intelligence. Dans l'interprétation
d'Henry-Schwyzer, cette idée de ressemblance disparaît
complètement. Je pense donc qu'il faut lire αὐτὸ avec
Harder. On aura alors le sens suivant : « Comment l'Un
engendre-t-il l'Intelligence ? C'est que, dans sa conversion
vers soi-même, il voit. Cette vision en acte, c'est l'Intelligence. » De même que, plus haut, l'Un n'avait de mouvement que dans la conversion vers lui-même, de même, ici,

l'Un n'a de vision que tourné vers soi : autrement dit, sa vision reste indéterminée, en puissance, parce qu'elle est absolue. L'Intelligence, au contraire, est vision en acte (ὄρασις, cf. V 1, 5. 19 : ἡ νόησις ὄρασις ὁρῶσα). Alors que la vision propre à l'Un consiste en sa conversion vers lui-même, la vision propre à l'Intelligence suppose une sépa-ration entre l'Intelligence et son objet. D'où la suite du texte (V 1, 7. 9) : « L'Un est la puissance de toutes choses. Ces choses donc, dont l'Un est la puissance, l'intellection les voit comme si elle était séparée de cette puissance ; sans cela, il n'y aurait pas d'Intelligence. » Autrement dit, la vision intellectuelle suppose une distinction, une sépara-tion, une altérité entre l'Intelligence et l'Un. Avec Harder et Henry-Schwyzer, je pense que la phrase qui vient ensuite se rapporte à l'Un : « Car l'Un lui-même a déjà une sorte de conscience de sa puissance, car il peut produire la sub-stance. » Cette conscience, attribuée ici à l'Un, correspond précisément à la vision « tournée vers soi », dont nous par-lions plus haut. La ressemblance entre l'Un et l'Intelligence, qui correspond au rapport de génération, se fonde précisément sur le fait que l'Un | voit à sa manière, 96 qu'il est conscient à sa manière, tandis que l'Intelligence est vision en acte, intellection en acte. Que l'Un lui-même soit doué d'une sorte de vision, on l'admettra facilement si l'on se rappelle que l'Un est conçu par Plotin comme une lumière (VI 8, 16. 20), et que la lumière est vision.

En V 3, 1. 17, je pense qu'il faut à la suite de Ficin et de Beutler-Theiler (*Plotins Schriften*, t. V, Hambourg 1960, p. 118) admettre le οὖ que Henry-Schwyzer ont refusé : « Et si nous refusions cela [*scil.* la connaissance de soi] à l'âme – ce qui *ne* serait *pas* complètement absurde – le refuser aussi à la nature de l'Intelligence, ce serait tout à fait absur-de. » Je pense qu'il faut également admettre le οὐχ ajouté par Theiler en V 3, 3. 33. Toute la démonstration de Plotin en effet est destinée à montrer que ni la sensation ni l'intellection ne nous sont propres : nous sommes proprement sujets de la réflexion et du raisonnement (V 3, 3. 34-36), mais nous ne sommes ni l'Intellect ni le sens, nous en usons seulement. Il faut donc lire en V 3, 3. 33 : ἡμεῖς <οὐχ> οἱ αἰσθανόμενοι. Il faut probablement également supprimer avec Kirchhoff et Theiler, à la ligne suivante : [καὶ διανοοῦμεν οὕτως] qui est une variante de καὶ διανοούμεθα οὕτως, mots qui précèdent immédiatement. La conjecture de Henry-Schwyzer καὶ διὰ νοῦ μὲν οὕτως semble inutile. En V 3, 5. 33, la conjecture de Theiler : οὐδέ γ' ἀνόητον (Henry-Schwyzer : οὐδέ γε νοητόν) me semble indispensable.

Ces quelques remarques ne touchent qu'une partie infime de l'immense travail accompli par Henry-Schwyzer. Qu'il nous soit permis de dire toute notre admiration et toute notre reconnaissance pour le grand service qu'ils ont rendu à la science en établissant cette édition.

14

Plotin et les Gnostiques[*]

Année 1971-1972

Cette année nous avons abordé un groupe de textes (III 8 ; V 8 ; V 5 ; II 9, dans l'ordre systématique des *Ennéades* introduit par Porphyre) qui forment un vaste traité contre les Gnostiques.

L'idée essentielle de cet ouvrage, c'est le refus de toute discursivité dans le processus de formation de la réalité. L'intelligence créatrice ne raisonne pas pour produire le monde sensible (III 8), elle forme sa propre forme sans raisonnement (V 8), elle pense par une présence immédiate à elle-même (V 5). Malgré notre désir d'étudier le plus rapidement possible ces théories si importantes pour la « mystique » plotinienne, il a été méthodiquement indispensable de nous concentrer sur la partie du traité (II 9) qui expose et réfute la doctrine gnostique, afin de mieux comprendre les préoccupations polémiques de Plotin qui forment l'arrière-plan de tout l'ouvrage.

* Comptes rendus des conférences de l'E.P.H.E., parus dans l'*Annuaire de l'École Pratique des Hautes Études* (V^e section), pour les années 1971-72 (p. 55-58) ; 1973-74 (p. 64-65) ; 1974-75 (p. 67-69) ; 1975-76 (p. 75-77) [avec quelques corrections de forme].

Après un exposé général sur l'essence du gnosticisme et un bref commentaire du chapitre 16 de la *Vie de Plotin* par Porphyre, qui nous fournit de précieux renseignements sur les « Gnostiques » de Plotin, nous avons étudié cette année la partie de l'ouvrage qui va de II 9, 1. 1 à II 9, 8. 46.

56   Nous nous sommes attachés avant tout à | reconstruire la suite des idées dans le texte de Plotin. Dans le présent rapport, nous nous limiterons à l'analyse des six premiers chapitres (II 9, 1. 1-6. 62) qui forment un tout, remettant à l'an prochain l'analyse du développement plotinien.

Les six premiers chapitres correspondent à un thème unique : la critique de la tendance gnostique à multiplier les entités du monde intelligible et à rompre la continuité de la vie universelle. J'emploie ici volontairement le terme « entités », moins précis, moins marqué philosophiquement et théologiquement que le terme « hypostase », que l'on emploie d'habitude en pareil contexte. En effet, à la demande d'un auditeur, nous avons entrepris l'étude du sens et de l'emploi du mot « hypostase » et elle nous a révélé que Plotin lui-même n'employait pratiquement pas le mot « hypostase » dans le sens où maintenant l'on parle d'« hypostases » plotiniennes. Le terme n'apparaît que dans les titres des traités et ces titres sont de Porphyre.

Aux Gnostiques qui s'enorgueillissent de pouvoir énumérer les noms des multiples entités qu'ils introduisent dans le monde intelligible, Plotin oppose ses trois degrés de réalité divine : l'Un, l'Intellect, l'Âme, à la fois nécessaires et suffisants pour rendre compte de la procession de toute réalité. Il montre l'absurdité qu'il y aurait à vouloir dédoubler ou multiplier ces trois termes. Il critique ainsi successivement le dédoublement du principe premier en principe « en puissance » et principe « en acte » (1. 23-25), puis le dédoublement de l'Intellect en Intellect « en repos » et Intellect « en mouvement » (1. 27-30 et 33-57), ensuite le dédoublement du Logos (1. 30-33 et 57-63) en entité indépendante et distincte du Logos intérieur à l'Intellect et à l'Âme.

On a pensé habituellement que, dans ce premier chapitre, Plotin s'attaquait non pas aux Gnostiques, mais à des philosophes comme Numénius, ainsi que les parallèles du chapitre 6 (ligne 18) semblent le confirmer (cf. E. R. Dodds, « Numenius and Ammonius », *Sources de Plotin* (Entretiens sur l'Antiquité classique, V), Vandœuvres-Genève 1960, p. 20). Toutefois, il me semble que, dès ce premier chapitre, Plotin pense aux Gnostiques ; l'allusion au Logos [doctrine gnostique qui réapparaîtra plus loin au chapitre 5 (5. 26) et au chapitre 11 (11. 11)] le laisse entendre. Toutes les doctrines évoquées dans ce chapitre 1 ne se retrouvent pas chez Numénius et, d'autre part, la parenté entre certaines des doctrines mentionnées dans ce chapitre et les théories de Numénius peut simplement permettre d'entrevoir que les Gnostiques de Plotin avaient subi l'influence de Numénius.

Le chapitre premier s'est opposé à une multiplication des entités au niveau de l'Un et de l'Intellect. Les chapitres 2 à 6 critiquent la même erreur gnostique, mais cette fois au niveau de l'âme. Plotin s'attaque :

| 1. à l'idée gnostique selon laquelle l'âme (pour les Gnostiques, Sophia), serait séparée (2. 4-3. 21) du monde intelligible (pour les Gnostiques, le Plérôme), séparation qui serait cause de la production d'un monde sensible mauvais (4. 1-5. 16) ;

57

2. à la multiplication d'entités au niveau de l'Âme, ces entités étant :

a) une autre âme composée d'éléments (5. 16-23) ;

b) un logos ou modèle du monde appelé « terre nouvelle » par les Gnostiques (5. 23-37) ;

c) des hypostases appelées « transmigrations », « antitypes », « repentances » par les Gnostiques (6. 1-5).

Plotin refuse avec la plus grande énergie l'idée selon laquelle l'âme pourrait être séparée ou coupée, de quelque manière que ce soit, du monde intelligible, et plus encore l'idée selon laquelle le monde sensible pourrait être le résultat des calculs et décisions arbitraires d'un Démiurge qui serait devenu incapable de contempler le modèle divin. C'est là l'essentiel de son opposition au Gnosticisme, et il l'a exposé longuement dans les traités III 8 et V 8. Pour Plotin, il existe une continuité sans coupure entre les degrés de la réalité, et le monde sensible émane immédiatement et nécessairement du rayonnement du monde intelligible (3. 11 sq.). Dans ce contexte, il apparaît indispensable de reconnaître avec A. Orbe (« Variaciones gnósticas sobre las alas del Alma », *Gregorianum*, 35 (1954), p. 18-55) que les dernières lignes du chapitre troisième (3. 18-21) se rapportent à l'Âme et non à la matière. Les parallèles donnés par A. Orbe sont décisifs : Plotin fait bien allusion à cet endroit à la chute de Sophia hors du Plérôme. Curieusement, les plus récentes études parues sur ce texte de Plotin ont ignoré l'article de A. Orbe. D'autre part, la traduction anglaise de textes gnostiques que nous avons utilisée nous a permis de préciser un peu la notion gnostique de « modèle du monde » qui apparaît chez Plotin (5. 23-37), ainsi que les « transmigrations, antitypes et repentances » du début du sixième chapitre. Ces différentes notions se réfèrent au mythe gnostique du retour des âmes dans le Plérôme et correspondent à des lieux de séjour des âmes lors de ce voyage de retour.

Le chapitre sixième (6. 5-57) se situe toujours dans la problématique de la multiplication des entités. Mais Plotin s'attaque cette fois à la manière dont les Gnostiques utilisent la tradition platonicienne. Une partie de leur doctrine (l'immortalité de l'âme, le monde intelligible, le premier Dieu, la fuite de l'âme loin du corps) vient de Platon. Mais les Gnostiques veulent s'enorgueillir d'une vaine originalité, sans donner de preuves rationnelles de ce qu'ils avancent. En fait, leurs innovations par rapport à la tradition platonicienne proviennent ou bien du fait qu'ils n'ont pas compris Platon ou bien du fait qu'ils ont déformé volontairement ses enseignements. Ces innovations sont énumérées à la fin du chapitre et elles seront critiquées dans les chapitres suivants : les Gnostiques admettent toutes sortes de générations et de corruptions, ils méprisent cet univers, ils reprochent à | l'âme son union avec le corps, ils critiquent le Démiurge, ils identifient l'âme et le Démiurge, ils attribuent à l'âme universelle les mêmes passions qu'aux âmes individuelles. 58

Ce chapitre sixième vaut surtout par la conception de la discussion philosophique que développe Plotin : si les Gnostiques voulaient contredire Platon, ils auraient dû établir leurs opinions d'une manière rationnelle, mais aussi avec douceur et philosophie, avec justice aussi à l'égard de ceux auxquels ils s'opposaient, les yeux dirigés vers la seule vérité, sans chercher à se faire valoir en critiquant la tradition.

Année 1973-1974

On a étudié le traité de Plotin *Sur la Contemplation*, dans le cadre d'une recherche poursuivie maintenant depuis plusieurs années, sur Plotin et les Gnostiques. Le plan de l'ouvrage est très simple. Plotin y montre successivement que la nature (III 8, 1. 1-4. 47), l'âme (5. 1-7. 26), l'intellect (8. 1-48) produisent ce qui leur est inférieur en contemplant ce qui leur est supérieur. Les deux derniers chapitres s'efforcent de définir l'Intellect et l'Un, l'un à partir de l'autre. Ce traité s'oppose aux Gnostiques sans les nommer. À la conception gnostique d'un Démiurge qui produit le monde par une intention réfléchie, Plotin oppose l'idée d'un rayonnement descendant qui découle de la contemplation. Plotin est conscient du paradoxe qui consiste à affirmer que les productions naturelles sont des contemplations. La notion, qui rend pensable ce paradoxe et qui assure d'un bout à l'autre la cohérence du traité, est la notion du *logos*. La nature est un *logos* silencieux et immobile (3. 18 sq.), forme et force d'où découle une forme visible, elle-même sans force. L'âme aussi est un *logos* silencieux et immobile (6. 11) d'autant plus efficace qu'elle est plus unifiée. Si l'intellect lui-même est vie, c'est que les *logoi* qui le constituent sont eux-mêmes vie et pensée (8. 16). Et finalement pour comprendre ce qu'est la transcendance de l'Un, il faut se représenter cette unité transcendante et immobile qu'est le *logos*, à partir de laquelle procède la forme de l'animal ou de la plante (10. 23 sq.). La notion plotinienne de *logos* est très complexe. Elle est à la fois l'héritière de la forme aristotélicienne et du *logos spermatikos* des Stoïciens. Quoiqu'il en soit, le *logos* silencieux I et immobile de Plotin s'oppose clairement au *logos* créateur, mais raisonneur et bavard, des Gnostiques. Le monde, pour Plotin, ne peut naître d'une parole ou d'un acte de volonté. Il naît d'une détente, d'un affaiblissement de la contemplation. C'est ce qu'exprime la fameuse prosopopée de la nature (4. 7) : « C'est ce qui, en moi, contemple, qui produit ce que je contemple, de même que les géomètres dessinent en contemplant. Mais moi, je n'écris pas, je regarde seulement, et les lignes des corps se réalisent, comme si elles se projetaient à partir de moi. » Nous avons, à l'occasion de ce texte, étudié assez longuement le sens du mot *theorema*, sans pouvoir décider, d'une manière définitive, si Plotin l'emploie dans ce traité au sens de « théorème mathématique » ou au sens général d'« objet de contemplation ». Dans la première hypothèse, les textes de Plotin seraient à verser au dossier important des théories antiques concernant les rapports entre intuition et construction en mathématiques.

L'étroite liaison entre les notions de *logos* et de contemplation s'exprime nettement dans ce texte (7. 18) : « Quand les animaux engendrent, ce sont les *logoi* qui sont en eux qui les poussent et c'est là une activité de contemplation, une parturition qui tend à produire de nombreuses formes et de nombreux objets de contemplation, à tout remplir de *logoi* et en quelque sorte à toujours contempler. Car produire, c'est produire une forme ; c'est-à-dire tout remplir de contemplation. » De telles représentations ne sont pas tellement éloignées des tendances de la recherche zoologique contemporaine qui insistent sur le rôle du rapport « voir-être vu » dans la morphologie (A. Portmann, *La forme animale*, Paris 1961, p. 216-218). La « volonté d'apparence dans la lumière » fait partie du phénomène vital.

Année 1974-1975

Dix chapitres du traité de Plotin *Sur la Beauté intelligible* (V 8) ont été étudiés cette année dans le cadre de l'étude générale poursuivie depuis un certain temps sur Plotin et les Gnostiques. Le début du traité se rattache étroitement à la fin du traité précédent (III 8, 11. 36) qui a introduit l'idée de la beauté du monde intelligible. Il s'agit donc maintenant de s'élever à la contemplation du monde intelligible. Plotin y conduit son lecteur par une suite d'exercices spirituels gradués. On s'élève d'abord à la beauté esthétique, qui remonte aux *logoi* d'où provient la nature (Goethe a traduit ce passage, 1. 1-36), puis à la beauté de la nature qui ne consiste pas dans la masse, mais dans la forme *(eidos)* et le *logos* (2. 14 sq.), puis à la beauté de l'âme (3. 1-8), puis à la beauté de l'intellect (3. 8-18). Arrivé ainsi au niveau qu'il voulait atteindre, Plotin invite son lecteur à un nouvel exercice spirituel : la contemplation du monde des dieux identifié au monde de l'Intellect divin. Deux allusions au *Phèdre* 247 c-d nous font entendre qu'il s'agit ici d'une description du lieu supracéleste dont parle Platon. Le séjour des dieux dans ce lieu supracéleste est décrit par Plotin comme une vie paradisiaque (vie facile, 4. 1), véritable règne de Kronos (allusions en 4. 26 sq.), où chaque individu est tous les autres tout en restant lui-même (4. 4 sq.). Cette description semble s'opposer intentionnellement à certaines notions gnostiques. Le lieu supracéleste n'est pas « cosmographique », mais intérieur (V 8, 4. 15), ce n'est pas une terre étrangère (V 8, 4. 15) comme la terre nouvelle des Gnostiques (cf. II 9, 5. 24), | mais c'est la terre véritable, dont parlait Platon (*Phédon*, 111 a), spectacle destiné à des spectateurs bienheureux (V 8, 4. 43).

68

Arrivé à ce point, Plotin fait accomplir à son lecteur une seconde fois l'ascension (4. 54) pour élucider tout spécialement la notion de « science en soi » qui apparaît dans la description du lieu supracéleste que donne *Phèdre*, 247 c. Il s'agit de montrer que la science ou sagesse intelligible n'est pas dans un objet différent d'elle-même, qu'elle n'est pas un accident, mais une substance. On retrouve donc cette fois, non plus la beauté, mais la *sophia*, successivement au niveau de l'art (5. 1-4), puis de la nature (5. 4-10), puis de l'âme (5. 10), puis de l'Intellect. À ce niveau, la sagesse est substance et l'être est sagesse. Cette formulation, en apparence très simple, présente une importance capitale pour Plotin. Pour nous faire entrevoir ce que peut être une sagesse substantielle, c'est-à-dire une sagesse qui n'est pas un discours, mais un être, il fait appel au modèle que représente la science sans discours des hiéroglyphes égyptiens (6. 1-9) : chaque image est une science, une sagesse, un sujet. Grâce à cette idée de sagesse immédiate et non-discursive, on va retrouver le thème de la Beauté du monde intelligible et du monde sensible, en même temps que la critique fondamentale que Plotin oppose au gnosticisme.

La création du monde sensible n'est pas, comme le veulent les Gnostiques, l'œuvre d'un Démiurge qui calculerait, réfléchirait et parlerait (le Dieu de la Genèse). Si les choses sont comme elles sont, ce n'est pas en vertu d'un raisonnement du Dieu créateur (bien qu'on puisse après coup trouver des raisons au fait qu'elles sont ce qu'elles sont), mais c'est parce qu'elles sont le reflet immédiat de Formes (sagesses substantielles) qui se justifient elles-mêmes, parce qu'elles se posent immédiatement et sans réflexion : « Tu peux bien énoncer la raison pour laquelle la terre se trouve au centre de l'univers et pourquoi elle est sphérique [...] Mais dans le monde intelligible ce n'est pas parce qu'il fallait que ce soit comme cela que cela a été ainsi décidé, mais c'est parce que les choses sont là-haut comme elles sont, que les choses d'ici-bas sont belles (7. 36) ».

Nous sommes ainsi ramenés au thème de la Beauté. La Beauté consiste dans cette pureté, cette simplicité de la Forme qui se forme elle-même. Plotin revient donc dans les chapitres 8 et 9 à la description de la beauté et de l'infinité du monde intelligible, dans lequel les dieux vivent dans la transparence de l'intériorité réciproque. Le chapitre 9 essaie de faire entrevoir par un exercice spirituel de « déspatialisation » du monde sensible (« Supprime la masse, les lieux, la matière », 9. 11 sq.) cet | infini de l'intériorité (9. 19 sq.). Le chapitre 10 décrit, à la suite de *Phèdre*, 246 e, la procession des âmes faisant cortège à Zeus, c'est-à-dire l'Âme divine, pour contempler le lieu supracéleste. Un tel texte nous permet de mesurer toute la distance qui sépare Plotin de Platon. Chez Platon, le mythe de la procession des âmes et des dieux est destiné à expliquer comment dans une vie antérieure, l'âme a contemplé la Beauté, de sorte que la beauté d'un visage humain nous en fait ressouvenir (*Phèdre*, 251 a). Il s'agit donc d'un mythe astral et eschatologique. Chez Plotin, du moins ici, l'expérience de l'amour humain joue peu de rôle. Et surtout,

69

tout se passe au-dedans. Le lieu intelligible, objet de la contemplation, c'est nous-même (« Tout ce qu'on regarde comme un spectacle visible, on le voit à l'extérieur, mais il faut désormais le transporter en soi et le regarder comme un et le regarder comme son propre soi », 10. 40). Le mythe platonicien sert à formuler une expérience mystique : « Ceux qui sont en quelque sorte enivrés et remplis de ce nectar [...] ne sont plus seulement des spectateurs. Car il n'y a plus, d'un côté ce qui est à l'extérieur, de l'autre celui qui voit de l'extérieur, mais quiconque a la vue perçante a en lui ce qu'il voit (10. 32) ». Tel est le thème fondamental du traité. Contre les Gnostiques qui croient que le salut consiste en un changement de lieu, Plotin affirme que changer de lieu veut dire se transformer soi-même : « Chacun s'avance, non pas sur une terre étrangère, mais, pour chacun, ce en quoi il est c'est cela même qu'il est et son origine court avec lui lorsqu'il monte vers le haut et il n'est pas une chose, la région où il habite, une autre (4. 15) ». Une fois de plus, il apparaît ici que la philosophie n'est pas une description de la réalité, mais une méthode de transformation de l'être.

Année 1975-76

On a étudié les derniers chapitres (10, 11, 12, 13) du traité de Plotin *Sur la Beauté intelligible*. Le chapitre 10 effectue un extraordinaire mouvement d'intériorisation du mythe de la procession des dieux et des âmes qui apparaît dans le *Phèdre* (246 e). Platon y décrit le mouvement des dieux astraux qui, dans leur révolution, suivis par les âmes, contemplent le lieu supracéleste (247 c). Comme nous l'avons vu dans les années précédentes, c'est ce lieu supracéleste, ce *topos noetos* (*Enn.* V 8, 13. 24), qui est précisément le sujet du traité de Plotin (les chapitres 4 et 5 à 9 ont été consacrés à sa description). Mais, dans ce chapitre 10, ce *topos noetos*, ce lieu supracéleste, se révèle comme intérieur à nous, comme identique à notre moi transcendant : « Tout ce qu'on regarde comme un spectacle visible, on le voit à l'extérieur. Mais il faut désormais le transporter en soi [...] et le regarder comme son propre soi, comme si quelqu'un, possédé par un Dieu, étant inspiré par Apollon ou par une Muse (cf. *Phèdre*, 245 a et 245 b 4), parvenait à produire en lui-même la vision de ce Dieu, s'il avait la puissance de voir ce Dieu en lui-même (V 8, 10. 40-45) ».

Le chapitre 11 va reprendre le thème de l'unité avec le Dieu, de la vision de soi comme identique à Dieu. Et le Dieu en question sera ici, dans la perspective de Plotin, indistinctement l'Un et l'Intellect. Quand l'âme renonce à la vision distincte et extériorisée, elle est « *un* en même temps que *tout* avec ce Dieu qui est présent en elle dans le silence. » Mais lorsqu'elle | veut prendre conscience de cet 76 état, elle tombe dans la dualité, elle devient différente de Dieu. Alors elle revient en hâte à l'unité. Ainsi le moi « doit prendre bien garde de ne pas s'éloigner de soi-même en voulant trop avoir conscience de soi. » Plotin fait ainsi entrevoir peu à peu les dangers de la conscience. La conscience correspond à une faille dans l'unité avec soi, à un doute qui ébranle la certitude. Elle est analogue à la maladie parce qu'elle nous frappe violemment et qu'elle nous est étrangère. Mais la santé est une présence paisible. « Quant à ce qui est à nous-mêmes, nous sommes inconscients. C'est dans cet état que nous avons au plus haut degré le sentiment de nous-mêmes. » Et pourtant, dans ce moment où notre savoir est à son plus haut point, nous avons l'impression de ne rien savoir, parce que notre conscience ne « voit » rien. Ces lignes remarquables nous ont conduits à présenter une étude générale de la notion de conscience chez Plotin. Nous avons pu ainsi constater que, d'une part, Plotin invite ses disciples à prendre conscience des réalités transcendantes qui sont en eux d'une manière inconsciente et que, d'autre part, il dénonce la conscience comme un état de dédoublement qui rompt l'unité de la vie intellective. Tout un ensemble de textes invite l'âme à « faire attention » aux choses d'en haut, à faire parvenir l'activité de la partie supérieure jusqu'à la partie médiane de l'âme, où se situent précisément le moi et la conscience. Mais des textes, tout aussi nombreux que les précédents, montrent que, plus on est attentif, moins on est conscient. Plus la pensée et l'activité sont intenses, moins elles sont conscientes. Il semble bien que pour Plotin, la prise de conscience de la vie spirituelle ne soit qu'une première étape destinée à être dépassée et qu'il y ait une inéluctable et perpétuelle oscillation entre l'état d'unité et la prise de conscience de cet état, entre l'intuition et la retombée dans le discours et la réflexion discursive.

Les chapitres 12 et 13 sont précisément une retombée dans le discours, puisqu'ils décrivent sous une forme mythique l'expérience qu'a éprouvée l'âme dans son unité avec le Dieu. Elle raconte qu'elle a vu un Dieu, enfantant une « belle progéniture » mais la retenant en lui-même. Plotin fait ici allusion au mythe de Kronos avalant ses enfants : c'est pour lui l'Intellect divin produisant ses idées mais les gardant à l'intérieur de lui-même. Un seul de ces enfants apparaît à l'extérieur : c'est Zeus, c'est-à-dire l'Âme, qui révèle ainsi au monde sensible, la beauté de l'Intellect et du monde intelligible. En introduisant ici ces allusions au mythe hésiodique d'Ouranos-Kronos-Zeus, Plotin semble bien vouloir opposer le mythe hellénique au mythe gnostique. Dans le mythe gnostique, Sophia produit le monde sensible à la suite d'une chute et d'une catastrophe, à un moment donné de l'histoire cosmique. Dans le mythe hellénique, Zeus produit le monde sensible de toute éternité, en lui communiquant continuellement la lumière et la beauté du monde intelligible. Plotin écrit

77

dans ce contexte (12. 20) : « Ils n'ont pas raison ceux qui admettent, tandis que le monde intelligible demeure, une corruption et une génération de ce monde, comme si son créateur prenait la décision de le créer. » En disant cela, il vise non pas les Stoïciens, comme le voudraient Henry et Schwyzer dans leur apparat *ad locum*, mais bien les Gnostiques. En effet, chez les Stoïciens, il n'y a pas de décision temporelle du Créateur et il n'y a pas de monde intelligible. Cette apparition du mythe Ouranos-Kronos-Zeus nous a conduits à étudier les autres allusions à ce mythe qui apparaissent chez Plotin. Le texte le plus important semble se trouver en *Enn.* V 5, 3. 20-23 qui fait partie lui aussi du grand écrit anti-gnostique. Tout le « système » de Plotin y est évoqué en quelques lignes. Nous y apprenons en effet que Zeus, c'est-à-dire l'Âme, n'imite pas son père Kronos, c'est-à-dire l'Intellect, mais son grand-père Ouranos, c'est-à-dire l'Un. Car l'Âme imite « l'activité que son grand-père exerce en quelque sorte pour la production de l'Être. » On pourrait dire, dans cette perspective, qu'Ouranos est une force aveugle de production, que Kronos, l'Intellect, arrête ce mouvement infini et le retourne vers sa source en changeant la génération en contemplation (c'est la castration d'Ouranos, et c'est Kronos dévorant ses infants). Zeus échappe à cette immobilisation et à cette délimitation. Il sort de Kronos, il reprend le mouvement de production : c'est l'Âme qui donne vie au monde sensible. Dans la pensée plotinienne, il y a une secrète préférence pour les forces de vie qui triomphent des délimitations de l'Intellect.

15

Le mythe de Narcisse
et son interprétation par Plotin[*]

« Narcisse, malheureux de n'être pas différent de lui-même. »
Ovide, *Fastes*, V, 226.

Ce n'est que tardivement, aux environs de l'ère chrétienne, que la fable de Narcisse fait son apparition dans la littérature[1] et dans l'art[2] gréco-romains : Ovide la raconte dans ses *Métamorphoses*[3], Conon lui fait place dans ses *Narrations*[4] d'histoires mythologiques, Pausanias relate la légende dans sa description de la Béotie[5], Philostrate, enfin, dans sa célèbre description d'une galerie de tableaux qui se trouvait à Naples[6], fait revivre d'une manière très vivante une peinture consacrée à ce thème[7]. Ces témoignages tardifs ne nous permettent guère de reconstituer le mythe dans sa forme originelle : trop d'interprétations l'ont déformé. C'est donc avec la plus grande pru-

* Paru dans : *Nouvelle Revue de Psychanalyse*, 13 (1976), p. 81-108, publié avec l'aimable autorisation des éditions Gallimard. © Gallimard.

dence que nous essaierons tout d'abord de dégager les éléments les plus signifiants de la fable ; puis nous nous attacherons assez longuement à l'exposé de l'interprétation philosophique que Plotin nous donne de ce mythe, parce qu'elle touche plus directement aux problèmes du narcissisme.

82 | I. Les éléments fondamentaux du mythe

À Thespies, en Béotie, naquit un garçon, fils du fleuve Céphise et de la nymphe Leiriopé[8]. Dès son adolescence, sa beauté extraordinaire le fit aimer par de nombreux jeunes gens et jeunes filles. Mais son orgueil les lui fit tous mépriser. Son dédain provoqua le suicide de son amant Aminias – ou la disparition de la nymphe Écho[9]. La vengeance du dieu Amour – ou de Némésis[10] – ne tarda pas à se manifester. Dans une partie de chasse, pris d'une soif ardente, Narcisse rencontra une fontaine, dans laquelle, au moment de boire, il aperçut sa propre image ; et il tomba amoureux de ce reflet dans l'eau. Il se consuma de chagrin de ne pouvoir atteindre l'objet de son amour et mourut au bord de la source – ou se tua, ou se jeta dans la source[11]. À la place de son corps, on trouva la fleur appelée narcisse – ou elle naquit de son sang[12]. Tel est l'essentiel du mythe ; quelques variantes apparaissent chez certains auteurs, nous les signalerons plus loin.

Narcisse et narcose

Le mythe correspond tout d'abord à une certaine représentation de la fleur du narcisse[13]. C'était pour l'Antiquité une fleur froide[14] et humide, cherchant l'ombre et la fraîcheur, paraissant se mirer dans l'eau des sources ; naissant au printemps, elle mourait sous l'effet d'une trop grande chaleur à l'époque de la canicule[15]. On pourrait dire que ces traits se trouvent en quelque sorte d'une manière allégorique dans le mythe de Narcisse.

Mais, plus important encore, le narcisse était une fleur funèbre. Dans sa *Clé des songes*, Artémidore note : « Des couronnes faites de narcisses sont pour | tous mauvaises, même si on voit ces fleurs dans leur saison et surtout pour ceux qui gagnent leur vie grâce à l'eau et au moyen de l'eau et pour ceux qui doivent naviguer »[16]. Il n'est pas sûr du tout que cette croyance ait été influencée par la fable de Narcisse disparaissant à cause de l'eau. Ce serait plutôt la fable de Narcisse qui émanerait de cette croyance. Car le narcisse était quotidiennement lié à la mort : les narcisses étaient couramment utilisés pour l'ornementation des tombes, ils servaient de couronnes funéraires[17].

Surtout le narcisse était la fleur des divinités chthoniennes, c'est-à-dire souterraines et infernales, Déméter et Perséphone, les grandes déesses d'Éleusis. Dans une description de la « blanche Colone », où l'on croyait que se trouvait l'une des entrées du monde souterrain et où l'on situait parfois le rapt de Perséphone[18], Sophocle fait chanter par le chœur les merveilleuses productions de la région, le lierre consacré à Dionysos, l'olivier cher à Athéna et le narcisse attribut de Déméter et Perséphone : « Ici fleurissent en grappes superbes le narcisse, antique couronne au front des deux grandes déesses, et le crocus aux reflets d'or »[19].

L'*Hymne homérique à Déméter* établit en effet une liaison étroite entre la fleur du narcisse et l'enlèvement de Perséphone par le Seigneur des morts : « Elle jouait avec les jeunes Océanides à l'ample poitrine et cueillait des fleurs, des roses, des crocus et de belles violettes – dans une tendre prairie –, des iris, des jacinthes et aussi le narcisse que, par ruse, Terre fit croître pour l'enfant fraîche comme une corolle, selon les desseins de Zeus, afin de complaire à Celui qui reçoit bien des hôtes[20]. La fleur brillait d'un éclat

83

merveilleux et frappa d'étonnement tous ceux qui la virent alors, dieux immortels ainsi qu'hommes mortels. Il était poussé de sa racine une tige à cent têtes et, au parfum de cette boule de fleurs, tout le vaste Ciel d'en haut sourit et toute la terre et l'âcre gonflement de la vague marine. Étonnée, l'enfant étendit à la fois ses deux bras pour saisir le beau jouet ; mais la terre aux vastes chemins s'ouvrit dans la plaine nysienne et il en surgit, avec ses chevaux immortels, le Seigneur de tant d'hôtes, le Cronide invoqué sous tant de noms[21]. Il l'enleva et, malgré sa résistance, l'entraîna tout en pleurs sur son char d'or »[22]. | Ici la beauté de la fleur du narcisse et son parfum constituent l'appât qui va fasciner Perséphone et permettre à Hadès d'entraîner la jeune fille au royaume des morts.

84

Le narcisse apparaît donc, depuis la plus haute antiquité, comme une fleur séduisante, fascinante, qui peut entraîner dans la mort. Plutarque nous en donne la raison ; le narcisse a des propriétés narcotiques[23] : « Le narcisse engourdit les nerfs et provoque une pesante torpeur, ce qui lui a valu de la part de Sophocle l'appellation "couronne antique des grandes déesses", c'est-à-dire des déesses infernales »[24]. Les anciens faisaient même dériver le mot *narkissos* de *narkê* qui signifie engourdissement[25] : « Le narcisse est une fleur à l'odeur lourde et sa dénomination l'indique : elle provoque dans les nerfs un engourdissement *(narkan)* »[26]. À vrai dire, d'autres fleurs revêtues de la même signification mythique, tels l'asphodèle, la mauve, la menthe, la capillaire, l'iris, le lis, le crocus, la jacinthe, la violette, l'anémone, la lychnoïde et le lin, toutes fleurs funèbres, consacrées aux divinités infernales[27], n'ont pas le même effet narcotique. Mais beaucoup d'entre elles ont un « parfum lourd » analogue à celui du narcisse.

La métamorphose : le royaume de Flore

Plusieurs des fleurs dont nous venons de parler ornent le jardin de Flore qu'Ovide nous décrit dans ses *Fastes*, à propos de la fête des Floralies, au mois de mai : la jacinthe, le narcisse, le crocus, la violette, l'anémone. Flore elle-même raconte que la jacinthe est née du sang d'Hyacinthe, le crocus de celui de Krokos, la violette de celui d'Attis et l'anémone de celui d'Adonis[28]. Nous avons vu plus haut qu'une des | versions de notre fable faisait également naître   85
le narcisse du sang de Narcisse. C'est ce passage des *Fastes* d'Ovide qui a inspiré à Nicolas Poussin son tableau *Le Royaume de Flore*, où l'on retrouve Hyacinthe, Narcisse, Krokos, Attis, Adonis, accompagnés d'Ajax, Clytia et Smilax[29]. Hyacinthe, Krokos, Attis et Adonis illustrent par leur mort prématurée le vers de Ménandre : « Il meurt jeune, celui que les dieux aiment »[30]. Hyacinthe et Krokos sont tués par le disque de leurs amants, l'un Apollon, l'autre Hermès, lors d'une joute sportive[31] ; Attis, l'amant de Cybèle, rendu fou par celle-ci en punition de son infidélité, se mutile[32] ; Adonis, l'amant d'Aphrodite, meurt à la chasse, tué par un sanglier[33]. Seul Narcisse fait exception dans ce catalogue. On ne nous dit pas qu'il ait été aimé par une divinité[34]. Mais un élément important du mythe nous manque peut-être. Nous voyons ainsi que les fleurs de la mort sont aussi des fleurs nées de la mort. Il n'est pas sûr toutefois que ces fables de métamorphoses soient archaïques. Elles n'apparaissent pour la plupart qu'à l'époque hellénistique et trahissent peut-être un besoin de rationaliser les mythes ; elles sont peut-être aussi l'écho d'une réflexion sur la réincarnation[35].

Hermann Fränkel, réfléchissant sur la signification des *Métamorphoses* d'Ovide[36], signale également la possibilité d'une signification sexuelle du thème de la métamorphose, en citant un passage d'André Gide racontant que l'un de ses « thèmes de jouissance » dans son enfance lui avait été fourni par l'histoire de *Gribouille* dans George Sand. S'étant jeté à l'eau, Gribouille « se sent alors devenir tout petit, léger, bizarre, végétal ; il lui pousse des feuilles par tout le corps ; et bientôt l'eau de la rivière peut coucher sur la rive le délicat rameau de chêne que | notre ami Gribouille est devenu ». « Nulle page d'*Aphrodite*, ajoute André Gide, ne put troubler nul écolier autant que cette métamorphose de Gribouille en végétal le petit ignorant que j'étais »[37].

L'environnement mythologique. Éros et Dionysos

Nous avons déjà pu constater que le thème de la fleur du narcisse était étroitement lié à celui du rapt de Perséphone et aux mythes se rapportant aux mystères d'Éleusis. Le rapprochement se retrouve dans le poème de Claudien, écrit à la fin du IVᵉ siècle ap. J.-C., intitulé *Le rapt de Proserpine*[38]. Dans ce contexte, Narcisse est associé à d'autres héros ou dieux ravis dans la fleur de leur jeunesse ; ce sont les fleurs les plus belles et les plus parfumées du royaume de Flore.

Sans liaison apparente avec Éleusis[39], la version courante du mythe, telle que nous la trouvons chez Ovide, Conon ou Pausanias, situe l'histoire de Narcisse en Béotie, près de Thespies. Il semble bien en effet qu'en cet endroit, Narcisse ait été le thème d'une forte tradition locale. Pausanias écrit : « Dans la contrée de Thespies, il y a un lieu dit Donakon ["Les Roseaux"]. C'est là que se trouve la source de Narcisse ; l'on raconte que Narcisse se vit dans cette eau. Ne sachant pas qu'il voyait sa propre image, il ne se rendit pas compte qu'il était devenu amoureux de lui-même et il mourut d'amour au bord de la source »[40]. La généalogie de Narcisse confirme cette localisation, puisqu'on le dit fils du fleuve Céphise, qui arrose la Béotie, et de la nymphe Leiriopé[41]. Dans ce contexte, Narcisse devient l'illustration de la puissance du dieu Éros, qui était honoré tout spécialement à Thespies[42]. Il est possible d'ailleurs que la source de Narcisse ait été située non loin du sanctuaire d'Éros[43]. Dans ses *Narrations* mythologiques, Conon met directement en relation la mort de Narcisse et le culte d'Éros à Thespies. Si Narcisse s'est épris d'amour pour lui-même, et s'est tué au bord de la source où il se contemplait, c'est là une vengeance d'Éros punissant Narcisse « contempteur d'Éros et des amants »[44]. « Et depuis lors les Thes|piens décidèrent d'honorer et de vénérer encore davantage le dieu Éros et de lui faire, outre des sacrifices publics, des offrandes privées. Et les gens du pays pensent que la fleur du narcisse a poussé pour la première fois du sol où le sang de Narcisse avait été répandu »[45].

87

Le culte d'Éros à Thespies remontait, semble-t-il, à la période préhistorique : la statue du dieu n'était primitivement qu'un bloc de pierre brute[46]. Le récit de Conon laisse entendre que la légende de Narcisse avait servi de motif à une modification des usages liturgiques à Thespies ; c'est à cause d'elle que l'on introduisit la coutume d'offrir des sacrifices privés à Éros.

Chez Ovide, c'est la « déesse de Rhamnonte »[47] qui exauce la prière d'un amant méprisé par Narcisse et inspire à Narcisse son délire amoureux. Il s'agit de Némésis, vengeresse des morts[48], parfois identifiée à Aphrodite, tout spécialement dans ce sanctuaire de Rhamnonte.

C'est vers Artémis que nous oriente une autre version du mythe. Cette fois l'histoire se situe dans l'île d'Eubée, à Érétrie. Narcisse y apparaît comme fils d'Amarynthos[49] ; un sanctuaire de ce nom est consacré à Artémis près d'Érétrie[50]. Dans cette variante, il nous est dit seulement que Narcisse se tua lui-même[51] et que de son sang naquirent les fleurs qui portent son nom. En liaison avec cette version, l'on montrait près d'Oropos et de Tanagra, sur la côte opposée à Érétrie, le monument funéraire de Narcisse « le

Silencieux », ainsi nommé « parce que ceux qui passent à proximité se taisent »[52]. D'autre part, Artémis apparaît sur certaines gemmes représentant Narcisse[53].

88 | Dans les *Dionysiaques* de Nonnos, écrits au milieu du Ve siècle ap. J.-C., Narcisse est présenté comme le fils de Séléné et d'Endymion. Il est difficile de dire si nous sommes en présence d'une invention du poète ou d'une version traditionnelle. La mention d'Endymion a peut-être été introduite à cause du thème du sommeil qui apparaît dans le contexte. Dionysos se prépare à séduire Aura en l'attirant auprès d'une fontaine magique dont l'eau l'endormira. Les abords de la fontaine sont parés de narcisses. Et à cette occasion, Nonnos rappelle l'histoire de Narcisse, qui lui aussi fut séduit par une fontaine[54]. Le narcisse, fleur de torpeur et de fascination, et ici destinée à provoquer l'assoupissement d'Aura, est donc mis en relation avec Endymion, auquel Zeus avait donné éternelle jeunesse et éternel sommeil et que Séléné, amoureuse, venait rejoindre toutes les nuits dans la grotte de Latmos[55]. On peut noter que Séléné, surtout à la fin de l'Antiquité, était couramment identifiée à Artémis[56].

Nous venons de voir apparaître Narcisse dans un contexte dionysien. Voulant séduire Aura, Dionysos utilise le narcisse, fleur d'illusion et de séduction issue de l'illusion et de la séduction de Narcisse. Chez Ovide et chez Philostrate également, le mythe de Narcisse s'insère dans des cycles consacrés à Dionysos. Comme l'a très bien montré Lehmann-Hartleben[57], les tableaux décrits par Philostrate étaient groupés dans des pièces différentes, qui chacune étaient consacrées à un thème particulier. Il y avait en quelque sorte le salon d'Héraclès, le salon d'Aphrodite et aussi le salon de Dionysos. Dans cette pièce vouée à Dionysos, se trouvaient plusieurs tableaux se rapportant explicitement au cycle de ce dieu : *La naissance de Dionysos*, *Dionysos et Ariane, La mort de Penthée, Les pirates tyrrhéniens*,

Silène, Les Andriens, Le chasseur (probablement Zagreus).
D'autres figuraient également, bien qu'ils n'eussent pas
tous un lien évident avec Dionysos : *Dédale et Pasiphaé,
Œnomaos et Hippodamie, Olympos, Narcisse, Hyacinthe, La
Naissance d'Hermès, Amphiaraos, Andromède, Pélops.* Leur mise
en relation avec Dionysos s'expliquerait, selon Lehmann-
Hartleben[58], pour plusieurs de ces tableaux, par le | fait
qu'ils mettent en scène le jeu de l'opposition entre l'illusion et la vérité. Quoi qu'il en soit, nous retrouvons la fable
de Narcisse intégrée à un cycle dionysien dans le troisième
livre des *Métamorphoses* d'Ovide. L'histoire de Dionysos y
est, elle-même, replacée dans le contexte plus vaste de la
destinée de la descendance de Cadmus. Cadmus fonde
Thèbes ; son petit-fils Actéon meurt déchiré par les chiens
parce qu'il a vu Artémis au bain ; Sémélé, fille de Cadmus,
foudroyée par Zeus, donne naissance à Dionysos. Penthée,
petit-fils de Cadmus, refuse de reconnaître le nouveau
dieu. Bien qu'on lui raconte l'histoire des pirates tyrrhéniens, changés en dauphins parce qu'ils avaient refusé de
reconnaître la divinité de Dionysos, Penthée s'obstine ; il
mourra déchiré par les Bacchantes[59]. On reconnaît là plusieurs tableaux de Philostrate : *La naissance de Dionysos, La
mort de Penthée, Les pirates tyrrhéniens.* Chez Ovide, comme
chez Philostrate, la fable de Narcisse s'insère dans cet
ensemble, introduite par l'épisode racontant l'origine des
qualités divinatoires de Tirésias. La liaison du thème de
Narcisse avec le thème de Dionysos ne s'explique pas clairement ; elle n'en est pas moins évidente. On peut remarquer aussi, avec Hermann Fränkel, que le motif de la vision
relie entre eux ces différents épisodes ; Actéon *a vu* Diane
au bain, Sémélé *a vu* la gloire de Zeus, Tirésias (qui, lui, *a
vu* Athéna au bain) *est aveuglé* par Héra, parce qu'il a affirmé que la femme a plus de plaisir que l'homme dans le
commerce amoureux, mais il devient un *voyant* ; Narcisse
meurt parce qu'il *a vu* sa propre image ; Penthée est déchi-

89

ré parce qu'il *a vu* les mystères de Dionysos[60]. Mais, là encore, le rapport entre ce thème et le thème de Dionysos reste inexpliqué.

90 Cette énigme réapparaît dans le tableau de Poussin intitulé *La naissance de | Bacchus*. Sur la gauche, on voit Hermès apportant le jeune Dionysos aux nymphes chargées de le nourrir ; sur la droite, Narcisse, étendu, se meurt au bord de la source, tandis que la nymphe Écho, derrière lui, se transforme en pierre. On a cherché à expliquer la composition du tableau par l'influence que les *Métamorphoses* d'Ovide et les *Tableaux* de Philostrate ont exercée sur Poussin. Il est bien vrai que certains détails de l'œuvre s'expliquent ainsi[61]. Mais les raisons profondes qui ont amené Poussin à choisir, dans tout le matériel fourni par Ovide et Philostrate à propos de Dionysos, le seul épisode de la mort de Narcisse restent totalement inconnues.

Il est possible que le lien secret entre Dionysos et Narcisse réside dans le caractère humide, narcotique, chthonien de la fleur du narcisse[62]. C'est bien d'ailleurs sous cet aspect que le mythe de Narcisse est introduit dans les *Dionysiaques* de Nonnos. Narcisse illustre le pouvoir de fascination, d'illusion, d'engourdissement de Dionysos, en tant que dieu de la démence et de la mort[63].

On pourrait ainsi distinguer deux pôles dans le mythe de Narcisse. Dans son aspect végétal, il semble intimement lié au cycle de Perséphone et à celui de Dionysos ; les valeurs de l'humide, du froid, du souterrain, de la torpeur prédominent. Narcisse révèle le pouvoir effrayant de l'illusion et de la démence. Mais, dans ses éléments narratifs, le mythe semble plutôt se référer à l'opposition entre Artémis, déesse de la chasse et de la virginité, et Aphrodite, déesse de l'amour. Nous sommes dans une situation analogue à celle d'Hippolyte, le jeune chasseur dévot d'Artémis[64]. Il n'échappera pas à la vengeance d'Aphrodite, qui
91 inspirera à Phèdre, | belle-mère d'Hippolyte, un incestueux

amour pour celui-ci et provoquera ainsi la mort tragique du jeune homme. Le Narcisse d'Érétrie semble cher à Artémis, le Narcisse de Thespies, haï de l'Amour et d'Aphrodite. Lui non plus n'échappera pas au châtiment réservé aux contempteurs d'Éros[65].

La punition du bel indifférent

La faute de Narcisse est un fier mépris de l'amour[66], inspiré peut-être par la dévotion à Artémis, déesse de la chasse et de la virginité. Son cas est différent de celui de Pygmalion[67]. Si ce dernier vit célibataire, c'est parce qu'il est « révolté des vices dont la nature a rempli le cœur des femmes. » Pygmalion lui aussi tombera amoureux d'une image, mais créée par son art : ainsi pourra-t-il aimer une femme, qui sera un produit, non de la nature, mais de son imagination. Narcisse, pour sa part, veut garder sa fière indépendance, il ne veut pas être possédé : « Plutôt mourir que d'être possédé par toi », dit-il à la nymphe Écho qui cherche à l'embrasser[68]. Tout contact physique lui fait horreur : « Retire ces mains qui m'enlacent[69] ! » « Ni jeunes gens ni jeunes filles ne purent le toucher »[70].

Son châtiment, nous dit Ovide, est « une forme inouïe de démence »[71]. « Il fut le seul et le premier à concevoir un absurde amour pour lui-même »[72], dit une autre source. La punition de Narcisse répond à la fois à l'antique loi du talion et à la logique immanente à la faute elle-même : le coupable est « pris au mot ». C'est l'application de la loi du talion que réclame contre Narcisse un amant[73] méprisé : | « Puisse-t-il aimer lui aussi et ne jamais posséder l'objet de son amour »[74]. De même que ceux et celles qui ont aimé Narcisse n'ont pu le posséder, de même Narcisse doit aimer sans pouvoir posséder l'objet de son amour. C'est pourquoi la démence de Narcisse va consister à être amoureux de son reflet contemplé dans l'eau. Dérision suprême, le fier Narcisse sera dévoré de passion pour une illusion inconsis-

92

tante, pour l'ombre qu'il projette dans l'eau. Précisons-le
bien : lorsque Narcisse se voit dans la source, il n'est pas
amoureux de son reflet, parce que c'est l'image de son
propre corps, mais il est amoureux parce que la forme qu'il
voit est belle[75]. Toute la tradition est unanime : Narcisse, se
voyant dans la source, croit voir un autre et tombe amoureux de cet autre sans savoir que c'est son propre reflet
dans l'eau. La démence de Narcisse consiste précisément
dans le fait qu'il ne se reconnaît pas et la punition dans le
fait que Narcisse est voué ainsi à une passion et une soif
qu'il ne pourra jamais assouvir. L'historien et géographe
Pausanias considère pour sa part comme tout à fait invraisemblable qu'un jeune homme capable d'aimer ait été
incapable de distinguer entre un homme et le reflet d'un
homme[76]. C'est que le trop rationaliste Pausanias ne comprend pas que Narcisse est saisi d'une démence dionysiaque qui n'est pas plus absurde que celle des pirates tyrrhéniens ou des Bacchantes. Les premiers croyaient voir
autour de Dionysos des tigres, des lynx, des panthères ; les
secondes s'imaginaient que Penthée était un sanglier[77]. La
démence de Narcisse le ramène au rang animal. Il est
comme ces cavales dont parle Columelle dans un manuel
d'agriculture qui a été écrit dans la seconde moitié du
Ier siècle ap. J.-C. : « Les juments, lorsqu'elles ont vu leur
image dans l'eau, sont saisies d'un amour totalement vain
et à cause de lui elles perdent l'appétit et meurent consu-
mées par le désir »[78].

Narcisse croit donc voir dans l'eau, non son propre
reflet, mais un être vivant, un autre homme, dont la beauté le fascine. Philostrate, décrivant un tableau où l'on voyait
Narcisse se contemplant dans la source, s'est plu à se
perdre dans ce jeu de miroirs et d'illusions où se reflètent
mutuellement Narcisse dans la source, la source dans les
yeux de Narcisse, Narcisse dans le tableau, le tableau dans
les yeux | du spectateur : « Cette source reproduit les traits

93

de Narcisse, comme la peinture reproduit la source, Narcisse lui-même et son image. » On voit dans le tableau une abeille se poser sur une fleur : « Est-elle trompée par la peinture ou est-ce nous qui nous trompons en croyant qu'elle existe réellement ? Je ne le sais. Mais toi, jeune homme, ce n'est pas une peinture qui cause ton illusion ; ce ne sont ni la couleur ni la cire qui te tiennent attaché. Tu ne vois pas que l'eau te reproduit tel que tu te vois et tu ne décèles pas l'artifice de cette source. » Et la description du tableau se termine sur cette pointe : « Narcisse se tient immobile en face du Narcisse qui, dans l'eau, se tient lui aussi immobile et qui le regarde, assoiffé de sa beauté »[79].

Ovide lui aussi se plaît à amplifier cette illusion de Narcisse qui lui fait croire qu'il voit un autre que lui, alors qu'il ne voit que le reflet de lui-même : « Il se passionne pour une illusion sans corps ; il prend pour un corps ce qui n'est que de l'eau [...] Crédule enfant, pourquoi t'obstines-tu vainement à saisir une image vaine ? Ce que tu recherches n'existe pas [...] Le fantôme que tu aperçois n'est que le reflet de ta forme »[80]. Comme Philostrate, Ovide joue sur le thème des signes d'amour que Narcisse croit reconnaître dans l'image aquatique : « Lui aussi, il désire mon étreinte, car chaque fois que je tends mes lèvres vers ces eaux limpides pour un baiser, chaque fois il s'efforce de lever vers moi sa bouche »[81]. Narcisse dialogue avec son reflet : « Quand je te tends les bras, tu me tends les tiens de toi-même ; quand je te souris, tu me souris »[82].

Ovide est le seul auteur de l'Antiquité à imaginer que Narcisse finit par se reconnaître dans le reflet qu'il prenait pour un amant. Il est probable qu'Ovide a été conduit à cette modification du schéma général par son effort de formulation et d'expression de la démence de Narcisse. Narcisse, en s'adressant à son reflet, remarque tous les mouvements de l'être qui, croit-il, lui fait signe : il tend les bras, il sourit, il pleure, il parle. Sans le dire explicitement, Ovide laisse entendre que Narcisse, en observant ces mouvements, découvre qu'ils sont synchronisés avec les siens. Narcisse s'écrie alors : « Iste ego sum » : « Mais c'est moi ! »[83]. « Je brûle d'amour pour moi-même »[84]. Cette découverte ne change rien d'ailleurs à la situation fondamentale[85]. Avant cette découverte déjà, tous les espoirs étaient perdus : | « Il meurt victime de ses propres yeux »[86]. Tirésias, qui avait prédit son destin, avait déclaré : « Il vivra longtemps s'il ne se connaît pas »[87]. Cela ne voulait pas dire : « S'il ne se reconnaît pas », mais : « S'il ne se voit pas. » La reconnaissance de Narcisse ne fait que décupler son tourment. Jusqu'ici Narcisse se mourrait de ne pouvoir atteindre un amant qu'il croyait vivant et réel. Maintenant il découvre que cet amant n'existe pas, qu'il est un reflet sans consistance et qu'il n'aime qu'une ombre de lui-même. Il n'a pas vécu, comme il croyait, la merveilleuse rencontre d'un autre, inaccessible, mais seulement un dédoublement imparfait de lui-même : lui-même dédoublé en un reflet fugitif dans les eaux. Narcisse est toujours aussi amoureux de ce reflet. Seulement, désormais, il voudrait pouvoir posséder non plus un autre, mais lui-même réellement dédoublé : « Que ne puis-je me séparer de mon corps ! Vœu singulier pour un amant, je voudrais que ce que j'aime soit distant de moi »[88]. « C'est parce que je me possède que je ne puis me posséder »[89]. Ici Narcisse est « pris au mot ». Il avait dit à Écho : « Emoriar quam sit tibi copia nostri » : « Plutôt mourir que d'être possédé par toi. » Et maintenant il s'écrie : « Inopem me copia fecit » : « Ma possession de moi fait que je ne puis me posséder »[90]. Ovide pourra donc dire ailleurs en parlant de Narcisse : « Narcisse, malheureux de n'avoir pas été différent de lui-même »[91]. Nous voyons donc s'esquisser ici le rêve d'une relation androgynique parfaite du moi avec lui-même, dont on peut retrouver la trace, sublimée, dans certaines théo-

logies de l'Antiquité[92] : | Dieu, trouvant sa béatitude dans
l'identité et la différence avec lui-même.

Ce rêve se retrouve dans une autre version du mythe de Narcisse proposée par Pausanias. Nous avons vu que ce géographe considérait comme invraisemblable l'erreur de Narcisse : on ne peut confondre un homme et l'ombre d'un homme. C'est pourquoi il nous rapporte la variante suivante. Narcisse avait une sœur jumelle, qui avait exactement le même aspect extérieur que lui. Tous deux portaient la même coiffure des cheveux, les mêmes vêtements. Tout leur était commun ; ils chassaient ensemble. Narcisse était amoureux de sa sœur. Malheureusement, celle-ci vint à mourir. Rongé de chagrin, Narcisse vint à la source, afin de contempler dans son propre reflet l'image de sa sœur[93]. Pausanias ne précise pas l'issue de l'histoire dans cette nouvelle version. Mais l'on peut supposer que Narcisse se laissa mourir de chagrin au bord de la source en regardant amoureusement son reflet qui était le reflet de sa sœur. Ici le dédoublement rêvé par Narcisse se réalise en un amour incestueux. On songera à la reconnaissance de Siegmund et de Sieglinde, eux aussi amants incestueux dans *La Walkyrie* de Richard Wagner : « Dans le ruisseau, j'ai aperçu ma propre image et voici que je la vois à nouveau comme jadis elle émergeait de l'onde, c'est toi à présent qui me renvoies mon image »[94]. Ce thème de la liaison intime entre l'amour incestueux et l'amour de soi-même se retrouve dans certaines pages de R. Musil[95].

La version d'Ovide, imaginant Narcisse reconnaissant son image dans les eaux, la version de Pausanias, présentant Narcisse contemplant sa sœur, c'est-à-dire son double vivant, dans la source révèlent certains éléments inconscients du mythe. Mais ils n'appartiennent pas au schéma fondamental de l'histoire, dans lequel il est essentiel que Narcisse, c'est là précisément sa démence, ne se reconnaisse pas et n'arrive pas à comprendre pourquoi il ne peut

satisfaire sa passion. La mort et la métamorphose qui la suit
ne sont donc pas un châtiment, mais au contraire une délivrance : « La mort ne m'est point cruelle, car elle me déli-
vrera de mes douleurs »[96]. Chez Ovide, Narcisse meurt de la
langueur qui résulte de la fascination ; ailleurs, Narcisse se
tue ou se jette dans l'eau pour rejoindre l'image dont il est
amoureux.

96 | La mort de Narcisse, dans le récit d'Ovide, est précé-
dée d'une scène un peu étrange. Narcisse, ne voyant plus
son visage dans l'eau qui s'est troublée, croit que l'image
qu'il aime est disparue. De désespoir il se frappe la poitrine qui, sous les coups, devient rouge, tandis que le reste
du corps reste blanc. Revoyant ensuite son corps dans l'eau
et contemplant ses meurtrissures, « il n'en put supporter
davantage, nous dit Ovide, comme la cire dorée fond
devant une flamme légère [...] ainsi il dépérit, consumé
par l'amour »[97]. Faut-il voir dans cette scène, avec
H. Dörrie, la description d'un paroxysme d'exaltation
sado-masochiste qui provoque la mort par son intensité[98] ?
Je ne pense pas que ce soit l'intention du poète de faire
une telle description. Aucun mot du poète ne laisse supposer que la vision de ces meurtrissures provoque un effet
sexuel chez Narcisse. Ovide laisse entendre que Narcisse
est parvenu à un tel état de langueur que la moindre chose
peut le faire mourir. Ici c'est la tristesse, exprimée par les
meurtrissures, qui suffit à provoquer l'extinction finale. Il
semble bien que la scène soit surtout destinée à préparer le
thème de la métamorphose de Narcisse, en expliquant
l'origine des couleurs du *Narcissus poeticus*, blanc bordé de
rouge : « À la place du corps, on trouve une fleur de couleur rouge, dont le centre est entouré de blancs pétales »[99].
Mais il reste qu'il est très étrange de voir ici Narcisse se
comportant comme une femme : de telles démonstrations
étaient, dans l'Antiquité, une spécialité féminine[100].

Le reflet dans le miroir des eaux

On a souvent situé le mythe de Narcisse dans la perspective des croyances au pouvoir maléfique des miroirs et
des surfaces brillantes[101]. Dans son *Traité des songes*,
Artémidore note : « Se mirer dans l'eau annonce la mort
soit de celui qui se voit soit de quelqu'un de ses
proches »[102]. Cette même valeur maléfique se retrouve dans
le tabou pythagoricien : « Il ne faut pas se mirer dans l'eau
d'un fleuve »[103].

Il faut pourtant constater que certains mythes et his-
toires dans lesquels on | voudrait voir des parallèles au   97
mythe de Narcisse présentent avec lui de très profondes différences. Examinons tout d'abord l'aventure d'Eutélidas,
qui nous est racontée par Plutarque. Ce personnage se
serait fasciné lui-même en se regardant dans l'eau d'un
fleuve, et il en serait mort[104]. En fait, le cas est tout à fait différent de celui de Narcisse. Eutélidas a le mauvais œil, il
ensorcelle. Comme l'explique Plutarque dans les lignes qui
suivent, les particules mauvaises qui émanent de son œil se
reflètent sur la surface de l'eau et reviennent vers lui ; c'est
ainsi qu'il s'ensorcelle lui-même[105]. À part le miroir des
eaux et la fin tragique de l'histoire, les deux récits n'ont pas
de structure commune : Eutélidas ne croit pas voir dans les
eaux un amant et il ne tombe pas amoureux de ce reflet. Il
y a également l'histoire d'Hylas. Amant d'Héraclès, il fut
entraîné sous les eaux en voulant poursuivre les formes des
nymphes qu'il y apercevait[106]. On retrouve bien ici le motif
de l'amour pour une forme qui apparaît dans les eaux,
mais le thème du reflet et surtout du reflet de soi-même
manque totalement. Quant au mythe du miroir de
Dionysos, il est lui aussi profondément différent. Héra,
jalouse de l'enfant Dionysos, né d'un amour adultère de
Zeus, décide de le faire déchirer par les Titans. Pour l'attirer et déjouer son attention, Héra ou les Titans lui donnent

différents jouets : une balle, une toupie, des pommes, un miroir[107]. Les néoplatoniciens établiront une relation entre le regard de Dionysos dans le miroir et son dépècement par les Titans[108]. Ici l'eau, élément capital de la légende de Narcisse, fait totalement défaut. On peut supposer sans doute que la vision de soi dans le miroir joue un rôle dans la distraction de Dionysos. Mais il ne meurt pas d'amour pour un reflet, comme Narcisse. Comme on le voit, ces différentes histoires apportent peu de lumière dans la compréhension du mythe de Narcisse.

Comme Pausanias, A. Wesselski[109] s'est posé le problème de l'invraisemblance de l'erreur de Narcisse : comment peut-il prendre pour un être vivant son reflet dans les eaux ? Il rapproche donc l'histoire de Narcisse de nombreux contes et légendes attestés dans presque tous les pays du monde et mettant en scène un héros victime de la même illusion. Parmi toutes ces histoires, l'une d'entre elles, racontée au Kamtchatka, est assez proche de celle de Narcisse. Il s'agit du dieu Koutka à qui les souris ont peint le visage comme une femme et qui, se voyant dans l'eau du fleuve, croit | apercevoir une belle femme, tombe amoureux et manque de se noyer en voulant rejoindre l'objet de sa passion[110]. A. Wesselski pense que tous ces récits sont les témoins de l'émotion que les hommes ont ressentie en découvrant la propriété de réflexion des eaux. Leur première réaction fut de croire à la présence d'un être vivant au fond des eaux. C'est de cette terreur ancestrale que proviendrait la croyance au danger de se mirer dans l'eau[111].

Quelle que soit la valeur de ces observations ethnologiques, l'élément central du mythe de Narcisse ne semble pas être cette croyance au pouvoir maléfique des surfaces brillantes. Les témoignages que nous avons énumérés présentent le cas de Narcisse comme tout à fait exceptionnel, comme une manifestation de démence inouïe, et non pas comme la confirmation de l'existence d'un danger par ailleurs bien connu.

Mais il est indiscutable que l'eau joue un rôle capital dans le mythe. C'est elle qui, en quelque sorte, assure la liaison entre l'aspect végétal et l'aspect humain de l'histoire. Narcisse meurt au bord de la source parce qu'il s'est contemplé dans le miroir de ses eaux et le narcisse, fleur humide, naît au bord de la même source. À force de se regarder dans la source, Narcisse devient fleur. La source transmue en quelque sorte la fascination de Narcisse en propriétés narcotiques. Elle symbolise l'élément dionysiaque de la fable de Narcisse.

II. LE MYTHE DE NARCISSE CHEZ PLOTIN

Dans le traité *Sur le Beau*, le premier ouvrage qu'il ait rédigé (vers 253 ap. J.-C.), Plotin reprend la démarche spirituelle, typiquement platonicienne, qui est décrite dans le *Banquet* de Platon, lorsque la prêtresse Diotime enseigne à Socrate les voies qui mènent à la vision de la Beauté absolue : il faut commencer par reconnaître la beauté visible et sensible qui se trouve dans les corps, puis la dépasser pour découvrir la beauté de l'âme vertueuse et, finalement, s'élever encore pour atteindre la Beauté transcendante qui est le principe de toutes les beautés[112]. Le point de départ de ce mouvement spirituel suppose donc que l'on n'ignore pas que les beautés du monde visible ne sont qu'un reflet et une image fugitive de la | beauté transcendante. C'est précisément cette ignorance qui, aux yeux de Plotin, caractérise la démence de Narcisse : « Car si quelqu'un se précipitait sur ces images visibles en voulant les saisir, comme si elles étaient vraies, il en serait de lui comme de celui qui, ayant voulu se saisir du beau reflet qui flottait sur l'eau – ainsi que quelque part, me semble-t-il, un mythe le laisse entendre mystérieusement –, fut entraîné au fond des flots et devint invisible ; de la même manière, celui qui s'attache aux beaux corps et ne s'éloigne pas d'eux, c'est, non selon le corps, mais selon l'âme qu'il s'enfoncera dans les lieux ténébreux, dans des profondeurs ténébreuses et hostiles à l'Intellect, et là, demeurant aveugle dans l'Hadès, il vivra là-bas, comme déjà ici-bas, uniquement avec les ombres »[113]. L'erreur de Narcisse consiste ici à croire que l'image de lui-même qu'il voit dans les eaux est un être réel et à vouloir posséder ce qui n'est qu'une ombre. On pourrait penser, au premier abord, que cette évocation du mythe de Narcisse sert à illustrer une doctrine platoni-cienne assez banale : la réalité visible n'est que le reflet du monde des Idées. Mais en fait la pensée de Plotin a une dimension psychologique beaucoup plus profonde. Si Narcisse tient pour une réalité substantielle ce qui n'est qu'un reflet, c'est qu'il ignore la relation entre ce reflet et lui-même. Il ne comprend pas qu'il est lui-même la cause de cette ombre. C'est ce que souligne un autre texte dans lequel Plotin évoque également la même légende : « Comme si quelqu'un, voyant son propre reflet, mais igno-rant d'où il provient, voulait le poursuivre […] »[114]. Narcisse ignore que ce reflet est « son » reflet, il ignore l'origine de ce reflet. Il en va de même aux yeux de Plotin, pour ce que l'on pourrait appeler l'âme « narcissique »[115]. Elle ignore que son corps n'est qu'un reflet de son âme, parce qu'elle ignore ou a oublié le processus de la genèse du monde sen-sible. En effet, la production du monde sensible s'effectue, chez Plotin, comme dans d'autres cosmologies de son époque, par mode de reflet, par réflexion dans un miroir. Le miroir « engendre » les reflets : si l'on s'approche d'un miroir, il s'opère une sorte de dédoublement entre le corps et son reflet. De même donc que tout corps produit un reflet de lui-même, lorsqu'il est en présence d'une surface lisse et brillante, de même l'âme, rencontrant la matière, qui est une réalité passive, vide et sans contenu, produit un reflet, comme si elle rencontrait un miroir[116]. Toute | la réalité des corps vient donc de l'âme, dont ils reflètent la lumière. À vrai dire ces reflets ne sont pas une pure fantasmagorie : ils sont « animés », c'est-à-dire qu'ils sont doués d'un certain mouvement autonome. Cette animation des corps provient du fait que l'âme raisonnable projette un reflet d'elle-même qui est l'âme animale, et un reflet, encore plus atténué, qui est l'âme végétale : « L'âme engendre, dans les animaux, la conscience sensible, qui est une image d'elle-même, et, dans les plantes, la force de croissance »[117]. « L'âme reste immobile et ne donne d'elle que des reflets qui sont comme les reflets d'un visage en plusieurs miroirs »[118].

Il faut souligner très fortement qu'aux yeux de Plotin, l'apparition de ces reflets multiples qui constituent le monde sensible est une bonne chose, c'est un phénomène universel et normal de la nature. La réalité sensible qui naît de ce jeu de miroirs est en elle-même une réalité bonne. Le monde sensible ne naît pas d'une faute narcissique, d'une erreur de l'âme se précipitant vers son reflet, s'enfonçant dans le corps. Le « narcissisme », chez Plotin, se situe après la production du monde sensible, comme nous allons le voir. Il s'oppose en effet résolument aux cosmologies gnostiques qui font de la faute narcissique l'origine du monde sensible. La meilleure expression de pareilles conceptions se trouve dans l'écrit hermétique appelé *Poimandrès*. On y voit l'Homme archétype, de nature spirituelle, descendant à travers les cercles planétaires et se montrant à la Nature, la puissance du monde sublunaire. Celle-ci voit le reflet de l'Homme archétype dans l'eau et son ombre sur la terre. À son tour l'Homme archétype voit sa propre forme ainsi reflétée. Il s'éprend de cette forme et il veut habiter en elle. Il descend donc pour la rejoindre : « Alors la Nature, ayant reçu en elle son aimé, l'enlaça toute et ils s'unirent, car ils

100

brûlaient d'amour »[119]. La Nature donne alors le jour à sept
hommes terrestres androgynes (androgynes, parce qu'ils
ont hérité du caractère masculin de l'Homme et du caractère féminin de la Nature). Dans ce texte hermétique,
comme chez les gnostiques, l'apparition du monde sensible est le résultat d'un mouvement passionné, ici précisément, de l'amour « narcissique » de l'Homme archétype
pour son reflet. Cet amour « narcissique » fait donc partie
intégrante du processus cosmique. Plotin rejette explicitement cette conception. Pour lui, la production des corps et
l'incarnation des âmes ne résultent pas d'une descente ou
d'une chute de l'âme. Il reproche aux gnostiques de prétendre que l'âme crée après sa chute ou descente, et il
déclare expressément qu'au contraire, si l'âme produit le
101   monde sensible, c'est dans la | mesure même où elle ne
s'incline pas et ne tombe pas[120]. « Illuminer les choses d'en
bas n'est pas plus une faute que d'avoir une ombre »[121].
L'âme humaine ne vient pas dans un corps, elle ne descend
pas dans un corps, elle l'illumine, c'est-à-dire qu'elle projette un reflet en lui et qu'ainsi, comme le dit Plotin, « ce
corps vit avec elle »[122].

Normalement, l'âme humaine, aux yeux de Plotin,
devrait rester parfaitement indifférente au reflet qui
émane d'elle, comme l'homme ignore son ombre, et surtout comme l'âme de l'univers ou l'âme des astres restent
impassibles à l'égard de leurs propres reflets[123] : elles restent impassibles, vouées uniquement à la contemplation
des réalités transcendantes. C'est ainsi, selon son bio-
graphe Porphyre, que Plotin lui-même se comportait :
« Plotin semblait avoir honte d'être dans un corps[124][…] Il
ne pouvait souffrir ni peintre ni sculpteur. Comme son disciple Amélius lui demandait de permettre qu'on fît son
portrait, il lui dit : "N'est-ce pas assez de porter le reflet
dont la nature nous a revêtus ? Faut-il encore laisser derrière nous un reflet de ce reflet, plus durable que lui,

comme s'il s'agissait de quelque chose de digne d'être regardé ?" »[125]. Plotin, on le voit, est l'anti-Narcisse ; il n'éprouve aucun intérêt pour son reflet.

Le mouvement passionné, l'amour « narcissique » de l'âme pour son reflet n'apparaissent chez Plotin qu'après la production du monde sensible. Cet amour « narcissique » ne joue chez Plotin aucun rôle dans le processus cosmologique. Ce désordre se produit précisément parce que l'âme oublie la vraie nature du processus de genèse du monde sensible. C'est alors que l'âme, comme Narcisse, prend son reflet pour une réalité en soi, sans voir qu'elle en est elle-même la source. L'erreur des âmes provient du fait qu'elles se fatiguent en quelque sorte de vivre dans la perspective de la totalité, le regard fixé vers le vaste horizon du Tout. Elles s'individualisent en s'occupant seulement d'une partie de la réalité, leurs corps ; elles s'affaiblissent alors, sont dévorées par les soucis, ne s'occupent plus que d'une seule chose[126]. Elles sont comme le pilote d'un navire dans la tempête qui ne pense plus qu'à son bateau[127]. Il y a là un monoïdéisme analogue à celui de Narcisse. Parce qu'elles ont voulu être à elles-mêmes[128], elles s'hypnotisent sur leurs propres corps, s'identifient aux affections et aux passions de ce corps ; elles n'aiment plus que ce | corps et les autres corps dans la mesure où il les désire. Elles épousent ainsi le destin du corps et ici « destin » n'est pas un vain mot, car le monde de la nature où s'enfonce l'affectivité des âmes est soumis aux lois implacables de la Nécessité. La force magique de l'amour domine le monde de la nature[129] ; une étrange fascination s'exerce entre les corps. L'âme « narcissique » se laisse entraîner dans cet univers ensorcelé : « Les âmes des hommes ayant vu leurs reflets comme dans le miroir de Dionysos sont devenues présentes dans ces reflets, en se précipitant d'en haut »[130].

Ici encore, ce texte ne doit pas être interprété comme la description d'un processus cosmique, mais comme l'ex-

102

pression du désordre qui s'introduit dans les âmes lorsqu'elles se laissent fasciner par leurs reflets. Le monde sensible est déjà constitué, les reflets sont déjà là, vivants et animés, mais les âmes s'y précipitent, c'est-à-dire dirigent leur attention vers leurs corps et se laissent envahir par la sollicitude et la sympathie avec ces réalités inférieures. Il est intéressant de retrouver ici le miroir de Dionysos, déjà rencontré plus haut. Olympiodore, un commentateur néoplatonicien tardif, comprendra le miroir de Dionysos dans le même sens que Plotin : l'âme projette un reflet d'elle-même, entre en sympathie avec ce reflet et, à cause de cette sympathie avec le corps, se laisse disperser et déchirer, non plus par les Titans, comme Dionysos, mais par les passions matérielles[131]. Il s'agit donc bien d'un état moral et spirituel, non d'un processus cosmique. C'est d'ailleurs l'exercice des vertus purificatrices qui y mettra fin[132]. On peut d'ailleurs se demander si Plotin, parlant du « miroir de Dionysos », ne fait pas allusion, moins au miroir de la légende qu'au miroir effectivement utilisé dans des cérémonies liturgiques ou même magiques[133]. Nous avons peu de témoignages sur ces pratiques ; mais, par analogie avec certains documents[134], on peut se demander si le texte de Plotin ne nous permet pas de suppolser que le « miroir de Dionysos » servait à l'évocation des âmes des morts. Comme les âmes des morts, voyant leurs reflets dans le miroir de Dionysos, se rendent présentes dans ce miroir, ainsi les âmes humaines se rendent présentes (c'est-à-dire deviennent actives) dans leurs reflets. En faisant apparaître le visage du mort dans le miroir par un procédé quelconque, on obtenait la présence de cette âme dans le miroir : elle y était en quelque sorte attirée par son reflet. Une recette magique, non plus de catoptromancie, mais de lécanomancie, prescrit d'utiliser de l'eau de source si l'on désire voir les âmes des morts[135]. Il semble donc bien que l'on utilisait les miroirs et les surfaces des eaux pour attirer les âmes. Notons en passant la persistance des représentations liant la présence des âmes dans le cosmos et le reflet dans les miroirs. Dans le film *Les jeux sont faits* de J.-P. Sartre, l'image des morts n'apparaît plus dans les miroirs. C'est qu'ils ne sont plus des objets, mais de purs sujets ; ils n'interviennent plus dans le jeu de la causalité physique.

Quoi qu'il en soit, Plotin retrouve dans cette évocation du miroir de Dionysos le thème de la fascination par le reflet de soi-même qu'il découvrait aussi dans la fable de Narcisse. Mais rien n'atteste clairement que les Anciens, et Plotin en particulier, aient eu tendance à joindre ensemble le mythe de la mort de Narcisse et celui du démembrement de Dionysos. Et lorsque au XVe siècle, Marsile Ficin parlera du sort cruel réservé à Narcisse « selon Orphée », il ne commettra aucune confusion entre les deux mythes[136]. C'est bien de Narcisse et de lui seul qu'il sera question et Ficin fera de lui, à la suite de Plotin, le symbole de la misère des hommes qui oublient la beauté de l'âme pour la beauté des corps.

La fable de Narcisse sert donc chez Plotin à illustrer le thème de l'amour « narcissique » de l'âme pour elle-même. À la figure de Narcisse qui se perd dans l'élément liquide, symbole de la matière, il oppose la figure d'Ulysse qui, échappant à l'élélment liquide, parvient à rejoindre sa « chère patrie », « vers le Père »[137], en fuyant les sortilèges de Circé et de Calypso. L'âme « narcissique » ignore que le corps est un reflet projeté par elle-même. L'âme « ulyssienne » découvre que le corps n'est que le reflet d'une lumière antérieure qui est la vraie réalité. Elle se retourne vers cette lumière créatrice. Dans une première étape, elle découvre qu'elle est elle-même la lumière dont les corps sont les reflets, puis elle reconnaît que sa propre lumière n'est, elle aussi, que le reflet d'une autre lumière, qui est celle de l'Intellect, et finalement l'Intellect lui apparaît

104

comme la diffraction de la lumière de l'Unité primordiale[138]. L'âme n'est donc que l'intermédiaire qui fait parvenir au monde sensible les images des Idées éternelles.
Ces étapes de la conversion vers la lumière correspondent
aux degrés par lesquels on s'élève, selon la méthode du
Banquet de Platon[139], vers la Beauté originelle : beauté des
corps, beauté des âmes, beauté de l'Intellect.

Cette fuite d'Ulysse vers le Père correspond, pour
Plotin, à un changement total dans le mode de vision[140].
Narcisse croyait que la beauté et la réalité sont extérieures
et visibles, qu'elles sont situées dans les corps et dans l'es-
pace. Mais la conversion de la vision consiste à découvrir
que même lorsqu'il s'agit de la beauté visible, la beauté
n'existe que lorsqu'elle est perçue intérieurement : dégagée alors de la matière, elle est réduite à sa forme : « La
beauté ne nous émeut que lorsqu'elle est devenue intérieure à nous, en passant par les yeux ; or, à travers nos
yeux, seule passe la forme »[141]. L'artiste, lorsqu'il produit
une œuvre d'art, ne copie pas la réalité matérielle, mais
l'idée qu'il se fait de la réalité[142], idée qui cherche à
rejoindre le *logos,* la forme invisible dont l'objet déroule les
virtualités dans l'espace-temps. Mais ce niveau esthétique
n'est qu'une première étape. Décisive sera la purification
morale qui fera découvrir la beauté de l'âme vertueuse[143]. Il
faut bien comprendre à ce sujet que la vertu, pour Plotin,
est une purification et une transformation de l'être qui
hausse l'âme du niveau qui lui est propre à un niveau transcendant, le niveau de l'Intellect. On remonte donc ici vers
une lumière antérieure. Cette étape sur la route de la
vision de la Beauté suprême revêt une importance primordiale : « Reviens en toi-même et regarde. Si tu ne vois pas
encore ta propre beauté, fais comme le sculpteur d'une statue qui doit devenir belle [...] Enlève tout ce qui est super-
flu, redresse ce qui est oblique [...] ne cesse de sculpter ta
propre statue, jusqu'à ce que brille pour toi la clarté divine

de la vertu [...] Si tu es devenu cela, si tu vois | cela, si tu as 105
avec toi-même un commerce pur, sans obstacle à l'unité
intérieure, sans que rien d'autre soit mélangé intérieurement avec toi-même [...] si tu es devenu tout entier une
lumière sans limite [...] si tu te vois devenu cela, alors
regarde en tendant ton regard. Car seul un tel œil peut
contempler l'immense Beauté »[144].

À propos de ce texte, R. Harder, un des meilleurs commentateurs de Plotin, a parlé d'*Autoerotik*. Ulysse, l'anti-
Narcisse, ne serait-il qu'un Narcisse inversé ? À la complaisance en soi qui conduit l'âme a se laisser fasciner par son
reflet corporel, Plotin ne substitue-t-il pas une autre complaisance plus subtile, celle de la belle âme pour elle-
même[145] ? Il est bien vrai que toutes les apparences semblent justifier l'expression de R. Harder. Par exemple, la
métaphore de la statue que l'on sculpte, que nous venons
de rencontrer, vient du *Phèdre* de Platon. Dans ce dialogue,
il est vrai, il s'agit de la statue divine que l'on sculpte dans
l'âme d'un autre[146], la sculpture représentant l'éducation[147].
L'amour homosexuel se sublime, dans le *Phèdre*, en une
relation entre maître et disciple, éducateur et éduqué.
Chez Plotin, au contraire, c'est l'âme qui se sculpte elle-
même, qui s'éduque elle-même, qui se rend elle-même vertueuse et belle. Ce qui était dialogue chez Platon devient
monologue chez Plotin. Comment ne pas reconnaître dans
les mots qui suivent une « érotique » dirigée vers le moi :
« Qu'éprouvez-vous, en voyant votre propre beauté à l'intérieur de vous-mêmes ? Comment se fait-il qu'alors vous
soyez saisis d'un transport de bacchants, d'une émotion,
d'un ardent désir de vous réunir à vous-mêmes, en vous
recueillant en vous-mêmes, à part de vos corps ? »[148].

Malgré ces textes, qui pourraient paraître décisifs, si on
ne les replaçait dans le mouvement général de la pensée de
Plotin, je pense que le terme *Autoerotik* est très mal choisi et
ne peut conduire qu'à des contresens[149]. Il faut bien com-

prendre en effet les raisons pour lesquelles Plotin est ap-
pellé à parler du « moi » et ce que signifie le « moi » dans
ce contexte. Il s'agit pour lui, nous l'avons dit, de provoquer un retournement de la tendance « narcissique» qui
fait que l'individu ne s'intéresse qu'à ce qu'il croit être son
moi, c'est-à-dire son propre corps. L'essentiel de cette
méthode consiste donc à faire découvrir à l'âme que le
« moi » est autre que le corps. Nous avons décrit plus haut
les étapes de ce que l'on pourrait appeler la fuite d'Ulysse.
Il s'agit de remonter vers le principe d'où émane le reflet
corporel : ce principe est reconnu successivement comme
âme, comme Intellect, comme Unité | primordiale. L'exer-
cice consiste donc à détourner la conscience de l'attention
et du souci exclusifs du corps, pour la retourner vers l'intérieur, c'est-à-dire tout d'abord vers le « moi » comme
sujet libre et indépendant (comme âme pure). Cette prise
de conscience du « moi » est déjà un mouvement éthique,
c'est déjà une purification qui ramène l'âme à sa pureté
première, à l'état de forme dégagée de la matière. Mais si
cette purification se réalise parfaitement, cette forme pure
se révèle aussi comme pensée pure. Ce qui signifie que le
« moi » s'élève du niveau de l'âme au niveau de l'Intellect.
Dans toute la description de ce mouvement de conversion,
Plotin est bien obligé de se situer dans la perspective du
« moi », puisqu'il s'agit de dissoudre un faux « moi », le
reflet corporel, pour faire naître un vrai « moi », l'âme
haussée au niveau de l'Intellect. Mais ce vrai « moi » transcende la notion commune et courante de « moi ». Car
l'Intellect, pour Plotin, n'est autre que la pensée du Tout.
C'est précisément en atteignant ce niveau que l'âme « narcissique » sera parfaitement délivrée. Elle passe en effet
d'une vision partielle, extérieure, trompeuse, angoissante,
à une vision totale, intérieure, véritable, paisible. S'élever
au niveau de l'Intellect, de la pensée du Tout, c'est justement et précisément dépasser les frontières de l'individua-

lité, de ce souci du partiel qui provoquait l'état de narcissisme de l'âme. Chez Plotin, individualité et totalité s'opposent radicalement, se nient mutuellement : « En devenant "quelqu'un", on devient non-Tout, on ajoute une négation à "Tout". Et cela dure jusqu'à ce que l'on supprime cette négation. Si tu rejettes tout ce qui est autre que le Tout [c'est-à-dire le néant de l'individualité], tu t'agrandis. Si tu rejettes cela, le Tout te sera présent »[150]. En accédant au niveau de l'Intellect, le « moi » humain accède à une vision universelle, totale, de la réalité, dans laquelle tout point de vue particulier doit s'effacer. Peut-on parler de « moi » à ce niveau ? Cela ne sera possible que si l'on entend par « moi » non pas l'individualité retranchée sur elle-même, mais l'intériorité de la conscience qui, dès qu'elle se saisit comme intériorité, accède à l'universalité de la pensée du Tout. Il n'y a donc aucune complaisance esthétique et érotique pour le « moi », dans les textes que nous avons cités plus haut. « Voir sa propre beauté » ne veut pas dire : voir une beauté qui « me » plaît, parce qu'elle est « moi », mais voir en « moi », c'est-à-dire grâce à ma conversion vers l'intériorité, la Beauté qui n'est autre que le Tout dans sa nécessité noétique. Accédant à ces niveaux transcendants, le « moi » humain ne sait plus s'il est un « moi »[151].

Mais, dira-t-on, pourquoi ce vocabulaire érotique ? Pourquoi ces « transports de bacchants », cette « émotion », ce « désir », qui est un désir de « se réunir à soimême » ? Disons tout d'abord que cette « réunion à soimême » n'est autre que | l'accession à l'état dont nous venons de parler : intériorité, mais aussi universalité et totalité. L'individualité est abolie à ce niveau. Quant au vocabulaire érotique, le problème qu'il pose est celui de l'expérience mystique : vaste problème que nous ne pouvons ici qu'effleurer. En effet, ce vocabulaire correspond tout d'abord à une certaine rhétorique issue du *Phèdre* et du

107

Banquet de Platon. La mystique chrétienne la reprendra en y mêlant les voluptueuses images du *Cantique des Cantiques*. Mais il ne s'agit pas seulement d'un langage. Pour Platon, tout amour charnel, tout désir sensuel n'est qu'une réminiscence pâle et affaiblie de l'émotion amoureuse que l'âme a ressentie une fois – dans une existence antérieure – en présence de la Beauté éternelle[152]. C'est cette émotion fondamentale et originelle que l'exercice spirituel proposé par la Diotime du *Banquet* veut restituer dans l'âme. C'est aussi cette émotion amoureuse fondamentale que Plotin veut faire revivre : « La jouissance qu'elle éprouve ne la trompe pas, puisqu'elle l'éprouve. Et elle déclare que cette jouissance n'est pas due à un chatouillement du corps : elle est redevenue ce qu'elle était autrefois quand elle était heureuse [...] Et si tout, autour d'elle, était détruit, elle y consentirait volontiers, afin d'être près de Lui, seule à seul. Tel est l'excès de sa jouissance »[153]. Cette émotion amoureuse, vécue par le moi, n'a pas le moi pour objet, mais une présence transcendante, avec laquelle le moi devient une seule chose : « On se voit devenir Lui »[154]. L'essentiel de l'émotion mystique ne consiste pas dans une expérience de soi, mais dans l'expérience d'un Autre que soi, ou dans l'expérience de devenir Autre. En ce sens, Plotin aurait pu dire que, dans cette expérience, le rêve de Narcisse est exaucé : devenir Autre en restant soi-même.

L'étude du thème de Narcisse chez Plotin nous a donc conduits jusqu'aux plus vertigineuses spéculations métaphysiques. S. Eitrem[155] pense que Plotin, en interprétant la fable de Narcisse comme une illustration de la vanité et du danger du plaisir des sens, se trouve en contradiction avec le sens de la vieille légende de Thespies qui magnifiait la puissance de l'Éros charnel. Cela n'est pas tout à fait exact. Tout d'abord, chez Plotin, la fable de Narcisse n'est pas introduite pour condamner les plaisirs des sens, mais pour apprendre à l'âme que son corps et que le monde sensible ne sont que les reflets d'une réalité plus vaste, plus riche et plus plénière. Narcisse se laisse hypnotiser par une réalité partielle et imparfaite au lieu de déployer son regard vers le vaste horizon du Tout. Pour Plotin aussi Narcisse est un contempteur d'Éros, ou plus exactement il se laisse fasciner par la magie de | l'Éros inférieur, de l'Éros purement naturel[156], au lieu de se laisser entraîner sur les ailes de l'Éros supérieur, celui qui n'est autre que l'aspiration de Psyché vers la lumineuse splendeur du Bien[157]. Mais, finalement, le Narcisse de la fable, lui aussi, n'était-il pas, avant sa démence, voué à cet Éros supérieur, si l'on admet, peut-être, qu'il était, comme Hippolyte, un dévot d'Artémis ?

108

Notes

1. Louise Vinge, *The Narcissus Theme in Western European Literature up to the Early 19th Century*, Gleerups 1967. – S. Eitrem, art. « Narkissos », dans *R.E.*, t. XVI, 1933-1935, col. 1721-1733. – Fr. Wieseler, *Narkissos*, Göttingen 1856.
2. Cf. Surtout l'article de S. Eitrem, cité n. 1, col. 1729 sq., et l'ouvrage de Fr. Wieseler.
3. Ovide, *Mét.*, III, 339-510.
4. Conon, dans Photius, *Bibliothèque*, cod. 186, éd. René Henry, Paris 1962, t. III, p. 19.
5. Pausanias, IX, 31, 7.
6. Philostrate l'Ancien, *Imagines*, I, 23 (trad. fr., A. Bougot, *Philostrate l'Ancien, Une galerie antique*, Paris, 1881) [réimp. Paris, Les Belles Lettres, 1991].
7. D'autres témoignages anciens sont signalés dans L. Vinge, *The Narcissus Theme*, chap. I.
8. Le nom de Leiriopé a quelque chose de floral : *leirion* désigne le lis.
9. L'amant Aminias, selon Conon ; la nymphe Écho, selon Ovide.
10. Le dieu Amour, selon Conon ; Némésis, selon Ovide. Némésis désigne peut-être ici Aphrodite, comme nous le verrons plus bas.

11. Mort au bord de la source, selon Ovide. Suicide, selon Conon. Mort dans la source elle-même, selon Plotin, *Enn.* I 6, 8.

12. Elle naît de son sang, dans la version proposée par Conon.

13. Les espèces de narcisse auxquelles les Anciens font allusion, surtout en liaison avec le mythe de Narcisse, sont le *Narcissus poeticus* et le *Narcissus tazetta*.

14. *Geoponica*, XI, 25.

15. Fr. Wieseler, *Narkissos*, p. 82.

16. Artémidore d'Éphèse, *Clé des songes*, I, 77 (trad. Festugière, Paris 1975, p. 82). Parmi les fleurs énumérées, on remarquera les violettes, la menthe et la mauve, fleurs funèbres comme le narcisse ; cf. *infra*, n. 27.

17. J. Murr, *Die Pflanzenwelt in der griechischen Mythologie*, Innsbruck 1890, p. 249 ; S. Eitrem, art. « Narkissos », col. 1727. ; Fr. Wieseler, *Narkissos*, p. 128-135.

18. O. Gruppe, *Griechische Mythologie*, t. I, Munich 1906, p. 39.

19. Sophocle, *Œdipe à Colone*, 681. Sur la liaison entre le narcisse et Déméter, cf. O. Gruppe, *Griechische Mythologie*, p. 1179, n.2.

20. Hadès, dieu des Enfers.

21. Cronide, parce que fils de Cronos et frère de Zeus.

22. *Hymne homérique à Déméter*, trad. J. Humbert, Paris 1967, p. 41, v. 5 ; voir aussi le vers 425. Comme le remarque J. Murr, *Die Pflanzenwelt*, p. 248, la description du Narcisse merveilleux correspond assez bien au *Narcissus tazetta*, fleur au parfum enivrant dont les ombelles sont formées de fleurs jaunes, fleurissant spécialement en Béotie dans les vallées humides, de la fin de l'automne jusqu'au printemps. Nous retrouverons plus bas, n. 27, plusieurs des fleurs cueillies par Perséphone dans la série des fleurs consacrées aux divinités infernales.

23. Cf. J. W. Cook et J. D. Loudon, « Alkaloids of the Amaryllidaceae », dans *The Alkaloids, Chemistry and Physiology*, édité par R. H. F. Manske et H. L. Holmes, t. II, New York 1952, p. 331-351.

24. Plutarque, *Propos de table*, III, 1, 647 b, trad. F. Fuhrmann, Paris 1972, p. 115.

25. P. Chantraine, *Dictionnaire étymologique de la langue grecque*, t. III, Paris 1974, art. « Narkissos » : « Un rapport avec *narkê* est supposé par Plutarque, *Mor.*, 647 b, à cause de l'effet calmant du narcisse. Mais il ne peut s'agir que d'une étymologie populaire. Comme l'indique la finale -issos, ce doit être un terme d'emprunt. » Comme le remarque S. Eitrem, article « Narkissos », col. 1726, le mot semble provenir de la population antérieure au peuplement grec.

26. Clément d'Alexandrie, *Pédagogue*, II, 8, 71, 3, trad. Cl. Mondésert, Paris 1965, p. 142. Voir aussi Pline, *Hist. nat.*, XXI, 128 : « a narce nar-

cissum dictum ». Eustathe, *Commentaire sur l'Iliade*, p. 87. 25 Stallbaum (le mot vient de *narkan*, parce que les Érinyes stupéfient) ; O. Gruppe, *Griechische Mythologie*, p. 1027, n. 6.

27. J. Murr, *Die Pflanzenwelt*, p. 240-268. Cf. la liste de l'*Hymne homérique à Déméter* cité plus haut.

28. Ovide, *Fastes*, V, 195 sq. Sur ce thème, cf. S. Eitrem, art. « Narkissos », col. 1723.

29. Cf. Dora Panofsky, « Narcissus and Echo. Notes on Poussins Birth of Bacchus in the Fogg Museum of Art », *The Art Bulletin*, 31 (1949), p. 114 ; Erwin Panofsky, « Et in Arcadia Ego », dans *Mélanges Cassirer*, Oxford 1936, p. 224 : « The extinction of one beauty means the genesis of another and unending love is at the bottom of all these tragic deaths which, therefore, do not signify annihilation, but metamorphoses. » Ajax apparaît ici à cause d'une version rapportée par Pausanias, I, 35, 4, selon laquelle la jacinthe serait un souvenir d'Ajax, fils de Télamon. Du corps de Clythia, amoureuse du Soleil, serait né l'héliotrope (Ovide, *Mét.*, IV, 267 sq.). C'est en liseron que fut métamorphosée Smilax, l'amante de Krokos (Ovide, *Mét.*, IV, 283).

30. Ménandre, fragm. 125, Körte.

31. Ovide, *Mét.*, X, 162-219. En ce qui concerne Krokos, cf. Galien, *Opera omnia*, t. XIII, p. 269 Kuhn. La légende semble imitée de la fable d'Hyacinthe.

32. Cf. J. Murr, *Die Pflanzenwelt*, p. 262.

33. Ovide, *Mét.*, X, 735.

34. L'amour de la nymphe Écho, qui est peut-être une invention d'Ovide (*Mét.*, III, 356-401), ne peut être considéré comme tel. D'ailleurs ce n'est pas la cause de la mort de Narcisse.

35. Cf. à ce sujet les remarques de O. Gruppe, *Griechische Mythologie*, p. 1061. Cet auteur interprète les mythes d'Hyacinthe et de Narcisse comme des rites magiques de production de la pluie, d'une manière artificielle, p. 833. H. Fränkel, *Ovid*, Berkeley 1945, p. 97-100, présente lui aussi d'intéressantes remarques sur le thème de la métamorphose.

36. H. Fränkel, *Ovid*, p. 220, n. 73.

37. A. Gide, *Si le grain ne meurt*, chap. II.

38. *Claudii Claudiani Carmina*, éd. J. Koch, Leipzig 1893, p. 276.

39. Le point de contact entre les différents contextes mythologiques du mythe de Narcisse pourrait se situer dans le nom même du père du héros : le fleuve Céphise. Il y avait en effet un Céphise à Éleusis ; c'est précisément sur ses bords que l'on situait le rapt de Perséphone (Pausanias, I, 38, 5). Il y avait d'autre part un Céphise à Thespies, où existait une légende locale de Narcisse (Ovide, *Mét.*, III, 342 ; Pausanias,

IX, 24, 1). Enfin à Oropos, où l'on montrait un monument de « Narcisse le Silencieux », il existait un culte du fleuve Céphise (Pausanias, I, 34, 3).

40. Pausanias, IX, 31, 72.

41. Ovide, *Mét.*, III, 342 sq.

42. Pausanias, IX, 27, 1.

43. Cf. F. Schober, article « *Narkissou pêgê* », dans *R.E.*, t. XVI, 1933-1935, col. 1734. J. Murr (*Die Pflanzenwelt*, p. 247) note que c'est précisément dans la région de l'Hélicon, où était située cette source, que l'on trouve le *Narcissus poeticus* et le *Narcissus serotinus*.

44. Cf. Photius, *Bibliothèque*, n° 186, n. 24.

45. *Ibid.*, trad. R. Henry, t. III, p. 19. Cf. Plutarque, *Amat.*, 748 f.

46. Pausanias, IX, 27, 1. Le culte d'Éros à Thespies semble lié à celui de Déméter (O. Gruppe, *Griechische Mythologie*, p. 870). Autres cultes régionaux, celui des Muses (proximité de l'Hélicon, O. Gruppe, *ibid.*, p. 76, en liaison avec le culte de Dionysos). Au culte d'Éros à Thespies semble avoir été intégrée la pratique magique de la *iunx*, ou toupie magique (cf. O. Gruppe, *ibid.*, p. 851, n. 3 ; sur la *iunx*, cf. M. Detienne, *Les jardins d'Adonis*, Paris 1972, p. 160 sq.).

47. Ovide, *Mét.*, III, 406.

48. Cf. O. Gruppe, *Griechische Mythologie*, p. 45 ; Pausanias, I, 33, 2. Sur la liaison avec Aphrodite, cf. O. Gruppe, *ibid.*, p. 1366, n. 2.

49. Probus, *Scholies aux Bucol. Virgile*, 2, 48, p. 330 Hagen : « Narcissus flos Euzymades (?) refert a Narcisso Amarynthi, qui fuit Eretrieus ex insula Euboea. Interemptus a seipso (je pense que c'est de cette manière qu'il faut lire le bizarre *ab Euppo*) ; ex cruore flores, qui nomen eius acceperunt, procreati. A pictore Narcissi floribus Erinyas, i. e. Furias, primas esse coronatas aiunt. »

50. Pausanias, I, 31, 5 ; O. Gruppe, *ibid.*, p. 66. L'amarante ou immortelle est une fleur consacrée à Artémis ; cf. J. Murr, *Die Pflanzenwelt*, p. 194.

51. C'est du moins la correction que je propose au texte latin défectueux (cf. Augustin, *De civ. Dei*, I, 24 : « Cato a se ipso elegit occidi »).

52. Strabon, IX, 2, 10 (p. 404). Ce Narcisse semble terrifiant (c'est la raison du silence des passants). Dans le même contexte (cf. n. 49), le narcisse est présenté comme fleur des Érinyes.

53. S. Eitrem, art. « Narkissos », col. 1782.

54. Nonnos, *Dionysiaques*, chant XLVIII, vers 581 (trad. anglaise, W. H. D. Rouse, Cambridge [Mas.], Londres 1942, t. III, p. 467). Voir également dans Nonnos, X, 215 ; XI, 323 ; XV, 352 (où le narcisse figure encore une fois dans un catalogue de fleurs destinées à l'ornementation des tombes : crocus, anémone).

55. Cf. Fr. Wieseler, *Narkissos*, p. 89 ; Pausanias, V, 1, 4 ; Apollodore, *Bibliothèque*, I, 56-57 ; Strabon, XIV, I, 8 (p. 636). Phtheir (le pin, la pomme de pin) est présenté parfois comme le fils d'Endymion et de Séléné ; cf. J. Murr, *Die Pflanzenwelt*, p. 121, et O. Gruppe, *Griechische Mythologie*, p. 280. Le pin est un attribut de Dionysos (O. Gruppe, p. 1418).

56. Par exemple Plutarque, *Propos de table*, III, 10, 3, 658 f.

57. K. Lehmann-Hartleben, « The Imagines of the Elder Philostratus », *The Art Bulletin*, 23 (1941), p. 16-44.

58. K. Lehmann-Hartleben, p. 35, n. 56. La notice de Philostrate sur le tableau fait allusion d'ailleurs à ses traits dionysiaques : « Elle n'est point non plus étrangère au culte dionysiaque, cette source [où Narcisse se mire] que Dionysos a fait jaillir comme pour les bacchantes. La vigne, le lierre, le lierre hélix aux belles vrilles y forment un berceau chargé de grappes de raisin, entremêlé de ces férules qui donnent les thyrses. » Dionysos apparaît ici comme le dieu des sources. L'expression « a fait jaillir comme pour les bacchantes » est une allusion à Euripide, *Bacchantes*, 766 : « On les vit retourner au lieu même où commença leur course, aux sources que le Dieu avait créées pour elles. » Près de la source, dans le tableau décrit par Philostrate, on voit une grotte qui, nous dit-il, est celle d'Achéloos et des Nymphes. On peut voir ici évidemment une réminiscence de Platon, *Phèdre*, 230 b, où il est question d'une source consacrée à Achéloos et aux nymphes. Mais Achéloos n'est autre que la divinité de l'eau en général (O. Gruppe, p. 344, n. 1) et s'identifie ainsi plus ou moins avec Dionysos lui-même (O. Gruppe, p. 1427). On remarquera qu'à Oropos, où se trouvait le monument de Narcisse le silencieux, il y avait une partie d'un autel consacrée en même temps au fleuve Céphise (père de Narcisse) et à Achéloos (cf. Pausanias, I, 34, 3). C'est peut-être ce thème de l'eau dionysiaque qui relie ensemble certains tableaux du « salon de Dionysos » : *Oenomaos et Hippodamie*, *Olympos* (représenté au bord d'une source, et se regardant dans cette source ; le tableau représente le reflet d'Olympos dans la source).

59. Le rapprochement entre Ovide et Philostrate est fait par L. Vinge, *The Narcissus Theme*, p. 339, n. 109. Cadmus, Tirésias, Penthée sont les principaux personnages de la tragédie « dionysiaque » d'Euripide : les *Bacchantes*.

60. H. Fränkel, *Ovid*, p. 213, n. 30.

61. Dora Panofsky, « Narcissus and Echo. Notes on Poussin's Birth of Bacchus », p. 112-120. L'influence de Philostrate explique notamment la « grotte d'Achéloos » que l'on voit sur la gauche du tableau. H. Bardon,

« Poussin et la littérature latine », dans *Nicolas Poussin*, ouvrage édité par A. Chastel, Paris, C.N.R.S., 1960, t. I, p. 126-127, rappelle avec raison que Poussin a surtout utilisé des sources contemporaines (Fr. Habert, *Description poétique de l'histoire du beau Narcisse*, Lyon 1550 ; de La Serre, *Les Amours des déesses*, Paris 1627), mais il ne donne pas d'explication sur la composition du tableau de Poussin.

62. Cf. J. Murr, *Die Pflanzenwelt*, p. 250.

63. C'est tout le sens de l'histoire d'Aura à propos de laquelle Nonnos introduit le récit de la fable de Narcisse.

64. Cf. S. Eitrem, art. « Narkissos », col. 1722, ligne 50. La fameuse prière d'Hippolyte au début de la tragédie d'Euripide qui porte son nom (v. 73-87) exprime bien la tonalité religieuse de cette dévotion à Artémis : « C'est à toi, Maîtresse, que j'apporte cette couronne tressée par mes soins. Elle vient d'une prairie sans tache, où le berger n'ose paître son troupeau, où le fer n'a jamais passé. Cette prairie sans tache, l'abeille la parcourt au printemps, et Pudeur l'entretient de la rosée des eaux vives pour ceux qui, sans qu'on la leur ait apprise, ont naturellement en partage une vertu qui s'étend à tous les détails de la vie ; à eux de la moissonner, les pervers n'y ont point droit. Donc, chère Maîtresse, pour ta chevelure d'or accepte ce bandeau d'une main pieuse. Car, seul entre les mortels, j'ai le privilège de vivre à tes côtés et de converser avec toi ; j'entends ta voix, si je ne vois pas ton visage. Puissé-je tourner la dernière borne, comme j'ai commencé ma vie ! » Certains accents ici sont analogues à ceux de la dévotion à la Vierge Marie.

65. Cf. *supra*, n. 44.

66. Ovide, *Mét.*, III, 354 : « Fuit in tenera tam dura superbia forma. » À Hippolyte aussi (Euripide, *Hipp.*, 93) est reprochée sa morgue *(semnon)*.

67. Ovide, *Mét.*, X, 245.

68. Ovide, *Mét.*, III, 391 : « Ante, ait, emoriar quam sit tibi copia nostri. » Sur cette expression *(copia nostri)* qui implique l'idée de « se donner », « de donner part à soi-même », cf. H. Fränkel, *Ovid*, p. 214, n. 40.

69. Ovide, *Mét.*, III, 390.

70. Ovide, *Mét.*, III, 355.

71. Ovide, *Mét.*, III, 350 : « Novitasque furoris. »

72. Conon, dans Photius, *Bibliothèque*, 186, 24.

73. Le lecteur aura déjà certainement remarqué l'importance du thème de l'homosexualité dans l'histoire de Narcisse. Conon et Ovide présentent le châtiment de Narcisse comme la réponse d'un dieu à la prière d'un amant méprisé. D'autre part, l'amour de Narcisse pour l'image qu'il voit dans l'eau est normalement homosexuel (sauf dans la

version de Pausanias, que nous examinerons plus loin et où il est incestueux). Mais le lecteur ne doit pas oublier que dans l'Antiquité l'homosexualité n'est pas marquée par l'interdit, comme elle l'est dans la civilisation moderne. On ne peut donc mettre le même « contenu » psychologique dans l'homosexualité antique et dans l'homosexualité contemporaine. Jusqu'à un certain point, dans la Grèce archaïque, c'est l'homosexualité qui est « normale », parce qu'elle est « virile ».

74. Ovide, *Mét.*, III, 405. Cet amant est lui aussi « pris au mot » : il souhaite seulement que Narcisse subisse les mêmes souffrances que lui. Mais il n'imagine pas ce que sera la vraie punition de Narcisse : l'impossibilité absolue de posséder l'objet de son amour.

75. Cf. J. Schickel, « Narziss. Zu Versen von Ovid », *Antaios*, 3 (1961-1962), p. 492 : « Er durchschaut wen er im Wasser vor sich hat ; weder liebt er sein Spiegelbild, wie ein Leser dem andern nachirrt, noch treibt er "Narzissmus", wie man seit Freud missversteht. » Cf. également L. Vinge, *The Narcissus Theme*, p. 16-17. Narcisse se croit amoureux d'un autre ; sur ce point Pausanias, Ovide, Conon ou Eustathe sont absolument unanimes.

76. Pausanias, IX, 31, 7.

77. Ovide, *Mét.*, III, 668 : « Simulacraque inania », III, 714.

78. Columelle, *De re rustica*, VI, 35 (*de equarum rabie*).

79. Philostrate l'Ancien, *Imagines*, I, 23.

80. Ovide, *Mét.*, III, 417-435.

81. Ovide, *Mét.*, III, 450.

82. Ovide, *Mét.*, III, 458.

83. Ovide, *Mét.*, III, 463.

84. Ovide, *Mét.*, III, 464.

85. Sur ce point, je ne suis pas en accord avec l'interprétation de L. Vinge, *The Narcissus Theme*, p. 17, qui pense que Narcisse, avant cette reconnaissance, est seulement en danger, mais qu'après ce tournant décisif, il est perdu. En fait, le motif de la mort est déjà apparu bien avant la reconnaissance, cf. la note suivante.

86. Ovide, *Mét.*, III, 440. Le processus de la mort par consumption est déjà en route.

87. Ovide, *Mét.*, III, 348.

88. Ovide, *Mét.*, III, 467-468.

89. Ovide, *Mét.*, III, 466 : « Inopem me copia fecit. » Mot à mot : la possession m'a fait sans possession.

90. Dans les *Métamorphoses* d'Ovide, on voit souvent la fin tragique résulter de cette « prise au mot », de cette interprétation littérale donnée par les dieux au souhait de la victime, par exemple *Mét.*, IV, 371, la

nymphe Salmacis s'écrie en étreignant Hermaphrodite : « Faites que jamais ne vienne le jour qui nous éloignerait, lui de moi ou moi de lui ! » Les corps de Salmacis et d'Hermaphrodite se soudent et deviennent l'« hermaphrodite ». De même dans *Mét.*, II, 817, Aglauros dit à Hermès : « Je ne m'éloignerai d'ici qu'après t'en avoir repoussé. – Tenons-nous-en à cette convention », répond le dieu, et Aglauros est transformée sur place en statue. Narcisse a affirmé qu'il voulait garder pleine possession de soi. Mais maintenant, c'est le fait qu'il est « lui-même » qui l'empêche d'être « à lui-même ». L'épisode de la nymphe Écho a peut-être été ajouté par Ovide à l'histoire de Narcisse. Héra a puni cette nymphe, coupable d'avoir favorisé les aventures adultères de Zeus ; elle ne peut plus répéter que la fin des phrases qu'elle a entendues. Elle cherchera pourtant à séduire Narcisse avec ces faibles moyens. Lorsque Narcisse s'écrie : « Plutôt mourir que de me donner à toi », elle répète : « Me donner à toi ! » (*Mét.*, III, 391). Méprisée par Narcisse, elle se consume, se dessèche, devient un rocher. Seule reste vivante sa voix, qui n'est qu'un pur écho. C'est là en quelque sorte une première annonce du destin de Narcisse. Il est voué à ne rencontrer que des reflets de lui-même : le reflet de sa voix avant le reflet de son corps.

91. Ovide, *Fastes*, V, 226 : « Infelix quod non alter et alter eras. »

92. C'est surtout dans la théologie chrétienne de la Trinité que l'on trouve ce rapport de Dieu avec lui-même comme *idem* et *alter* : identité avec soi et différence d'avec soi-même. Par exemple, Marius Victorinus, *Adversus Arium*, IV, 30. 44, éd. Henry-Hadot, Paris 1960, p. 590 : « Lorsque le Fils est dans le Père, ils forment un seul tout, un seul Dieu agissant à l'intérieur, opérant à l'intérieur, n'ayant de relations qu'avec lui-même, jouissant de lui-même. » Mais cette représentation se trouve également dans la théologie païenne, le premier principe étant alors présenté comme mâle et femelle (cf. A.-J. Festugière, *La Révélation d'Hermès Trismégiste*, t. IV, Paris 1954, p. 50-51), comme trouvant en lui-même la perfection et la jouissance (Aristote, *Métaph.*, XII, 7, 1072 b 20-25).

93. Pausanias, IX, 31, 8.

94. R. Wagner, *La Walkyrie*, acte I, scène III.

95. R. Musil, *L'Homme sans qualités*, t. II, chap. XLVI : « Édition spéciale d'une grille de jardin ».

96. Ovide, *Mét.*, III, 471.

97. Ovide, *Mét.*, III, 487.

98. H. Dörrie, « Echo und Narzissus », dans *Der altsprachliche Unterricht*, 1975, p. 71, dans un article qui, par ailleurs, fournit un précieux commentaire du texte d'Ovide.

99. Comme le remarque H. Fränkel, *Ovid*, p. 214, n. 36, il faut comprendre dans ce vers (*Mét.*, III, 510) *croceum* comme signifiant la couleur rouge, rougeoyant (comme dans *Amores*, II, 6, 22 ; *Ars amatoria*, I, 104). Déjà le vers 423 prépare l'allusion à la fleur (neige et vermeil).

100. Cicéron, *Tusculanes*, III, 26, 62, à propos des expressions du deuil : les femmes se frappent la poitrine, les jambes et la tête.

101. A. Delatte, *La catoptromancie grecque et ses dérivés*, Paris 1932, p. 152 et 154 : « Les textes que nous avons examinés montrent au moins que les anciens avaient observé certains effets psychophysiologiques de la contemplation des surfaces brillantes. On peut croire qu'ils avaient été frappés aussi de la propriété qu'elle a de déterminer une excitation de l'imagination et de faire sortir le sujet de lui-même. » S. Eitrem, art. « Narkissos », col. 1728.

102. Artémidore, *Clé des songes*, II, 7 (p. 104 Festugière).

103. Jamblique, *Protreptique*, symbol. 25, p. 360 Kiessling.

104. Plutarque, *Propos de table*, V, 7, 4. Pour S. Eitrem, art. « Narkissos », col. 1726, ce n'est qu'un autre nom de Narcisse.

105. On pourrait tout au plus admettre que le regard amoureux a un effet physique (cf. Plutarque, *Propos de table*, V, 7, 2), mais avant de voir son reflet, Narcisse n'est pas amoureux. Il ne peut donc se fasciner lui-même, comme Eutélidas qui émet par ses yeux de dangereux rayons, même avant de se regarder dans l'eau.

106. Apollodore, *Bibliothèque*, I, 9, 19.

107. Cf. H. Jeanmaire, *Dionysos*, Paris 1970, p. 379 sq. ; S. Eitrem, art. « Narkissos », col. 1729.

108. Proclus, *Commentaire sur le Timée*, t. II, p. 80. 82 Diehl.

109. A. Wesselski, « Narkissos oder das Spiegelbild », *Archiv orientální*, 7 (1935), p. 37-63 et 328-350.

110. A. Wesselski, *ibid.*, p. 58-59.

111. A. Wesselski, *ibid.*, p. 348.

112. Platon, *Banquet*, 210 a-211 d. Ces étapes sont parcourues dans les sept premiers chapitres du traité de Plotin (*Enn.* I 6, 1-7, éd. Bréhier avec trad. fr., Paris 1924, t. I, p. 95-104).

113. Plotin, *Enn.* I 6, 8. 8. Il s'agit bien de Narcisse, comme le précise R. Harder, *Plotins Schriften*, t. I, p. 380, et non d'Hylas, comme le pensait Zielinski, *Archiv für Religionswissenschaft*, t. 8, p. 327. Curieusement W. Theiler, dans *Plotins Schriften*, t. III, p. 386, pense lui aussi qu'il s'agit de Narcisse, mais au tome VI, p. 172, il revient à l'hypothèse d'Hylas. Le texte décisif, qui permet de reconnaître Narcisse dans les allusions de Plotin, est celui qui est cité à la note suivante (« sa propre image »).

114. Plotin, *Enn.* V 8, 2. 34.

115. Nous employons cet adjectif par pure commodité, sans lui donner aucun caractère d'expression technique.

116. *Enn.* III 6, 7. 25 ; III 6, 14. 1-2. Cf. F. Heinemann, « Die Spiegeltheorie der Materie bei Plotin », *Philologus,* 81 (1926), p. 1-17.

117. *Enn.* V 2, 1. 20.

118. *Enn.* I 1, 8. 15.

119. *Poimandrès,* 14, dans A. D. Nock et A.-J. Festugière, *Corpus hermeticum,* t. I, Paris 1945, p. 11 ; S. Eitrem, art. « Narkissos », col. 1729. – A. Delatte, *La Catoptromancie,* p. 154, et H.-Ch. Puech, dans le volume collectif *Le néoplatonisme,* éd. du C.N.R.S., Paris 1971, p. 99, identifient à tort le mythe du Poimandrès et l'utilisation plotinienne du mythe de Narcisse, sans tenir compte du fait que Plotin refuse de lier la production du monde à un amour « narcissique ».

120. Plotin, *Enn.* II 9, 4. 1-7 (la théorie gnostique est formulée en II 9, 10. 19).

121. *Enn.* I 1, 12. 24 sq.

122. *Enn.* I 1, 12. 28. Sur ces problèmes, cf. P. Hadot, *Porphyre et Victorinus,* t. I, p. 342-343.

123. *Enn.* II 9, 18. 23 et IV 8, 2. 39.

124. Pour une mise au point concernant cette affirmation, cf. P. Hadot, *Plotin ou la simplicité du regard,* Paris, Études augustiniennes, 1973, p. 23 et 105.

125. Porphyre, *Vie de Plotin,* I 1 (trad. É. Bréhier, *Les Ennéades de Plotin,* t. I, p. 1).

126. *Enn.* IV 8, 4. 10.

127. *Enn.* IV 3, 17. 26. L'âme glisse plus bas qu'il ne faut.

128. *Enn.* IV 8, 4. 11.

129. *Enn.* IV 4, 40. 1 sq.

130. *Enn.* IV 3, 12. 1. À la différence de J. Pépin, « Plotin et le miroir de Dionysos », *Revue Internationale de Philosophie,* 24 (1970), p. 315, et d'A. Delatte, *La catoptromancie,* p. 153, n. 7, je garde l'interprétation traditionnelle : « dans le miroir de Dionysos », sans prendre la traduction : « comme Dionysos avait vu son image dans le miroir », proposée par A. Delatte. En effet, je ne suis pas tout à fait sûr du fait que Plotin parle ici du démembrement de Dionysos.

131. Olympiodore, *In Phaedonem,* p. 111. 4 Norvin. Le schéma est très clair et même « numéroté » par Olympiodore : 1° production d'un reflet ; 2° compassion, sympathie, souci pour le reflet ; 3° déchirement de l'âme pour les passions. Pour se libérer, 1° il faut se rassembler en supprimant la dispersion ; 2° supprimer le lien de sympathie avec le corps ; 3° vivre de sa vie originelle sans s'occuper du reflet.

132. Comme chez Plotin lui-même, où les vertus libèrent de la sympathie avec le corps, *Enn.* I 2, 3. 5 sq.

133. Cf. H. Jeanmaire, *Dionysos*, 389.

134. Il s'agit surtout de la scène qui figure dans l'ensemble de fresques représentant l'initiation dionysiaque dans le « salon des mystères » de la villa Item à Pompéi. Elle est longuement étudiée par A. Delatte, *La catoptromancie*, p. 189 sq. On y voit un jeune homme regardant dans une surface réfléchissante, pendant qu'un autre tient au-dessus de lui un masque de théâtre qui probablement se reflète dans la coupe. A. Delatte compare la scène à une gravure de Daniel Hopfer qui représente la Mort faisant apparaître une tête de mort dans un miroir où deux femmes se contemplent. A. Delatte, p. 197, pense que le miroir sert à provoquer des hallucinations et des révélations. Il n'exclut pas tout à fait pourtant l'hypothèse d'une catoptromancie, puisqu'il cite, p. 198, le procédé qui consiste à graver la figure d'Anubis dans un bol de bronze, lorsqu'il s'agit d'évoquer ce dieu. On peut imaginer que, pour rendre présente une personne déterminée, on ait projeté son image sur la surface du miroir ou de l'eau.

135. *Papyri graecae magicae*, t. IV, p. 227 Preisendanz.

136. Marsile Ficin, *Commentaire sur le Banquet de Platon*, Paris, éd. R. Marcel, 1956, p. 235 (VI, 17). Le texte orphique (ou pseudo-orphique) inconnu par ailleurs que Ficin nous donne en traduction latine est le suivant : « Narcissus quidem adolescens sui vultum non aspicit, sed eius umbram in aqua prosequitur et amplecti conatur. Suam quidem figuram deserit, umbram numquam assequitur, in lachrimas resolutus consumitur. » En traduction française : « Le jeune Narcisse ne reconnaît pas son visage, mais il poursuit son reflet dans l'eau et il veut l'embrasser. Mais ainsi il abandonne sa propre forme sans pouvoir jamais atteindre son reflet. Se dissolvant en larmes, il s'éteint. » M. Ficin ne fait donc pas de confusion entre Narcisse et Dionysos, comme le pense J. Pépin, « Le miroir de Dionysos », p. 320.

137. *Enn.* I 6, 8. 21.

138. *Enn.* V 3, 8. 1-9, 18 et V 5, 7. 1-35.

139. Platon, *Banquet*, 210 a sq.

140. *Enn.* I 6, 8. 26 : « Échanger une manière de voir pour une autre […] Que verra donc cette faculté qui voit à l'intérieur ? ».

141. *Enn.* V 8, 2. 25-26.

142. *Enn.* V 8, 1. 35.

143. *Enn.* V 8, 2. 40.

144. *Enn.* I 6, 9. 7 sq.

145. R. Harder, *Plotins Schriften*, t. I, p. 381. Sur le problème de la

« belle âme », cf. Hegel, *Phénoménologie de l'Esprit*, VI, C, c, trad. Hyppolyte, Paris 1947, t. II, p. 186.

146. Platon, *Phèdre*, 252 d 7.

147. Parce que la sculpture est un art qui enlève (au lieu d'ajouter, comme la peinture), cf. K. Borinski, *Die Antike in Poetik und Kunsttheorie*, t. I, Leipzig 1914, p. 169.

148. *Enn.* I 6, 5. 5.

149. Je veux dire par là que Plotin lui-même aurait refusé l'expression « Autoerotik ». Je ne préjuge évidemment pas des résultats d'une analyse utilisant la méthode psychanalytique.

150. *Enn.* VI 5, 12. 22.

151. *Enn.* VI 9, 10. 15 : « Il est devenu autre, il n'est plus lui-même. »

152. *Phèdre*, 250 b-c et 254 b : « Le voilà donc tout contre ; ils regardent l'apparition ; elle flamboie ; c'est le bien-aimé ! Mais, à sa vue, les souvenirs du cocher de l'âme se portent vers la réalité de la Beauté : il la revoit, accompagnée de la Sagesse et dressée sur son socle sacré. »

153. *Enn.* VI 7, 34. 28.

154. *Enn.* VI 9, 11. 43.

155. S. Eitrem, art. « Narkissos », col. 1729, ligne 59.

156. *Enn.* IV 4, 40. 9 et surtout 44. 25.

157. *Enn.* VI 9, 9. 24 : « Que le Bien soit transcendant, c'est ce que montre l'Éros qui est inné à l'âme. C'est conformément à cela qu'Éros est uni aux âmes dans les œuvres d'art et dans les mythes. »

16

La conception plotinienne de l'identité entre l'intellect et son objet. Plotin et le *De anima* d'Aristote*

Dans le présent exposé, je voudrais examiner les citations que l'on trouve chez Plotin des textes du *De anima* d'Aristote qui se rapportent à l'identité entre l'Intellect et son objet. Il s'agit essentiellement de textes qui se trouvent dans le livre III du *De anima* : 4, 430 a 2-5 et 5, 430 a 19-20 ; 7, 431 a 1 et b 17[1].

Plotin cite Aristote d'une manière relativement inexacte, en réunissant ensemble, par exemple, deux phrases distinctes. Il ne recourt probablement pas au texte d'Aristote, mais il a dans la mémoire une formule qui correspond approximativement à celui-ci. On me permettra à ce sujet de faire une remarque de portée générale. Les écrivains antiques, lorsqu'ils rapportent la doctrine de tel ou tel philosophe, ne réexposent pas à leur manière, à la place de ce philosophe, le contenu de sa pensée, comme nous le faisons de nos jours, mais ils citent des formules de l'auteur,

* Paru dans : *Corps et Âme. Sur le* De anima *d'Aristote,* éd. G. Romeyer-Dherbey, Paris 1996, p. 367-376.

qu'ils considèrent comme littérales, mais qui sont presque toujours isolées de leur contexte. Ils les reproduisent, soit

368   pour les tirer dans le sens de la démonstration qu'ils sont | en train de faire, soit au contraire pour les réfuter en en déduisant des conséquences totalement étrangères à l'intention de leur auteur. On retrouvera la même démarche dans les condamnations du Saint Office, extrayant de l'œuvre de Jansenius, par exemple, des propositions considérées comme hérétiques, ce qui peut donner lieu à des discussions sans fin, soit sur la lettre soit sur le sens des citations en question. C'est ce procédé que nous voyons à l'œuvre chez Plotin à propos de nos passages du *De anima*. En *Enn.* V 4, 2. 43 ; VI 6, 6. 6 et V 9, 5. 29, il utilise quelques morceaux de phrase d'Aristote pour étayer sa démonstration en les séparant totalement de leur contexte. On pourra voir dans les tableaux 1 et 2, la manière dont Plotin cite les textes d'Aristote.

Dans les textes du *De anima*, Aristote affirmait que le savoir, quand il se rapporte à des objets séparés de la matière, est identique à l'objet du savoir. Il se représente ainsi l'intellect comme une réalité, une forme, qui a précisément pour propriété de devenir les autres formes, les autres essences. Ce mode d'être propre à l'intellect et qui consiste à « être les autres », n'est possible que parce que l'intellect est lui-même immatériel : il ne peut donc s'identifier qu'à de l'immatériel, que cet immatériel soit en lui-même immatériel, ou qu'il le soit devenu par abstraction, par séparation de la matière, comme dans les entités mathématiques. Il n'y a donc d'intellection que des réalités séparées de la matière. L'objet auquel l'intellect s'identifie,

369   ce | n'est pas l'objet matériel, mais précisément sa forme, comme le souligne *De an.*, III 7, 431 b 29 : « Ce n'est pas la pierre qui est dans l'âme, mais sa forme ». En disant : « Quand il s'agit des choses sans matière, l'intellect s'identifie à l'objet de sa pensée », Aristote veut dire que, à la dif-

TABLEAU 1

III 4, 430 a 2-5	VI 6, 6. 20	V 9, 5. 29	V 4, 2. 48
αὐτὸς δὲ νοητός ἐστιν ὥσπερ τὰ νοητά. Ἐπὶ μὲν γὰρ τῶν ἄνευ ὕλης τὸ αὐτό ἐστι τὸ νοοῦν καὶ τὸ νοούμενον· ἡ γὰρ ἐπιστήμη ἡ θεωρητικὴ καὶ τὸ οὕτως ἐπιστητὸν τὸ αὐτό ἐστιν. 5, 430 a 19-20 τὸ δ' αὐτό ἐστιν ἡ κατ' ἐνέργειαν ἐπιστήμη τῷ πράγματι·	ἐπὶ τῶν ἄνευ ὕλης τὸ αὐτό ἐστιν ἡ ἐπιστήμη τῷ πράγματι	ἡ τῶν ἄνευ ὕλης ἡ ἐπιστήμη ταὐτὸν τῷ πράγματι	ἡ ἐπιστήμη δὲ τῶν ἄνευ ὕλης τὰ πράγματα
7, 431 b 17 ὅλως δὲ ὁ νοῦς ἐστιν ὁ κατ' ἐνέργειαν τὰ πράγματα.			V 4, 2. 45 αὐτὸς νοῦς τὰ πράγματα

férence de l'objet matériel « pierre », qui ne peut être dans l'âme que par sa forme, l'objet immatériel, la forme, est présent immédiatement dans l'âme et que l'intellect est alors identifié avec lui. La forme immatérielle pensante est identique à la forme immatérielle pensée. Il faut ajouter d'ailleurs une nuance. Ce savoir qui est identique à son objet, c'est le savoir en acte (κατ' ἐνέργειαν), c'est-à-dire en exercice, effectivement exercé par opposition au savoir qui n'est qu'un *habitus* (cf. II 1, 412 a 10 et 5, 417 a 28). Il semble bien que le mot θεωρητική implique probablement lui aussi cette nuance (cf. 412 a 10), comme j'ai essayé de le marquer dans ma traduction du texte.

À ces textes du *De anima*, il faut ajouter un texte parallèle de la *Métaphysique*, Λ 9, 1074 b-1075 a, qui a retenu évidemment l'attention de Plotin et qui a pu inspirer son interprétation des passages du *De anima* dont nous avons parlé. Cette fois Aristote affirme que l'Intellect divin se

TABLEAU 2

III 4, 430 a 2-5 L'intellect est un objet de pensée, comme les autres objets de pensée. Car, *dans les choses sans matière*, le pensant et le pensé sont identiques ; en effet *le savoir* qui exerce effectivement l'acte de considérer un objet (θεωρητιϰή) et le « su » qui correspond à cet acte sont identiques.	VI 6, 6. 20	V 9, 5. 29	V 4, 2. 48
	dans les choses sans matière	*des choses sans matière*	*des choses sans matière,*
5, 430 a 19-20 = 431 a *Le savoir* qui est effectivement en exercice est *identique à l'objet de pensée.*	*le savoir est identique à l'objet de pensée.*	*le savoir est identique à l'objet de pensée.*	*le savoir est identique aux objets de pensée.*
7, 431 b 17 D'une manière générale, *l'intellect,* quand il est effectivement en exercice, est *les objets de pensée* (πράγματα)			V 4, 2. 45 *l'Intellect est lui-même ses objets de pensée* (πράγματα)

pense lui-même : sa pensée est pensée de la pensée. Il se fait | alors à lui-même l'objection : « La science, la sensation, l'opinion et la pensée discursive ont toujours un objet différent d'elles-mêmes et ne s'occupent d'elles-mêmes qu'accessoirement. Il n'y a donc pas d'identité entre être un acte de pensée et être ce qui est pensé. » Aristote répond en exposant la même doctrine que nous avons trouvée dans le *De anima*. Dans toute science, qu'elle soit productive ou théorétique, l'objet de pensée, qu'il soit abstrait de la matière ou lui-même immatériel, est identique à l'acte de pensée.

Pour Plotin, les formules du *De anima* ne servent pas, comme chez Aristote, à décrire le fonctionnement de l'intellect humain et de la connaissance, mais à définir le mode d'existence de l'Intellect divin (V 4, 2. 43-48) :

> « L'Intellect donc et l'Étant sont identiques. Car l'Intellect n'a pas pour objet des choses qui lui préexistent (comme c'est le cas pour la sensation qui a pour objet les choses sensibles). Mais l'*Intellect est lui-même ses objets de pensée* (πράγματα), s'il est vrai que leurs Formes ne lui sont pas apportées d'ailleurs (d'où viendraient-elles ?). Mais, dans le cas présent, l'Intellect est en même temps que ses objets de pensée et il est un et identique avec eux. Car, précisément, *le savoir qui a pour objet les choses sans matière est identique à ses objets de pensée.* »

Mais selon Plotin, on pourrait imaginer que la formule : « La science est identique à son objet de pensée » pourrait signifier que l'Intellect divin, par son acte de pensée, produit les Formes intelligibles et les Idées. Dans la perspective aristotélicienne, pour laquelle l'Intellect est la première des réalités, on pourrait en effet se représenter que les objets de pensée de l'Intellect sont produits par lui, puisqu'il n'y a rien avant lui. Quoi qu'il en soit, Plotin expose clairement sa critique en VI 6, 6. 6 sq. :

> « <Premier argument>. Si les Formes existent, ce n'est pas que celui qui les pense, pense chacune d'elles et ensuite leur donne l'existence par cet acte de pensée. Car ce n'est pas parce que l'on a pensé la justice, que la justice a été produite, ni parce que l'on a pensé le mouvement que le mouvement a existé. Car, dans ce cas, il faudrait à la fois que ce concept soit postérieur à la chose elle-même qui a été pensée (que la pensée de la justice soit postérieure à la Justice en soi) et, à l'inverse, que l'acte de pensée soit antérieur à ce qui est produit par l'acte de pensée, si l'on admet précisément que ce qui est produit existe du fait d'avoir été pensé.
>
> |<Deuxième argument>. Et si la justice était identique à un tel acte de pensée, il serait tout d'abord absurde que la justice ne fût

rien d'autre que ce qui est en quelque sorte sa propre définition. Qu'est-ce donc en effet que penser la justice et le mouvement, sinon saisir leur quiddité ? Mais cela reviendrait à saisir la définition d'une chose qui n'existe pas, ce qui est impossible.

<Le vrai sens de la formule d'Aristote>. Si l'on dit que dans les choses sans matière, le savoir est identique à l'objet de pensée (πρᾶγμα), il faut comprendre de la manière suivante cette formule : elle ne veut pas dire que c'est le savoir qui est l'objet de pensée, mais à l'inverse que c'est l'objet de pensée (πρᾶγμα), parce qu'il est sans matière, qui est à la fois objet de pensée et acte de pensée, acte de pensée, non pas tel qu'il serait une définition de l'objet de pensée ou une visée de cet objet, mais cet objet de pensée (πρᾶγμα) lui-même, puisqu'il est dans l'intelligible, que peut-il être d'autre sinon Intellect et Savoir ? [...] Donc ce n'est pas la pensée du mouvement qui a produit le Mouvement en soi, mais le Mouvement en soi qui a produit la pensée, parce qu'il s'est fait lui-même mouvement et pensée. »

Aux yeux de Plotin, une production de l'objet de pensée par l'acte de pensée ne pourrait qu'être contradictoire. C'est là son premier argument contre cette théorie. La Justice en soi serait en effet postérieure à la pensée qui la pense. Mais, par ailleurs, la pensée ne pourrait penser la Justice en soi que si celle-ci lui préexistait. L'idée de la préexistence de l'objet par rapport à la pensée se retrouve ailleurs chez Plotin, par exemple en VI 7, 8. 5 : « Il est impossible que le Démiurge, voulant faire un cheval, ait inventé la notion de cheval. » Il ne s'agit pas seulement d'une idée platonicienne, mais d'une idée universellement répandue dans l'Antiquité. Pour réfuter l'idée de création, Lucrèce avait dit : « Le modèle nécessaire pour créer le monde, où les dieux l'ont-ils trouvé ? D'où leur est venue la notion même de l'homme, pour savoir voir clairement dans leur esprit ce qu'ils voulaient faire ? » Le refus du créationnisme est aussi vif chez Plotin que dans l'épicurisme.

Le second argument se situe cette fois au niveau de la connaissance humaine, mais *a fortiori* il est encore plus évident au niveau de la connaissance divine. Dans la perspective aristotélicienne, la connaissance porte sur la définition et l'essence des objets, découvertes par abstraction de la matière. Si l'objet de pensée n'est pas antérieur à la pensée, la pensée posera une définition et une essence d'une chose qui n'est pas encore, ce qui est impossible.

I Pour Plotin, la formule aristotélicienne : « Le savoir est   372
identique à l'objet de pensée », doit donc être comprise, non pas au sens où la pensée précéderait l'objet, mais au sens où l'objet précède la pensée et devient pensée de soi, par exemple ce genre de l'être qu'est le mouvement se pose comme pensée.

Nous retrouvons cette doctrine dans un autre traité (V 9, 7. 4) :

> « Les savoirs qui ont pour objet les choses intelligibles, en tant même qu'ils sont des savoirs, sont chacune des choses qu'ils pensent et ils possèdent en même temps, venant de l'intérieur, et l'objet de pensée (νοητόν) et l'acte de pensée. Puisque l'Intellect est à l'intérieur, lui qui est les réalités premières, il est toujours avec lui-même, il est toujours en acte et il ne cherche pas à atteindre ses objets comme s'il devait les acquérir ou parcourir des objets qu'il n'aurait pas sous la main (ce sont là des états propres à l'âme), mais il se tient immobile en lui-même, étant toutes choses en même temps.
>
> Il ne pense pas chaque chose pour la faire venir à l'existence : ce n'est pas parce qu'il a pensé Dieu que Dieu a été produit, ce n'est pas parce qu'il a pensé le mouvement que le mouvement a été produit. C'est pourquoi dire que "les Formes sont des actes de pensée", c'est inexact, si l'on veut dire par là que lorsque l'Intellect a pensé, telle Forme particulière est venue à l'existence ou telle Forme particulière est. Car le pensé (νοούμενον) doit être antérieur à l'acte de pensée (νόησις). Ou alors comment viendrait-on à penser cet objet de pensée ? Car ce n'est sûrement pas par chance que l'on est venu à le penser et ce n'est pas non plus par hasard que l'on l'a atteint. Si donc l'acte de pensée se rapporte à un objet qui est intérieur à l'Intellect, cette réalité intérieure, c'est la Forme et c'est l'Idée même. Qu'est-ce donc que cela ? C'est l'Intellect, l'essence intelligente. »

L'identité Être-Intellect n'exclut pas, on le voit, une sorte de priorité conceptuelle de l'Être sur l'Intellect, et Plotin tient beaucoup à affirmer cette priorité, pour écarter toute idée d'une production en quelque sorte aveugle des Formes par l'Intellect. Comme le dit la suite du texte que nous venons de citer (V 9, 8. 8) :

> « Si l'on concevait l'Intellect comme antérieur à l'Étant, on devrait admettre que l'Intellect, en agissant et en pensant réaliserait et produirait les Étants. Mais, puisqu'il est nécessaire de concevoir l'Étant comme antérieur à l'Intellect, il faut donc poser que les Étants sont à l'intérieur de l'Intellect, et que l'activité et l'acte de penser sont dans les Étants, comme l'activité du feu est déjà dans le | feu, afin que les Étants aient en eux, comme leur activité propre, l'Intellect qui est un. »

373

L'Intellect apparaît ainsi dans cette perspective comme un mode d'être des Formes[2].

Cette interprétation plotinienne de l'identité entre l'Intellect et son objet a encore un autre aspect. Plotin refuse en effet la représentation d'actes de pensée isolés qui produiraient des notions elles-mêmes isolées. Dans les deux textes que nous avons cités (VI 6, 6 et V 9, 7-8), on constate que la démonstration s'achève en insistant fortement sur le caractère simultané des Formes et l'uni-totalité de l'Intellect. Autrement dit, pour se représenter l'activité de l'Intellect, il faut écarter le modèle de l'activité rationnelle qui consiste à passer d'une notion à une autre. Toutes les Formes intelligibles sont présentes simultanément, d'un seul coup, avec leur activité qui est l'Intellect, et celui-ci est toutes les Formes d'un seul coup. Plotin se représente l'Univers intelligible comme un système de Formes qui se supposent toutes les unes les autres, chaque Forme représentant à sa manière la totalité des autres. Univers de Formes donc, mais vivantes et pensantes, donc Univers qui est un Intellect unique, qui se présente comme un système[3]. Plotin revient plusieurs fois dans ce contexte sur l'image de la science idéale, comme système dans lequel chaque théorème implique tous les autres (V 9, 9. 2 et IV 9, 5).

Nous avons parlé d'une sorte d'identité « orientée » qui donne à l'Étant une priorité conceptuelle sur l'Intellect. Ceci correspond assez bien au schéma plotinien de la genèse de l'Intellect à partir de l'Un. On peut y distinguer trois phases. Tout d'abord un rayonnement indistinct se produit à la suite de l'Un. Il s'agit d'une altérité, d'une Vie indéfinie, d'un état de puissance qui n'est pas encore l'Intellect (VI 7, 16. 14 et V 3, 11. 15). Ensuite, cette indétermination, sous l'attraction de l'Un, se retourne vers celui-ci et se délimite. C'est le début de la genèse des Formes. En une troisième phase, le mouvement s'achève par la réalisation de la totalité des Formes et par la constitution de l'Esprit qui | prend conscience du fait qu'il est identique à la totalité des Formes (VI 7, 16. 19-20).   374

On pourrait aussi décrire ce processus en disant que ce qui émane de l'Un devient à la fois Intelligible (c'est ce que l'Intellect voit parce qu'il ne peut voir l'Un) et Intellect (car il voit un intelligible au lieu de voir l'Un). Mais l'Intellect ne peut se constituer comme Intellect que parce qu'il a quelque chose avant lui, pas seulement l'Un, mais l'émanation de l'Un qui va devenir le système des Formes. Ce qui est avant l'Intellect, son principe, dit Plotin (VI 7, 16. 33-35), c'est, d'une part, ce qu'il était avant d'être rempli par les Formes, donc son état non-intellectuel, et c'est, d'autre part, l'Un[4].

Il nous reste à préciser le sens d'une formule un peu énigmatique qui se trouve dans le texte que nous avons cité plus haut (V 9, 7. 4) :

> « C'est pourquoi dire que "les Formes sont des actes de pensée" (νοήσεις), c'est inexact, si l'on veut dire par là que lorsque l'Intellect a pensé, telle Forme particulière est venue à l'existence ou telle Forme particulière est. Car le pensé doit être antérieur à cet acte de pensée. »

Nous revenons toujours à la possibilité d'une fausse interprétation de l'affirmation aristotélicienne : « l'Intellect est ses objets de pensée », ce qui pourrait faire croire que l'Intellect en pensant produit ses objets de pensée. Mais d'où vient la formule : « Les Formes sont des actes de pensée » ? Est-ce une allusion à *Parménide*, 132 b, où effectivement la Forme est présentée comme une pensée (νόημα) ? Mais la notion de production de l'objet par la pensée n'apparaît pas dans l'argumentation de Platon.

Plotin fait plutôt allusion ici probablement à la théorie des Idées comme pensées de Dieu qu'avait développée le moyen platonisme, et tout spécialement le platonicien Alcinoos aux environs du IIᵉ siècle de notre ère dans son *Didaskalikos* [5] :

> « Considérée par rapport à Dieu, l'Idée est son acte de pensée (p. 163. 14 Hermann ; p. 20 Whittaker).
>
> Que Dieu soit un Intellect ou un être pensant, il a des pensées [...].
>
> S'il en est ainsi, les Idées existent (p. 163. 32 H. ; p. 21 W.).
>
> L'Intellect divin doit toujours se penser lui-même ainsi que ses objets de pensée. Son activité, c'est l'Idée (p. 164. 29-31 H. ; p. 23 W.).
>
> I Les Idées sont les actes de pensée (νοήσεις) éternels et parfaits de Dieu (p. 163. 30 H. ; p. 21 W.). »

375

Il semble bien qu'Alcinoos, qui est platonicien, ait développé cette doctrine, en pensant à l'Intellect aristotélicien, décrit dans le livre Λ de la *Métaphysique*. Le Dieu qui se pense, pense ses propres pensées. Pour Plotin, l'erreur d'Alcinoos n'est pas d'affirmer que les Formes ne sont pas extérieures à l'Intellect divin, qu'elles sont en lui (car c'est précisément la doctrine de Plotin lui-même), mais c'est d'affirmer que les Formes sont les résultats d'actes de pensée de Dieu, qui seraient, aux yeux de Plotin, des actes différents les uns des autres qui produiraient des Formes particulières. Dans cette perspective, la connaissance divine ne

s'engendrerait pas, comme le veut Plotin, à partir de la substantialité qui émane de l'Un. L'Intellect d'Alcinoos, en
effet, n'a rien avant lui, puisqu'il est le Dieu suprême. Il n'a
donc pas, comme dirait Plotin, de quoi penser, et ainsi ses
actes de pensées doivent inventer une à une les Formes particulières. Dans ce cas, les Formes, selon Alcinoos, ne peuvent donc pas constituer ce système du monde intelligible
qui, selon Plotin, se pense lui-même d'une manière simultanée et dans lequel tout est dans tout.

On peut peut-être supposer aussi que Plotin a une autre
raison de critiquer cette conception des Idées comme pensées de Dieu : selon lui, elle rendrait possible en effet une
création du monde par une volonté rationnelle de Dieu.
Ce motif apparaît, semble-t-il, en V 8, 7. 1-12, où Plotin critique la représentation d'un créateur du monde qui aurait
conçu un à un les différents éléments de celui-ci :

> « Nous représenterons-nous que le créateur a produit en lui-
> même la notion de terre, et pensé qu'elle devait se tenir au
> centre, ensuite l'eau [...], puis tous les animaux [...] et qu'en-
> suite il se soit mis à réaliser chacune de ces choses telles qu'elles
> avaient été disposées en ordre dans sa pensée ? Mais d'où lui
> serait venue une telle représentation à lui qui n'aurait pas enco-
> re vu ces choses ? [...] Il reste donc que tout était déjà là dans le
> monde intelligible et qu'une image a été produite d'un seul coup
> dans le monde sensible. »

Ce texte de Plotin vise sans doute les Gnostiques et leur
idée d'un Démiurge qui raisonne pour créer le monde,
parce qu'il a perdu le souvenir des Formes. Mais il peut
aussi faire allusion au créationnisme chrétien. En tout cas,
Plotin pouvait craindre que ce créationnisme | ne puisse se   376
justifier en s'appuyant sur la théorie des Idées comme produits de la pensée divine.

Plotin a donc utilisé, nous l'avons vu, la formule aristotélicienne du *De anima* pour illustrer sa théorie de
l'Intellect. Mais à ses yeux l'affirmation : « le savoir est iden-

tique aux objets de pensée », risque d'être comprise comme signifiant : « le savoir, donc l'activité de pensée, produit ses objets de pensée », et il refuse les conséquences que cette interprétation pourrait avoir dans la description de la genèse de la réalité. Pour lui, la pensée ne peut précéder l'Être, mais ce sont l'Être et la Forme qui précèdent la pensée, parce qu'ils sont la trace de l'Un, trace qui permet à l'intellect, prenant cette trace pour objet, de se constituer précisément comme Intellect en se pensant comme identique à l'objet de sa pensée[6].

Notes

1. Les textes du *De anima* d'Aristote se basent sur la traduction de E. Barbotin (Aristote, *De l'âme*, Paris 1989). Les textes de Plotin sont cités d'après l'*editio minor* de P. Henry et H.-R. Schwyzer, *Plotini Opera*, I-III, Oxford 1964-1982, et pour *Enn.* VI 6, d'après Plotin, *Traité Sur les Nombres* (*Ennéade* VI 6, [34]), Introduction, texte grec, traduction, commentaire et index grec de J. Bertier, L. Brisson, A. Charles *et alii*, Paris 1980 (traduction parfois légèrement modifiée).

2. Cf. H. J. Krämer, *Der Ursprung der Geistmetaphysik*, Amsterdam 1967, p. 405, où l'on trouve une excellente explication du texte de V 9, 7. 14 et V 9, 8. 9, avec cette conclusion : « Wenn der νοῦς nichts an und für sich, kein von der ὄντα substantiell Verschiedenes, sondern eine Seinsweise der ὄντα selbst ist, dann kann sich das "Wesen" des Denkens nur an einer Analyse der ὄντα selbst ergeben. »

3. Cf. Plotin, *Traité 38*, par Pierre Hadot, Paris 1988, p. 31-36.

4. Cf. *ibid.*, mon commentaire *ad loc.* et le tableau, p. 264-265.

5. Texte dans *Alcinoos, Enseignement des doctrines de Platon*, Introd., texte établi et commenté par J. Whittaker, traduit par P. Louis, Paris 1990.

6. On consultera sur le problème de l'interprétation de ces textes du *De anima* par Plotin, le livre de Th. A. Szlezák, *Plotin und Aristoteles in der Nuslehre Plotins*, Basel-Stuttgart 1979, par exemple, p. 63 et 135.

III

Autour de Porphyre

17

Fragments d'un commentaire
de Porphyre sur le *Parménide**

I. *Histoire du texte*

En 1873, B. Peyron[1] avait publié quelques folios palimpsestes retrouvés dans un évangéliaire de Bobbio, conservé à Turin, datant probablement du vıᵉ siècle. En s'appuyant sur le vocabulaire de ce texte grec, il pensait être en présence d'un texte philosophique émanant de l'école d'Alexandrie.

En 1878, W. Studemund acheva le déchiffrement des pages laissées de côté par Peyron et, comme l'a raconté W. Kroll dans son article sur ce palimpseste[2], il en prépara ensuite l'édition en faisant appel aux conseils de Krüger, Kern, Schanz, Zeller et Baeumker. Le manuscrit de ces travaux fut consulté par W. Kroll à la bibliothèque de Breslau.

En 1892, W. Kroll, s'appuyant sur cet ensemble de recherches, publia, dans le *Rheinisches Museum*, une édition critique de ces feuillets palimpsestes (exactement les folios 64.67.90-94 de l'évangéliaire).

* Paru dans : *Revue des études grecques*, 74 (1961), p. 410-438.

411 | Cette publication fut d'autant plus heureuse que le précieux manuscrit a péri dans l'incendie qui a ravagé la bibliothèque de Turin en 1904[3].

II. *Contenu des fragments*

Ces quatorze pages sont extrêmement intéressantes. Comme l'a bien montré W. Kroll, elles nous conservent de précieux fragments d'un commentaire sur le *Parménide*.

Le premier fragment[4] se rapporte probablement au développement du *Parménide* 136 a-137 c, dans lequel Platon se propose d'étudier les différentes hypothèses possibles au sujet de l'Un. Notre fragment expose à ce sujet les raisons et les limites de cette dénomination d'Un, appliquée à Dieu. Si l'on dit que Dieu est l'Un, cela ne signifie pas que Dieu est une sorte de minimum de petitesse. Cette dénomination sert à éloigner de la notion de Dieu toute multiplicité et à faire entendre qu'il est la cause de tout et que sa puissance est infinie. En effet, si l'on supprimait l'Un, la multiplicité des êtres aussi serait anéantie. Mais il faut néanmoins savoir dépasser cette dénomination d'Un, parce que Dieu est au-dessus de l'Un et de la monade. En pensant à Dieu, sans rien penser de distinct, il arrivera peut-être que l'on se tienne en repos en la pensée indicible de l'Indicible.

Le second fragment[5] semble se rapporter à la première hypothèse du *Parménide* et plus spécialement aux lignes dans lesquelles Platon montre que l'Un purement Un n'est ni identique, ni différent, ni semblable, ni dissemblable (*Parm.* 139 b-140 b). Le commentateur fait cette objection : « Dieu n'est-il pas dissemblable, par rapport à l'Intelligence (c'est-à-dire à la seconde hypostase, dans la tradition néo-

412 platonicienne) et n'est-il pas différent d'elle ? » Et il | répond à cette objection en montrant que c'est nous qui

pensons à tort que nos relations avec Dieu sont réci-
proques. Ce n'est pas l'altérité qui distingue Dieu des êtres,
ce sont eux qui se distinguent de lui. Dieu est absolument
sans relations à autre chose. Ainsi le soleil ne se lève ni ne
se couche : c'est nous qui entrons dans l'obscurité. Ainsi
encore ceux qui, du bateau, voient la terre s'éloigner : ce
sont eux qui sont en mouvement, et ils s'imaginent que
c'est elle qui se meut[6]. Nous nous imaginons que Dieu est
néant par rapport à nous, mais c'est que nous-mêmes
sommes néant par rapport à lui. Dieu n'a donc aucune
relation aux êtres qui viennent après lui. Est-ce qu'il ne les
connaît pas ? Sa connaissance n'est pas celle d'un sujet
connaissant, mais elle est connaissance absolue, antérieure
à toute distinction entre sujet et objet, elle est connaissance qui est purement connaissance, libérée de la nécessité
de correspondre à un objet. Mais, finalement, quand on
parle de Dieu, il faut se contenter de dire qu'il est séparé
de toutes choses, absolument transcendant, et que toutes
choses sont néant par rapport à lui.

Le troisième fragment[7] contient une page du *Parménide*
lui-même (141 a-d) tirée, elle aussi, de la première hypothèse, et accompagnée d'un bref commentaire. Il s'agit du
rapport entre le temps et l'Un purement Un.

Le quatrième fragment[8] se rapporte aux dernières
lignes de la première hypothèse (141 d-142 a). Platon y
affirmait que l'Un est indicible et inconnaissable. Le commentateur commence par énumérer diverses doctrines qui
prétendent dire « quelque chose » au sujet de Dieu. Il cite
notamment un oracle chaldaïque[9]. Mais il fait remarquer
ensuite que cette théologie positive est au fond | inutile :   413
autant donner à un aveugle la définition de la couleur. Il
vaut mieux s'en tenir à la théologie négative puisque, de
toute manière, il faudra nier les attributs positifs. L'âme n'a
donc aucun moyen de connaître Dieu, sinon son ignorance même.

Le cinquième fragment[10] commente très précisément le début de la seconde hypothèse (*Parm.* 142 b) : « Si l'Un est, se peut-il qu'il soit et ne participe à l'*ousia* ? » Le commentateur essaie d'expliquer cette formule, paradoxale, puisqu'elle laisserait supposer que l'*ousia* préexiste à l'Un qui est, si celui-ci y participe. Il essaie une première explication. Cette formule servirait à expliquer la « substantification » de l'Un. Dans le tout : Un-Être, c'est l'Un qui est et non l'Être qui est Un. Platon a donc été obligé de dire que l'Un participait à l'*ousia*, pour expliquer que l'Un se « substantifiait », c'est-à-dire formait avec l'őv une unité qui imite la simplicité de l'Un purement Un. Le commentateur propose ensuite une autre explication. L'*ousia* en question désigne peut-être d'une manière énigmatique le premier Un, l'Un purement Un. Si en effet le second Un est őv, c'est-à-dire « l'Étant », il faut supposer que le premier Un est, par rapport à ce *sujet qui est*, une sorte d'Être pur, une activité d'être, parfaitement simple[11] qui n'est ni l'activité de quelqu'un, ni quelque chose. C'est en participant à cet Être pur et infiniment simple que le second Un est en même temps « l'Étant ».

Le sixième fragment[12] explique peut-être la formule du *Parménide* (145 b) selon laquelle l'Un de la seconde hypothèse, l'Un qui est, est à la fois en soi et en autre que soi. Selon la tradition néoplatonicienne, « l'Un qui est » est identique à l'Intelligence[13]. Le commentateur va donc essayer de montrer comment l'Intelligence peut être « en elle-même ». Pour être en elle-même, elle doit sortir de soi et être alors « en autre que soi ». Le commentateur va donc décrire le mouvement de l'Intelligence qui, primitivement en un état de repos et de pure existence, sort de soi, devient, à cause de cela, « Vie » et infinie, puis revient à soi et se connaît alors comme Intelligence. Ce mouvement de sortie et de retour à soi est | donc passage par trois moments : existence, vie, intelligence. Mais, dans cette des-

414

cription, c'est le premier moment qui est le plus difficile à concevoir. Si le fait d'être « en soi » est le résultat d'une sortie de soi et d'un retour à soi, comment définir le moment initial ? Est-ce que l'Intelligence n'est pas déjà d'abord en elle-même ? Selon notre commentateur, on ne peut s'exprimer ainsi. Selon son premier moment, l'Intelligence ne peut encore être en soi, justement parce qu'elle ne peut rentrer en soi. Selon ce premier moment, l'Intelligence est donc parfaitement simple et c'est cette simplicité originelle qui fonde la possibilité de la connaissance, c'est-à-dire de l'unité entre le sujet et l'objet. Cette simplicité originelle est une sorte d'acte indivisible qui transcende l'opposition entre sujet et objet et assure en même temps leur réunion. Ainsi le sens commun, dans la psychologie aristotélicienne, perçoit à la fois les différents objets de sensation et l'accord entre les différentes sensations et leurs objets. Mais comment distinguer alors cette simplicité originelle, qui permet à l'Intelligence de se voir, de l'Un lui-même qui, nous l'avons vu, est connaissance absolue, antérieure à toute distinction entre sujet et objet, qui est aussi cet acte d'être, absolument simple, auquel l'Intelligence participe pour être l'Étant ? On peut dire que, selon son état primitif et originel, l'Intelligence coïncide avec l'Un. Comme l'Un purement Un du *Parménide*, elle n'est ni en repos ni en mouvement, ni même ni autre, ni en soi ni en un autre.

III. *Une doctrine porphyrienne*

On s'est évidemment demandé qui pouvait être l'auteur de ce commentaire sur le *Parménide*, ou tout au moins à quelle époque il a été composé. W. Kroll[14] situait sa date de composition entre Jamblique et Syrianus, c'est-à-dire entre le début et la fin du IVe siècle. En effet, selon W. Kroll, Jamblique aurait été le premier néoplatonicien à hypostasier la triade être-vie-intelligence dont nous trouvons la trace en notre dernier fragment. D'autre part, une certaine inconsistance dans la terminologie, la sobriété des | distinctions entre les différents plans du monde intelligible, laissent supposer que l'ouvrage a été composé avant Syrianus et Proclus. Sur ce dernier point, W. Kroll a parfaitement raison. Mais la raison qu'il allègue pour situer après Jamblique la rédaction du commentaire est insuffisante. Ainsi qu'il le remarque lui-même[15], un texte de Proclus[16] laisse entendre que la triade être-vie-intelligence avait déjà une consistance particulière chez Porphyre[17]. On remarquera d'autre part que, dans le dernier fragment de notre commentaire, être, vie et intelligence ne paraissent pas vraiment comme des hypostases distinctes ; ce sont des moments du mouvement de sortie et de retour à soi, propre à l'Intelligence[18]. Le *terminus a quo* reste donc indéterminé.

Récemment R. Beutler[19] a proposé d'attribuer notre commentaire du *Parménide* à Plutarque d'Athènes (né vers le milieu du IVᵉ siècle et mort en 431 ou 432). Ce Plutarque avait été le maître de Syrianus dont Proclus sera l'élève. L'ouvrage aurait donc été écrit dans la seconde moitié du IVᵉ siècle. R. Beutler remarque d'abord que la sobriété de la méthode exégétique qui caractérise nos fragments est assez bien dans la manière de Plutarque d'Athènes, dans la mesure où nous pouvons nous faire une idée de ses commentaires sur Platon et Aristote. Plutarque d'Athènes avait commenté le *Parménide*, et Proclus nous a conservé de précieuses indications sur la nouveauté de son exégèse[20]. Pour Plutarque, les cinq premières hypothèses du *Parménide* étaient les seules à aboutir à des conclusions vraies. Les quatre dernières n'avaient que la valeur de preuves négatives. Chacune des cinq premières hypothèses correspondait à une hypostase différente : Dieu, l'Intelligence, l'Âme, la forme matérielle, la matière[21]. Surtout, à propos

de | la seconde hypothèse, Plutarque affirmait que, par   416
cette fameuse formule de l'ἕν ὄν, de « l'Un qui est », Platon
« mettait en lumière tout le plan intelligible, dans lequel
l'être est véritablement être et dans lequel l'Un participe
complètement à l'être »[22]. R. Beutler[23] rapproche cette affirmation de Plutarque des lignes de notre anonyme dans lesquelles il est dit que l'Un qui est participe à l'Être, transcendant à l'Étant[24].

Il me semble que ce rapprochement n'est pas justifié.
Plutarque ne dit pas, comme notre auteur, que « l'Un qui
est » participe à *l'Être que serait l'Un purement Un,* il se
contente de paraphraser Platon qui affirmait, lui aussi, que
« l'Un qui est » participe à l'*ousia*[25]. Être remplace simplement ici *ousia.* Mais la doctrine si particulière de notre
auteur, qui identifie Un purement Un et Être antérieur à
l'Étant, ne se retrouve pas chez Plutarque. Cette identification ne s'impose donc pas.

En fait, si l'on examine attentivement la doctrine de
notre anonyme, on y remarque des traits qui, par rapport
au néoplatonisme postplotinien, paraissent archaïques.
Avant Plotin, la tradition platonicienne insistait surtout sur
l'opposition entre l'intelligible et le sensible. L'intelligible
correspondait à la plénitude de | l'être, le sensible, au   417
monde déficient du devenir. Plotin est le premier à distinguer un au-delà de l'intelligible et de l'être, un principe tellement simple qu'il ne connaît pas et « n'est » pas. C'est en
cela que consiste la nouveauté de sa doctrine par rapport à
celle de Numénius, qu'on l'accusait de plagier[26]. Numénius
distingue bien trois dieux ou « principes », mais il n'hésite
pas à appeler le premier Dieu, « l'Étant en soi »[27] ou à dire
que ce premier Dieu, le Bien en soi, est de même nature[28]
que l'*ousia,* c'est-à-dire que l'intelligible. Pour Numénius,
le premier Dieu est intelligence ; il est une intelligence
prise à l'état de repos comme identique à l'intelligible ; le
second Dieu est aussi intelligence, mais intelligence « qui

pense qu'elle pense »[29]. Si les premiers traités de Plotin laissent paraître une certaine fidélité à cette doctrine des deux
Intelligences, les traités de la maturité sont au contraire
extrêmement fermes sur ce point : l'Un ne connaît pas,
n'est absolument pas une intelligence ni même un intelligible, et il n'y a qu'une intelligence[30], celle qui procède de
l'Un. Le néoplatonisme, à partir de Jamblique, aura tendance à exagérer encore l'abîme qui sépare l'Un de l'Être
et de l'Intelligence[31].

Or notre anonyme n'hésite pas à identifier l'Un purement Un avec l'Être, défini comme agir antérieur à l'É-
tant[32]. Une telle identification était inadmissible pour
Plotin : l'acte d'être, pour lui, ne pouvait que procéder de
l'Un. Plotin aurait également refusé de dire que l'Un est,
par rapport à nous, en quelque sorte le seul « véritablement existant ». Pourtant notre anonyme opère ce renver-
sement très caractéristique : « Ce n'est pas lui qui | est non-
étant et incompréhensible pour tous ceux qui veulent le
connaître, mais c'est nous et tous les étants qui sommes
néant par rapport à lui. [...] C'est donc nous qui sommes
le néant précisément par rapport à lui, quant à lui, il est le
seul véritablement Étant (τὸ μόνον ὄντως ὄν), si l'on
entend ce terme dans le sens où je le dis, – par rapport à
toutes les choses qui sont après lui »[33]. De telles formules
rappellent beaucoup plus le moyen-platonisme que le néoplatonisme. Plutarque, par exemple, oppose, comme notre
anonyme, « nous » et « Dieu » : « Nous autres, nous ne par-
ticipons pas d'une manière véritable à l'être. [...] Mais
Dieu, étant un, remplit le "toujours" en un seul "maintenant" et ce qui est de cette manière est le seul véritablement Étant (μόνον [...] ὄντως ὄν) »[34]. Pour Plotin, comme
pour Jamblique ou Proclus, ce n'est pas louer l'Un que de
dire qu'il est le seul véritablement Étant, même si, comme
notre anonyme, on n'emploie ce terme qu'en opposition
au néant que nous sommes. Aucun des néoplatoniciens ne

418

cherche en effet à se représenter l'Un comme une plénitude d'être ; les notions de transcendance et de simplicité leur suffisent. Sur ce point précis, notre anonyme reste donc proche de Numénius.

On remarquera également une formule de notre commentaire qui rappelle le vocabulaire de Numénius. L'auteur anonyme affirme que l'Être pur, c'est-à-dire la première hypostase, est l'Idée de l'Étant, c'est-à-dire qu'il est l'idée de la seconde hypostase[35]. Or Numénius avait dit que le premier Dieu était l'Idée du Bien[36], le Bien étant alors le second Dieu, donc une seconde hypostase. Plotin aurait refusé d'accepter un tel rapport entre l'Un et l'Intelligence[37].

| La théorie des deux intelligences, dans notre anonyme, rappelle également Numénius. Il distingue en effet entre l'Intelligence, prise en sa simplicité originelle comme identique à l'Un, tellement simple qu'elle ne peut effectuer de conversion vers soi, et l'Intelligence qui cherche à se voir, en un mouvement de sortie et de retour de vie et de pensée[38]. D'autre part, il n'hésite pas à affirmer que l'Un lui-même est connaissance absolue, « n'ignorant ni le passé, ni le futur »[39], connaissant toutes choses, par le fait même qu'elle est connaissance pure[40] et sans objet qui la limite. Or, nous l'avons vu[41], Numénius définissait le premier Dieu comme une intelligence qui n'effectue pas d'acte de pensée[42], prise à l'état de repos[43], identique à l'intelligible, et le second Dieu, comme une intelligence en acte, cherchant à penser qu'elle pense. Cette doctrine, primitivement admise par Plotin, fut ensuite vigoureusement rejetée par lui.

À côté de ces traits antéplotiniens, nous distinguons pourtant chez notre anonyme d'autres aspects doctrinaux qui sont nettement postplotiniens. Le principe même qui guide son exégèse du *Parménide* est conforme à l'enseignement de Plotin : à la première hypothèse correspond l'Un

419

purement Un, à la seconde hypothèse, l'Un qui est, c'est-à-dire l'Intelligence, que Plotin appelle l'Un-Multiple et notre anonyme l'Un-Tout[44]. Comme Plotin, notre anonyme affirme que l'idée d'Un, appliquée à Dieu, sert à exprimer sa simplicité et son caractère de principe, mais

420 qu'elle doit aussi | être dépassée[45]. Nous verrons également plus loin que certains termes plotiniens se retrouvent chez notre auteur[46].

Bien plus, le commentateur anonyme donne à la triade existence-vie-intelligence un rôle qui annonce l'évolution du néoplatonisme postérieur. Sans doute être, vie et pensée sont groupés d'une manière presque technique chez Plotin et ils constituent chez lui la définition même de l'être plénier, c'est-à-dire de l'Intelligence[47]. Mais, chez notre anonyme, ces trois termes deviennent trois moments d'un unique mouvement par lequel l'Intelligence sort de son repos originel pour se voir elle-même[48]. Ces trois moments ne sont donc pas hypostasiés chez lui comme ils le seront probablement déjà chez Jamblique[49]. On sent ici une pensée encore très proche de Plotin.

Nous sommes donc en présence d'un auteur qui reste en partie fidèle aux enseignements de Numénius, qui a subi aussi l'influence de Plotin, tout en conservant certaines traditions doctrinales antérieures à Plotin. Un seul auteur correspond à ces données, c'est Porphyre. Disciple de Plotin, il emploie un vocabulaire plotinien et systématise l'enseignement de son maître. Mais les néoplatoniciens postérieurs noteront sa fidélité à Numénius[50]. Et des historiens récents, comme H. Lewy[51] et H. Dörrie[52], s'accordent à reconnaître que, même après avoir écouté Plotin, Porphyre a continué à subir l'influence de son premier maître, Longin, qui appartient encore au moyen-platonisme.

421 | Une grande partie de l'œuvre de Porphyre est perdue, notamment le commentaire sur le *Parménide* auquel Damascius semble une fois faire allusion[53]. La plupart des

œuvres conservées concernent la psychologie ou la morale et n'abordent pas pour la plupart les sujets traités dans notre commentaire. Il est donc difficile de faire une comparaison doctrinale très poussée entre la doctrine de l'anonyme et celle de Porphyre. Nous possédons pourtant certains éléments d'appréciation.

La manière dont notre anonyme commente la phrase du *Parménide* (142 b) : « Si l'Un est, se peut-il qu'il soit et ne participe pas à l'*ousia* ? », évoque tout à fait la méthode et la doctrine de Porphyre. Dans cette unité : l'Un qui est, le rapport entre l'Un et l'Étant (l'ἕν et l'ὄν) était difficile à définir pour un néoplatonicien. Platon[54] lui-même avait précisé que l'Un et l'Étant étaient des parties de ce tout : l'Un qui est, et que chacune de ces parties était elle-même ce tout. Notre anonyme essaie de définir l'unité de l'Un qui est, en prenant pour schéma directeur la classification stoïcienne[55] des mélanges : σύγχυσις, κρᾶσις, μίξις, παράθεσις. Il oppose en effet la σύγχυσις, qu'il ne nomme pas, mais que l'on peut reconnaître grâce au vocabulaire employé[56], et la παράθεσις, qu'il nomme explicitement[57]. Dans la σύγχυσις, en effet, les composants se modifient réciproquement et forment une unité nouvelle et indissoluble ; dans la παράθεσις au contraire les composants, simplement juxtaposés, ne sont pas modifiés et ne forment pas une unité indissoluble. De la physique, notre anonyme passe à | la logique. L'Un et l'Étant forment, pour lui, dans l'Un qui est, une unité indissoluble, une σύγχυσις, comme « animal » et « raisonnable » forment cette unité qu'est l'homme[58]. L'Un et l'Étant sont donc ensemble comme les parties de la définition ou de l'essence. Ils ne peuvent être disjoints sans que l'essence elle-même soit détruite. Ils ne forment pas une παράθεσις, comme il arriverait si l'Un était sujet et si « étant » n'était qu'un accident[59]. Un et Étant sont donc les parties de cette essence qu'est l'Un qui est.

422

Nous reconnaissons ici la méthode de Porphyre, telle que l'a récemment analysée H. Dörrie dans son étude sur les *Symmikta Zetemata*. L'originalité de Porphyre, par rapport à Plotin, a consisté essentiellement à lier étroitement la physique stoïcienne et la métaphysique néoplatonicienne[60]. Cette dernière apparaît ainsi comme une méta-physique, c'est-à-dire comme une transposition dans le monde intelligible des lois propres de la physique. C'est ainsi que les *Symmikta Zetemata* utilisent le schéma stoïcien des mélanges pour rendre compte du rapport de l'âme et du corps[61]. Ils énumèrent successivement la σύγχυσις, dans laquelle les composants se modifient réciproquement (συνηλλοιῶσθαι, cf. notre anonyme : συνηλλοίωται)[62], la κρᾶσις, la μίξις, la παράθεσις, pour conclure que l'union de l'âme et du corps s'effectue selon un mode qui réunit en lui les propriétés contradictoires des différents mélanges corporels : union parfaite, comme dans la σύγχυσις, où les composants disparaissent, et pourtant union sans confusion, comme dans la παράθεσις, où les composants restent distincts et sans altération. Ce type paradoxal de mélange est propre à la relation des intelligibles aux choses sensibles[63]. On ne s'étonnera donc pas que dans notre commentaire du *Parménide* il ne soit pas question de ce mode de mélange transcendant. L'unité de l'Un qui est n'est pas | celle d'une réalité intelligible et d'une réalité sensible. Sur le plan purement intelligible, une σύγχυσις parfaite est possible, comme est possible la σύγχυσις parfaite des parties de l'essence.

423

Nous retrouvons en effet également, dans notre commentaire du *Parménide*, l'auteur de l'*Isagoge*. Nous avons vu que notre anonyme opposait la σύγχυσις des parties de l'essence à la παράθεσις qui unit sujet et accident. Ce rapprochement éclaire certaines expressions de Porphyre dans l'*Isagoge*. Si l'accident peut disparaître sans entraîner la destruction du sujet dans lequel il se trouve[64], c'est qu'il ne constitue avec le sujet qu'une simple παράθεσις. Si au contraire la disparition d'« animal » ou de « raisonnable » entraîne la disparition de cette unité qu'est l'homme[65], c'est qu'il y a dans l'essence de l'homme, une σύγχυσις du genre et de la différence.

On pourrait se demander si Porphyre, disciple de Plotin, pouvait, comme notre anonyme, identifier l'Un purement Un avec l'Être antérieur à l'Étant. Mais il se trouve justement que Proclus et Damascius[66] reprocheront à Porphyre d'identifier l'Un avec cette entité que les *Oracles chaldaïques* appellent le Père ou l'ὕπαρξις[67]. Or l'ὕπαρξις, ou l'existence, dans une tradition que l'on a tout lieu de considérer comme porphyrienne et qui est attestée par Marius Victorinus et Damascius, est définie comme l'être pur, sans forme, antérieur à toute détermination, et donc à l'étant[68]. Et justement, | dans son étude sur Porphyre et Augustin, W. Theiler[69] a montré que Porphyre conçoit les étants comme déterminés par une forme et placés par elle à un rang déterminé de la hiérarchie universelle. Nous retrouvons une liaison très étroite entre ces notions d'ordre et de forme chez notre anonyme : « Chacun des autres actes (il s'agit de l'acte de penser et de l'acte d'être pensé) est fixé à quelque chose et il est *ordonné* à cette chose totalement, selon sa *forme* et selon son nom. Mais l'acte dont nous parlons (il s'agit de l'acte pur et absolu qu'est l'Intelligence en sa simplicité originelle) n'est l'acte de rien, c'est pourquoi il n'a ni *forme*, ni nom, ni *substance* »[70]. Dans cette perspective, la transcendance consiste en effet à être libéré de toute forme, de tout ordre, de toute finalité particulière. Au-delà de l'étant, on peut donc concevoir un Être absolu, comme au-delà de la connaissance ordonnée à un intelligible, une connaissance absolue[71], libérée de la nécessité de correspondre à un objet.

Notre anonyme expose, nous l'avons vu, une doctrine très particulière concernant les deux états de l'Intelligence.

424

Il semble bien que Porphyre ait lui aussi distingué deux états de l'Intelligence. Proclus[72] nous dit en effet que, dans son traité *Des principes*, Porphyre aurait enseigné que l'Intelligence, tout en étant elle-lmême « éternelle », possédait en elle « le Prééternel ». C'est ce Prééternel qui, selon Porphyre, aurait uni l'Intelligence à l'Un. Ainsi l'Intelligence aurait en elle quelque chose de supérieur à l'éternel, c'est-à-dire à elle-même. À vrai dire, certaines expressions de Plotin[73] sur l'intimité de l'Intelligence, sur ce qui, en elle, est « premier », pourraient être à l'origine de cette doctrine.

Nous avons vu que Porphyre et notre anonyme n'hésitaient pas à appliquer aux objets transcendants un mode de considération – par exemple, la doctrine des mélanges – jusque-là réservé aux êtres physiques. Notre anonyme[74], en utilisant la doctrine aristotélicienne du « sens commun », pour décrire l'état originel de l'Intelligence, effectue la même démarche intellectuelle. Il transporte un schéma, valable pour le monde sensible, dans le monde intelligible. Porphyre, lui aussi, dans ses *Sententiae*[75], insiste sur l'analogie des rapports qui existent, d'une part, entre la sensation et son objet, d'autre part, entre l'intelligence et l'intelligible. Si donc il admettait, à la suite d'Aristote[76], que les sensations supposent un acte indivisible qui les transcende et qui fonde la possibilité de la perception, il pouvait être conduit à admettre également, comme notre anonyme, que la connaissance intellectuelle suppose, elle aussi, un acte indivisible, transcendant l'opposition entre sujet et objet, et fondant la possibilité de la connaissance[77]. Il semble bien d'ailleurs que la théorie du sens commun ait été une pièce importante de la psychologie porphyrienne[78].

426 | On remarquera d'autres rapports entre notre anonyme et les *Sententiae* de Porphyre. Dans notre commentaire du *Parménide*, il est dit que si Dieu nous apparaît comme un néant, c'est que nous-mêmes sommes néant par

rapport à lui. Dans les *Sententiae,* le même renversement de perspective se retrouve, mais effectué cette fois à propos des rapports entre l'intelligible et le sensible : « De même que, pour le corps, ce qui est sans masse corporelle est insaisissable et n'est, pour lui, que néant, de même pour l'incorporel, ce qui a une masse corporelle ne fait aucun obstacle et est comme un néant »[79]. Il ne faut pas s'étonner de voir les mêmes principes appliqués à notre rapport avec Dieu, chez l'anonyme, et aux rapports entre intelligible et sensible, chez Porphyre. Cette confusion, qui est un héritage du moyen-platonisme, se retrouvera encore[80].

Certains détails de la théorie porphyrienne de la connaissance de Dieu semblent également se présenter aussi chez notre anonyme : pour tous deux, on peut beaucoup parler de Dieu[81], mais on ne le connaît vraiment que dans l'ignorance[82]. Pour tous deux, il faut chercher à se rendre digne de Dieu pour le connaître[83], il vaut mieux se taire que chercher à parler de lui[84]. Tous deux admettent que Dieu nous connaît[85] et connaît toutes choses, doctrine apparemment hérétique en bonne tradition néoplatonicienne. Tous deux veulent prendre garde de ne pas attribuer à Dieu | les passions qui ne sont propres qu'à nous et de ne pas les transporter en lui : nous risquerions de nous faire, au sujet du divin, des idées contraires à la réalité[86].

Autre détail qui rappelle Porphyre : l'attitude de notre commentateur à l'égard des *Oracles chaldaïques.* On sait que les néoplatoniciens, depuis Jamblique, considéraient ces *Oracles* comme de véritables Écritures inspirées[87]. Or nous lisons dans notre fragment (IX 8-10) la formule suivante, au moment même où l'auteur cite un de ces *Oracles* : « D'une certaine manière, ces choses sont dites avec exactitude et vérité, s'il est vrai – à ce que disent ceux qui rapportent cette tradition – que ce sont les dieux qui l'ont révélé. » Notre anonyme prend ses distances à l'égard des *Oracles,* comme l'a bien remarqué W. Kroll[88]. Une telle atti-

427

tude ne se rencontre pas chez les néoplatoniciens postérieurs, comme Jamblique, Proclus ou Damascius. On pourrait penser que notre commentateur cite un de ses prédé-
cesseurs[89], qui aurait rapporté l'oracle en question en précisant qu'il s'agissait là d'une révélation divine. Notre anonyme, ignorant les *Oracles chaldaïques*, aurait hésité à
admettre que ce fût absolument sûr. Mais cette hypothèse
est peu probable. À partir de Porphyre, qui les commenta
pour la première fois, les *Oracles chaldaïques* sont connus
par tous les néoplatoniciens. Même si notre commentateur

428   rapportait l'opinion d'un tiers, il | aurait bien reconnu le
texte des *Oracles*. Ses réticences, même dans ce cas, porte-
raient donc bien sur les *Oracles* eux-mêmes. Mais il est plus
probable que notre auteur cite purement et simplement le
recueil des *Oracles* en le résumant. Ce recueil avait été
constitué au temps de Marc Aurèle par Julien le Théurge
ou le Chaldéen[90]. « Ceux qui rapportent cette tradition »,
c'est donc le ou les Juliens[91]. Et le seul néoplatonicien
capable d'avoir cette attitude un peu réticente et de faire
cette distinction entre « Julien » et ses « *Oracles* »[92], c'est
Porphyre. Il avait justement écrit un commentaire des
Oracles intitulé : « Sur les écrits de Julien le Chaldéen »[93].
Surtout les fragments du *De regressu animae* qui nous ont été
conservés par saint Augustin laissent entrevoir une attitude
critique à l'égard des *Oracles*. H. Lewy[94] a bien insisté sur ce
point. Pour Porphyre, la purification apportée par les mystères chaldéens ne peut remplacer la purification que
donne la contemplation philosophique. Elle n'a de valeur
que pour les non-philosophes. De la même manière, notre
anonyme ne refuse pas la révélation que les *Oracles*, rassemblés par Julien, peuvent apporter sur Dieu. Mais ce ne
sont que des formules que nous ne pouvons comprendre,
même si elles sont communiquées par des dieux. D'ailleurs
ces dieux mêmes ne sont que des reflets de Dieu[95]. Aussi ces
révélations sont-elles inférieures à la théologie négative qui

préfère se tenir dans l'ignorance totale[96]. Elles sont en quelque sorte inutiles[97] puisque finalement il faut y renoncer. Il y a là une analogie frappante avec le *De regressu* : de même que le sacrement chaldaïque est finalement inutile au philosophe, qui doit purifier son âme intellectuelle et non son âme inférieure, de même la révélation | chaldaïque est inutile au philosophe qui veut se tenir « dans la pensée indicible de l'Indicible »[98]. Au « chaldaïsme », Porphyre et notre anonyme préfèrent la tradition platonicienne.

429

Ainsi, dans l'histoire des doctrines, notre anonyme se situe exactement au même point que Porphyre : même juxtaposition d'éléments plotiniens et préplotiniens, même enseignement, presque « hérétique » dans l'école néoplatonicienne[99], sur l'Être pur et sur les deux Intelligences, même attitude réservée à l'égard des *Oracles chaldaïques*.

Nous sommes mal renseignés sur les sources grecques du théologien latin Marius Victorinus, qui écrit aux environs de 360. Mais tout laisse supposer qu'il a subi plutôt l'influence de Porphyre que celle de Jamblique[100]. Or on retrouve chez lui une distinction très nette entre l'Être pur, sans forme et absolument originel, et l'Étant, défini, connaissable et déterminé[101]. Il identifie, aussi nettement que notre auteur, l'Être pur avec la première hypostase, c'est-à-dire avec l'Un purement Un, et l'Étant avec la seconde hypostase, c'est-à-dire avec l'Un qui est ou l'Intelligence. Pour Victorinus aussi il y a deux états de l'Intelligence. L'Intelligence est primitivement connaissance pure, « qui ne rentre pas en elle-même en venant du dehors »[102], qui se contente d'être connaissance sans objet et qui est confondue avec l'Un. Puis cette Intelligence cherche à se voir[103] : elle se met en mouvement, sort de | l'être, devient, à cause de cela, vie[104] et vie infinie[105], jusqu'à ce que, se retournant vers sa source et devenant alors proprement Intelligence, elle revienne à elle-même[106], pensant alors qu'elle pense.

430

C'est exactement la doctrine de notre anonyme[107]. Le témoignage de Victorinus aurait suffi, à lui seul, à faire soupçonner que notre commentaire avait Porphyre pour auteur[108].

IV. *Un vocabulaire porphyrien*

Si l'on étudie maintenant le vocabulaire de nos fragments, on constate en premier lieu qu'il n'interdit pas cette attribution à Porphyre et en second lieu qu'il comporte certains mots et certaines expressions qui sont particulièrement caractéristiques de Porphyre.

431 | Nous avons vu que la doctrine de nos fragments laissait supposer que Porphyre était leur auteur. Toutefois, si certains faits lexicographiques interdisaient cette identification, il faudrait bien y renoncer. Or le vocabulaire de nos fragments ne présente aucune particularité qui nous y oblige. Sur les 457 mots différents que l'on peut dénombrer avec certitude dans nos fragments, 46 seulement sont étrangers aux œuvres de Porphyre qui nous ont été conservées. Encore l'absence d'*Indices* complets nous interdit-elle de nier absolument que Porphyre ait employé l'un ou l'autre de ces mots.

Sur ces 46 mots d'ailleurs, 11 seulement posent un problème. Tous les autres appartiennent, soit au vocabulaire courant[109], soit au vocabulaire traditionnel de la philosophie[110].

Les 11 mots qui font question sont les suivants : ἀκραιφνότης, ἀναγγελτικός, ἀσύζυγος, ἄσχετος, ἑνάς, ἐνούσιος, καθυπονοεῖν, παρέλλειψις, πλήρωμα, πληρωτικός, προούσιος.

'Ακραιφνότης[111] est un hapax. Porphyre emploie ἀκραιφνής dans *Sent.* XL, p. 35. 14 et *De abst.*, p. 116. 11 et 263. 10. Porphyre semble bien avoir créé un autre abstrait :

ὀντότης[112]. Le terme en question n'est donc pas étranger à sa manière.

Ἀναγγελτικός[113] apparaît pour la première fois chez notre anonyme. Mais c'est un terme tout naturellement construit à partir de ἀναγγέλλειν, qui se trouve également chez lui. Aristote emploie déjà ἐπαγγελτικός et ἐξαγγελτικός.

| Ἀσύζυγος[114] est employé dès le deuxième siècle après 432 J.-C., en grammaire et en médecine. Chez notre anonyme, il est opposé à σύζυγος, mot cher à Porphyre[115], et il signifie donc « incoordonné ».

Ἄσχετος[116] est employé, pour la première fois, chez notre anonyme, comme synonyme d'ἀπόλυτος. On le retrouve chez Julien[117] et chez Dexippe[118], deux auteurs qui ont subi l'influence de Porphyre et de Jamblique.

Ἑνάς est un mot important de la tradition pythagoricienne[119]. Mais son usage est très particulier chez notre anonyme. Alors que, chez Syrianus[120], et peut-être même déjà chez Jamblique[121], ce mot désigne un ordre de dieux « supersubstantiels », et que, chez Plotin[122], il désigne seulement une unité quelconque, il est employé ici (IV 10 ; voir aussi VI 33) dans la formule διὰ τῆς αὐτοῦ ἑνάδος καὶ μονώσεως pour désigner l'unité de l'Un lui-même. Cette unité apparaît en quelque sorte comme une nature ou une essence de l'Un. On peut deviner dans cette expression une tendance à admettre une sorte de « propriété » caractéristique de l'Un. Contre cette tendance, Proclus[123] réagira vigoureusement. Porphyre, qui admet une telle « propriété »[124] de l'Un, pouvait employer cette expression.

Ἐνούσιος[125] et προούσιος[126] appartiennent à un groupe | sémantique qui comprend également ἀνούσιος[127] et 433 ὑπερούσιος[128]. Ce type de formation n'est pas étranger à Porphyre, qui emploie ὑπερούσιος[129]. Porphyre a pu opposer ἐνούσιος à ἀνούσιος comme il a opposé ἔνογκος à ἄογκος[130]. Προούσιος est attesté chez Jamblique[131]. Mais

Porphyre n'hésite pas devant une formation en προ- comme προαιώνιος[132].

Καθυπονοεῖν[133] est attesté chez Jamblique[134].

Παρέλλειψις[135], qui n'est pas parfaitement attesté dans l'état du palimpseste, est un terme utilisé par un grammairien du Ier siècle ap. J.-C.[136].

Πλήρωμα[137], très employé dans la littérature chrétienne, gnostique ou orthodoxe, semble faire ici son entrée dans le vocabulaire philosophique grec. On le trouve également chez Jamblique[138]. Mais notre anonyme emploie le terme d'une manière tout à fait particulière qui rappelle également Porphyre ; pour lui, c'est l'Un qui est à lui-même son propre « plérôme » : πλήρωμα ὢν αὐτὸς αὐτοῦ. Or, pour Porphyre, la puissance intelligible se remplit elle-même d'elle-même : πεπλήρωται γὰρ ἑαυτῆς ἡ δύναμις[139]. Chez Victorinus[140], l'Intelligence est le χώρημα du πλήρωμα qu'est l'Un. Or Porphyre emploie le mot χώρημα[141].

Πληρωτικός[142] semble désigner la partie « essentielle »
434 de la | réalité totale. Il est probablement employé à la place de συμπληρωτικός[143].

Aucun de ces onze mots n'est vraiment « tardif ». Attestés, presque tous, dès la première moitié du IVe siècle, ces termes ne sont étrangers ni à la doctrine ni à la manière de Porphyre. Aucun fait lexicographique ne nous interdit donc l'attribution proposée.

Certains éléments positifs confirment au contraire notre hypothèse. Nous trouvons d'abord, chez notre anonyme, répétée trois fois[144], une expression qui est presque une signature de Porphyre. Il s'agit de la formule ὁ ἐπὶ πᾶσιν θεός. C'est presque avec ce seul indice que H. Lewy[145] a reconnu que la *Théologie hellénique*, citée dans la *Préparation évangélique* d'Eusèbe[146], était un fragment de la *Philosophie des oracles* de Porphyre. Cette formule semble provenir d'Apollonius de Tyane[147]. Elle passe chez Celse[148], puis chez Porphyre qui l'emploie avec prédilection : six fois[149] dans les ouvrages que nous possédons encore. H. Lewy[150] signale d'ailleurs que Julien et Synésius, deux auteurs influencés par Porphyre, utilisent aussi cette expression, mais beaucoup moins fréquemment. Le fait que nous retrouvions trois fois ὁ ἐπὶ πᾶσιν θεός en nos fragments, pourtant si courts, ne peut s'expliquer que si Porphyre est leur auteur.

D'autres termes ou tours se retrouvent également chez Porphyre.

1° Certains mots, employés par notre anonyme, et d'usage assez | courant en philosophie, se retrouvent chez Porphyre ; il est intéressant de le constater. Citons :

435

Ἀνεννόητος. XIV 14 : ἄρρητον οὖσαν καὶ ἀνεννόητον. Porphyre, *Sent.* X, p. 3. 3 : ἀνεννοήτως τε καὶ ὑπερουσίως.

Ἀνεπινόητος. I 31 : διὰ τὸ ἄγαν ἐξηλλαγμένον τῆς ἀνεπινοήτου ὑποστάσεως. Porphyre, *Hist. philos.*, p. 15. 1 : ἀπὸ δὲ τούτου τρόπον τινὰ ἀνθρώποις ἀνεπινόητον νοῦν γενέσθαι[151].

Ἐξαλλάττειν. X 25 : καὶ τοῦ εἶναι καὶ τοῦ ἔστιν ἐξήλλακται αὐτοῦ τὸ προοούσιον. I 31 : διὰ τὸ ἄγαν ἐξηλλαγμένον τῆς ἀνεπινοήτου ὑποστάσεως. Porphyre, *Sent.* XXXV, p. 29. 2 : πρὸς δὲ τὰ κατ' εἶδος ἐξηλλαγμένα δι' ἑτερότητα οὐσίας ; *Adv. Boeth.*, fr. I, dans Eusèbe, *Praep. ev.*, t. I, p. 63. 22 Mras ; *In Harm. Ptolem.*, p. 150. 13 Düring ; *Antr. Nymph.*, p. 77. 13 Nauck ; *De abst.*, p. 104. 24 ; p. 195. 18 et 198. 21.

Ἔχεσθαι. II 7 : ἐν δὲ τῷ ἔχεσθαι [...] πάντα τὰ παρ' αὐτοῦ καὶ δι' αὐτόν. VI 24 : ἐχόμενον τῶν ἀλλοτρίων αὐτοῦ. Dans les deux cas, il s'agit du rapport entre la théologie négative et l'« attachement » à l'être. Même emploi chez Porphyre, *Sent.* XXVI, p. 11. 9 : τὸ δὲ (μὴ ὂν ὑπὲρ τὸ ὄν) προνοοῦμεν ἐχόμενοι τοῦ ὄντος.

Καταλαμβάνειν. X 15 : τὸν ἐπὶ πᾶσι [...] θεὸν ἀμήχανον εἶναι καταλαβεῖν, à rapprocher de IX 11 : (ταῦτα) φθάνει πᾶσαν τὴν ἀνθρωπίνην κατάληψιν. Porphyre, *Hist. philos.*,

XV, p. 13. 12 Nauck : μηδὲ γνῶσιν ἀνθρωπίνην αὐτὸν καταλαβεῖν.

2° Certains mots, employés par notre anonyme, se retrouvent d'une manière particulièrement fréquente chez Porphyre :

Ἐξηγητικός. XI 10 : ἐν τῷ ἐξηγητικῷ τοῦ ἀνθρώπου λόγῳ. Porphyre, In Cat., p. 63. 8 Busse : λόγον ἐξηγητικὸν τοῦ πράγματος ; p. 72. 34 et 73. 20 : λόγους ἐξηγητικοὺς τῶν ὀνομάτων.

Μηνύειν. Χ 34 : ὅσοι τὰ κατ' αὐτὸν μηνύειν ὡς ἔστιν ἐτόλμησαν. Ce mot, assez commun chez les philosophes, semble particulièrement cher à Porphyre, cf. In Cat., p. 63. 16 ; 125. 18 ; De animat., p. 36. 2 et 41. 13 Kalbfleisch ; Im Harm. Ptolem., p. 5. 7 Düring ; De abst., p. 85. 8. 15 ; 175. 8 ; 190. 3 ; Philos. Oracl., t. I, p. 245. 10 ; 246. 14 ; 248. 13 ; 250. 3 Mras (Eusèbe, Praep. ev.) ; De cultu simul., t. I, p. 123. 1 ; 127. 20 ; 137. 3 Mras (ibid.) ; Contra I Christ., t. I, p. 40. 4 Mras (ibid.) ; Recit. philolog., t. II, p. 566. 13 Mras (ibid.).

Οὐσιοῦσθαι. XII 6 : τὸ δ' ἐνούσιον εἶναι καὶ οὐσιῶσθαι. XII 9 : οὐσιωμένον δὲ ἕν. Ce mot, employé dans la théologie chrétienne[152] notamment par Origène et les actes du concile d'Antioche (268), n'était pas utilisé par les philosophes, sous une forme passive, avant Porphyre. Cf. Porphyre, Sent. XXXIX, p. 35. 5 ; XLI, p. 39. 14. 19 ; In Cat., p. 99. 7 ; In Harm. Ptolem., p. 11. 33-12. 1 Düring ; γνῶθι σεαυτόν, dans Stobée, Ecl., t. I, p. 334. 21 Meineke (t. III, p. 21. 28 Wachsmuth).

Παράστασις. IX 15 : τῶν παντὸς λόγου εἰς παράστασιν ὑπερτέρων. Il s'agit des couleurs (et indirectement de Dieu) qu'il est impossible de faire connaître à un aveugle, même à l'aide de définitions. Dans un contexte analogue, Porphyre, Sent. XIX, p. 7. 16 : κατὰ γὰρ ἀπόφασιν, ὧν οὐκ ἔστιν, οὐ κατὰ παράστασιν, ὧν ἐστι, προσηγόρευται. Le mot est employé fréquemment, cf. In Cat., p. 55. 11 et

130. 13 ; *Isagoge*, p. 22. 12 ; *Adv. Boethum*, t. II, p. 63. 1 Mras ; *Antr. Nymph.*, p. 58. 23 Nauck ; *Styx*, dans Stobée, *Ecl.*, t. II, p. 4. 9 Meineke (t. II, p. 14. 15 Wachsmuth) ; *De cultu simul.*, t. I, p. 123. 18 et 139. 22 Mras.

Προσόντα (τά). IX 31 : τι περὶ αὐτοῦ τῶν ὥς φασι προσόντων. X 8 : τῶν προσόντων αὐτῷ. Il s'agit des attributs propres. Cf. Porphyre, *Sent.* XXXIII, p. 26. 18 ; XXXVI, p. 31. 16 ; *Isagoge*, p. 15. 7 ; *De abst.*, p. 132. 18 ; *Antr. Nymph.*, p. 59. 17.

3° Certaines tournures de notre anonyme se retrouvent chez Porphyre. Le premier exemple est particulièrement frappant.

Διαφεύγειν διὰ σμικρότητος. II 2 : ἤ πού γε διὰ σμικρότητός τινος διαφευγούσης ἡμῶν δι' ὀλιγότητα τὴν ἐπίνοιαν. Porphyre, *In Harm. Ptolem.*, p. 17. 20 Düring : ... κἄν ὑπὸ σμικρότητος παντάπασιν διαφεύγῃ τὴν αἴσθησιν, ἔτι ἰδίως νοητὸν λέγεται τὸ πρὸς μόνην τὴν τοῦ νοῦ γνῶσιν ὑφεστηκός, τὴν δ' αἴσθησιν διαφεῦγον, ὡς τὰ ὑπὸ σμικρότητος ἐκφεύγοντα τὴν αἴσθησιν, νοητὰ μέν φαμεν εἶναι, αἰσθητὰ δ' οὔ.

Notre commentateur du *Parménide* a précédemment précisé que, si Dieu est appelé Un, cela n'implique pas que Dieu soit un minimum, comme le voudrait Speusippe. Il ajoute maintenant cette restriction : « Peut-être que, de quelque manière, [Dieu est appelé Un] à cause d'une certaine petitesse qui échappe à notre conception à cause de notre faiblesse. » Cette petitesse qui échappe à notre conception est la petitesse de volume qui est toujours liée au maximum de puissance. Les *Sententiae* nous éclairent sur ce point : « Ce qui est plus grand par la masse corporelle est plus petit par la puissance. [...] Ce qui est supérieur par la puissance est étranger à la masse corporelle. [...] De même que le véritablement Étant est, par rapport à la masse corporelle, sans grandeur et sans masse corporelle, de même ce qui est corporel est, par rapport au véritable-

437

ment Étant, sans force et sans puissance »[153]. Ainsi le maximum de puissance de l'Un correspond à un minimum de petitesse, par rapport à la masse matérielle. Notre commentateur applique au rapport entre l'Un et « nous », ce que les *Sententiae* disent des rapports entre le véritablement Étant et le corporel. Nous avons déjà rencontré plus haut pareille démarche intellectuelle[154]. Dans son commentaire sur les *Harmoniques* de Ptolémée, Porphyre emploie des expressions tout à fait proches de celles de notre commentateur pour dire que « ce qui échappe à la sensation à cause de sa petitesse » est appelé proprement intelligible, parce que c'est l'objet d'une connaissance purement intellectuelle ; et il précise que ce que nous appelons intelligible et non sensible, c'est ce qui échappe ainsi à la sensation, à cause de sa petitesse. Le commentaire sur les *Harmoniques* de Ptolémée oppose donc intelligible et sensible, mais ici encore l'opposition est également valable pour le rapport entre l'Un et nous : de même que l'intelligible échappe à notre sensation, à cause de sa petitesse, de même l'Un « nous » échappe, et c'est aussi à cause de sa petitesse. Dans les deux cas, cette petitesse, par rapport au sensible, correspond à un maximum de puissance.

Ἰδιότης. XI 20 : τις ἰδιότης ὑποστάσεως. XI 9 : ἡ τοῦ εἶναι ἰδιότης. Porphyre, *Sent* XXXIII, p. 27. 9 : κατ' ἰδιότητα ὑποστάσεως ; *In Harm. Ptolem.*, p. 8. 9 : ἰδιότης οὐσίας.

Ὅλος. XI 30, XII 20 : τὸ ὅλον τοῦτο. Dans notre commentaire, cette expression peut rappeler Platon, *Parm.* 142 d : τὸ μὲν ὅλον ἓν ὂν εἶναι αὐτό, puisqu'il s'agit précisément de l'ἓν ὄν. Mais | Porphyre emploie assez souvent l'expression τὸ ὅλον τοῦτο, *Sent.* XXXVIII, p. 34. 9 ; *Isagoge*, p. 11. 16 ; *Antr. Nymph.*, p. 78. 18.

438

Ποιεῖσθαι. XI 2 : ἄλλον ποιεῖται τὸν λόγον. Porphyre répète souvent cette formule de commentateur, *In Cat.*, p. 58. 33 ; 61. 12 ; 61. 13 ; 88. 4 ; 90. 29.

'Υπόστασις. I 31 : τὸ ἄγαν ἐξηλλαγμένον τῆς [...] ὑποστάσεως.Tournure analogue, *Sent.* XIV, p. 4. 11 : ἐν τῷ ἁπλῷ τῆς ὑποστάσεως (cf. plus haut ἰδιότης). De même on peut comparer IV 15 : οὐσίας ὑποστάσει avec le texte des *Symmikta Zetemata*, rapporté par Némésius, p. 42 Dörrie : εἰς μιᾶς οὐσίας ὑπόστασιν.

V. *Conclusion*

1° Rien ne nous oblige à dater ces fragments de la fin du IVᵉ siècle, comme le voudraient Kroll et Beutler. Ni la doctrine qu'ils exposent ni le vocabulaire qu'ils emploient n'exigent pareille date.

2° La parenté de leur doctrine et de leur vocabulaire avec la doctrine et le vocabulaire de Victorinus, qui écrit vers 360, nous invite à penser qu'ils datent *au moins* de la première moitié du IVᵉ siècle.

3° Ils peuvent donc avoir été écrits par Porphyre, Jamblique ou Théodore d'Asiné[155]. Mais on ne reconnaît dans ces fragments aucun des traits doctrinaux propres à ces deux derniers.

4° Leur méthode et leur doctrine sont identiques à celles de Porphyre : fidélité à Numénius, traits plotiniens, utilisation de la physique stoïcienne dans la métaphysique néoplatonicienne, réticence à l'égard des *Oracles chaldaïques*.

5° Des expressions comme ὁ ἐπὶ πᾶσιν θεός, διὰ σμιχρότητος [...] διαφευγούσης suffiraient à révéler que Porphyre est l'auteur de ces fragments. D'autres termes et d'autres tours, familiers à Porphyre et employés par notre anonyme, confirment cette conclusion.

6° Cette conclusion éclaire d'un jour nouveau ce que nous savons de l'ensemble de la doctrine porphyrienne.

Notes

1. B. Peyron, « Notizia d'un antico evangeliario bobbiese che in alcuni fogli palimpsesti contiene frammenti d'un greco trattato di filosofia », *Rivista di filologia*, 1 (1873), p. 53-71. Cette première édition de B. Peyron est importante, parce qu'elle est plus « naïve » que celle de Kroll. Selon Peyron et Kroll, l'écriture grecque semble dater du Ve siècle.

2. W. Kroll, « Ein neuplatonischer Parmenidescommentar in einem Turiner Palimpsest », *Rheinisches Museum*, 47 (1892), p. 599-627.

3. E. Stampini, « Inventario dei Codici superstiti [...] della Biblioteca di Torino », *Rivista di filologia e d'istruzione classica*, 32 (1904), p. 436.

4. I-II. Je cite les fragments selon les numéros d'ordre des folios, tels qu'ils ont été donnés par W. Kroll, dans son édition. Les indications de lignes correspondront également aux lignes de ces folios.

5. III-IV-V-VI.

6. III 30 : καθάπερ καὶ οἱ παρὰ γῆν πλέοντες αὐτοὶ κεινούμενοι αὐτὴν κεινεῖσθαι οἴονται. La même image chez R. M. Rilke, *Das Stundenbuch*, dans *Gesammelte Werke*, t. II, Leipzig 1927, p. 252 : « Du bist der Dinge tiefer Inbegriff der [...] sich den andern immer anders zeigt : dem Schiff als Küste und dem Land als Schiff. »

7. VII-VIII.

8. IX-X.

9. Sur cet oracle, cf. W. Kroll, *De oraculis chaldaicis* (Breslauer philologische Abhandlungen, VII 1), Breslau 1894, p. 12. – H. Lewy, *Chaldaean Oracles and Theurgy* (Recherches d'Archéologie, de Philologie et d'Histoire, XIII), Le Caire 1956, p. 78, n. 45 ; p. 79, n. 47 ; p. 81, n. 54 ; p. 112, n. 181.

10. XI-XII.

11. XII 25 : ἐνεργεῖ δὲ μᾶλλον (sujet : τὸ ἕν) καὶ αὐτὸ τὸ ἐνεργεῖν καθαρόν, ὥστε καὶ αὐτὸ τὸ εἶναι τὸ πρὸ τοῦ ὄντος.

12. XIII-XIV.

13. Cf. Plotin, *Enn.* V 1, 8. 23.

14. W. Kroll, « Parmenidescommentar », p. 624.

15. *Ibid.*, p. 624, n. 2.

16. Proclus, *In Tim.* III, p. 64. 8 Diehl.

17. Cf. sur ce point, H. Lewy, *Chaldaean Oracles*, p. 455-456.

18. Cf. E. R. Dodds, *Proclus, The Elements of Theology*, Oxford 1933, p. 221.

19. R. Beutler, article *Plutarchos von Athen*, dans Pauly-Wissowa, RE, 21, 1951, col. 974-975.

20. Proclus, *In Parm.*, col. 638. 14 sq. Cousin.

21. Cette interprétation des cinq premières hypothèses était d'ailleurs conforme à la tradition néoplatonicienne. La nouveauté de l'exégèse de Plutarque consistait à renoncer à faire correspondre des « objets » aux quatre dernières hypothèses. R. Beutler, *op. cit.*, p. 975.

22 pense que notre anonyme emploie la même méthode d'exégèse, parce que, dans le premier fragment, il affirme que si l'Un était supprimé, la cohésion des choses serait détruite. Une telle affirmation correspondrait justement à la neuvième hypothèse du *Parménide*, 165 e : ὥστε οὐδ' ἂν πολλὰ εἴη (cf. notre anonyme, I 13 : οὐκ ἂν οὐδὲ πλῆθος ὄντα εἶναι). Exactement l'anonyme dit ceci: 1° Par elles-mêmes, les choses sont dispersées et ne forment même pas une multitude ; 2° L'Un n'est donc pas séparé des choses, sans cela, elles seraient indéfinies et inexistantes ; 3° L'Un n'est pas confondu non plus avec les choses, sans quoi, les choses ne pourraient pas non plus exister. Nous avons là une paraphrase des principes plotiniens : « C'est par l'Un que tous les "étants" sont des "étants" » (*Enn.* VI 9, 1. 1). « L'Un est toutes choses et n'est aucune des choses » (V 2, 1. 1). Autrement dit, la neuvième hypothèse du *Parménide* veut dire seulement que l'Un est le principe du « Plusieurs ». Mais nous ne pouvons rien conclure de certain, concernant la manière dont notre anonyme interprétait les quatre dernières hypothèses.

22. Proclus, *In Parm.*, col. 638. 27 : πάντα τὸν νοητὸν εἰς φῶς ἀνάγειν διάκοσμον, ἐν ᾧ καὶ τὸ εἶναι ὡς ἀληθῶς ἐστι, καὶ τὸ ἓν αὐτοτελῶς μετέχον τοῦ εἶναι.

23. *Op. cit.*, p. 974. 41.

24. XII 27 : οὗ (sc. τοῦ εἶναι) μετασχὸν τὸ ἕν (correction de W. Kroll, le palimpseste porte τὸ ὄν qui, à la rigueur, donnerait un sens satisfaisant) ἄλλο ἐξ αὐτοῦ ἔχει ἐκκλινόμενον τὸ εἶναι, ὅπερ ἐστὶ μετέχειν ὄντος.

25. *Parm.* 142 b : ἓν εἰ ἔστιν, ἆρα οἷόν τε αὐτὸ εἶναι μέν, οὐσίας δὲ μὴ μετέχειν ;

26. Cf. Porphyre, *Vita Plotini*, 17. Amélius, nous raconte Porphyre, avait écrit un traité *Sur la différence des dogmes de Plotin et de Numénius*, contre ceux qui prétendaient que les doctrines de Plotin se ramenaient à celles de Numénius.

27. Numénius, fr. 26 Leemans : αὐτοόν.

28. Numénius, fr. 25 Leemans : σύμφυτον τῇ οὐσίᾳ.

29. Cf. sur ce point E. R. Dodds, « Numenius and Ammonius », dans *Sources de Plotin* (Entretiens sur l'Antiquité Classique, V), Vandœuvres-

Genève 1957, p. 12-14 et 19-20, citant Numénius, fr. 24 et Plotin, *Enn.* III 9, 1.

30. Plotin, *Enn.* II 9, 1. 25 sq.

31. Jamblique distinguera un « principe indicible » au-delà de l'Un, puis l'Un, puis le « Toujours-Étant », sommet de la substance intelligible, puis l'ensemble de la substance intelligible, cf. Damascius, *Dubit. et solut.*, § 43, t. I, p. 86. 3 Ruelle, et Proclus, *In Tim.* I, p. 230. 5 Diehl.

32. Cf. plus haut, note 11.

33. IV 19-22, cf. plus bas, n. 79.

34. Plutarque, *De E ap. Delph.*, 17-18, 391 f-393 b, cité par Eusèbe, *Praep. ev.*, XI 11, 1, t. II, p. 29. 10 et p. 31. 13-14 Mras.

35. XII 32 : ὥσπερ ἰδέα τοῦ ὄντος.

36. Numénius, fr. 29 Leemans : εἴπερ ἐστὶ μετουσίᾳ τοῦ πρώτου ἀγαθοῦ ἀγαθός (cf. l'anonyme XII 27 et 33 : οὗ [sc. τοῦ εἶναι] μετασχόν), <ἀγαθοῦ> ἰδέα ἂν εἴη ὁ πρῶτος νοῦς, ὧν αὐτοαγαθόν (cf. Eusèbe, *Praep. ev.*, XI 23, 10, t. II, p. 51. 8-9 Mras).

37. Pour Plotin, en effet, « l'Un ne saurait avoir rien de commun avec les choses qui viennent après lui, sans quoi cet élément commun serait avant lui » (*Enn.* V 5, 4. 14, cité par É. Bréhier, « L'idée du néant et le problème de l'origine radicale dans le néoplatonisme grec », dans *Études de philosophie antique*, Paris 1955, p. 258). Or toute participation à une idée suppose un élément commun avec elle.

38. XIV 10-35.

39. IV 32 : μόνον ὅτι μηδ' ἐν ἀγνοίᾳ μένει ποτὲ τῶν ἐσομένων, γιγνόμενα δὲ ἐγνώρισεν ὁ μηδέποτε ἐν ἀγνοίᾳ γενόμενος.

40. VI 8 : γνῶσις ἀπόλυτος.

41. Notes 29 et 30.

42. Numénius, test. 25 Leemans : le premier Dieu ne pense « qu'en utilisant » (ἐν προσχρήσει) le second, dont la fonction propre est de penser.

43. Numénius, fr. 24 Leemans : ἔσται ἑστώς.

44. *Enn.* V 1, 8. 24 : τὸ πρῶτον ἕν, καὶ δεύτερον ἓν πολλὰ λέγων, et notre anonyme XII 3-5 : αὐτίκα ἐκεῖνο ἓν μόνον, τοῦτο δὲ ἓν πάντα (cf. *Enn.* V 3, 15. 23).

45. Comparer I 20 et *Enn.* VI 9, 6. 4 : l'Un n'est pas un minimum ; I 25 et *Enn.* VI 9, 6. 10-11 : la notion d'Un exprime l'infinité de la puissance du Premier. Comparer également I 6-10 et *Enn.* V 5, 6. 26-34 : la notion d'Un ne contient que la négation du multiple et désigne le maximum de simplicité ; I 29 ou II 13 et *Enn.* V 5, 6. 32 : il faut renoncer finalement même à la notion d'Un.

46. Cf. note 110.

47. Cf. P. Hadot, « Être, vie, pensée chez Plotin et avant Plotin », dans *Sources de Plotin* (cf. plus haut, p. 127-181), p. 105-157.

48. XIV 17-21 : τὸ δὲ νοοῦν ἦν ὁ νοῦς μετεξέλθη ἀπὸ τῆς ὑπάρξεως εἰς τὸ νοοῦν, ἵνα ἐπανέλθη εἰς τὸ νοητὸν καὶ ἑαυτὸν ἴδη, ἐστὶν ζωή· διὸ ἀόριστος <ὁ> κατὰ τὴν ζωήν.

49. Cf. Proclus, *In Tim.* III, p. 45. 5 Diehl. Pour Porphyre, cf. plus haut, n. 16 et 17.

50. Numénius, test. 18 Leemans (Proclus, *In Tim.* I, p. 77 Diehl) : Πορφύριος [...] ὃν καὶ θαυμάσειεν ἄν τις εἰ ἕτερα λέγοι τῆς Νουμηνίου παραδόσεως

51. H. Lewy, *Chaldaean Oracles*, p. 315.

52. H. Dörrie, *Porphyrios' Symmikta Zetemata* (Zetemata, 20), Munich 1959, p. VIII.

53. Damascius, *Dub. et Sol.*, § 238, t. II, p. 112. 14 Ruelle : ἔνατον, τί « τὸ ἕν γέ τι » σημαίνει, καὶ τὸ τί προσκείμενον ; ἆρα ὅτι ἀντίκειται τῷ οὐδὲν τὸ τί ὡς Πορφύριος, ἢ ὅτι τὸ τί δηλοῖ τὸ μεθεκτὸν ἕν. Il s'agit d'expliquer *Parm.* 144 c : ἕν γέ τι : chaque partie de « l'Un qui est », si elle « est », est nécessairement « quelque un ». Nous rencontrons dans ce passage de Damascius un exemple de la différence qui existe, en matière d'exégèse, entre Porphyre et Jamblique. Porphyre recherche le sens obvie : « quelque un » s'oppose à « pas un ». Les néoplatoniciens postérieurs à Porphyre, que Damascius cite dans la suite du passage, Jamblique et Syrianus, cherchent à faire correspondre à la formule platonicienne une hypostase particulière: l'un « déterminé » ou « participé ».

54. *Parm.* 142 d.

55. Sur cette doctrine stoïcienne, cf. H. Dörrie, *Porphyrios' Symmikta Zetemata*, p. 24-33.

56. Cf. plus bas, n. 62.

57. XI 17 : καὶ οὐκ ἔστιν παράθεσις ἑνὸς καὶ ὄντος.

58. XI 10-17.

59. XI 18-19.

60. H. Dörrie, *Porphyrios' Symmikta Zetemata*, p. 160.

61. *Ibid.*, p. 24-35 et 36-73.

62. *Ibid.*, p. 45 : ἀνάγκη γὰρ ἢ ἡνῶσθαι τὴν ψυχὴν καὶ τὸ σῶμα καὶ συνηλλοιῶσθαι καὶ συνεφθάρθαι ἀμφότερα [...] ἢ μὴ ἡνῶσθαι [...] παρακεῖσθαι δέ. Cf. notre anonyme, XI 16-17 : οὕτως γὰρ καὶ ἐπὶ τούτου τό τε ἓν τῇ οὐσίᾳ συνηλλοίωται ἥ τε οὐσία τῷ ἑνί, καὶ οὐκ ἔστιν παράθεσις ἑνὸς καὶ ὄντος.

63. H. Dörrie, p. 54 ; cf. également Porphyre, Πῶς ἐμψυχοῦται τὰ ἔμβρυα (que je citerai désormais sous le titre *De animat.*), p. 47. 20 Kalbfleisch.

64. *Isagoge*, p. 12. 25 Busse : συμβεβηκὸς δέ ἐστιν ὃ γίνεται καὶ ἀπογίνεται χωρὶς τῆς τοῦ ὑποκειμένου φθορᾶς.

65. *In Cat.*, p. 95. 22 Busse : οὐσιώδεις εἰσὶν ποιότητες αἱ συμπληρωτικαὶ τῶν οὐσιῶν. Συμπληρωτικὰ δέ εἰσιν ἐκεῖνα ἅτινα ἀπογινόμενα φθείρει τὰ ὑποκείμενα [...] Τὸ γὰρ λογικὸν ἐὰν ἀρθῇ ἀπὸ τοῦ ἀνθρώπου, φθείρεται. Ainsi le sujet et sa différence substantielle sont des συνεφθαρμένα, ils forment une σύγχυσις. L'exemple du rapport entre « animal » et « raisonnable » est justement cité par notre anonyme, XI 10-15.

66. Damascius, *Dub. et Sol.*, § 43, t. I, p. 86. 9 : κατὰ τὸν Πορφύριον ἐροῦμεν τὴν μίαν τῶν πάντων ἀρχὴν εἶναι τὸν πατέρα τῆς νοητῆς τριάδος ; Proclus, *In Parm.*, col. 1070. 15 Cousin. Cf. W. Theiler, *Die chaldäischen Orakel und die Hymnen des Synesios*, Halle 1942, p. 7-8. Pour Proclus, le « Père » n'est que le premier terme d'une triade qui est postérieure à l'Un.

67. Cf. Damascius, *Dub. et Sol.*, § 44, t. I, p. 87. 10 Ruelle, où les trois termes de la triade intelligible, empruntée aux Chaldéens, ne sont plus πατήρ, δύναμις, νοῦς, mais ὕπαρξις, δύναμις, νοῦς. Cf. W. Theiler, *Die chaldäischen Orakel*, p. 18.

68. Damascius, *Dub. et Sol.*, § 120, t. I, p. 312. 11 sq. Ruelle : ταύτῃ ἄρα διοίσει τῆς οὐσίας ἡ ὕπαρξις, ᾗ τὸ εἶναι μόνον καθ' αὐτὸ τοῦ ἅμα τοῖς ἄλλοις ὁρωμένου et § 121, p. 312. 26 : ὕπαρξις ἄρα τῆς οὐσίας ἀπάσης τὸ ἓν καὶ ἡ πρώτη ὑπόθεσις. Damascius reproduit ici probablement une théorie porphyrienne, parce qu'il identifie ensuite ἕν, ὕπαρξις et πατήρ, *ibid.*, p. 312. 28-29 (cf. plus haut, les n. 66 et 67). Marius Victorinus et son correspondant arien, Candidus, professent la même doctrine. Ils font correspondre *exsistentia* à ὕπαρξις et définissent l'*exsistentia* comme un *esse solum* (Candidus, *Epistola ad Marium Victorinum*, I 2. 19 et Victorinus, *Adv. Ar.*, I 30. 21, cités selon chapitre et lignes de l'édition Henry-Hadot (Sources Chrétiennes, 68), Paris 1960.

69. W. Theiler, *Porphyrios und Augustin*, Halle 1933, p. 11. Voir également R. Beutler, article *Porphyrios*, dans Pauly-Wissowa, RE, 43, p. 305. 19.

70. XIII 13 : ἑκάστη μὲν οὖν τῶν ἄλλων πρός τι πέπηγε καὶ κατὰ τὸ εἶδος πάντως αὐτῷ καὶ κατὰ τὸ ὄνομα τέτακται, αὕτη δὲ οὐδενός ἐστι, διὸ οὐδὲ εἶδος οὐδὲ ὄνομα ἔχει οὐδὲ οὐσίαν.

71. Cf. plus bas, n. 107.

72. Proclus, *Theol. plat.*, I 11, p. 27. 33 m. Portus : Πορφύριος δὲ αὖ μετὰ τοῦτον [sc. Plotin] ἐν τῇ περὶ ἀρχῶν πραγματείᾳ τὸν νοῦν εἶναι μὲν αἰώνιον ἐν πολλοῖς καὶ καλοῖς ἀποδείκνυσι λόγοις, ἔχειν δὲ ὅμως ἐν ἑαυτῷ καὶ προαιώνιον, <καὶ τὸ μὲν προαιώνιον> (Westerink) τὸν νοῦν

(scribit Saffrey, τοῦ νοῦ codd.) τῷ ἑνὶ συνάπτειν [...] ὁ νοῦς ἔχει τι κρεῖττον ἐν ἑαυτῷ τοῦ αἰωνίου. Je dois compléments et corrections à une aimable communication de H. D. Saffrey, le futur éditeur de la *Théologie platonicienne* de Proclus. Remarquer l'emploi de προαιώνιος dans Porphyre, *Hist. philos.*, p. 15. 1 Nauck.

73. *Enn.* VI 9, 3. 27 : τοῦ νοῦ τῷ πρώτῳ. V 5, 8. 22 : τῷ ἑαυτοῦ μὴ νῷ. V 3, 14. 15 : ὁ ἔνδον νοῦς. Comparer avec la connaissance de l'intelligible, νοῦ ἄνθει, dans les *Oracles chaldaïques* (Kroll, 11 ; H. Lewy, p. 165, n. 373 et p. 168, n. 383). Dans toutes ces expressions se retrouve l'idée d'une coïncidence entre le « sommet » ou la « fleur » de l'intelligence et l'Un lui-même.

74. XIII 27 sq.

75. Porphyre, *Sent.* XLIV, p. 43. 15 Mommert.

76. Aristote, *De anima*, III 2, 426 b 8 ; *De sensu*, 7, 449 a 3 sq. ; *De somno*, 2, 455 a 15 sq.

77. Cette utilisation métaphysique de la doctrine aristotélicienne du sens commun commence avec Plotin, *Enn.* IV 7, 6. 11 sq. (cf. P. Henry, « Une comparaison chez Aristote, Alexandre et Plotin », dans *Sources de Plotin*, p. 429-449) et se retrouve chez Proclus, *De decem dubitat.*, 79. 35 sq. (de même qu'il faut un *judicatorium* indivisible des formes sensibles, de même il faut un sujet antérieur aux idées et doué d'une connaissance indivisible).

78. Porphyre identifiait, semble-t-il, le sens commun aristotélicien avec le *pneuma* imaginatif qui, pour lui, était le premier corps de l'âme ; c'est ce que l'on peut conclure d'un passage de Synésius, *De insomniis*, V, p. 152. 19-153. 18 Terzaghi, influencé par Porphyre, selon W. Lang, *Das Traumbuch des Synesios*, Tübingen 1926, p. 40 et 57.

79.

Anon. IV 19.   *Sent.* XXVII, p. 11. 17 Mommert.

οὐ γὰρ αὐτὸς τὸ μὴ ὃν καὶ ἀκατάληπτον τοῖς τοῦτο γνῶναι βουλομένοις, ἀλλ᾿ ἡμεῖς καὶ πάντα τὰ ὄντα τὸ μηδέν ἐσμεν πρὸς αὐτόν.	ὡς γὰρ τῷ σώματι τὸ ἄογκον ἄληπτον καὶ οὐδὲν πρὸς αὐτό, οὕτω τῷ ἀσωμάτῳ τὸ ἔνογκον καὶ ἀνεπιπρόσθητον καὶ μὴ ὃν κεῖται.

80. Cf. plus bas, n. 153.

81. IX 26 sq. et *Sent.* XXV, p. 11. 3.

82. X 27 : ἀγνωσίας et *Sent.* XXV, p. 11. 4 : ἀνοησίᾳ.

83. II 31 : (ἵνα) [...] αὐτὸ χωρῆσαι τὸ ἄγνωστον ἄξιοι γενοίμεθα et *Ad Marc.*, 15, p. 284. 20 Nauck : ἀξίαν σε ποιήσει θεοῦ τὸ μηδὲν ἀνάξιον θεοῦ μήτε λέγειν μήτε πράττειν μήτε πάντως εἰδέναι ἀξιοῦν.

84. II 21 : διὰ σιγῆς et *Ad Marc.*, 15, p. 284. 19 ; 16, p. 285. 12 ; *Antr. Nymph.*, p. 74. 22 ; *De abst.*, II 34, p. 163. 21 Nauck, qui cite Apollonius de Tyane. Le thème est traditionnel, mais il semble particulièrement cher à Porphyre.

85. IV 32 sq. : Dieu connaît passé et futur ; V 30 : il connaît tout. *Ad Marc.*, 13, p. 283. 10 : Dieu connaît le sage.

86.

Anon. IV 35.	*Epist. ad Anebon.*, dans Eusèbe, *Praep. ev.*, t. I, p. 244. 1 Mras.
Ἀλλ᾽ ἐοίκαμεν τὰ ἡμέτερα πάθη εἰς ἐκεῖνον ἀναπέμπειν τῷ ἡμᾶς εἶναι τῷ ὄντι τὸ μηδέν.	ἢ γὰρ γοήτων ἦν ταῦτα πάντα τεχνάσματα καὶ προκαλύμματα διὰ τῶν ἐπιφημιζομένων τῷ θείῳ τῶν περὶ ἡμᾶς γινομένων παθῶν, ἢ λελήθαμεν ἐναντίας ἐννοίας ἔχοντες περὶ τοῦ θείου ἢ αὐτὸ τῷ ὄντι διάκειται.

87. Cf. W. Theiler, *Die chaldäischen Orakel*, p. 1-2 ; H. Lewy, *Chaldaean Oracles*, p. 443-447 ; Jamblique, *De myst.*, III 31, p. 178. 16 Parthey.

88. W. Kroll, « Parmenidescommentar », p. 625 : etwas fern lag.

89. W. Kroll, *ibid.*, p. 625 pense que ce prédécesseur aurait professé l'opinion attribuée par Damascius et Proclus (cf. plus haut, n. 66) à Porphyre, c'est-à-dire qu'il aurait identifié le Père au principe premier. Mais, dans notre hypothèse, c'est Porphyre lui-même qui exposerait la doctrine des *Oracles* telle qu'il l'entend : le principe premier, c'est le Père, et, dans sa simplicité, sont « co-unifiées » la puissance et l'intelligence. Porphyre ne refuserait pas cette doctrine, mais, comme la suite du texte le montre, il la considère comme inférieure à la théologie négative.

90. Cf. W. Theiler, *Die chaldäischen Orakel*, p. 1 ; H. Lewy, *Chaldaean Oracles*, p. 3-7.

91. Cf. W. Theiler, *Die chaldäischen Orakel*, p. 2, citant notre anonyme, pour montrer que Julien rapportait ces oracles comme « divins ».

92. Les néoplatoniciens postérieurs ne feront cette distinction qu'à propos des ouvrages de « Julien » autres que les *Oracles chaldaïques*, cf. H. Lewy, *Chaldaean Oracles*, p. 444 g et 446 o.

93. Εἰς τὰ Ἰουλιανοῦ τοῦ Χαλδαίου, cité par Suidas, p. 178. 23 Adler ; cf. W. Theiler, *Die Chaldäischen Orakel*, p. 2 et n. 4 ; H. Lewy, *Chaldaean Oracles*, p. 8 et 451.

94. *Op. cit.*, p. 452-453.

95. IX 21 : οἱ ὁπωσοῦν αὐτὸν ἐνεικονιζόμενοι.

96. IX 26 sq.

97. X 4 : τελευτᾷ [...] προσεῖναι ; X 6 : περιττόν τι.

98. II 25.

99. Porphyre est souvent critiqué par les néoplatoniciens, depuis Jamblique, cf. K. Praechter, « Richtungen und Schulen im Neuplatonismus », dans *Genethliakon C. Roberts*, Berlin 1910, p. 128, n. 1 ; et cf. plus haut, n. 66. Cf. également Damascius, *Dub. et Sol.*, § 113, t. I, p. 292. 10 Ruelle.

100. On ne retrouve en effet chez Victorinus aucune trace des grandes lignes du système de Jamblique.

101. *Adv. Ar.*, IV 19. 4 : « Ante ὄν et ante λόγον, vis et potentia exsistendi illa est quae significatur hoc verbo quod est esse, graece quod est τὸ εἶναι. » La suite du texte applique à l'*esse* toutes les négations habituellement appliquées à l'Un, et l'oppose à l'ὄν, IV 19. 20 : « Unde nec ὄν. Certum enim etiam quiddam est ὄν, intellegibile, cognoscibile. » Il apparaît par le contexte que l'*esse* correspond à la première hypostase, l' ὄν à la seconde.

102. *Adv. Ar.*, IV 24. 14 : « Cum enim ipsa cognoscentia lateat atque apud se sit nec forinsecus in se intrans (cf. Anonyme XIII 35 : ὁ νοῦς μὴ δυνάμενος εἰσελθειν εἰς ἑαυτόν) sed naturaliter mersa in eo in quo ei esse est manens [...].»

103. *Adv. Ar.*, IV 24. 17 : « Cum excita cognoscentia velut egressa *se circuminspiciens*, cognoscentiam se fecerit, cognoscendo se, fit cognoscibile, cognoscibile suum facta » ; I 57. 10 : « Volentis videre semet ipsam » ; I 57. 19 : « Egrediens in inspiciendum ipsum quod erat. » Cf. notre anonyme, XIV 20 : ἵνα [...] ἑαυτὸν ἴδη.

104. La vie est liée au mouvement vers l'extérieur, *Adv. Ar.*, I 57. 33 ; I 51. 14. Cf. notre anonyme, XIV 25 : κατὰ δὲ τὴν ζωὴν ἐκ τῆς ὑπάρξεως ἐκνεύσασα ἐνέργεια.

105. *Adv. Ar.*, I 51. 14 : « Vita quae sit infinita » ; I 56. 36 : « Ipsa autem per semet ipsam infinita fuit. » Cf. notre anonyme, XIV 21 : διὸ ἀόριστος <ὁ> κατὰ τὴν ζωήν.

106. *Adv. Ar.*, I 51. 35 : « Rursus in semet ipsam conversa » ; I 57. 20 : « Alteritas nata cito in identitatem revenit. » Cf. notre anonyme, XIV 19 : ἵνα ἐπανέλθη εἰς τὸ νοητὸν καὶ ἑαυτὸν ἴδη et XIV 24 : κατὰ δὲ τὴν νόησιν εἰς αὐτὴν στραφεῖσα ἐνέργεια.

107. Victorinus résume lui-même sa doctrine, *Adv. Ar.*, IV 29. 1 : « Duae intellegentiae, una intus exsistens, quod est illi esse, alia exsistens, quod est illi intellegendo esse. » On pourrait dire que la première est purement νόησις, tandis que la seconde est νόησις νοήσεως. En identifiant la νόησις pure avec l'Un, Victorinus et notre anonyme insistent

314 AUTOUR DE PORPHYRE

sur un des aspects de l'enseignement de Plotin. Celui-ci en effet a constamment considéré l'Un comme une νόησις sans objet, cf. *Enn.* VI 9, 6. 53: νόησις δὲ οὐ νοεῖ, ἀλλ᾽ αἰτία τοῦ νοεῖν ἄλλῳ. V 6, 6. 9 : ἔπειτα οὐδ᾽ ἡ νόησις νοεῖ, ἀλλὰ τὸ ἔχον τὴν νόησιν. VI 7, 37. 15 : οὐκ ἂν οὖσα νόησις νοοῖ, ὥσπερ οὐδὲ κίνησις κινοῖτο ἄν. 108. Cf. à ce sujet, l'hypothèse de travail de W. Theiler, *Porphyrios und Augustin*, p. 4 : toute doctrine, qui n'est pas évidemment plotinienne, et qui se retrouve à la fois chez Augustin et chez un néoplatonicien post-plotinien, est porphyrienne. H. Dörrie, *Symmikta Zetemata*, p. 33, l'applique à la rencontre Chalcidius-Priscien. Nous pouvons l'appliquer aussi à la rencontre entre notre anonyme et Victorinus. Mais nous pouvons dire, non seulement que notre anonyme a une doctrine porphyrienne, mais que certains détails précis dans ses doctrines et son vocabulaire permettent de l'identifier à Porphyre.

109. Ἀφώτιστος, ἵλεως, προγενέστερος, σκίασμα, σκοτισμός.

110. Ἀκατονόμαστος (Philon) ; ἀκουστός (Aristote) ; ἀναγγέλλειν (Sextus Empiricus) ; ἀνούσιος (cf. Basilide, dans Ps. Hippol., *Refut.*, X 14, 1) ; ἀπερίληπτος (Plotin, *Enn.* VI 9, 6. 11) ; ἀσύγκριτος (Philon) ; ἀσύμβλητος (Aristote et Épicure) ; γευστός (Aristote) ; γυμνασία (Platon) ; γυμναστικός (Aristote) ; διαρτᾶσθαι (Sextus Empiricus) ; διασπᾶσθαι (Sextus Empiricus, Plotin, II 4, 4. 12 ; VI 5, 9. 46) ; ἐκνεύειν (Plotin, VI 7, 34. 9); ἐνθυμεῖσθαι (Plotin, V 3, 15. 36) ; ἐννοεῖν (Aristote) ; ἐξαγγέλλειν (Aristote) ; ἐξολισθάνειν (Plotin, VI 9, 3. 6) ; ἐπικτᾶσθαι (Platon) et ἐπίκτησις (Aristote) : deux mots liés à la notion d'ἐπίκτητος, déjà opposé à σύμφυτος chez Aristote ; καταληπτόν (terme stoïcien, cf. Sextus Empiricus) ; καταμένειν (Galien) ; κένωμα (déjà employé comme terme médical par Érasistrate, cité par Aulu-Gelle, XVI 3, 8) ; κριτήριον (Sextus Empiricus) ; λαλεῖν (Aristote) ; μορφοῦσθαι (Philon, Plotin, VI 7, 17. 18) ; προσσημαίνειν (Aristote) ; σοφιστικός (Aristote) ; συνηνῶσθαι (Sextus Empiricus) ; ὑπέρτερος (ὑπέρτατος dans Plotin, VI 8, 16. 8) ; ὑποτιθέναι (Platon).

111. XI 22.

112. Dans Lydus, *De mens.*, p. 138. 18 Wünsch.

113. X 21.

114. XIII 23. Cf. Apollonius Dyscole (II⁰ s. ap. J.-C.), *De syntaxi*, p. 100. 27 Bekker. Galien, t. VIII, p. 592 Kühn.

115. Porphyre, *Sent.*, p. 43. 16. 18 et 44. 1 ; *In Cat.*, p. 63. 7 et 68. 23 Busse ; *De animat.*, p. 40. 15 Kalbfleisch. Dans notre anonyme XII 34.

116. III 35 ; IV 11 ; VI 14.

117. Julien, *Orat.* V, 163 b.

118. Dexippe, *In Cat.*, p. 51. 21 Busse : περὶ τῆς ἀσχέτου ὕλης.

119. Cf. E. R. Dodds, *Proclus, The Elements of Theology*, p. 257 sq.
120. Syrianus, *In Met.*, p. 183. 24 Kroll.
121. Si l'on en croit Damascius, *Dub. et Sol.*, § 100, t. I, p. 257. 20 Ruelle.
122. Plotin, *Enn.* VI 6, 5. 6 semble identifier formes et unités.
123. Proclus, *In Parm.*, col. 1105. 35 sq. Cousin : καὶ διὰ ταῦτα ἀναπεπεισμένων ὅτι χρή τινα φύσιν εἰσηγεῖσθαι καὶ ἰδιότητα τοῦ ἑνός. Cf. *ibid.*, col. 1106. 33 sq. : ὡς ταύτην [...] ἰδιότητα τοῦ ἑνός.
124. Porphyre, *Hist. philos.*, fr. XV, p. 13. 20 Nauck : ἀπομιμουμένων κατὰ τὸ δυνατὸν τῶν ἄλλων τὴν ἐκείνου, <εἰ οὕτω> χρὴ φάναι, ἰδιότητα καὶ δι' αὐτῆς σῳζομένων (comparer avec cette dernière formule notre anonyme V 3 : τῆς σωτηρίου ἀπλότητος αὐτοῦ).
125. XII 5, 6.
126. X 25.
127. XII 5.
128. II 11.
129. Porphyre, *Sent.* X, p. 3.3.
130. Porphyre, *Sent.* XXVII, p. 11. 17-18 : τὸ ἄογκον [...] τὸ ἔνογκον, cité plus haut, n. 79. Cf. notre anonyme, XII 5 : κἀκεῖνο μὲν ἓν ἀνούσιον, τοῦτο δὲ ἓν ἐνούσιον.
131. Jamblique, *De myst.*, VIII 2, mais appliqué à la seconde hypostase.
132. Cf. plus haut, n. 72.
133. I 2.
134. Jamblique, *De myst.*, V 10.
135. I 5.
136. Tryphon, *De pass.*, p. 1. 26 Schneider.
137. IV 9.
138. Jamblique, *De myst.*, I 8, p. 28. 18 Parthey.
139. Porphyre, *Sent.* XXXV, p. 29. 5.
140. *Adv. Ar.*, IV 29. 13.
141. Porphyre, *Ad. Marc.*, p. 287. 9 et 22.
142. IV 15 : τοῦ δὲ τὰ πληρωτικὰ ἔχοντος καὶ τῶν ἄλλων τὰ δεύτερα : Dieu ne coexiste pas avec les êtres qui sont après lui, comme s'il possédait la partie « plérotique » de la réalité, et les autres, les parties postérieures de cette même réalité. Si πληρωτικός est synonyme de συμπληρωτικός, la formule voudrait dire que Dieu possède la partie essentielle, « constitutive » de la réalité, et que les autres ne possèdent que la partie accidentelle de cette même réalité.
143. Porphyre, *Isagoge*, p. 10. 9 ; 14. 20 ; *In Cat.*, p. 95. 22 ; 99. 16 ; 125. 25 ; notamment p. 95. 22 : συμπληρωτικά εἰσιν ἐκεῖνα, ἅτινα ἀπογινόμενα φθείρει τὰ ὑποκείμενα.

144. I 4 : τοῦ ἐπὶ πᾶσιν ὄντος θεοῦ. I 18 : τῷ ἐπὶ πᾶσι θεῷ. X 14 : τὸν ἐπὶ πᾶσι δὲ θεόν.

145. H. Lewy, *Chaldaean Oracles*, p. 510 et n. 5.

146. Eusèbe, *Praep. ev.*, IV 5, 1, t. I, p. 174. 13 Mras.

147. H. Lewy, *Chaldaean Oracles*, p. 510, n. 5, citant Porphyre, *De abst.*, p. 163. 15 Nauck.

148. Celse, dans Origène, *Contra Celsum*, I 24 et VII 15.

149. Porphyre, *De abst.*, p. 131. 23 ; 163. 15 ; 176. 9 ; 193. 1. *Vita Plotini*, 23. 16 ; Eusèbe, *Praep. ev.*, t. I, p. 174. 13 Mras. Cet emploi insistant, à la suite d'Apollonius de Tyane et de Celse, peut marquer une sorte de fidélité à une tradition de théologie païenne.

150. H. Lewy, *Chaldaean Oracles*, p. 510, n. 5 citant Julien, *Contra Galil.*, p. 211. 1 Neumann, et Synésius, *De regno*, 5, 1068 b (IX, p. 19. 15 Terzaghi) ; *Epist.* 57, 1388 d.

151. W. Theiler, *Porphyrios und Augustin*, p. 15, n. 4, propose d'ailleurs de lire : ἀπὸ δὲ τούτου <τοῦ> τρόπον τινὰ ἀνθρώποις ἀνεπινοήτου.

152. Cf. l'histoire de ce mot dans V. Schurr, *Die Trinitätslehre des Boethius im Lichte der « skythischen Kontroversen »*, Paderborn 1935, p. 24 sq.

153. Porphyre, *Sent.* XXXV, p. 29. 1 sq. : τὸ ὄγκῳ μεῖζον δυνάμει ἔλαττον [...] τὸ ἄρα δυνάμει ὑπερέχον ὄγκου παντὸς ἀλλότριον. Ὡς οὖν τὸ ὄντως ὂν πρὸς ὄγκον ἀμέγεθες καὶ ἄογκον, οὕτω τὸ σωματικὸν πρὸς τὸ ὄντως ὂν ἀσθενὲς καὶ ἀδύναμον. Cf. n. 79.

154. Cf. n. 80.

155. Sur Théodore d'Asiné, cf. Proclus, *In Tim.* II, p. 274. 10 sq. Diehl. Théodore, comme Jamblique, place au sommet des choses un principe indicible et, immédiatement au-dessous, la triade intelligible qu'il appelle Un.

18

La métaphysique de Porphyre[*]

« Métaphysique » est le nom donné par la tradition aristotélicienne à la théologie ou à l'ontologie d'Aristote ; c'est
un terme qui suppose la division aristotélicienne des
sciences (physique, mathématique, métaphysique). On
peut donc se demander s'il est légitime de l'utiliser à propos d'un platonicien comme Porphyre. Mais en fait, depuis
le premier siècle après Jésus-Christ, la tradition platonicienne avait fait une place à la métaphysique dans sa classification des parties de la philosophie. Cela apparaît surtout
dans une division de la philosophie qui distingue trois
étapes du progrès spirituel : l'éthique, la physique et –
terme emprunté à la terminologie des mystères d'Éleusis –
l'epoptique ; cette dernière partie, la plus élevée, est assimilée à la théologie ou à la métaphysique d'Aristote. Par
exemple, Plutarque nous dit, dans le *De Iside*[1], que Platon
et Aristote « appellent époptique cette partie de la philosophie dans laquelle ceux qui ont dépassé, grâce à la raison,
ce qui n'est qu'objet d'opinion, mélangé et composé,
s'élancent jusqu'à ce qui est premier, simple et sans ma-

* Paru dans : *Porphyre* (Entretiens sur l'Antiquité classique, XII),
Vandœuvres-Genève 1966, p. 127-163.

tière et, ayant touché vraiment la pure vérité au sujet de cette réalité première, peuvent posséder, comme dans une initiation suprême, l'achèvement de la philosophie. » On trouve ici l'opposition entre physique et métaphysique. Chez Théon de Smyrne[2], au sein d'une classification complexe, qui prétend correspondre aux degrés de l'initiation d'Éleusis, les trois degrés : éthique, physique, époptique apparaissent ; l'époptique a pour objet les véritablement étants et les idées. Clément d'Alexandrie[3] distingue très clairement entre l'éthique, la physique et la partie théologique, que Platon, nous dit-il, appelle époptie et | Aristote métaphysique. Chez Origène[4], l'éthique correspond à la purification initiale indispensable, la physique à la connaissance des choses sensibles qui nous révèle leur vanité, l'époptique à la contemplation des réalités divines et célestes. Nous remarquerons que chez Clément comme chez Origène, la dialectique[5] ou logique ne constitue pas une partie spéciale de la philosophie, mais qu'elle est mélangée avec les trois autres. C'est cette division de la philosophie selon le progrès spirituel que nous retrouvons dans le plan systématique des *Ennéades* tel que Porphyre l'a conçu. La première *Ennéade* rassemble les traités qui ont un caractère éthique : ils sont destinés à procurer une purification initiale[6]. La seconde et la troisième *Ennéades* correspondent à la partie physique de la philosophie[7]. Les quatrième, cinquième et sixième *Ennéades* ont pour objet les choses divines : l'Âme, l'Intelligence et l'Un[8] ; elles correspondent à l'époptique. Cette classification est différente de celle de Plotin lui-même qui, dans son traité *Sur la dialectique*, considère la dialectique comme la partie suprême de la philosophie, sans préciser clairement l'ordre qu'il établit entre éthique et physique[9]. Dans la division porphyrienne, comme chez Clément et Origène, la dialectique est mêlée aux trois parties de la philosophie. Porphyre est donc fidèle à cet ordre : éthique, physique, métaphysique (ou

128

théologie ou époptique), qui était traditionnel dans tout un courant du moyen-platonisme. Nous retrouvons très probablement la doctrine porphyrienne concernant la division de la philosophie dans deux passages | du commentaire de Calcidius sur le *Timée* : à la considération des choses physiques, propre au *Timée*, est opposée la contemplation (époptique) des choses intelligibles, qui correspond au *Parménide*[10]. Il est possible que cette division des parties de la philosophie soit liée à une théorie concernant l'ordre de lecture des dialogues de Platon. Dans ses grandes lignes, l'ordre proposé par Jamblique[11] correspondra lui aussi à la suite : éthique, physique, théologie. On peut constater que, selon l'ordre systématique des *Ennéades*, le premier traité : *Qu'est-ce que le vivant et qu'est-ce que l'homme*, correspond au problème de la connaissance de soi que posait l'*Alcibiade*, premier dialogue dans la liste d'Albinus comme dans celle de Jamblique. Les derniers traités de la première *Ennéade* évoquent la problématique du *Phédon*. Les traités consacrés à la physique citent très souvent le *Timée*. Le *Parménide* joue un rôle très important dans plusieurs traités de la cinquième et de la sixième *Ennéades*. Grâce aux témoignages conjugués de Proclus[12] et de Calcidius[13], nous savons en tout cas que Porphyre plaçait la *République* avant le *Timée* et le *Timée* avant le *Parménide* comme des étapes successives dans la préparation de l'âme à la connaissance de la vérité.

On peut donc parler d'une métaphysique de Porphyre. Comme dans la tradition platonicienne d'un Plutarque, d'un Clément ou d'un Origène, la théologie est pour lui à la fois une métaphysique au sens aristotélicien et une époptique au sens platonicien. Elle est une ascension de la pensée qui s'élève d'abord du corporel à l'incorporel[14], puis qui, au | sein de l'incorporel, cherche à atteindre ce qui a le plus d'unité. Chez Porphyre, cette théologie ne se fonde pas seulement sur l'exégèse de Platon, mais aussi sur celle

129

130

des *Oracles chaldaïques*, considérés comme une révélation divine.

Pour présenter la métaphysique de Porphyre, je me limiterai à l'étude du problème qui me paraît être le plus fondamental dans la pensée du disciple de Plotin. En essayant de reconstituer la solution que Porphyre apportait à ce problème, je m'efforcerai évidemment d'utiliser avant tout les textes, les fragments, les citations explicitement attribués à Porphyre lui-même. Mais j'utiliserai également deux autres documents. Ce sera, tout d'abord, le *Commentaire sur le Parménide*, dont les quatorze pages palimpsestes furent éditées par W. Kroll[15] à la fin du siècle dernier, et qui me semble, comme je l'ai montré récemment, être une œuvre de Porphyre[16]. Ce seront, également, certains textes du théologien chrétien Marius Victorinus qui, par leur contenu et leur structure, supposent une source néoplatonicienne qui, elle aussi, selon la vraisemblance historique et les caractéristiques doctrinales, ne peut être que Porphyre[17]. Au cas où l'on n'accepterait pas ces deux hypothèses, il n'en resterait pas moins vrai que l'identité de doctrine, que nous constaterons plusieurs fois, entre le *Commentaire sur le Parménide* et Victorinus ne peut s'expliquer que par une source commune qui, ici encore, ne peut être que Porphyre. Dans son ouvrage *Porphyrios und | Augustin*[18], W. Theiler a formulé l'hypothèse de travail suivante : toute doctrine non-plotinienne (mais néoplatonicienne), qui se trouve à la fois chez Augustin et chez un néoplatonicien postérieur, dérive de Porphyre. Je pense que cette hypothèse peut être acceptée également en ce qui concerne Victorinus. Il faut notamment souligner que les coïncidences doctrinales entre Victorinus et le *Commentaire sur le Parménide* portent sur des points qui, loin d'être des lieux communs, sont absolument uniques dans l'histoire de la pensée antique et qui ne peuvent se comprendre, comme nous allons le montrer, que dans la problématique porphyrienne.

Le problème fondamental de la métaphysique de Porphyre consiste dans l'opposition entre « incoordonné » et « coordonné »[19].

Dans un fragment de l'*Histoire philosophique*[20], Porphyre refuse fortement toute coordination et toute connumération entre Dieu et ce qui vient après lui : « Dieu est le premier, tout en restant toujours seul, bien que toutes choses soient engendrées par lui, car, par l'existence qui lui est propre, il ne peut être connuméré ni coordonné quant à la dignité avec les autres choses. » Porphyre veut dire ici que Dieu n'est pas une chose parmi les autres choses : on ne peut donc l'additionner avec elles, parce qu'on ne peut additionner ensemble que des choses de même genre ; on ne peut non plus le coordonner, c'est-à-dire lui donner un rang ou une place dans une série, qu'elle soit horizontale ou verticale. Si Dieu est le premier, il n'est ni le premier terme d'une somme, ni le premier rang d'une série : le mot « premier » ne doit pas | s'entendre en un sens arithmé-   132
tique. Le *Commentaire sur le Parménide*[21] insiste aussi très fortement sur cette doctrine : Dieu a une « préexcellence incommensurable (ἀσύμβλητον) par rapport à toute chose quelle qu'elle soit »[22], « les choses qui ont leur réalité par lui ne sont rien par rapport à lui, à cause du caractère incommensurable (ἀσύμβλητον) de son hypostase »[23].

Au contraire, dans son commentaire sur les *Oracles chaldaïques*, Porphyre, aux dires de Proclus et de Damascius, « coordonnait » le premier Dieu avec ce qui vient après lui : « Faut-il, demandait Damascius[24], dire avec Porphyre que le Père de la triade intelligible est le principe unique de toutes choses ? Mais comment la cause incoordonnée, absolument ineffable, pourrait-elle donc être connumérée avec les intelligibles et être appelée le Père de la première triade ? Car la triade n'est que le sommet des étants, tandis que la cause ineffable les dépasse tous. » Et Proclus[25], faisant allusion à la même doctrine, précise bien que c'est une erreur de confondre le Père (des *Oracles chaldaïques*) qui est « sur la même ligne que la Puissance et l'Intelligence et forme une seule triade avec eux » et le premier Dieu « qui est au-delà de toute contradistinction[26] et de toute coordination. »

Entre le texte de l'*Histoire philosophique* et la doctrine rapportée par Proclus et Damascius, il y a donc une contradiction formelle.

On peut essayer d'expliquer cette contradiction en supposant que les deux affirmations appartiennent à des moments différents de l'évolution intellectuelle de Porphyre. En soi l'hypothèse serait fort plausible. Dès 133 l'Antiquité, on s'est | plu à souligner les variations doctrinales de Porphyre[27]. Pour donner un exemple qui ait un certain rapport avec le problème qui nous occupe, on peut citer les deux interprétations très différentes que Porphyre a données du Dieu des Hébreux. Dans la *Philosophie tirée des Oracles*, il identifiait ce Dieu au Dieu suprême[28]. Dans son commentaire sur les *Oracles chaldaïques*[29], au contraire, il plaçait ce Dieu au second rang dans la hiérarchie divine, en l'identifiant cette fois au second Dieu des *Oracles chaldaïques*, que ceux-ci appellent le « Transcendant sous un mode dyadique »[30]. Dans les deux cas, le Dieu des Hébreux est pour Porphyre le Démiurge. Mais, dans la *Philosophie tirée des Oracles*, il n'hésite pas à identifier ce Démiurge avec le Dieu suprême, parce qu'avant sa rencontre avec Plotin, il professe une doctrine analogue à celle d'Origène le païen qui identifiait le Roi de toutes choses et le Créateur[31]. Dans le commentaire sur les *Oracles chaldaïques*, au contraire, il place le Démiurge au second rang en l'identifiant à l'Intelligence. Ce changement révèle l'influence plotinienne. Mais en ce qui concerne l'incoordination ou la coordination du Dieu suprême, nous sommes en présence de deux textes postplotiniens. Proclus et Damascius font en effet tous deux allusion au commentaire de Porphyre sur les *Oracles chaldaïques* dont nous venons de parler et qui, nous l'avons vu, suppose l'influence de Plotin. Quant à l'*Histoire philosophique,* elle appartient à la | même période 134 de l'évolution de Porphyre, car elle distingue trois hypostases divines et décrit la génération de l'Intelligence d'une manière qui imite, tout en le modifiant, l'enseignement du maître de Porphyre[32]. Nous n'avons donc, dans le cas présent, aucune raison particulière qui nous permette d'expliquer la contradiction inhérente à la métaphysique porphyrienne par une évolution doctrinale.

Faut-il supposer que cette contradiction n'est qu'une application de la méthode de théologie négative qui consiste à attribuer à la divinité des prédicats antithétiques ? Porphyre, il est vrai, connaît bien cette méthode. Il l'emploie par exemple pour définir l'incorporel et il remarque à ce sujet que les Anciens ont décrit l'incorporel en juxtaposant volontairement les attributs les plus contraires afin de nous faire renoncer aux notions d'origine corporelle ; c'est ainsi qu'ils ont employé en même temps les expressions « Un » et « Tout », « Un » et « Pas un », « Partout » et « Nulle part »[33]. C'est précisément selon cette méthode que le *Commentaire sur le Parménide* interprète l'*Oracle chaldaïque* dans lequel il est affirmé que le Père possède une Puissance et une Intelligence[34] – Oracle qui est donc à l'origine de la doctrine porphyrienne de la coordination entre le Père et la triade intelligible : « D'autres [il s'agit des *Oracles chaldaïques*], bien qu'ils affirment qu'il s'est lui-même dérobé à toutes les choses qui sont à lui [c'est-à-dire qu'il est incoordonné], concèdent néanmoins que sa Puissance et son Intelligence sont co-unifiées en sa simplicité et même un autre Intellect encore [c'est-à-dire que Dieu est coordonné avec eux], et bien qu'ils ne le séparent pas de la triade [c'est-à-dire qu'il | est connuméré avec elle], ils croient 135 qu'il abolit le nombre [c'est-à-dire qu'il est incommensurable], en sorte qu'ils refusent absolument de dire qu'il est

Un »[35]. Le *Commentaire sur le Parménide* résume donc la doctrine des *Oracles* sous une forme volontairement antithétique, sans qu'il nous soit possible d'ailleurs de savoir si ces antithèses existaient déjà dans les *Oracles* eux-mêmes. Il est en tout cas très important de constater que ce sont précisément l'incoordination et la coordination, l'incommensurabilité et la connumération, qui sont juxtaposées par le *Commentaire sur le Parménide*. On pourrait donc penser que la contradiction que nous avons décelée dans la métaphysique porphyrienne n'est qu'une application de la méthode de théologie négative.

Il est possible d'aller au-delà de cette explication et de montrer que la contradiction n'est qu'apparente. Pour cela, nous examinerons successivement les trois points suivants :

1° ce que les *Oracles* appellent le Père et que Porphyre identifie à l'Un de Plotin constitue le premier moment du mouvement par lequel l'Intelligence (c'est-à-dire le second Un ou l'Un-qui-est) se pose elle-même ;

2° ce premier moment de l'Intelligence (ou de l'Un-qui-est) n'en coïncide pas moins avec le premier Un, ce qui signifie que l'Intelligence (ou l'Un-qui-est) en son origine est l'Un lui-même ;

3° le premier Un peut se définir comme l'être de l'Un-qui-est. Ainsi défini, il peut être à la fois incoordonné et coordonné avec la triade par laquelle se constitue l'Un-qui-est ou l'Intelligence.

Pour prouver le premier point, nous avons deux étapes à parcourir : premièrement, pour Porphyre, l'Intelligence se | constitue par un processus triadique dont les trois moments sont l'existence, la vie et la pensée ; deuxièmement, Porphyre a identifié l'existence, la vie et la pensée avec le Père, la Puissance et l'Intelligence des *Oracles chaldaïques* et il en résulte que le Père, en tant qu'« existence », correspond au premier moment de la constitution de l'Intelligence.

Chez Plotin lui-même, l'étant (ὄν), la vie et la pensée étaient trois aspects de l'Intelligence et, sans qu'on puisse déceler chez lui une doctrine systématique sur ce point précis, ils jouaient un certain rôle dans la constitution de l'Intelligence. En ce qui concerne Porphyre, on a remarqué, depuis Zeller[36], que la triade être-vie-pensée prend une forme systématique dans sa doctrine et qu'il distingue clairement ces trois aspects. Mais je pense qu'il faut aller plus loin : l'Intelligence, chez Porphyre, se constitue elle-même par une autogénération et cette autogénération se réalise en trois moments qui sont à la fois nécessairement distincts et nécessairement impliqués les uns dans les autres, l'être, la vie et la pensée, le premier terme n'étant plus, comme chez Plotin, l'étant, mais l'existence ou l'être. L'autogénération de l'Intelligence est clairement affirmée dans ce fragment de l'*Histoire philosophique* où, nous l'avons vu, Porphyre attribuait au premier Dieu une incoordination absolue. Dans ce fragment, il est dit que l'Intelligence est son propre générateur et son propre Père, qu'elle s'est avancée hors de Dieu en s'engendrant elle-même[37]. L'idée de l'autogénération de l'Intelligence est également fondamentale chez Victorinus. Que Porphyre ait conçu cette autogénération comme un processus triadique dont les trois phases seraient l'être, la vie et la pensée, on peut le déduire de la convergence de témoignages qui existe sur ce point entre Victorinus et le | *Commentaire sur le Parménide*.   137
Victorinus[38] écrit : « C'est en effet par un mouvement auto-moteur de l'Esprit (c'est-à-dire de l'Intelligence), autrement dit, c'est parce que la Vie parfaite s'est mise en mouvement pour se voir elle-même – elle-même, c'est-à-dire sa puissance, le Père – que l'automanifestation de l'Esprit, automanifestation qui est et qu'on appelle une génération, s'est réalisée et que l'Esprit s'est extériorisé [...] Donc,

dans l'instant même, [...] sortant en quelque sorte de l'être qu'elle était pour voir ce quelle était [...] l'altérité (c'est-à-dire la Vie) qui venait de naître est revenue en hâte vers l'identité. » Nous retrouvons très nettement ces trois phases dans le *Commentaire sur le Parménide*[39]. « Selon l'existence, le pensant est aussi le pensé. Mais lorsque l'Intelligence sort de l'existence pour devenir le pensant, afin de revenir vers l'intelligible et de se voir elle-même, alors le pensant est vie ; c'est pourquoi l'Intelligence est infinie, selon la Vie. Et tous sont des actes, si l'on considère que selon l'existence, l'acte est immobile, que selon la pensée, l'acte est tourné vers lui-même, et que, selon la vie, l'acte sort de l'existence. » De part et d'autre, chez Victorinus et dans le *Commentaire sur le Parménide*, la structure est la même : un état d'immobilité initiale, qui est existence ou être pur et qui est le Père, un mouvement de sortie, qui est vie, altérité, infinité, enfin un mouvement de retour, qui est pensée. Le processus d'autogénération de l'Intelligence est nécessairement triadique, parce que la pensée ne peut saisir l'être immédiatement : elle doit sortir de lui, se distinguer de lui, devenir vie et altérité pour pouvoir le connaître en revenant à lui. Il apparaît clairement chez Victorinus[40] que cette triade est en fait une ennéade, parce que chacun

138 des | termes implique les autres : les trois sont trois fois trois, et c'est précisément pour cela qu'ils ne font qu'un.

À l'existence, à la vie, à la pensée, Porphyre a fait correspondre dans son exégèse des *Oracles chaldaïques* le Père, la Puissance et l'Intelligence. Nous pouvons le prouver de la manière suivante. Par différents témoignages, nous savons que Porphyre 1° plaçait au sommet de la « théologie » une ennéade[41] ; 2° identifiait avec le Dieu suprême ou Bien, le premier Dieu des *Oracles*, que ceux-ci appelaient le « Transcendant sous un mode monadique », et identifiait avec l'Intelligence le second Dieu des *Oracles*, que ceux-ci appelaient le « Transcendant sous un mode dyadique »[42] ;

3° plaçait entre le Dieu suprême et l'Intelligence un « medium »[43] ; 4° coordonnait le Père avec la Puissance et l'Intelligence[44]. De cet ensemble de données, nous pouvons inférer tout d'abord que Porphyre donnait à la doctrine des Principes suprêmes (premier et second Dieu) dans les *Oracles chaldaïques* une structure ennéadique, c'est-à-dire qu'il utilisait un schéma formé de trois triades, chaque triade correspondant à un degré de la hiérarchie des divinités chaldaïques. La première triade correspondait donc au Père, la seconde au « medium », la troisième à l'Intelligence. Selon le principe d'implication mutuelle des termes de toute triade, les trois triades étaient probablement constituées toutes les trois par les mêmes termes et ne se distinguaient que par la prédominance d'un terme sur les autres. Nous connaissons par Proclus et Damascius le contenu de la première triade : elle était formée du Père, de la Puissance et de l'Intelligence. On peut donc reconstituer le schéma suivant encore incomplet :

| Première triade : | *Père* | Puissance | Intelligence | 139 |
| = Transcendant sous un mode monadique ou Père | | | | |

| Deuxième triade : | Père ? | *Puissance?* | Intelligence ? |
| = medium | | | |

| Troisième triade : | Père ? | Puissance ? | *Intelligence?* |
| = Intelligence | | | |

Dans ce schéma, nous voyons quelle était la place du Père dans l'exégèse porphyrienne des *Oracles*. Il représentait la première triade, dans laquelle la Puissance et l'Intelligence sont confondues avec le Père. Chez Proclus[45], le Père se trouvait à la même place, mais avant l'ennéade intelligible, il y avait l'Un transcendant et les hénades. Proclus concevait l'ennéade intelligible selon le même schéma général que Porphyre. Toutefois, il refusait d'identifier le Père avec le « Transcendant sous un mode monadique » et l'Intelligence intelligible avec le « Transcendant sous un mode dyadique » ; il reléguait ces deux entités au plan des intellectuels où il les identifiait avec Kronos et Zeus[46]. Mais, ce qui est très important pour nous, c'est que, aussi bien au plan des intelligibles qu'au plan des intellectuels, Proclus plaçait entre le Père et l'Intelligence, ou entre Kronos et Zeus, la Vie. Il semble bien, comme l'ont montré W. Theiler[47] et H. Lewy[48], que c'est Porphyre lui-même qui a inauguré cette manière d'interpréter les *Oracles*. Il s'appuyait probablement pour cela sur la formule chaldaïque qui plaçait le centre d'Hécate I (déesse de la vie) entre les deux Pères (les deux Transcendants)[49]. Proclus a conservé en la développant la structure originelle de l'exégèse porphyrienne. Le « medium » qui, selon Augustin, se trouve entre le Père et l'Intelligence dans la triade chaldaïque porphyrienne n'est autre que la Vie. On peut remarquer, à titre de confirmation, que chez Victorinus, la Vie apparaît comme une entité féminine entre le Père et l'Intelligence, cette dernière étant considérée comme le Fils masculin du Père[50]. On remarquera d'autre part que chez Proclus, le premier terme de la triade, le Père, est appelé aussi *hyparxis*, existence. Ceci répond encore une fois à la terminologie porphyrienne, qui employait *hyparxis* au lieu de *on* (étant) pour désigner le premier terme de la triade constitutive de l'Intelligence. L'ennéade que Porphyre plaçait « au sommet de la théologie » apparaît donc bien finalement comme constituée par les trois termes, existence, vie, intelligence, chacun formant une triade :

140

Première triade :   *existence*   vie   intelligence
  Père ou existence   (= puissance)

Seconde triade :   existence   *vie*   intelligence
  Vie

Troisième triade :   existence   vie   *intelligence*
  Intelligence

On peut penser que Porphyre a été amené à assimiler la triade Père-Puissance-Intelligence à la triade existence-vie-intelligence pour deux raisons. Premièrement, il est possible que les *Oracles* eux-mêmes aient employé le terme *hyparxis* pour désigner le Père[51]. Dans ce cas, Porphyre, se trouvant | en présence d'une triade dont le premier et le troisième terme étaient l'existence et l'intelligence, pouvait être amené à confondre la Puissance et la Vie. En second lieu, il est possible que Porphyre ait considéré que dans la triade Père-Puissance-Intelligence, il n'y avait aucune nécessité conceptuelle qui obligeât à concevoir ces trois termes comme une vraie triade, c'est-à-dire comme une réalité dont les moments sont nécessairement et seulement trois. L'existence, la vie et l'intelligence fournissaient au contraire le modèle idéal d'une telle triade douée d'une nécessité interne. Quoi qu'il en soit, nous voyons que dans le schéma ennéadique de Porphyre, le Père ou l'existence constitue le premier moment de la constitution de l'Intelligence. Au niveau du Père, l'Intelligence est réduite à un état de pure existence ; vie et intelligence sont confondues avec le premier terme. En sortant de l'existence, l'Intelligence devient vie, c'est la seconde triade : elle se trouve alors dans un état d'altérité et d'infinité. Elle n'est vraiment elle-même que dans la troisième triade, lorsqu'elle prédomine sur la vie et sur l'existence. Dans cette ennéade, le Père ou l'existence est donc le premier moment de l'autogénération de l'Intelligence.

141

Ceci est confirmé par la convergence des témoignages de Victorinus et de Damascius concernant la notion d'existence[52]. Il est possible que les *Oracles* eux-mêmes aient donné le nom d'*hyparxis*, c'est-à-dire d'existence, au premier Dieu. En tout cas, en identifiant Père et existence, Damascius donne de l'existence une définition qui concorde avec celle que propose Victorinus. Pour Damascius[53], la triade existence-puissance (= vie)-intelligence sert à décrire le processus d'autoposition par lequel l'Intelligence passe de la pure existence à la substance. Le premier moment est donc l'existence : elle est le premier commencement, la présuppolsition, le fondement, de la substance ; elle est l'être encore indéterminé, n'ayant pas encore reçu les déterminations qui constitueront la substance. Elle est aussi la simplicité première ou l'Un, qui précède la composition et la multiplicité propres à la substance. Cette simplicité première veut se déployer. Ce désir, cette volonté, c'est la Puissance, qui est en quelque sorte l'épanchement de l'Un. Le troisième moment, l'Intelligence, arrête cette effusion, la circonscrit, la limite et la ramène à son origine. Or, chez Victorinus[54], l'existence est également opposée à la substance comme l'être pur et encore indéterminé, sans sujet et sans prédicat, à l'être déterminé, qualifié, devenu quelque chose. Victorinus appelle l'existence *praeexistens subsistentia*[55], ce qui correspond parfaitement à une expression de Damascius : προϋπάρχουσα ὑπόστασις[56], expression par laquelle Damascius désigne lui aussi l'existence : « Il y a en chaque chose un analogue de l'Un [...] à savoir l'hypostase qui préexiste en toute chose selon l'unité, mieux encore, c'est la racine de toute hypostase. » L'existence apparaît donc, chez Damascius et chez Victorinus, comme une sorte d'unité séminale à partir de laquelle se déploie la substance, comme le premier moment de l'autoposition de l'Intelligence.

142

Si le Père ou l'existence apparaît comme le premier moment de l'Intelligence, il est tout aussi vrai de dire que le premier moment de l'Intelligence coïncide avec le premier Un, ce qui signifie que l'Intelligence (c'est-à-dire le second Un ou l'Un-qui-est) en son origine est l'Un lui-même. Ce sera le second point de notre exposé. Une telle affirmation signifie tout d'abord que l'Intelligence a un double aspect : un premier aspect, selon lequel elle est encore l'Un, un second aspect, selon lequel elle est devenue elle-même. Mais une telle affirmation signifie également que l'Un ou le | Dieu suprême a lui aussi un double aspect, un premier aspect selon lequel il est l'Un absolu et incoordonné, un second aspect selon lequel il est l'Intelligence réduite à son premier moment. Telles sont les conséquences de l'affirmation de Proclus et de Damascius : Porphyre a identifié le Père de la triade intelligible avec la cause première.

143

Tout d'abord ce double aspect de l'Intelligence apparaît clairement dans le *Commentaire sur le Parménide* et chez Victorinus. Dans le *Commentaire sur le Parménide*, la question est posée à propos du texte du *Parménide* 143 a, dans lequel Platon cherche à isoler par la pensée, dans la notion d'Un-qui-est, la notion d'Un : « Cet Un lui-même, auquel nous attribuons l'être, si nous le concevons par la réflexion seul et pour lui-même sans l'être, auquel nous disons qu'il a part, est-ce que, dans ce cas-là, il apparaîtra "Un" exclusivement, ou bien sera-t-il encore plusieurs, mais cette fois en lui-même ? » Pour un commentateur néoplatonicien se pose là un problème difficile : que peut représenter cet Un, pris à part et en lui-même (cet αὐτὸ τοῦτο comme dit Platon), au sein de la pluralité qu'est l'Un-qui-est ? Le *Commentaire sur le Parménide*[57] répond à la question en disant : « Tout en étant Un et Simple, cet αὐτὸ τοῦτο diffère pourtant de lui-même selon l'opposition entre l'existence et l'activité ; selon un point de vue, il est l'Un et

Simple, selon un autre point de vue, il diffère de soi [...]
Elle est donc l'Un et Simple, selon sa forme première, c'est-
à-dire la forme qu'est le "Lui-même" de ce Lui-même, cette
puissance, ou bien tout autre nom qu'il faille employer
pour indiquer qu'il s'agit de quelque chose d'indicible et
d'inconcevable. Mais elle n'est ni Un ni Simple, selon l'opposition entre l'existence, la vie et la pensée. » D'après ce
texte, il apparaît que l'Un isolé dans l'Un-qui-est est absolument un et simple dans la mesure où il reste isolé : de ce

144 point de vue, il coïncide avec le premier I Un. Mais ce
même Un, que l'on avait isolé dans l'Un-qui-est, devient
différent de lui-même et multiple, dans la mesure où on le
remet en relation avec la totalité de l'Un-qui-est, c'est-à-dire
avec le triple mouvement de l'existence, de la vie et de la
pensée. Si l'existence est le premier moment de ce mouvement, il faut considérer qu'elle s'identifie avec cet Un
considéré à part dans l'Un-qui-est ; tant que l'Intelligence
ou l'Un-qui-est demeure dans la pure existence, elle
demeure aussi dans l'absolue simplicité ; la multiplicité
n'apparaît qu'avec la sortie de l'existence dans l'acte de la
vie et dans le retour vers l'origine. Le *Commentaire sur le
Parménide* décrit l'état de l'Un purement simple et isolé
comme celui de l'Intelligence qui est tellement simple
« qu'elle ne peut rentrer en elle-même »[58] ; quant à l'état de
l'Un devenu multiple, il correspond à l'état de
l'Intelligence qui revient à elle-même après être sortie de
soi, en passant de l'existence à la vie[59]. Le premier état de
l'Intelligence est décrit[60] avec les prédicats tirés de la première hypothèse du *Parménide*, c'est-à-dire des prédicats qui
ne peuvent s'appliquer qu'au premier Un : selon cet état,
l'Intelligence n'est ni en repos, ni en mouvement, ni même
ni autre, ni en soi ni en un autre ; l'Intelligence en son
second état reçoit au contraire les prédicats de la seconde
hypostase correspondant à la seconde hypothèse : elle est à
la fois en repos et en mouvement, en soi et en un autre,

même et autre. Selon le *Commentaire sur le Parménide*,
l'Intelligence en son premier état, identifiée à l'« Un » de
l'« Un-qui-est », coïncide donc avec le premier Un
lui-même. Sans doute, une certaine distinction s'esquisse
entre cette Intelligence et l'Un, puisqu'il nous est dit[61] que
l'Un est « la puissance par laquelle voit l'Intelligence qui ne
peut rentrer en soi. » Mais la formule même suppose que
cette | Intelligence se confond avec l'Un, puisque, pour   145
elle, qui est absolument simple, « voir » ne peut être rien
d'autre qu'être l'Un lui-même. L'Un par lequel
l'Intelligence voit est un acte absolu : « Chacun des autres
actes [c'est-à-dire l'acte du pensant et l'acte du pensé dans
l'Intelligence devenue multiple] est fixé à quelque chose et
il est ordonné à cette chose totalement, selon sa forme et
son nom. Mais cet acte n'est l'acte de rien, c'est pourquoi
il n'a ni forme, ni nom, ni substance. Car il n'est dominé
par rien et il n'est pas formé par quelque chose, étant
essentiellement impassible, essentiellement inséparable de
soi, n'étant ni intellection, ni intelligible, ni substance,
mais au-delà de tout et cause incoordonnée de tout »[62].

Nous retrouvons la même doctrine chez Victorinus, toutefois sans allusion à l'exégèse du *Parménide*. Victorinus distingue entre une connaissance qui ne peut rentrer en elle-
même, parce qu'elle est simple et absolue, et une connaissance qui sort de soi pour se connaître[63]. Il distingue aussi
entre une Intelligence qui est confondue avec Dieu même
et une Intelligence qui s'extériorise en se pensant comme
Intelligence, c'est-à-dire en connaissant l'Intelligence intérieure qui n'est autre que son état primitif[64]. Chez
Victorinus aussi le premier état de l'Intelligence s'identifie
donc au premier Dieu.

Ces données doivent être comparées avec d'autres renseignements que nous possédons sur cette doctrine porphyrienne. Proclus tout d'abord nous dit ceci : « Porphyre,
en traitant des premiers principes, démontre par des rai-

sonnements abondants et excellents que l'Intelligence est
éternelle, mais qu'il y a en même temps en elle quelque

146 chose | qui est prééternel et que ce prééternel unit
l'Intelligence à l'Un »[65]. Ici « éternel » et « prééternel »
semblent bien correspondre aux deux états que nous avons
distingués. Porphyre a toujours insisté fortement sur le
caractère éternel de l'Intelligence. Dans le fragment de
l'*Histoire philosophique*[66] que nous avons déjà plusieurs fois
cité, il affirme que l'Intelligence est antérieure au temps et
éternelle. Dans les *Introductions aux Intelligibles*[67], il montre
que l'Éternité est une *parhypostasis* de l'Intelligence, c'est-à-
dire une réalité qui l'accompagne, comme le temps accompagne l'activité de l'âme. Si l'Intelligence est éternelle,
c'est qu'elle pense toutes choses et elle-même dans une
intuition immédiate : selon l'un et dans l'un. La partie prééternelle de l'Intelligence est donc encore supérieure à
cette intuition instantanée : en elle il n'y a pas encore de
distinction entre le pensant et le pensé ; par elle,
l'Intelligence coïncide avec l'Un. Le témoignage de
Proclus confirme donc ce que Victorinus et le *Commentaire
sur le Parménide* nous révèlent concernant la coïncidence du
premier moment de l'Intelligence avec l'un.

D'autre part, dans l'*Histoire philosophique*[68], Porphyre
nous dit lui-même que « l'Intelligence prééternelle (ou
prééternellement) a procédé en s'élançant à partir du
Dieu-cause. » Il est probable que Porphyre veuille ici souligner le fait suivant : si l'Éternité naît avec l'Intelligence, il
s'ensuit que l'« instant » de la naissance de l'Intelligence
est lui-même prééternel. Porphyre ajoute d'ailleurs immédiatement que l'Intelligence est à elle-même son propre
générateur et son propre père : en définissant la naissance

147 de l'Intelligence comme une autogénération, Porphyre |
affirme implicitement que l'Intelligence préexiste dans le
« Dieu-cause ». Pour s'engendrer elle-même, l'Intelligence
doit préexister à elle-même et passer d'un état de non-

manifestation à un état de manifestation. Ce processus est
« prééternel », puisque l'éternité n'apparaît qu'avec l'achèvement de l'Intelligence. Ici encore, deux états de
l'Intelligence sont distingués : l'Intelligence préexistante et
prééternelle d'une part, l'Intelligence manifestée, autoen-
gendrée et éternelle d'autre part ; la première préexiste
dans l'Un et est originellement confondue avec lui.

S'il y a un double aspect de l'Intelligence, il s'ensuit
qu'il y a un double aspect de l'Un : selon son premier
aspect, l'Un est absolu et incoordonné, selon son second
aspect, l'Un est coordonné avec la vie et la pensée, parce
qu'on le considère alors comme le premier moment de
l'Intelligence, comme l'existence à partir de laquelle elle se
déploie, comme l'Un isolé dans l'Un-qui-est. Ce double
aspect de l'Un est attesté aussi bien dans le *Commentaire sur
le Parménide* que chez Victorinus. Le premier, après avoir
développé en plusieurs pages la doctrine de la transcendance absolue de l'Un, après avoir insisté fortement sur
l'incoordination qui existe entre Dieu et ce qui vient après
lui, n'hésite pas à affirmer ensuite que Dieu a une connaissance absolue qui se confond avec lui-même[69], ou encore
que l'Un est l'Être pur qui est l'idée de l'Étant[70], c'est-à-dire
de l'Intelligence, ou enfin que l'Intelligence, en son premier état, se confond avec l'Un[71]. Quant à Victorinus, il jux-
tapose un long exposé de théologie négative qui décrit
l'Un comme une réalité absolument transcendante, avec
un autre exposé dans lequel l'Un est défini comme
« Père », comme « préexistence », comme « préintelli-
gence » et dans lequel on lit cette formule : | « Étant Un en | 148
sa simplicité, il co-unifie pourtant en lui-même ces trois
puissances : l'existence, la vie et la béatitude (c'est-à-dire
l'intelligence) »[72].

Nous arrivons ainsi à notre troisième point : le Dieu
suprême de Porphyre peut être à la fois incoordonné et
coordonné à la triade de l'Intelligence parce qu'il est défi-

ni par Porphyre comme l'« Être », absolument pur et indéterminé. Pour comprendre le sens de cette affirmation, il
nous faut parcourir deux étapes : tout d'abord, montrer
que le premier Un est, pour Porphyre, l'« Être de l'Un-qui-
est » (c'est-à-dire du second Un ou de l'Intelligence ou de
l'Étant) ; en second lieu, établir que cet « Être de l'Un-qui-
est » est simple et absolu, précisément parce qu'il est antérieur à la première détermination, cette première détermination n'apparaissant qu'au niveau de l'Un-qui-est (ou de
l'Intelligence).

En disant que le premier Un est l'« Être de l'Un-qui-
est », je fais allusion à la formule aristotélicienne τὸ ἑκάστῳ
εἶναι et à la distinction entre l'être-de-la-chose et la chose
elle-même. Cette notion d'être-de-la-chose me paraît tout
d'abord éclairer la notion porphyrienne de l'existence à
laquelle nous avons souvent fait allusion. L'existence était
définie comme l'être seulement être, comme l'être isolé de
toute détermination et qualification, antérieur à toute
composition entre sujet et accident : selon l'existence, la
substance était encore réduite à son être pur. Cette opposition entre l'être encore indéterminé ou sans qualités et
l'être déterminé et qualifié correspond en fait à l'opposition aristotélicienne entre l'être-de-la-chose et la chose elle-
même, telle que certains platoniciens la comprenaient.
Pour Aristote lui-même[73], cette opposition correspondait à
une distinction entre le concept d'une chose et sa réalité
concrète. Dans la perspective platonicienne, cette opposi-
tion est | comprise comme une distinction entre l'idée de
la chose et sa réalité concrète. Mais le passage de l'idée à la
réalité s'effectue par l'addition de déterminations, de différences, de qualités, qui particularisent la notion universelle. Aristote refusait de distinguer entre l'être-de-la-chose
et la chose elle-même dans les réalités simples et premières
comme l'âme par exemple, et il reprochait aux platoniciens de séparer les idées de l'être-des-idées, de telle sorte

149

que celles-ci devenaient inconnaissables. Plotin refusera lui aussi de distinguer entre l'âme et l'être-de-l'âme, mais il est intéressant de constater que, dans l'argumentation par laquelle il réfute cette distinction, il fait allusion à une conception de l'être-de-l'âme qui est tout à fait analogue à la conception porphyrienne de l'« existence ». Plotin[74] commence par constater que l'âme est une unité multiple, en tant qu'elle est une « raison » productrice de formes. Mais, se demande-t-il, l'âme est-elle encore une unité multiple, lorsqu'on la considère en elle-même, indépendamment de son activité productrice ? La question de Plotin est analogue à la question du *Parménide* concernant l'Un isolé dans l'Un-qui-est. Développant sa question, Plotin se demande ensuite si l'âme n'est pas une simplicité totale, dans la mesure où elle est être pur. Une telle formule évoque le vocabulaire de Porphyre concernant l'existence. Mais, répond Plotin, il ne faut pas s'imaginer qu'il y ait d'abord l'être pur, auquel viendrait s'ajouter ensuite une différence grâce à laquelle l'être-de-l'âme deviendrait l'être-âme. Ce que Plotin refuse ici, c'est précisément ce que Porphyre admet concernant les rapports entre l'existence de l'Intelligence et la substance de l'Intelligence. L'âme et l'être-de-l'âme ne font qu'un, poursuit Plotin. La détermination ne s'ajoute pas de l'extérieur à l'être de l'âme, mais elle est intérieure à lui. L'être-de-l'âme est donc en lui-même une unité multiple. Cette argumentation de l Plotin nous permet de mieux comprendre la doctrine de Porphyre. Pour Porphyre, l'Intelligence (comme l'âme) est une unité multiple ; mais, prise en son premier moment, c'est-à-dire réduite à sa pure existence, au pur être-de-l'Intelligence, elle est unité et simplicité absolues. Cette unité et simplicité absolues ne sont autres que le premier Un lui-même en tant qu'il est l'existence, c'est-à-dire l'être-de-l'Intelligence. Les différences : la vie et la pensée, par lesquelles cet être pur se concrétise pour devenir la sub-

150

stance-Intelligence, ne sont pas toutefois extérieures à
l'être, elles sont contenues en lui, mais selon son mode,
c'est-à-dire selon un état de simplicité absolue.

Dieu apparaît également comme l'être de l'Un-qui-est
(ou de l'Intelligence) dans la doctrine commune à
Victorinus et au *Commentaire sur le Parménide*, selon laquelle
l'Un est l'Être pur antérieur à l'Étant, c'est-à-dire antérieur
à l'Un-qui-est. Dans le *Commentaire sur le Parménide*[75], il s'agit
d'expliquer comment le second Un (l'Un-qui-est) peut,
selon l'affirmation explicite de Platon[76], « participer » à
l'Être. Puisque ce second Un n'a avant lui que le premier
Un, le second Un ne peut participer à l'Être qu'en participant au premier Un et le premier Un doit être lui-même
cet Être auquel participe le second Un : « Vois donc si
Platon n'a pas l'air de quelqu'un qui laisse entendre un
enseignement caché : car l'Un qui est au-delà de la substance et de l'Étant, n'est ni Étant, ni substance, ni acte,
mais plutôt agit et est lui-même l'agir pur, en sorte qu'il est
lui-même l'Être, celui qui est avant l'Étant. C'est en participant à cet être que l'Un (c'est-à-dire le second Un) reçoit
de celui-ci un être qui est différent et détourné par rapport
au premier : c'est cela participer à l'Étant. Ainsi l'Être est
double : le premier préexiste à l'Étant, le second est pro-
duit par l'Un qui est | transcendant, qui est l'Être absolu et
en quelque sorte l'idée de l'Étant. » Quant à Victorinus[77], il
définit le premier Dieu ou l'Un comme l'Être, antérieur à
l'Étant, qui est « préexistence » plutôt qu'existence, et qui
est universel et absolument originel. La convergence des
témoignages de Victorinus et du *Commentaire sur le
Parménide* est ici encore extrêmement importante : cet Être
antérieur à l'Étant est décrit par eux comme « idée de l'É-
tant », comme « universel et absolument originel ». Ceci
suppose que cet Être est, par rapport à l'Étant, l'être-de-l'É-
tant, c'est-à-dire l'idée d'Être que l'Étant concrétise, en
participant à elle. Ici encore le premier Dieu apparaît

151

comme l'être de l'Un-qui-est, c'est-à-dire comme l'être de l'Intelligence.

Il faut signaler également une doctrine rapportée par Proclus[78] et qui me semble également d'origine porphyrienne parce qu'on la retrouve chez Victorinus : « Il y a certains philosophes qui pensent qu'il faut distinguer Dieu et l'être-de-Dieu, réserver au Premier la dénomination d'être-de-Dieu et faire connaître ainsi comme telle la propriété de l'Un. » Victorinus[79] nous dit de son côté : « Si autre est l'être-de-Dieu, autre l'être-Dieu, alors l'être-de-Dieu préexiste à l'être-Dieu, puisqu'il est en puissance par rapport à l'être qui est le plus être. En effet, l'être-de-Dieu est la puissance qui est tout, en étant avant toutes choses ; il est le pré-principe, il est avant le véritablement Étant. » Dans la formule être-de-Dieu, « Dieu » semble désigner l'ensemble de la réalité intelligible, c'est-à-dire l'Intelligence, selon Plotin et Porphyre. L'Un, défini comme être-de-Dieu, correspond donc à l'idée de la Déité dont l'Intelligence et le monde intelligible sont la réalisation concrète, la substantialisation. L'Un est la Déité dans sa simplicité absolue, | avant toute détermination et qualification. Nous retrouvons donc toujours le même schéma, que ce soit dans cette doctrine rapportée par Proclus et Victorinus, que ce soit dans le *Commentaire sur le Parménide*, que ce soit enfin dans l'exégèse porphyrienne des *Oracles* : L'Un ou le premier Dieu est l'être de l'Un-qui-est, c'est-à-dire l'Être pur, à partir duquel la substance de l'Intelligence se déploie.

Si l'Un est le premier moment de l'Intelligence, ce premier moment est donc transcendant et incoordonné ; l'existence est en fait une préexistence, l'Être est une idée transcendante. En son premier moment, l'Intelligence est donc supérieure à elle-même, elle est l'Un lui-même. Et, considéré en lui-même, ce premier moment est incoordonné, transcendant et absolu. Il n'en est pas moins vrai,

152

dira-t-on, que l'Intelligence sort de cet état, qu'elle se
déploie dans le mouvement de la vie et de la pensée et que
de ce point de vue l'existence est « coordonnée » avec cette
vie et cette pensée. Mais ce double aspect de l'Être
(« incoordonné » et « coordonné ») correspond tout simplement aux deux aspects de toute idée à laquelle participent des inférieurs. Pour qu'un prédicat puisse être attribué à un sujet, il faut que ce prédicat préexiste tout
d'abord en lui-même d'une manière absolue. Porphyre lui-
même, dans son *Commentaire sur les Catégories*[80], désigne ces
deux aspects par les termes d'« incoordonné »
(ἀκατάτακτον) et de « coordonné » (κατατεταγμένον).
Par exemple, cette distinction lui servait à expliquer comment « animal » pouvait être attribué à « homme » comme
à un sujet différent d'« animal », alors que « homme » comprend dans sa notion la notion d'« animal ». C'est que,
dans ce cas, l'on attribue la notion d'« animal » non-coor-
donnée, c'est-à-dire considérée en sa seule compréhension, à la notion d'« animal » coordonnée, c'est-à-dire par-
ticularisée, devenue « tel animal ». La même distinction |
sert à expliquer qu'un terme homonyme ait un sens en lui-
même, indépendamment des sujets auxquels il est attribué
d'une manière homonyme : il a un sens en lui-même dans
la mesure même où il n'est pas attribué, c'est-à-dire où il
reste incoordonné[81]. Cette distinction est encore utilisée
pour distinguer entre espèce et individu dans les réalités
(comme le soleil) dont l'espèce n'a précisément qu'un
individu[82]. Pour un aristotélicien, cette distinction n'a aucune signification ontologique. Mais un néoplatonicien était
naturellement conduit à identifier la notion incoordonnée
avec l'idée préexistante, avec le genre transcendant[83]
(ἐξῃρημένον), absolu[84] (ἄσχετον), non-participé[85] (ἀμέθεκ-
τον), qui est le principe absolument pur des attributs auxquels participeront les espèces, puis les individus. Le passage de l'incoordonné au coordonné correspond à une

153

concrétisation et à une particularisation : le genre « animal » par exemple devient sensible et visible[86] en devenant « tel animal raisonnable », « tel homme ».

À l'aide de cette distinction porphyrienne, on comprendra mieux le rapport qui existe entre l'Être absolu et l'Un-qui-est. Dans l'Un-qui-est, « est » est un prédicat qui est mêlé et attribué à « Un » ; ce prédicat doit donc subsister en lui-même sous un mode absolu et incoordonné pour pouvoir ensuite être attribué à l'Un-qui-est. Plus encore, c'est un prédicat essentiel : en effet, l'Un-qui-est, c'est l'Étant, c'est-à-dire ce qui a, pour essence, d'être. Il s'ensuit que l'être de l'Étant (ou l'être de l'Un-qui-est), son concept, son idée, n'est autre que l'Être en soi, pris absolument. Nous | avons là un premier mode de l'Être, l'Être incoordonné, idée de l'Étant. Le second mode, c'est l'être prédicat de l'Étant, l'être auquel participe l'Un-qui-est. Cet être est coordonné à l'Étant, mais il dérive de l'Être absolu, il est produit par lui. Ces deux modes d'être sont clairement distingués par Victorinus et par le *Commentaire sur le Parménide*. Victorinus[87] écrit : « L'être doit se prendre sous deux modes, l'un qui est tel que l'être soit universel et originellement originel et que de lui provienne l'être pour tous les autres, le second, selon lequel tous les autres ont l'être : il s'agit alors de l'être de tous ceux qui viennent après Dieu, genres, espèces ou autres choses de ce genre. » Quant au *Commentaire sur le Parménide*[88], il nous dit : « Ainsi l'être est double : le premier préexiste à l'Étant, le second est produit par l'Un qui est le Transcendant, qui est l'Être absolu et en quelque sorte l'idée de l'Étant ; c'est en participant à cet Être qu'un autre Un a été engendré auquel est accouplé l'être qui provient de cet Être. » On remarquera ici l'ambiguïté du mot « participer ». « Participer », c'est tout d'abord recevoir un prédicat : en ce sens, c'est au second mode d'être, c'est à l'être dérivé, que l'Un-qui-est participe. « Participer », c'est également recevoir d'une

Idée transcendante la réalité à laquelle on participe, c'est-à-dire le prédicat qui s'accouple avec le sujet : en ce sens, c'est au premier mode d'être que l'Un-qui-est participe. L'Être « coordonné » est dérivé de l'Être « incoordonné ». Plus exactement, après ce que nous avons dit sur la génération de l'Intelligence chez Porphyre, l'Être « coordonné » se distingue par son propre mouvement de l'Être « incoordonné », il sort de l'état d'incoordination et d'indétermination dans lequel il se trouve à son origine, et il entre en relation avec lui-même : il se « coordonne » à lui-même. Cette entrée en relation de l'Être avec lui-même n'est autre que la connaissance : elle se réalise dans le mouvement de sortie de soi et de retour à soi qui constitue l'Intelligence.

On se demandera quel peut être le contenu, la compréhension, de la notion d'être sous son mode absolu et incoordonné : qu'est-ce que l'être-de-l'Étant, qu'est-ce que le « est » pris en lui-même ? Comme le remarque Dexippe, dans son *Commentaire sur les Catégories*[89], probablement à la suite de Porphyre, l'être n'ajoute rien aux notions auxquelles on l'attribue. Il s'ensuit que, prise absolument, la notion d'être n'a pas de contenu intelligible, qu'elle est absolument indéterminée. C'est pourquoi nous trouvons chez Victorinus[90] une théologie négative appliquée à l'Être : « l'Être premier est tellement imparticipé que l'on ne peut même pas l'appeler un ou seul, mais plutôt, par prééminence, avant l'un, avant le seul, au-delà de la simplicité, préexistence plutôt qu'existence, universel de tous les universels, infini, sans limites. » On comprend donc que Porphyre ait pu considérer que la notion d'être ainsi conçue pouvait, aussi bien que la notion d'un, assurer l'absolue simplicité du premier Dieu. Si Plotin pouvait imaginer un instant que l'être de l'âme fût absolument simple, en tant qu'antérieur à toute différence, à plus forte raison, l'être-de-l'Étant, c'est-à-dire l'Être antérieur à toute détermination (la première étant l'Étant lui-même), pouvait apparaître à Porphyre comme une absolue simplicité.

Le Dieu de Porphyre n'est-il donc qu'une abstraction logique, une notion absolument vide et indéterminée ? Bien au contraire. Le *Commentaire sur le Parménide*[91] affirme que l'Être antérieur à l'Étant est un agir pur et Victorinus[92] | définit l'Être comme un acte de vivre, comme un agir, comme un mouvement immobile et tourné vers soi. C'est que, dans une perspective néoplatonicienne, le maximum d'universalité, s'il est un maximum d'indétermination, est aussi un maximum d'activité et de force. Un tel principe, appliqué à la notion d'être, conduisait à concevoir l'Être comme une activité d'autant plus intense que la notion d'être elle-même était plus indéterminée. Il est possible également que nous soyons en présence ici d'une transposition platonicienne du stoïcisme qui opposait l'existence actuelle, mais incorporelle, à la substance corporelle[93]. Pour un néoplatonicien, cette activité incorporelle devait apparaître comme supérieure à la substance, comme un au-delà de la substance.

Avec cette conception porphyrienne de l'Être comme activité et comme maximum d'indétermination, nous touchons peut-être aux origines de la distinction entre l'acte d'être et l'essence. La distinction entre l'Être et l'Étant peut avoir été transmise au Moyen Âge par Boèce. Celui-ci, dans le *De hebdomadibus*, distingue entre l'*esse* et le *quod est*[94]. L'*esse* ne participe à rien, ne se mêle à rien, n'est ni sujet ni prédicat ; il n'est pas encore, c'est-à-dire il n'est pas encore substance. Le *quod est*, c'est-à-dire l'Étant, participe à l'être pour être ; il devient substance, lorsqu'une forme particulière vient s'ajouter à l'être pur pour le déterminer. À la question initiale de son livre : comment les étants peuvent-ils être bons substantiellement sans être | le Bien subsistant, Boèce répond d'une manière qui évoque la doctrine porphyrienne que nous avons exposée. Les étants sont bons

156

157

substantiellement parce que l'être des étants est originellement identique à l'Être en soi et donc au Bien en soi. Les
étants sont donc bons substantiellement en leur idée, selon
leur être en Dieu. Mais ils ne sont pas le Bien en soi, parce
que précisément ils se sont distingués de leur idée, parce
que leur être est dérivé de l'être divin. L'être des étants est
donc à la fois « incoordonné » en tant qu'il coïncide avec
l'être divin et « coordonné » en tant qu'il dérive de l'être
divin. Comme chez Porphyre, il y a une continuité dynamique entre les deux modes de l'être.

158					| Discussion

M. Pépin : Si Porphyre a parlé à la fois d'incoordination
et de coordination, comment se fait-il que Proclus et
Damascius, qui connaissaient bien Porphyre, aient pu ne
parler que de sa doctrine concernant la coordination du
premier Dieu avec la triade intelligible ?

M. Hadot : En fait, Proclus n'a pas ignoré la solution porphyrienne, mais il n'a pas admis que cette solution assure
l'incoordination du premier Dieu. Le texte de Proclus, *In
Parm.*, VI 1106. 33, est très clair à ce sujet. Proclus refuse
d'admettre qu'une distinction entre l'être de Dieu et Dieu
soit applicable au monde intelligible et spécialement aux
rapports entre l'Intelligence et l'Un.

M. Walzer : Il serait intéressant de préciser les détails de
doctrine propres à Plotin, Porphyre, Proclus, et, en général, aux néoplatoniciens postérieurs pour être capable de
dire avec plus de précision à quelle doctrine ou quelle
école les philosophes arabes se rattachent. On ne peut pas
étudier la philosophie arabe si cette histoire du néoplatonisme reste obscure.

M. Hadot : En ce qui concerne le problème de la métaphysique de Porphyre, je puis vous signaler l'article de J. M. Rist, « Mysticism and Transcendence in Later Neoplatonism », *Hermes*, 92 (1964), p. 213, qui précise les détails de doctrine propres à Plotin, Porphyre et Proclus, notamment en rapport avec la doctrine du « sommet de l'intelligence ». D'une manière générale, je pense que Proclus a voulu être et a été plus fidèle à l'esprit de Plotin que Porphyre, ce dernier restant souvent plus proche que Plotin du moyen-platonisme, notamment en confondant souvent l'Intelligence et l'Un.

M. Dörrie : Vielleicht kann Folgendes zur Beantwortung der Frage beitragen, die Herr Walzer stellte : Im späteren Neu|platonismus lassen sich zwei Tendenzen feststellen. Die eine sucht durch immer subtilere Formulierungen die Jenseitigkeit, Qualitätslosigkeit und überseiende Überrationalität des Höchsten zu bestimmen. Die andere Tendenz läuft darauf hinaus, diese Formulierungen, die unverständlich zu werden drohen, vereinfachend in eine Verständlichkeit zurückzuübersetzen.

An M. Hadot möchte ich diese Frage richten : In der Stoa bezeichnet der Terminus ὕπαρξις eine Stufe nicht materieller, darum nicht realer Existenz. Im Grunde kann nur vom materiell Unbegründeten – Rauch, Regenbogen, Spiegelbild – gesagt werden : ὑπάρχει μόνον. Substantielles Sein muss die Merkmale ὑφίστασθαι und ὑπάρχειν aufweisen. Nun scheint mir die Bedeutung, die ich eben skizzierte, in Porphyrios' Diktion erhalten zu sein, aber die Wertung ist auf den Kopf gestellt. Der gleiche Ausdruck, der in der Stoa abwertend gebraucht wird, bezeichnet nun die höchste ontologische Wertigkeit. Lässt sich wohl der Punkt bezeichnen, wo diese Umwertung vorgenommen wurde ? Liegt es vor oder bei Porphyrios ?

M. Hadot : Je n'ai pas trouvé avant Porphyre de traces de cette revalorisation, dont Victorinus est à mon avis un pré-

159

cieux témoin lorsqu'il réserve au Père les verbes *esse - vivere - intelligere,* et au Fils les substantifs *existentia - vita - intellegentia,* c'est-à-dire lorsqu'il place l'acte *(esse)* avant la substance, donc l'exister avant la substantialité.

M. Waszink : Je me demande s'il ne conviendrait pas de rapprocher la conception de l'autogénération de l'Intelligence du fr. 25 de Numénius : ὁ γάρ δεύτερος, διττὸς ὤν, αὐτοποιεῖ τήν τε ἰδέαν ἑαυτοῦ καὶ τὸν κόσμον, où le terme αὐτοποιεῖ est l'objet de sérieuses difficultés d'interprétation. Y a-t-il ici peut-être une contamination de deux expressions possibles : αὐτὸς ποιεῖ ἑαυτόν et ποιεῖ τὴν ἰδέαν καὶ τὸν κόσμον ?

M. Hadot : La doctrine de l'autogénération de l'Intelligence peut venir des *Oracles chaldaïques* qui emploient le mot αὐτογένεθλος (p. 25 Kroll) à propos du νοῦς. Nous rencontrons encore une fois une étroite parenté des *Oracles* avec Numénius.

160 | *M. Waszink* : Je dois confesser que je n'ai jamais compris entièrement à quel moment la triade cesse d'être une triade « horizontale » pour devenir une hiérarchie « verticale ».

M. Hadot : Chez Porphyre cette triade n'est pas une hiérarchie « verticale » d'hypostases, comme elle le sera dans le néoplatonisme postérieur : elle correspond simplement à des actes ou à des genres au sens platonicien, les deux points hypostatiques étant l'Un et l'Intelligence, dans la hiérarchie « verticale ».

M. Theiler : Sehr schön die Beobachtung von M. Hadot, wonach Porphyrios das Werk Plotins an 1 Buch Ethik, 2 Büchern Physik und 3 Büchern dialektischer Epopteia bestehen liess.

Proklos, *In Parm.*, VI 1070, 15 Cousin, und Damaskios, *Dubit.* I, 86. 9, die denselben Vorwurf wiedergeben, haben den erst von M. Hadot voll entwickelten Sinn der Lehre von der obersten Hypostase nicht ganz verstanden. Ich möchte diese Auffassung mit der des Plotins vergleichen, die dort zur 2. Hypostase gehört, wonach der aus dem Einen überfliessende noch unbestimmte Geist (in gewissen Beziehung vergleichbar mit der intelligiblen Materie) durch Epistrophe auf das Eine geformter Geist wird ; das mittlere Prinzip ist wie in der von Porphyrios abhängigen horizontalen Reihe, die Augustin durchaus im richtigen orthodoxem Sinne für die Trinität gebrauchen konnte, *weiblich*. – Hieran möchte ich einen gewissen Zweifel anschliessen, ob der Turiner Papyrus dem Porphyrios selbst zu zuweisen ist. Wie die von M. Hadot aufgewiesenen Parallelen bei Marius Victorinus deutlich machen, ist freilich der grosse Teil des Inhalts porphyrisch. In *fol.* 9, *init.*, glaube ich, dass mit οἱ εἰπόντες und οἱ παραδεδωκότες ταῦτα nicht der Verfasser Julian, sondern neuplatonische Interpreten gemeint sind, die gerade die porphyrische, weiter fortgeschrittene Auffassung eines Orakels im Sinne wie es M. Hadot vorgeführt hat, kennen ; aber gegen diese Auffassung wendet sich der Autor, nur ein toller Freund der Orakel – der nach meiner Meinung nicht auch noch Porphyrios sein kann – so sehr dieser Autor im Weiteren bei der Auffassung der ἀγνωσία θεοῦ eine porphyrische Lehre benutzt, die uns durch die *Tübinger Theologie* | bekannt ist (183. 16 Erbse) : ἐστὶν αὐτοῦ [scil. τοῦ πρώτου αἰτίου] γνῶσις ἡ ἀγνωσία.

161

M. Hadot : Selon l'interprétation de M. Theiler, le commentateur du *Parménide* s'attaquerait ici à Porphyre luimême désigné par οἱ εἰπόντες et οἱ παραδεδωκότες en tant que commentateur des *Oracles chaldaïques*. Mais le commentateur ne s'attaque pas à ces παραδεδωκότες. Il reconnaît qu'il est possible que, comme le « disent ceux qui rapportent ces traditions » (c'est-à-dire l'auteur du recueil des *Oracles*, Julien le Théurge), les dieux aient fait des révélations vraies au sujet du Dieu suprême et qu'ils aient dit vrai (*fol.* IX 8 et 28) ; seulement la faiblesse humaine nous empêche de comprendre ces révélations et il faut donc préférer finalement la théologie négative à cette théologie affirmative (X 4). Il apparaît clairement que l'auteur du *Commentaire sur le Parménide* ne vise pas avec παραδεδωκότες un commentateur des *Oracles* (qui serait Porphyre). S'il avait visé un autre philosophe, l'auteur lui aurait reproché de *mal commenter* les *Oracles*, de faire une erreur d'interprétation. Or il se contente de dire que nous ne sommes pas capables de comprendre cette révélation divine. Il est peu probable d'autre part qu'un néoplatonicien postporphyrien ait dit : « s'il est vrai que des dieux ont révélé ces choses. » Tous les néoplatoniciens postporphyriens savaient que les *Oracles chaldaïques* se présentaient comme une révélation divine. Porphyre au contraire, premier commentateur des *Oracles,* pouvait être amené à l'annoncer avec précaution à ses lecteurs en distinguant entre l'auteur du recueil (Julien) et la révélation divine elle-même. M. Theiler lui-même (*Die chaldäischen Orakel,* p. 2) avait admis naguère que οἱ παραδεδωκότες désignait Julien. Comme je l'ai dit dans mon article de la *Revue des études grecques,* l'attitude de Porphyre à l'égard des *Oracles chaldaïques* est tout à fait analogue ici à celle qu'il adopte dans le *De regressu animae.* Si la présentation de la révélation chaldaïque sur le Dieu suprême est faite d'une manière qui concorde avec ce que nous savons du système porphyrien, c'est simplement que Porphyre arrange cette présentation de manière à l'accorder avec son propre système. | Il ne cite pas textuellement les *Oracles,* mais les résume en les interprétant.

162

 M. Sodano : Ella, professore Hadot, ha delineato, in maniera sistematica e precisa, la metafisica porfiriana, servendosi soprattutto degli *Oracula chaldaica,* della *Philosophica historia,* della *Philosophia ex oraculis haurienda* e del commentario di Porfirio al *Parmenide.*

 Vorrei, però, richiamare la Sua attenzione su tre frammenti dei commentari di Porfirio al *Timeo* di Platone : 1) *fr.*

XL (p. 26. 15 sgg. Sodano), nel quale il padre è definito colui che genera da sé (ἀφ᾽ ἑαυτοῦ) le universe cose (τὸ ὅλον) ; 2) *fr.* XLI (p. 26. 19 sgg. So.), nel quale Porfirio chiama il demiurgo « l'anima sopracosmica » ; 3) *fr.* XLII (p. 27. 8 sgg. So.), nel quale si ritorna sullo stesso problema del *fr.* XLI e per demiurgo Porfirio intende l'anima ἀμέθεκτος. Di qui le mie domande : quale contributo possono dare i frammenti citati al problema della metafisica porfiriana ? E, ancora, il concetto dei tre frammenti s'accorda con i diversi aspetti della teoria che Ella ha così sistematicamente delineato ?

M. Hadot : Bien que j'aie donné ce matin l'impression d'interpréter Porphyre d'une manière très systématique, je pense en même temps qu'il est impossible de réduire à un système absolument cohérent toutes les exégèses que Porphyre a été amené à donner dans son activité de commentateur de Platon.

M. Callahan : Le mot « vie » a-t-il vraiment une plus grande flexibilité chez Plotin que chez Porphyre ? Quand Plotin, par exemple, distingue l'éternité et le temps, la notion de vie sert de fond pour énumérer les différences qu'il trouve entre eux, ce qui aboutit à en faire deux formes ou modes de vie. Au fond la « vie » se retrouve à tous les niveaux de la dialectique plotinienne. Chez saint Augustin aussi, *vita* est un terme qui peut être considéré en un certain sens comme « transcendant » ; mais pourquoi, chez Porphyre, l'emploi du mot semble-t-il plus restreint que chez Plotin ?

M. Hadot : On trouve dans les *Sentences* de Porphyre (XII) un | texte qui expose une conception analogique de la notion de vie, conception tout à fait semblable à celle qu'on trouve chez Plotin. En général, la notion de vie est liée chez Porphyre, comme dans certains textes de Plotin, à la notion d'infinité.

163

Notes

1. *De Iside*, 382 D ; je suis le texte de W. Sieveking.
2. *Expos. rerum math.*, p. 14 Hiller.
3. *Strom.*, I 28, 176. 1-2.
4. *In Cant. cant.*, p. 75. 6 Baehrens. Il faut lire *epopticen* et non *enopticen*.
5. Chez Clément d'Alexandrie, *Strom.*, I 28, 176. 3-177. 1, la dialectique est surtout mêlée à la métaphysique.
6. Porphyre, *V. Plot.*, 24. 17.
7. *Ibid.*, 24. 38 et 25. 9.
8. Pour Porphyre, les trois degrés du divin sont l'Un, l'Intelligence et l'Âme, *Hist. Phil.*, fr. XVI, p. 14 Nauck.
9. *Enn.* I 3, 6. 1-7.
10. *In Tim.*, cap. 272 et 335. Cf. sur ces textes, J. H. Waszink, *Studien zum Timaioskommentar des Calcidius*, I, Leiden 1964, p. 29, n. 1, et *Timaeus a Calcidio translatus*, Leiden 1962, praef., p. XCVIII-XCIX.
11. Dans Pseudo-Olympiodore, *Proleg. Plat. Philos.*, p. 219 Hermann.
12. *In Tim.* I, p. 202. 2 Diehl (= Sodano, *Porph. In Tim.*, p. 16).
13. Cf. *supra*, n. 10.
14. Ce moment est, chez Porphyre, très important. Cf. les « Introductions (ἀφορμαί ou ἔφοδοι) aux Intelligibles ».
15. W. Kroll, « Ein neuplatonischer Parmenidescommentar in einem Turiner Palimpsest », RhM, 47 (1892), p. 599-627.
16. P. Hadot, « Fragments d'un Commentaire de Porphyre sur le *Parménide* », REG, 74 (1961), p. 410-438 [cf. *supra*, p. 281-316]. Je publierai prochainement une nouvelle édition de ce commentaire, accompagnée d'une traduction [voir *Porphyre et Victorinus*, I-II, Paris 1968, t. II, p. 59-113].
17. Sur ce sujet, cf. W. Theiler, *Gnomon*, 10 (1934), p. 495-496, et F. W. Kohnke, « Plato's conception of οὐκ ὄντως οὐκ ὄν », *Phronesis*, 2 (1957), p. 32-40. Victorinus sera cité selon les numéros des chapitres et des lignes de l'édition Henry-Hadot (Sources chrétiennes, vol. 68-69), Paris 1960.
18. *Porphyrios und Augustin*, Halle 1933, p. 4. Voir également R. Beutler, *Porphyrios*, dans PW 43, col. 302-303.
19. Sur ce point, cf. W. Theiler, *Die Chaldäischen Orakel und die Hymnen des Synesios*, Halle 1942, p. 7, n. 4.

20. Fr. XVIII, p. 15. 8-12 Nauck. Les deux mots importants sont συναριθμεῖσθαι et συγκατατάττεσθαι.

21. Cité désormais selon le numéro de folio donné par Kroll et la ligne de ce folio.

22. III 7.

23. VI 9. À la ligne 20, je lis : <τῆς αὐτοῦ ὑποστάσεως> après ἀσύμβλητον.

24. *Dub. et Sol.*, t. I, p. 86. 9 Ruelle.

25. *In Parm.*, col. 1070. 15 Cousin. Cf. W. Theiler, *Chald. Or.*, p. 7-8.

26. Ἀντιδιαιρέσεως : cf. Aristote, *Cat.* 14 b 33 ; Diog. L. VII 61.

27. Cf. G. Wolff, *Porphyrii de philosophia ex oraculis haurienda* [réimpr. Hildesheim 1962], p. 37.

28. G. Wolff, *op. cit.*, p. 142-143 (= Eusèbe, *Praep. ev.*, IX 10, 4 ; Augustin, *Civ. Dei*, XIX 23).

29. J. Lydus, *De mens.*, IV 53, p. 110. 18 Wünsch. J. Lydus cite ici le *Commentaire sur les Oracles* (et non la *Philosophie tirée des Oracles*), cf. R. Beutler, *op. cit.*, col. 296-297.

30. Je traduis ainsi l'expression chaldaïque δὶς ἐπέκεινα (et par « Transcendant sous un mode monadique » l'expression ἅπαξ ἐπέκεινα) afin d'essayer de faire comprendre le sens que Porphyre donnait à cette expression. Sur le texte de Lydus, cf. W. Theiler, *Chald. Or.*, p. 6.

31. Porphyre, *Vita Plot.*, 3. 32.

32. Cf. W. Theiler, *Chald. Or.*, p. 8.

33. *Sent.* 38, p. 34. 4-18 Mommert.

34. Sur cet Oracle, cf. W. Kroll, *De oraculis chaldaicis*, Breslau 1894 (réimpr. Hildesheim 1962), p. 13 ; W. Theiler, *Chald. Or.*, p. 5 ; H. Lewy, *Chaldaean Oracles*, Le Caire 1956, p. 79, n. 47.

35. IX 1-8.

36. E. Zeller, *Phil. Griechen*[6], III 2, p. 705, n. 1 ; R. Beutler, *Porphyrios*, col. 304. 38 sq.

37. Fr. XVIII, p. 15. 2-5 Nauck.

38. *Adv. Ar.*, I 57. 9.

39. XIV 16-21.

40. *Adv. Ar.*, I 54. 8 ; IV 5. 41 ; 21. 26-31 : *Tres ergo unum, et ter ergo unum, ergo ter tres unum.*

41. J. Lydus, *De mens.*, IV 122, p. 159. 5.

42. Cf. *supra*, n. 29 et 30.

43. Augustin, *Civ. Dei*, X 23.

44. Cf. *supra*, n. 24 et 25.

45. Sur l'exégèse proclienne des *Oracles*, cf. le tableau général donné par H. Lewy, *Chaldaean Oracles*, p. 483.

352 AUTOUR DE PORPHYRE

46. Cf. W. Theiler, *Chald. Or.*, p. 8, citant notamment Proclus, *In Crat.*, p. 59. 14 Pasquali.

47. *Ibid.*, p. 5 et 8.

48. *Chaldaean Oracles*, p. 455.

49. W. Kroll, *Chald. Or.*, p. 27 ; H. Lewy, *Chaldaean Oracles*, p. 142, n. 283 ; W. Theiler, *Chald. Or.*, p. 5, 8 et 12.

50. *Adv. Ar.*, I 51. 19-38.

51. Le témoignage de Damascius, *Dub. et Sol.*, § 61, t. I, p. 131. 17 et § 221, t. II, p. 101. 25 Ruelle semble le laisser entendre.

52. Sur cette notion d'existence, chez Porphyre et Proclus, cf. J. M. Rist, « Mysticism and Transcendence in Later Neoplatonism », *Hermes*, 92 (1964), p. 213-225.

53. § 121, t. I, p. 312. 15 sq.

54. *Adv. Ar.*, I 30. 20 sq. ; Cand., *Ad Vict.* I 2. 14-27.

55. *Adv. Ar.*, I 30. 22.

56. § 34, t. I, p. 66. 22.

57. XIV 4-16. À la ligne 12, je lis : καὶ <τοῦ> αὐτὸ τοῦτο αὐτοῦ το[α]ύτου ἰδέαν.

58. XIII 1, 35.

59. XIV 15-26.

60. XIV 27-34.

61. XIII 34-35.

62. XIII 13-23.

63. *Adv. Ar.*, IV 24. 10-20.

64. *Adv. Ar.*, IV 27. 1-29. 12. Cf. également, I 57. 16 : *videre semetipsam, quod est scire vel videre potentiam illam praeexistentem et patricam.*

65. Proclus, *Théol. plat.*, I 11, p. 27. 32 Portus (pour le texte, cf. P. Hadot, « Fragments d'un commentaire », art. cit., p. 424, n. 72 [cf. *supra*, p. 310, n. 72].

66. Fr. XVIII, p. 15. 8-14.

67. *Sent.* 44, p. 45. 3.

68. Fr. XVIII, p. 15. 1. Au lieu de προαιώνιος, lire προαιωνίως ?

69. V 6-VI 12.

70. XII 22-35.

71. XIII 1-XIV 16.

72. *Adv. Ar.*, I 49. 9-50. 21, notamment 50. 10-11.

73. Aristote, *Met.* VII 6, 1031 a 15 sq. et VIII 3, 1143 b 2.

74. *Enn.* VI 2, 5. 9-24.

75. XII 22-35.

76. *Parm.* 142 b.

77. *Adv. Ar.*, IV 19. 4-20.

78. Proclus, *In Parm.*, col. 1106. 33-1107. 9 Cousin.

79. *Adv. Ar.*, I 33. 4-9.

80. Simplicius, *In Cat.*, p. 53. 6-9 Kalbfleisch.

81. *Ibid.*, p. 27. 23.

82. *Ibid.*, p. 56. 2.

83. *Ibid.*, p. 69. 23 et p. 82. 35-83. 10.

84. *Ibid.*, p. 119. 22.

85. *Ibid.*, p. 219. 5.

86. *Ibid.*, p. 79. 26.

87. *Adv. Ar.*, IV 19. 6-9.

88. XII 29-35.

89. *In Cat.*, p. 35. 16-22 Busse.

90. *Adv. Ar.*, IV 19. 10-20.

91. XII 25.

92. *Adv. Ar.*, IV 19. 17 ; IV 8. 26-29.

93. Je fais allusion ici à l'opposition entre ὕπαρξις et ὑπόστασις dans le stoïcisme ; les incorporels, par exemple le présent ou le vrai, existent, les réalités corporelles, par exemple la vérité, subsistent (Plutarque, *Comm. not.*, 1081 f ; Sextus Empiricus, *Pyrr. Hyp.*, II 80). Sur la distinction entre ces deux termes dans le stoïcisme, cf. H. Dörrie, Ὑπόστασις (Nach. der Akad. der Wissenschaften Göttingen, Phil.-Hist. Kl. 1955, 3), p. 51-54 et p. 63.

94. *De hebd.*, lignes 28-44 Rand. Cf. P. Hadot, « La distinction de l'être et de l'étant dans le *De hebdomadibus* de Boèce », dans *Die Metaphysik im Mittelalter. Ihr Ursprung und ihre Bedeutung* (Miscellanea Mediaevalia, 2), Berlin 1963, p. 147-153, et *Annuaire de l'École Pratique des Hautes Études* (*Sciences religieuses*), année 1964-1965, Paris 1965, p. 126-128.

19

L'harmonie des philosophies de Plotin et d'Aristote selon Porphyre dans le commentaire de Dexippe sur les *Catégories*[*]

Les objections que Plotin a faites à la théorie aristotélicienne des catégories ont joué un grand rôle dans l'histoire de la logique. Elles ont obligé en effet les néoplatoniciens désireux de garder une place à la logique aristotélicienne dans leur système, à fournir un intense effort d'interprétation logique et métaphysique des *Catégories*.

On sait que les deuxième et troisième livres du commentaire de Dexippe sur les *Catégories* sont consacrés presque totalement à résoudre ces objections de Plotin. Les solutions que Dexippe propose aux objections plotiniennes sont empruntées, d'une part, au grand commentaire, malheureusement perdu, que Porphyre avait donné des *Catégories* et adressé à Gédalius, d'autre part, au commentaire de Jamblique sur le même ouvrage d'Aristote. Malheureusement, en recopiant textuellement ces deux

[*] Paru dans : *Plotino e il Neoplatonismo in Oriente e in Occidente*, Atti del Convegno Internazionale, Roma, 5-9 ottobre 1970, Roma, Accademia Nazionale dei Lincei, 1974, p. 31-47.

sources, Dexippe ne les nomme pas. On peut parfois les
identifier en comparant son texte à celui de Simplicius qui,
commentant les *Catégories*, utilise en grande partie ces
mêmes auteurs, mais cette fois en les nommant, au moins
quelquefois. Le commentaire de Jamblique, nous dit
Simplicius (*In Cat.*, p. 2. 9, Kalbfleisch), suit souvent celui
de Porphyre mot à mot, mais aussi il le corrige, le raccour-
cit, y ajoute d'importants développements théoriques et,
notamment, une comparaison entre les *Catégories*
d'Aristote et le traité *Sur le Tout* d'« Archytas », ce dernier
étant considéré par Jamblique comme la source d'Aristote.
Cette dernière caractéristique du commentaire de
Jamblique peut, dans certains cas, permettre d'en reconnaître la trace.

La présente étude se limitera à quelques lignes de
Dexippe (*In Cat.*, p. 40. 13-42. 3 Busse) qui se rapportent
à une aporie plotinienne particulièrement importante,
puisqu'elle concerne la notion d'*ousia*.

Voici donc le texte de l'objection de Plotin, tirée de son
traité *Sur les Genres de l'Être* (VI 1, 2. 4-9), telle que Dexippe
nous la rapporte :

> « S'il y a deux *ousiai*, l'une intelligible, l'autre sensible, com-
> ment peuvent-elles être ramenées à un seul genre ? Car, en ces
> deux *ousiai*, qu'y a-t-il de commun en ce qui concerne l'être ? Et,
> à supposer même qu'il y ait quelque chose de commun, il faudra
> alors supposer qu'il y a quelque chose d'antérieur et de différent
> des deux, qui n'est ni un corps, ni un incorlporel (pour expli-
> quer leur communauté). Il en résultera ou que l'incorporel est
> un corps ou que le corps est un incorporel »[1].

32

Pour être bien comprise, l'aporie de Plotin demande à
être replacée dans son contexte original. La question fondamentale posée par Plotin est la suivante : comment la
substance aristotélicienne peut-elle prétendre à être un
genre unique ? D'une part, Aristote ne parle pas de la sub-

stance intelligible, alors que c'est elle qui *est* au plus haut degré (VI 1, 1. 28). D'autre part, si l'on voulait attribuer la dénomination de substance, à la fois aux choses intelligibles et aux choses sensibles, cela ne serait pas possible, car l'être intelligible est essentiellement différent de l'être sensible. D'ailleurs, même si l'on admettait qu'intelligible et sensible étaient les différences d'un même genre, il faudrait précisément supposer quelque chose d'antérieur à l'intelligible et au sensible, qui serait à la fois intelligible et sensible, incorporel et corporel. Mais, même si l'on s'en tient à la substance sensible, on ne peut admettre que la notion de substance soit vraiment commune aux réalités auxquelles on l'attribue. Si Aristote en effet appelle *ousia* aussi bien la forme, la matière, que le composé des deux, il faut bien reconnaître que ces réalités ne sont pas également des substances, mais que la forme est « plus » substance (VI 1, 2. 8-12). Le sens général de l'objection de Plotin est le suivant. Si l'on énumère toutes les *ousiai*, l'*ousia* intelligible dont Aristote ne parle pas dans les *Catégories*, mais qu'il connaît par ailleurs, l'*ousia* qu'est la forme ou la matière, l'*ousia* qu'est le composé des deux, on doit reconnaître que le terme *ousia* n'est pas employé d'une manière synonyme, mais d'une manière homonyme. Ces différentes *ousiai* ne sont donc pas contenues dans le même genre.

À cette objection, la source de Dexippe donne une première réponse :

> « Il est évidemment facile de répondre à ces objections en disant que ces difficultés, soulevées par Plotin, sont étrangères à l'intention des *Catégories*. Car dans le cas présent, Aristote ne se propose de discuter ni des étants ni des genres de l'*ousia* première ; il a en vue les débutants qui ne peuvent comprendre que les enseignements les plus simples. Ainsi puisque la recherche actuelle porte sur les mots auxquels il appartient d'être dits des *ousiai* (κατ' οὐσιῶν λέγεσθαι), c'est sans raison que Plotin introduit des recherches sur les étants dans une recherche qui porte sur les mots »[2].

On reconnaît dans ce texte l'argument habituel de Porphyre lorsqu'il s'agit de réfuter des objections de ce genre : les *Catégories* d'Aristote s'adressent aux débutants et ne traitent que des mots signifiants et non des êtres | (cf. Porphyre, *In Cat.*, p. 56. 31 Busse ; Simplicius, *In Cat.*, p. 10. 20 Kalbfleisch). Mais la source de Dexippe veut aller plus loin dans la réfutation de Plotin et saisir l'occasion, que donne cette aporie, de traiter à fond le problème de la substance. Si l'auteur que Dexippe utilise veut dépasser le mode d'argumentation tiré du but des *Catégories* pour consacrer un développement important à la substance considérée d'un point de vue métaphysique, il ne faut pas en conclure *a priori* que l'auteur plagié par Dexippe ne peut être Porphyre. Le grand commentaire de Porphyre sur les *Catégories* contenait des recherches de ce genre (cf. par exemple, Simplicius, *In Cat.*, p. 158. 27). Voici en tout cas la suite du texte de Dexippe :

33

« Il ne me paraît pourtant pas bon d'éluder de cette manière ce développement de l'argumentation, qui est bien adapté à notre recherche présente. Il me semble au contraire souhaitable de prendre notre point de départ dans la philosophie même de Plotin et de mettre en rapport le développement des présentes argumentations avec l'ensemble de sa doctrine »[3].

« Plotin en effet pose l'*ousia* comme un genre unique dans les réalités intelligibles, parce qu'elle procure l'être aux formes incorporelles, sous un mode universel, et qu'elle donne l'être à toutes les formes sensibles et mêlées à la matière. S'il en est ainsi, le principe de l'*ousia* s'étend aussi à travers toutes choses, prenant successivement le premier, le second, le troisième rang, selon lesquels il donne l'être aux uns selon un mode premier, aux autres selon un autre mode. C'est pourquoi, si tout se ramène à ce principe de l'*ousia* puisque tout lui est suspendu, la description de l'*ousia* [par Aristote] peut faire entrevoir aussi le premier principe de l'*ousia*, à partir duquel celle-ci est tombée jusqu'à son degré le plus bas »[4].

Nous avons là un texte extrêmement intéressant. Il s'agit d'une tentative pour justifier Aristote à l'aide de la philosophie de Plotin et pour montrer que, foncièrement, la logique d'Aristote peut trouver sa place dans l'ensemble du système plotinien.

Tout d'abord nous voyons apparaître l'expression : *la philosophie de Plotin*. En général, à l'époque du néoplatonisme, on parle plutôt de « la philosophie de Platon » ou de « la philosophie d'Aristote », c'est-à-dire que l'on n'emploie cette expression que pour désigner la doctrine des grands maîtres. La formule employée par Dexippe trahit l'enthousiasme d'un disciple pour l'enseignement de son maître et rappelle le titre d'un ouvrage d'Amélius, dans lequel celui-ci faisait l'éloge de la doctrine plotinienne : « Sur le caractère propre de la philosophie de Plotin » (Porphyre, *Vita Plotini*, 20. 101). On peut supposer que le disciple dont Dexippe nous conserve le texte, c'est Porphyre, | plutôt que Jamblique ; ce dernier avait en effet tendance à prendre ses distances à l'égard de Plotin.

34

Cette supposition paraît confirmée lorsque l'on examine le texte du commentaire de Simplicius (*In Cat.*, p. 76. 25) qui correspond au présent développement de Dexippe. Dans ce passage parallèle « la philosophie de Plotin » disparaît et le philosophe qui pose la substance comme un genre unique dans les réalités intelligibles n'est plus Plotin, mais Platon. Cette substitution semble bien faite pour éliminer la mention trop enthousiaste de la « philosophie de Plotin ». Elle est très probablement l'œuvre de Jamblique. On remarquera à ce propos que cette substitution de Platon à Plotin fait perdre tout son nerf à l'argumentation. Il était extrêmement intéressant de dire : c'est la philosophie même de Plotin qui permet de résoudre l'objection faite par Plotin à Aristote. Mais il est beaucoup plus banal de constater, comme Simplicius, que Platon considère la substance comme un genre intelligible.

En voulant remplacer Plotin par Platon, Jamblique a déformé tout le sens du raisonnement.

On se posera maintenant deux questions : 1° Dexippe nous donne-t-il un résumé exact de la doctrine de Plotin ? 2° En quoi cette évocation de la philosophie de Plotin permet-elle de résoudre l'aporie de Plotin ?

Répondre à la première question c'est déjà, en partie, répondre à la seconde. En effet Plotin lui-même avait proposé une solution à sa propre objection antiaristotélicienne et cette solution correspond à la doctrine plotinienne de la substance telle que nous la résume Dexippe.

En effet, après avoir refusé d'admettre que l'*ousia* puisse s'attribuer de façon synonyme à toutes les *ousiai* admises par Aristote, Plotin fait la supposition suivante (VI 1, 3. 1-5) qui représente une tentative pour sauver l'unité de la notion d'*ousia* : « Mais si nous comprenons ensemble la substance intelligible, la matière, la forme, le composé des deux, ne faudra-t-il pas dire que c'est une catégorie unique ? C'est ainsi que quelqu'un dirait que le genre des Héraclides est quelque chose d'un ; cette sorte d'unité ne serait pas un prédicat commun attribué à tous, mais elle résulterait du fait que tous tirent leur origine d'un seul. L'*ousia* intelligible serait dans ce cas *ousia* sous un mode originel, les autres sous un mode dérivé et inférieur »[5].

Dans l'hypothèse proposée par Plotin, l'unité de la notion de substance correspondrait donc au type d'unité qui existe entre les termes qui ne sont ni totalement synonymes ni totalement homonymes, mais dont la communauté de nom se fonde sur un principe unique (*Met.*, III 2, 1003 a 33 ; VII 4, 1030 a 35). Le principe unique serait donc ici l'*ousia* intelligible, qui serait | l'origine de l'être de la forme, du composé et de la matière. L'*Isagoge* de Porphyre (p. 1. 18 Busse) donne, comme Plotin, l'exemple des Héraclides pour définir le genre : « On appelle genre, la collection de certains termes qui ont un rapport déterminé par rapport à quelque chose d'un, et les uns par rapport aux autres. C'est en ce sens que l'on parle du genre des Héraclides en vertu de leur relation à un principe premier, je veux dire Héraclès. » Il y aura d'ailleurs ici une certaine ambiguïté, car l'on appellera genre l'ensemble des termes liés entre eux par cette relation et l'on appellera également genre leur principe (*Isagoge*, p. 1. 23 sq.). Le genre est donc à la fois le principe qui fonde la communauté de nom et l'ensemble des termes qui ont cette communauté de nom. Dans la perspective platonicienne qui est celle de Plotin, l'*ousia* intelligible qui est le principe de la communauté de nom entre les différentes *ousiai* n'est pas un quelconque point de départ ou un quelconque générateur ; elle est principe parce qu'elle est l'*ousia* en soi, elle fonde l'être, parce qu'elle est l'idée même d'*ousia*. Elle est un genre, au sens platonicien, c'est-à-dire une réalité intelligible qui existe en soi et par soi, qui n'est pas attribuable à des sujets qui lui seraient inférieurs, mais qui fonde la possibilité de l'attribution des prédicats aux sujets dans les êtres qui participent d'elle.

Cette conception de l'*ousia* se trouve bien dans Plotin. On en rencontre une première ébauche dans le traité *Sur l'ousia de l'âme* (IV 2, 1. 29 sq.). Plotin y commente *Timée* 35 a : « De l'*ousia* indivisible et toujours identique à elle-même et de l'*ousia* devenant divisible dans les corps, le démiurge fit, en les mélangeant, une troisième espèce d'*ousia*. » Plotin identifie l'*ousia* indivisible avec la réalité intelligible, comparée à un centre indivisé et immobile, à partir duquel les rayons naissent et tiennent leur être (IV 2, 1. 27). L'*ousia* divisible correspond aux formes matérielles ; quant à l'*ousia* intermédiaire, c'est celle de l'âme. Il y a donc là une hiérarchie d'*ousiai*, fondée dans une *ousia* originelle, et s'abaissant progressivement par l'éloignement et la division. Mais c'est surtout dans les deux traités consacrés au thème *Que ce qui est un et identique peut être en même temps tout*

entier partout (VI 4-5), que Plotin développe le plus clairement une doctrine de l'*ousia* intelligible. Si l'on reste au
niveau de la logique, nous dit Plotin, en pensant probablement aux *Catégories* d'Aristote, on utilise le modèle de
la nature des corps, on prend là ses principes et l'on en
vient à diviser l'*ousia*, on ne croit plus à son unité. Si au
contraire on part des principes propres à l'*ousia* intelligible, on comprend qu'elle est une unité indivisible, qui ne
se divise pas dans les sujets qui participent à elle, mais reste
toujours identique à elle-même, tout en étant présente partout tout entière (VI 5, 2. 1-3, 32). De même dans le traité
Sur les Nombres (VI 6, 13. 27), Plotin n'hésite pas à affirmer
que la dénomination d'*ousia* s'applique aux choses sensibles par dérivation des choses intelligibles. Si l'on
applique la catégorie *ousia* aux choses sensibles et aux
choses intelligibles, c'est à ces dernières toutefois que la
catégorie s'attribue au plus haut point. L'*ousia* et l'être
sont, par eux-mêmes, intelligibles et non sensibles, même si
le sensible y participe. Enfin le traité *Sur | les Genres de l'Être*
(VI 2, 7. 6) présente explicitement l'*ousia* intelligible
comme un genre, à côté des autres genres platoniciens : le
mouvement, le repos, l'identité et l'altérité, en précisant
ensuite (VI 2, 8. 25) que les choses qui viennent après ces
genres sont ces genres particularisés : *ousia* déterminée,
mouvement déterminé, etc.

On peut donc retrouver chez Plotin les éléments de la
doctrine de l'*ousia* que Dexippe, probablement à la suite
de Porphyre, lui attribue. Mais il faut reconnaître que l'on
ne retrouve nulle part chez Plotin les formules mêmes
employées par Dexippe. Le texte de Dexippe systématise
l'enseignement de Plotin et, en le systématisant, lui fait
subir une importante transformation. L'*ousia* intelligible
est ici définie comme principe de l'*ousia*, c'est-à-dire
comme principe de l'être dans les trois degrés (τάξις) de la
réalité : il s'agit des plans intelligible, psychique et sensible.

À chaque degré correspond un type d'être (être sous un mode originel, être sous un mode dérivé) et un type d'*ousia*. En rapport à cette participation des degrés inférieurs au principe de l'*ousia*, on peut dire que le principe de l'*ousia* s'étend à travers toutes choses, mais cela signifie seulement que tout a son origine et sa fin en lui. La hiérarchie des degrés d'être et d'*ousia* correspond à une dégradation progressive.

Cette présentation est tout à fait analogue à la systématisation des thèses plotiniennes que l'on trouve dans les théorèmes contenus dans les *Sententiae* de Porphyre. Il peut être intéressant de souligner les rapports qui existent entre le texte de Dexippe et certaines tendances qui se font jour dans la systématisation porphyrienne (que ce soit dans les *Sententiae* ou dans d'autres ouvrages, fragments ou témoignages). L'idée d'une substance première, principe de l'être des choses, semble attestée sous le nom de Porphyre chez Jean Lydus (*De mens.*, p. 138. 18 Wünsch) : « Hestia est la substance-source, cause de l'être pour toutes choses, située dans le Père. » Le principe, que l'on pourrait appeler principe de la dégradation de l'*ousia*, revient très souvent, par exemple dans les *Sententiae*, XIII : πᾶν τὸ γεννῶν τῇ οὐσίᾳ αὐτοῦ χεῖρον αὐτοῦ γεννᾷ repris dans *Ad Gaurum*, p. 54. 11 ; p. 42. 18 Kalbfleisch : « Les produits issus de la substance d'une chose sont toujours inférieurs en rang de puissance et d'*ousia* à ce qui les a engendrés ; ils ne peuvent être de même *ousia* que les principes générateurs. » Cette dégradation de l'*ousia* en passant du générateur à l'engendré correspond à une matérialisation progressive, ainsi que l'exprime ce texte de Porphyre cité par Proclus, *In Tim.* I, p. 439. 30 Diehl : « À mesure que l'*ousia* intelligible descend vers le monde, elle aboutit à un état de multiplicité divisée, épaisse et matérielle, bien que là-haut, elle soit unifiée, indivisible et unique. » Les *Sententiae*, XI, p. 3. 5 Mommert, parlent, à ce sujet, d'une ὕφεσις de la puissance

dans le mouvement qui va vers l'individualité. Les degrés
de la réalité sont présentés comme une hiérarchie d'*ousiai*
(*Sententiae*, V, X, XVII, XXII), et une grande importance est
donnée à la manière dont chaque degré d'*ousia* acquiert
son être (χέχτηται τὸ εἶναι) (*Sententiae*, p. 4. 9 ; 6. 2 ; 27. 4 ;
40. 7 Mommert). Cette ontologie correspond assez bien à
l'ontologie porphyrienne telle que l'a décrite W. Theiler
dans son ouvrage *Porphyrios und Augustin*, Halle 1933, p. 11
sq. On en retrouve | effectivement la trace chez Augustin,
par exemple dans ce texte, *De civ. dei*, XII 2, qui semble
résumer en quelque sorte ce que nous venons de lire :
« Cum enim deus *summa essentia* sit, hoc est summe sit, et
ideo inmutabilis sit, rebus quas ex nihilo creavit *esse dedit*,
sed non summe esse, sicut est ipse, et aliis dedit esse
amplius, aliis minus, atque ita *naturas essentiarum gradibus
ordinavit.* »

La seconde question à laquelle nous avions à répondre
était la suivante : comment cette évocation de la doctrine
plotinienne de l'*ousia* permet-elle de résoudre l'aporie plotinienne concernant l'unité de la notion d'*ousia* ? Nous
avons déjà dit à ce sujet que la doctrine plotinienne de l'*ousia* permettait de concevoir les différentes *ousiai* comme
des termes provenant d'un principe unique et se référant à
lui. C'est précisément ce qu'affirme le texte de Dexippe :
« Si tout se ramène à ce principe de l'*ousia*, parce que tout
lui est suspendu, la description de l'*ousia* [par Aristote]
peut faire entrevoir aussi le premier principe de l'*ousia*. »
Les termes « se ramène » et « suspendu » évoquent la relation ἀφ'ἑνὸς καὶ πρὸς ἕν : les différents plans d'*ousiai* viennent d'un principe unique et se réfèrent à un principe
unique. Cette relation fonde la possibilité d'une connaissance par analogie : nous verrons en effet dans la suite du
texte de Dexippe que c'est bien ce mode de connaissance
qui est visé. Ce principe d'analogie permet d'utiliser la description qu'Aristote donne de l'*ousia* sensible pour entre-

37

voir quelque chose de l'*ousia* originelle. Il s'agit bien d'une description et non d'une définition (cf. Dexippe, *In Cat.*, p. 44. 11 et pour une distinction claire entre définition et description, cf. Porphyre, dans Simplicius, *In Cat.*, p. 30. 13-15). Cette description de l'*ousia*, c'est celle qu'Aristote donne dans ses *Catégories*, 2 a 11 : « L'*ousia* au sens le plus fondamental, premier et principal du terme, c'est ce qui n'est ni affirmé d'un sujet, ni dans un sujet. » En parlant de la description de l'*ousia*, Dexippe se réfère en effet plusieurs fois à ce texte (cf. p. 42. 2 ; 44. 15 et 25). La description aristotélicienne : « Ni affirmé d'un sujet, ni dans un sujet » nous fait donc entrevoir quelque chose de l'*ousia* intelligible. On peut supposer que, pour Porphyre, ces expressions négatives prennent un sens positif et plénier lorsqu'il s'agit de l'*ousia* intelligible. « N'être pas dans un sujet » signifie « être en soi et par soi », comme dans *Sententiae*, XXXIX, p. 35. 2 Mommert : « Le véritablement étant qui subsiste par soi a pour prédicat d'être toujours en repos en lui-même » (τοῦ δὲ ὄντως ὄντος καὶ καθ' ἑαυτὸ ὑφεστηκότος ἀΰλου τὸ εἶναι ἀεὶ ἐν ἑαυτῷ ἱδρυμένον). On retrouve des traces de cette transposition dans Simplicius, *In Cat.*, p. 76. 3 : « Si l'*ousia* qui subsiste par soi (καθ' αὐτὴν ὑφεστῶσα) n'a besoin d'aucune autre chose et que toutes les autres ont besoin d'elle, si l'*ousia* communique absolument à tous les autres l'être, il est convenable que l'*ousia* soit honorée plus que les autres. » Quant à « n'être pas attribué à un sujet », c'est une expression qui, dans le cas de l'*ousia* intelligible, signifiera qu'elle est absolument une et identique, car les *Catégories*, 1 b 6, affirment que ce qui est numériquement un n'est jamais affirmé d'un sujet. Or l'*ousia* intelligible, selon Plotin lui-même (*Enn.* VI 5, 3. 19), est ἓν καὶ ταὐτὸν ἀριθμῷ μὴ μεμερισμένον, ἀλλὰ ὅλον ὄν. On peut | dire ainsi qu'en quelque sorte l'individualité et la subsistence de l'*ousia* sensible ne sont qu'un reflet et une trace de l'indivisibilité et de l'indépendance de l'*ousia* intelligible.

38

Le commentaire de Dexippe continue ensuite, en proposant une nouvelle objection et une réponse à cette objection (p. 41. 4). Elles sont toutes deux inséparables du développement que nous venons d'étudier. Ce dernier, en effet, a montré que, dans la perspective propre à la philosophie de Plotin, il était possible d'admettre une unité de la notion d'*ousia*. Mais Dexippe oppose immédiatement à cette solution l'objection que l'on pouvait attendre : le système de Plotin a des prémisses différentes du système d'Aristote. C'est en partant de prémisses aristotéliciennes et non plotiniennes qu'il faudrait examiner si la notion aristotélicienne d'*ousia* présente vraiment une unité de contenu :

> « Mais si Aristote avait utilisé les mêmes prémisses que Plotin, ce que l'on vient de dire aurait quelque semblant de raison. Mais pour l'instant c'est en prenant pour accordés les dogmes de Plotin que tu combats pour Aristote »[6].

La réponse à cette objection va consister à montrer que la philosophie d'Aristote bien comprise rejoint la philosophie de Plotin, et qu'il y a chez Aristote, comme chez Plotin, la notion d'une *ousia* intelligible qui fonde à la fois l'être et la notion de l'*ousia* sensible. Le présent développement, consacré à Aristote, a la même structure que le précédent, consacré à Plotin : 1° Aristote admet l'existence d'une *ousia* intelligible ; 2° cette *ousia* intelligible est le principe d'unité pour les différentes *ousiai* qui viennent après elle ; 3° cette *ousia* intelligible, inconnaissable en elle-même, nous est connue per analogie, à partir de l'*ousia* sensible. Voici la partie du texte de Dexippe qui correspond aux deux premiers points :

> « Eh bien donc pour cette recherche, je me servirai de ce qui est dit dans la *Métaphysique*.
> Car il y a deux *ousiai* selon Aristote, l'*ousia* intelligible et l'*ousia* sensible ; intermédiaire entre les deux est l'*ousia* physique.

L'*ousia* composée, c'est l'*ousia* sensible ; l'*ousia* considérée selon la forme et la matière, c'est l'*ousia* physique ; l'*ousia* qui est au-dessus de celles-ci, c'est l'*ousia* intellective et incorporelle, qu'Aristote appelle souvent : d'une part immobile, d'autre part motrice, en tant qu'elle est la cause du mouvement spécifié selon la vie.

Voilà en effet ce qu'Aristote démontre concernant ces *ousiai* dans le livre Λ de la *Métaphysique*. Et en ce traité, il a rassemblé les multiples *ousiai* dans l'*ousia* totale. Car il les a ordonnées en un système unique et il les a ramenées à un principe unique. Qu'est-ce donc assurément qui participera de l'Un, si l'*ousia* elle-même, elle qui a son être dans l'Un, est privée de la cohésion interne qui se réfère à l'Un ? »[7]

| Disons tout de suite que ce développement nous parait être l'œuvre de Porphyre, comme le précédent. En effet, nous pouvons ici encore constater, grâce aux parallèles qui se trouvent dans Simplicius (p. 77. 4 sq.), la déformation que Jamblique avait fait subir au texte de Porphyre. En effet, la source de Dexippe se réfère au livre Λ de la *Métaphysique* et nous dit explicitement que tout ce qu'elle nous rapporte concernant la doctrine aristotélicienne de l'*ousia* provient de ce traité. Effectivement, dans ce livre de la *Métaphysique* (1069 a 30 sq. et 1071 b 3), on trouve la classification des *ousiai* dont parle la source de Dexippe : distinction entre une *ousia* immobile et une *ousia* sensible ou physique, puis distinction au sein de cette dernière, entre *ousia* sensible et corruptible et *ousia* proprement physique et éternelle. Les deux *ousiai* sensibles sont l'objet de la *Physique*, tandis que l'*ousia* immobile est l'objet d'une science supérieure. Or, dans Simplicius, la classification aristotélicienne des *ousiai* distingue une *ousia* intelligible, une *ousia* mathématique ou psychique et une *ousia* sensible. Première déformation, cette division ne se trouve pas dans le livre Λ, mais dans le livre E, 1026 a 6-19 et K, 1064 b 1-3. Cette division et tout spécialement la liaison étroite entre l'*ousia* mathématique et l'*ousia* psychique, est particulière-

ment chère à Jamblique, comme l'a montré Ph. Merlan (*From Platonism to Neoptatonism*, La Haye 1960, p. 11-33). Il semble bien que Jamblique ait considéré comme indigne d'un platonicien d'admettre une classification des *ousiai* qui ne faisait pas une place à l'âme et aux *mathematica*. Porphyre, au contraire, avait probablement retenu la classification des *ousiai* en sensibles, physiques et intelligibles, parce qu'elle permettait, comme on le voit dans le texte de Dexippe, de systématiser les différentes sortes d'*ousiai* que Plotin avait distinguées à la suite d'Aristote : l'*ousia* composée correspondait à l'*ousia* sensible et corruptible, l'*ousia* réduite à la matière ou à la forme correspondait à l'*ousia* physique incorruptible, puisque matière et forme, étant incorporelles, étaient incorruptibles et que, composantes de l'*ousia* sensible, elles étaient par excellence les objets de la science physique. L'*ousia* immobile correspondait enfin à l'*ousia* intelligible et intellective, puisque, dans le livre Λ, Aristote montrait qu'en son sommet, cette *ousia* était Pensée de la Pensée. En substituant à la classification du livre Λ, une classification qui faisait une place à l'*ousia* mathématique, Jamblique ne pouvait plus faire la systématisation qui vient d'être décrite : l'*ousia* considérée comme matière ou comme forme n'aurait pu être assimilée à l'*ousia* mathématique. Or Jamblique trouvait dans le commentaire de Porphyre la systématisation qui faisait correspondre l'*ousia* composée à l'*ousia* sensible, l'*ousia* comme matière ou forme à l'*ousia* physique, l'*ousia* intelligible à l'*ousia* immobile et motrice. Ne pouvant plus | présenter cette systématisation comme aristotélicienne ainsi que l'avait fait Porphyre, Jamblique (p. 77. 7) n'hésite pas à l'attribuer à Archytas qui effectivement avait parlé (cf. Simplicius, *In Cat.*, p. 76. 20) d'une *ousia* sensible, d'une *ousia* physique (sans les distinguer d'ailleurs l'une de l'autre), d'une *ousia* conçue par l'esprit, mais n'avait, semble-t-il, rien dit d'une *ousia* motrice, encore moins

40

d'une *ousia* immobile[8]. On voit la déformation que Jamblique fait subir, une seconde fois, au texte de Porphyre en rapportant à Archytas, ce que Porphyre avait présenté, non sans justesse, comme aristotélicien.

Encore une fois les déformations infligées par Jamblique au texte de Porphyre faisaient perdre à l'argumentation de Porphyre toute leur vigueur. Porphyre voulait en effet montrer que la systématisation des *ousiai* dans le livre Λ n'était pas incompatible avec la doctrine plotinienne de l'*ousia*. Pour ce dessein, il était absolument sans intérêt de montrer qu'Archytas, lui aussi, avait ramené les *ousiai* à un principe unique : cela n'avait rien à voir avec le problème en question.

Nous savons par Simplicius (*In De caelo*, p. 503. 34 et 506. 13 Heiberg) que Porphyre avait commenté le livre Λ de la *Métaphysique*. Les quelques lignes que nous venons de lire dans Dexippe peuvent nous permettre de nous faire une idée du sens général du commentaire. Nous avons vu comment Porphyre faisait un rapprochement systématique entre l'*ousia* sensible et l'*ousia* composée, l'*ousia* physique et la matière et la forme, l'*ousia* immobile et l'*ousia* intelligible. Ceci correspond à une certaine systématisation et transformation de la doctrine d'Aristote. En fait Aristote ne parle pas explicitement d'*ousia* physique, mais il distingue deux degrés de l'*ousia* sensible, l'*ousia* sensible corruptible et l'*ousia* sensible incorruptible. La première correspond effectivement aux *ousiai* composées de matière et de forme ; Aristote lui-même (1069 a 31) donne comme exemple les plantes et les animaux. L'*ousia* sensible incorruptible ou éternelle correspond aux *ousiai* du monde | céleste, supralunaire. Chez Porphyre, la première catégorie reste inchangée, mais la seconde est appelée *ousia* physique, et elle est considérée comme l'objet de la *Physique* par excellence. Toutefois il ne s'agit plus, comme chez Aristote, d'astronomie, mais des principes derniers du

41

monde physique : la matière et la forme. C'est pourquoi Porphyre ne parle plus, à leur sujet, d'*ousia* sensible, mais d'*ousia* physique, car la matière et la forme ne sont pas sensibles. Mais elles sont incorruptibles. Sur ce point, Porphyre pouvait penser trouver dans le livre Λ lui-même (1069 b-1070 a) un petit traité de *Physique*, puisqu'Aristote y montrait comment les substances sensibles et composées supposaient la matière et la forme et que la matière et la forme étaient inengendrées (1069 b 35). Cette matière et cette forme inengendrées et donc incorruptibles pouvaient correspondre ainsi à l'*ousia* incorruptible, objet de la plus haute partie de la *Physique*. Quant à l'*ousia* immobile dont parle Aristote (1069 a 34 et 1071 b 4), Porphyre lui donne un certain nombre de dénominations : intelligible, intellective, incorporelle, immobile et motrice. Ce groupe de dénominations se trouve déjà dans la description qu'Alexandre d'Aphrodise donne de la première cause selon Aristote (*Quaestiones et Solutiones*, p. 3. 20-4. 25 Bruns). Il est donc conforme à la tradition aristotélicienne, et l'on y retrouve effectivement la description du premier Moteur selon le livre Λ. Toutes ces dénominations ne font pas de difficultés pour un platonicien, sauf « moteur », qui pourrait s'appliquer à l'âme, principe de mouvement pour les corps, mais qui s'applique difficilement à une *ousia* intelligible qui est pensée pure. Porphyre essaie donc d'expliquer l'expression d'une manière satisfaisante pour un platonicien : l'*ousia* intelligible est motrice, dans la mesure où elle est la cause de la vie, qui est mouvement : « En tant qu'elle est cause du mouvement spécifié selon la vie. » Cette interprétation correspond à la définition du premier Moteur comme un Vivant éternel parfait dont la vie consiste en son propre acte d'intellection (1072 b 26).

Les dernières lignes du texte de Dexippe que nous sommes en train de commenter nous révèlent d'une manière extrêmement intéressante comment Porphyre interprétait l'ensemble du livre Λ dans une perspective plotinienne. Pour un disciple de Plotin, l'*ousia* intelligible, immobile et motrice d'Aristote, correspondait à la seconde hypostase, c'est-à-dire à l'Intellect. Au-delà de cette *ousia* première, il y avait l'Un absolument simple, principe de l'*ousia*. Aux yeux de Porphyre, la doctrine aristotélicienne de l'*ousia* suppose et implique finalement l'Un plotinien. En effet, le livre Λ propose un système des *ousiai*, système dont l'unité et la cohérence sont assurées par un principe unique et premier, l'*ousia* intelligible. Or, selon un axiome fondamental du néoplatonisme, qui se trouve déjà chez Plotin (V 6, 3. 1-23 ; VI 6, 13. 17 sq.), toute multiplicité ordonnée, tout « système » suppose l'Un transcendant dont l'unité fonde la possibilité de l'ordre. Le système de l'*ousia* implique donc la transcendance de l'Un. Et il faut qu'il y ait un système de l'*ousia*, c'est-à-dire que les différentes *ousiai* forment une multiplicité ordonnée et unifiée, car, nous dit Porphyre, l'*ousia* a son être dans l'Un. La formule fait allusion probablement à deux notions plotiniennes. Tout d'abord, elle | rappelle le principe plotinien : « Tous les étants sont étants par l'Un » (VI 9, 1. 1 ; V 1, 7. 15 ; V 5, 6. 14 sq.). Ensuite, elle peut faire allusion à l'exégèse que Plotin donnait de *Timée* 37 d 6, lorsqu'il disait que l'éternité (assimilée à l'*ousia* intelligible) demeurait « dans l'Un » (ἐν ἑνί). Porphyre (*Sent.*, p. 44. 21 et 45. 2-3 Mommert) reprendra l'expression : καθ' ἓν ἐν ἑνί. Donc, si l'*ousia*, qui est si proche de l'Un, puisqu'elle a son être dans l'Un, n'était pas unifiée, n'avait pas de cohésion et ne formait pas un système, qu'est-ce donc qui pourrait participer à l'Un ? Le tout serait totalement éparpillé et déchiré. On peut légitimement supposer que Porphyre avait essayé de retrouver cette doctrine plotinienne dans le livre Λ de la *Métaphysique*. Le dernier chapitre du livre d'Aristote laissait entendre, en effet, que le Bien était, dans la nature du Tout, à la fois comme quelque chose de séparé, existant par

42

soi et en soi, et comme l'ordre du Tout (1075 a 11). En ce
Bien, existant par soi et en soi, un plotinien pouvait reconnaître l'Un, principe de l'ordre universel et spécialement
du système de l'*ousia*. Précisément le dernier chapitre du
livre insistait sur la cohésion interne de l'*ousia* : « Ceux qui
veulent que le nombre mathématique soit la réalité première et admettent ainsi toujours une autre *ousia* à la suite
d'une autre et admettent toujours des principes différents
pour chacune de ces *ousiai*, ceux-là rendent l'*ousia* du Tout
incohérente (ἐπεισοδιώδη) – car, qu'elle soit ou qu'elle ne
soit pas, une *ousia* n'a pas de relations avec une autre *ousia*
– et ils admettent une multiplicité de principes. Mais les
étants ne veulent pas être mal gouvernés : "Le gouverne-
ment de plusieurs n'est pas bon, que l'Un soit le souverain"
(1075 b 38) ». Nous pouvons deviner cette phrase
d'Aristote derrière le développement de Porphyre : « Il a
ordonné les *ousiai* en un système unique et il les a ramenées à un principe unique. Qu'est-ce donc assurément qui
participera de l'Un si l'*ousia* elle-même, elle qui a son être
dans l'Un, est privée de la cohésion interne qui se réfère à
l'Un ? » On voit ainsi, par quelle démarche de pensée, il
était possible à Porphyre de donner une interprétation plotinienne du livre Λ.

La dernière partie du texte de Dexippe (p. 41. 18-42. 3)
est consacrée au rapport (homonymie, synonymie ou analogie) qui unit les différentes *ousiai* et tout spécialement à
la manière dont nous connaissons l'*ousia* intelligible ;
c'était le troisième point que nous avions distingué plus
haut (p. 366) :

> « Certes les intelligibles sont indicibles : c'est donc selon la
> métaphore et l'analogie, à partir des choses qui sont connais-
> sables par la sensation, qu'il utilise le terme *ousia*.
> Car c'est selon trois modes que toutes choses peuvent parti-
> ciper à une même dénomination : selon l'homonymie, selon la
> synonymie, et selon le rapport du sens propre au sens métapho-

rique ; selon l'homonymie, comme le pied d'un instrument par rapport aux autres pieds d'instruments ; selon la synonymie, comme on dit qu'une épée est plus aiguë qu'une autre épée et une voix plus aiguë qu'une autre voix (mais l'on ne dit pas qu'une épée est plus aiguë qu'une voix, parce que le caractère "aigu" est différent en l'une et en l'autre) ; selon le rapport "propre-métaphorique" comme notre pied et le pied des montagnes.

Donc les intelligibles sont indicibles : c'est donc comme par une métaphore qu'Aristote se sert de la dénomination d'*ousia*, nous faisant ainsi connaître les choses imperceptibles à l'aide des choses sensibles et perçues par nous.

| En effet, de même qu'*ousia* sera homonyme par rapport à l'*ousia* intelligible, parce qu'elle ne signifie l'*ousia* intelligible que par pure analogie, ainsi *ousia* sera synonyme par rapport à l'*ousia* physique, parce qu'elle signifie l'*ousia* physique par sa composition même.

43

Car, de la même manière qu'Aristote, dans les traités de *Physique* [ou : de *Métaphysique* ?] appelle "corps" une certaine *ousia* incorporelle, — l'appelant incorporelle, parce qu'elle a procédé de l'*ousia* intellectuelle, mais attestant en outre qu'elle possède l'être-corps, parce qu'elle s'est déjà mise en mouvement vers l'*ousia* sensible —, de la même manière, en disant que cette *ousia* est synonyme par rapport à l'*ousia* physique, mais homonyme par rapport à l'*ousia* intelligible, il fait connaître par l'*ousia* sensible les autres *ousiai* et surtout il fait savoir que la description qui se rapporte à l'*ousia* sensible : n'être ni dite d'un sujet ni dans un sujet, peut aussi s'appliquer aux autres *ousiai* »[9].

Le texte que l'on vient de lire développe, dans le cadre de l'interprétation générale qui a été donnée précédemment du livre Λ, la doctrine de l'analogie de la notion d'*ousia*, qui, nous l'avons vu, terminait l'exposé de la doctrine plotinienne de l'*ousia*. De part et d'autre, on retrouve l'affirmation : il est possible d'étendre la description aristotélicienne de l'*ousia* (ne pas être dans un sujet, n'être pas dit d'un sujet) à toutes les *ousiai*, même à l'*ousia* intelligible. Cette possibilité se fonde précisément sur le fait que les différentes *ousiai* s'unifient dans l'*ousia* intelligible qui est leur principe.

Les rapports entre les différentes *ousiai* sont donc les suivants. L'*ousia* sensible ou composée est synonyme par rapport à l'*ousia* physique, c'est-à-dire à l'*ousia* considérée comme matière ou comme forme. L'*ousia* sensible ou composée est homonyme par rapport à l'*ousia* intelligible, cette homonymie n'étant d'ailleurs pas totale, puisqu'elle est compatible avec un rapport d'analogie. Cette doctrine est implicitement présentée comme aristotélicienne. Elle peut en effet se justifier par la division aristotélicienne des sciences. La *Physique* a pour objet, la forme, la matière et le composé des deux, donc d'une part l'*ousia* physique, d'autre part l'*ousia* composée et sensible (*Phys.*, 194 a 12). La philosophie première, au contraire, a pour objet le « séparé », c'est-à-dire l'*ousia* intelligible (*Phys.*, 194 b 14). La synonymie des *ousiai* qui sont les objets de la *Physique* se fonde sur l'unité concrète de la *Physis*, | principe de mouvement et principe formel des *ousiai* naturelles (*Met.*, V 4, 1014 b 35 ; XII 3, 1070 a 5 sq. ; *De caelo*, I 8, 276 b 1-6). Au contraire, l'homonymie entre l'*ousia* sensible et l'*ousia* intelligible, c'est-à-dire entre l'objet de la *Physique* et l'objet de la *Philosophie première*, correspond à la différence totale de principes qui existe entre l'*ousia* sensible et l'*ousia* intelligible (*Met.*, XII 1, 1069 b 1 ; 4, 1070 b 15-20). Que cette homonymie ne soit pas absolue, mais admette une relation d'analogie, c'est ce qui résulte des développements sur l'analogie contenus dans le livre Λ (1070 b 30-1071 b 3). En fait, ce qui fonde l'analogie, c'est le fait même que toutes les *ousiai* se réfèrent finalement à l'*ousia* intelligible, dont elles proviennent. La relation d'analogie tend donc à se confondre avec la relation ἀφ' ἑνὸς καὶ πρὸς ἕν, mais ni chez Aristote ni chez Porphyre, le rapprochement n'est fait explicitement. Aux yeux de Porphyre, en tout cas, Aristote, en affirmant qu'il y a un rapport d'analogie entre l'*ousia* sensible et l'*ousia* intelligible, est en accord profond avec Plotin qui écrit dans son traité *Sur les Genres de l'Être* (VI 3,

5. 3) : « Voilà ce qu'il fallait dire sur l'*ousia* d'ici ; tout cela convient-il à l'*ousia* de là-bas ? Peut-être, mais c'est κατ' ἀναλογίαν καὶ ὁμωνύμως. »

Nous venons de parler du rapport d'analogie. Le texte de Dexippe semble le confondre avec la métaphore, puisque, avant de nous dire que l'*ousia* composée se trouve dans un rapport d'analogie avec l'*ousia* intelligible, il déclare qu'Aristote utilise le terme d'*ousia* « selon la métaphore et l'analogie », pour parler de l'*ousia* intelligible. En fait, dans son commentaire sur les *Catégories* par demandes et réponses (p. 66. 34 Busse), Porphyre signale qu'Atticus réunissait ensemble analogie et métaphore. Lui-même ne distingue pas non plus entre les deux, mais, dans ce même commentaire (p. 67. 4 sq.), il prend soin de distinguer entre métaphore et homonymie : il y a homonymie, quand un même terme désigne des choses différentes, sans qu'il existe un mot propre pour désigner ces choses : par exemple, le pied du lit, le pied de la table ; il y a métaphore, quand un même terme désigne des choses différentes, alors qu'il existe un mot propre pour les nommer, par exemple, le pied de la montagne (car il existe pour le désigner le mot ὑπώρεια) et le pied du navire (car il existe le terme πηδάλιον). Comme le remarque Simplicius (*In Cat.*, p. 33. 11 Kalbfleisch), Porphyre semblait avoir renoncé à cette manière de distinguer homonymie et métaphore dans son grand commentaire à Gédalius, puisque, dans cet ouvrage, il donnait comme exemple d'homonymie, le pied du navire, et comme exemple de métaphore, le pied de la montagne. On peut, peut-être, reconnaître dans le texte de Dexippe, les traces du commentaire à Gédalius. En effet, nous avons vu que l'on y trouve comme exemple de métaphore, le pied de la montagne et comme exemple d'homonymie les pieds de différentes machines ou instruments (probablement le pied du navire est compris dans cette catégorie). On peut même penser que Porphyre a été

amené à modifier sa théorie de la métaphore et de l'homonymie, à cause de la doctrine de l'*ousia*. En effet, si l'*ousia* sensible et l'*ousia* intelligible sont homonymes, elles ne
sont pourtant pas que cela, mais il existe entre elles un rapport d'analogie et de métaphore. Dans ce cas, si l'on
45   appli|quait la définition de la métaphore proposée dans le
commentaire par demandes et réponses, on ne pourrait
dire qu'il y ait un rapport métaphorique entre les deux
ousiai, car il faudrait supposer qu'il y a un terme propre
pour désigner l'*ousia* intelligible. Or, toute la doctrine ici
exposée consiste à affirmer qu'aucun nom ne convient proprement aux intelligibles : ils sont indicibles. Il faut donc
admettre qu'une métaphore peut s'appliquer à un terme
qui n'a pas de nom propre.

Les intelligibles sont indicibles, précisément parce qu'ils
sont imperceptibles. Tout notre langage provient de la sensation (Porphyre, *In Cat.*, p. 91. 8 et 20). Le mot *ousia* ne
peut donc désigner proprement que l'individu sensible,
donc l'*ousia* composée. En appliquant le terme d'*ousia* à
l'*ousia* intelligible, on fait seulement une métaphore.

Cette doctrine n'est jamais exposée explicitement par
Aristote : les termes grecs correspondant à indicible et
imperceptible n'appartiennent même pas à son vocabulaire. On peut tout au plus noter qu'Aristote, à maintes
reprises (*Anal. Post.*, I 2, 71 b 33 ; *Phys.*, I 1, 184 a 16 ; *Met.*,
II 1, 993 b 9 ; VII 3, 1029 b 3-12) affirme que le connaissable en soi est, par rapport à nous, le plus difficile à
connaître et que nous devons chercher à l'atteindre en partant de ce qui est plus facilement connaissable pour nous,
c'est-à-dire de ce qui peut être atteint par la sensation. La
doctrine pouvait néanmoins se développer à partir de principes aristotéliciens. Théophraste s'en approche beaucoup
dans sa *Métaphysique* (9 a 18) : « S'il existe aussi certaines
choses qui ne sont connaissables que parce qu'elles sont
inconnaissables, comme le disent quelques-uns, ce doit

être là un mode de connaissance qui leur est particulier et qui veut être distingué avec soin. Mais peut-être lorsque les choses s'y prêtent, est-il plus approprié d'en traiter *selon l'analogie* que de recourir à leur caractère même d'être inconnaissables : cela reviendrait exactement à définir l'invisible par l'invisible. » Des traces de cette doctrine se retrouveront chez Albinus (*Didask.*, p. 165. 17 Hermann). Mais, chose curieuse, c'est encore une fois chez Porphyre lui-même que nous trouvons le plus clairement exprimé le système général dans lequel s'intègre cette doctrine. Pour Porphyre en effet (*Sent.*, XIX, XXVII, XXXV et XXXVIII) les incorporels ne sont définis que par une méthode négative : leur dénomination se fait en disant ce qu'ils ne sont pas, sans que l'on puisse définir ce qu'ils sont. On peut également les définir par une méthode d'attribution de prédicats antithétiques (partout-nulle part, par exemple). Il y a un renversement total de perspective lorsqu'on passe du sensible à l'intelligible ou vice-versa : l'intelligible est néant par rapport au sensible, le sensible néant par rapport à l'intelligible. C'est donc une véritable théologie négative qui est appliquée à l'intelligible[10]. Ceci est tout à fait différent de Plotin qui réserve les méthodes de la théologie négative à la connaissance de l'Un et ne pousse | jamais l'opposition entre l'intelligible et le sensible jusqu'à faire de chacun la négation de l'autre.

Il nous reste à expliquer la curieuse allusion de Dexippe à un texte d'Aristote dans lequel celui-ci appellerait « corps » une certaine *ousia* incorporelle. Le sens même de l'allusion est double. Tout d'abord, dans le contexte immédiat, elle illustre la double relation de l'*ousia* sensible à l'*ousia* physique et à l'*ousia* intelligible. L'*ousia* sensible est synonyme à l'*ousia* physique, mais elle est homonyme à l'*ousia* intelligible, c'est-à-dire que le terme d'*ousia* est transféré de l'*ousia* sensible, où il est employé d'une manière propre, à l'*ousia* intelligible, parce que cette dernière est

46

principe de l'*ousia* sensible. De la même manière l'*ousia*
incorporelle, dont parlerait Aristote, serait appelée à la fois
corps et incorporelle ; incorporelle d'une manière synonyme avec l'*ousia* intelligible dont elle provient, mais corps,
d'une manière homonyme, parce que le corps et l'*ousia*
sensible proviennent d'elle. La dénomination de « corps »,
appliquée à cette *ousia* incorporelle, serait métaphorique,
comme celle d'*ousia* appliquée à la réalité intelligible. Une
seconde raison motive cette curieuse citation d'Aristote.
Plotin avait objecté à la doctrine aristotélicienne de l'*ousia*,
que si l'*ousia* sensible et l'*ousia* intelligible ont quelque
chose de commun, il en résultait que l'incorporel sera
corps et le corps incorporel (cf. p. 356). Porphyre semble
donc répondre ici à l'objection en disant : il est possible
d'appeler « corps » l'incorporel ; Aristote lui-même l'a fait,
mais en utilisant « corps » d'une manière homonyme et
métaphorique ; c'est précisément de cette manière que le
mot *ousia* est appliqué à l'intelligible.

À quel texte d'Aristote Porphyre fait-il allusion ? À en
juger par l'explication que Porphyre donne du texte,
Aristote parlait d'une réalité qui se trouvait placée entre
l'*ousia* intelligible et intellective et l'*ousia* sensible. Dans le
système d'Aristote, cette réalité est très probablement le
Ciel, dont la description dans le *De caelo* (I 9, 279 a 19 sq.)
pouvait faire penser à un néoplatonicien qu'il s'agissait
d'une *ousia* incorporelle[11]. Or cette réalité était bel et bien
présentée par Aristote comme un corps (*De caelo*, I 9, 278 b
10 sq.). Mais Porphyre, selon le texte de Dexippe, semble
faire allusion à un passage de la *Métaphysique*. Dans le livre
Λ, il y a un seul endroit (1074 a 30) où il est question des
« Corps divins » qui se transportent dans le Ciel. Il est peu
probable que ce soit à ce passage que Porphyre fasse allusion : le rapport de ces Corps à une *ousia* incorporelle est
assez peu évoqué par le contexte. On peut se demander
donc si, au lieu de ἐν τοῖς Μετὰ τὰ φυσικά, il ne faut pas

lire ἐν τοῖς Φυσικοῖς. On remarquera d'ailleurs à ce sujet que Dexippe introduit toujours une citation de la *Métaphysique* par ἐν τῇ et une citation de la *Physique* par ἐν τοῖς. L'expression ἐν τοῖς Φυσικοῖς selon | l'usage aristoté- 47 licien pourrait désigner entre autres le *De caelo* (cf. *Met.*, I 8, 989 a 24). Porphyre peut donc faire allusion à ce traité dans lequel le corps premier présente les propriétés d'un être divin, auquel sont suspendus, en toute chose, l'être et la vie, qui se meut lui-même d'un mouvement circulaire sans fin (279 a 11-b 3). On peut même se demander si Porphyre n'a pas en vue un texte précis du *De caelo*, dans lequel une faute textuelle autoriserait son interprétation. On peut remarquer en effet que dans un développement consacré au premier corps Aristote emploie la formule sui- vante : ὅτι πέφυκέ τις οὐσία σώματος ἄλλη παρὰ τὰς ἐνταῦθα συστάσεις, θειοτέρα καὶ προτέρα τούτων ἁπάντων (269 a 30). Porphyre a peut-être lu : τις οὐσία ἀσώματος Quoiqu'il en soit, on entrevoit ici encore une intéressante exégèse néoplatonicienne du système d'Aristote. Le premier mobile (*De caelo*, 288 b 1) procède de l'*ousia* incorporelle et, par son mouvement, amorce la procession vers l'*ousia* sensible. Il se trouve exactement dans la situation de l'âme, dans le système néoplatonicien.

***

Dexippe semble donc nous avoir conservé, dans son commentaire sur les *Catégories*, un précieux témoignage sur la manière dont Porphyre avait pu commenter le livre Λ de la *Métaphysique*, en cherchant à interpréter la philosophie d'Aristote pour la mettre en harmonie avec la philosophie de Plotin. Certains indices nous laissent entrevoir que Porphyre retrouvait même la doctrine de l'Un transcen- dant dans le livre Λ de la *Métaphysique*. Si cela est vrai, il y a quelque paradoxe à voir le disciple de Plotin retrouver chez Aristote la doctrine que Plotin reprochait expressément à Aristote d'avoir ignorée.

Notes

1. Ἀπορεῖ γὰρ διττῆς οὐσίας ὑπαρχούσης νοητῆς τε καὶ αἰσθητῆς πῶς γένος δύναιτ' ἂν γενέσθαι τὸ αὐτό. Τί γὰρ κοινὸν ἐν ἀμφοτέροις τούτοις ἐν τῷ εἶναι ὑπάρχει ; εἰ δὲ καὶ ἔστιν, ἔσται πρότερον ἄλλο τούτων, ὅπερ οὔτε σῶμά ἐστιν οὔτ' ἀσώματον· ἔσται γὰρ ἢ τὸ ἀσώματον σῶμα ἢ τὸ σῶμα ἀσώματον.

2. Ἔστι μὲν οὖν πρὸς ταῦτα ῥάδιον ἀντειπεῖν, ὅτι παρὰ τὴν πρόθεσιν τὰ ἀπορήματα ταῦτα προσάγεται. Οὔτε γὰρ περὶ τῶν ὄντων οὔτε περὶ τῶν γενῶν τῆς πρώτης οὐσίας νῦν αὐτῷ πρόκειται λέγειν· στοχάζεται γὰρ τῶν νέων τοῖς ἁπλουστέροις ἐπακολουθεῖν δυναμένων. Ὥστ' ἐπεὶ περὶ λέξεών ἐστιν αὐτῷ νῦν ἡ σπουδή, αἷς τὸ κατ' οὐσιῶν λέγεσθαι ὑπάρχει, μάτην ἐν τῇ περὶ τούτων σκέψει ἐπεισάγει τὰς περὶ τῶν ὄντων ζητήσεις ὁ Πλωτῖνος.

3. Οὐ μὴν ἔμοιγε δοκεῖ διακρούεσθαι οὕτωσὶ τὴν πρὸς τὸ παρὸν εὖ τιθεμένην μόνον τοῦ λόγου διέξοδον, ἀλλ' ἀπ' αὐτῆς ἄρχεσθαι τῆς Πλωτίνου φιλοσοφίας καὶ πρὸς τὴν ὅλην αὐτοῦ θεωρίαν ἀναφέρειν καὶ τὴν τῶν παρόντων λόγων διέξοδον.

4. Ἓν γὰρ δὴ γένος τὴν οὐσίαν ἐν τοῖς νοητοῖς οὗτος τίθεται ὡς κοινῇ τὸ εἶναι παρέχουσαν τοῖς ἀσωμάτοις εἴδεσι καὶ ὡς τοῖς αἰσθητοῖς ἅπασι καὶ τοῖς ἐνύλοις εἴδεσι τὸ εἶναι ἐνδιδοῦσαν. Εἰ δὲ τοῦτο οὕτως ἔχει καὶ διατείνει δι' ὅλων ἡ τῆς οὐσίας ἀρχὴ ἡ αὐτὴ τάξιν ἔχουσα πρώτην καὶ δευτέραν καὶ τρίτην, καθ' ἃς τοῖς μὲν πρώτως τοῖς δὲ ἄλλον τρόπον παρέχει τὸ εἶναι· ὥστε εἰ πάντα ἀνήκει εἰς αὐτὴν ὡς ἀπ' αὐτῆς ἠρτημένα, δύναται ἡ ταύτης ὑπογραφὴ ἐμφαίνειν καὶ τὴν πρώτην ἀρχήν, ἀφ' ἧς εἰς τὴν ἐσχάτην ὕφεσιν αὐτὴ πέπτωκεν.

5. Ἀλλ' ἆρα μίαν τινὰ κατηγορίαν λεκτέον ὁμοῦ συλλαβοῦσι τὴν νοητὴν οὐσίαν, τὴν ὕλην, τὸ εἶδος, τὸ ἐξ ἀμφοῖν· οἷον εἴ τις τὸ τῶν Ἡρακλειδῶν γένος ἕν τι λέγοι, οὐχ ὡς κοινὸν κατὰ πάντων, ἀλλ' ὡς ἀφ' ἑνός· πρώτως γὰρ ἡ οὐσία ἐκείνη, δευτέρως δὲ καὶ ἧττον τὰ ἄλλα.

6. Ἀλλ' εἰ ταῖς αὐταῖς ὑποθέσεσιν Ἀριστοτέλης ἐχρῆτο, αἷς καὶ Πλωτῖνος, εἶχεν ἄν τινα δοκοῦντα τὰ εἰρημένα λόγον· νῦν δὲ τὰ ἐκείνῳ δοκοῦντα ὡς ὁμολογούμενα προλαβὼν (AM : προσλαβὼν CR) διαγωνίζει ὑπὲρ Ἀριστοτέλους.

7. Οὐκοῦν πρὸς ταύτην τὴν ζήτησιν τοῖς εἰρημένοις ἐν τῇ Μετὰ τὰ φυσικὰ πραγματείᾳ χρήσομαι. Εἰσὶ γὰρ δύο οὐσίαι κατ' Ἀριστοτέλην αὗται, ἡ νοητὴ καὶ ἡ αἰσθητή, καὶ μέση τούτων ἡ φυσική· αἰσθητὴ μὲν ἡ σύνθετος, φυσικὴ δὲ ἡ κατὰ τὸ εἶδος καὶ τὴν ὕλην, ἡ δὲ τούτων ἀνωτέρω ἡ νοερὰ καὶ ἀσώματος, ἣν ἀκίνητον μὲν κινητικὴν δὲ καλεῖ πολλάκις ὡς τῆς εἰδοποιουμένης κατὰ τὴν ζωὴν κινήσεως αἰτίαν οὖσαν. Ταῦτα γὰρ περὶ τούτων τῶν οὐσιῶν Ἀριστοτέλης ἀποδείκνυσιν ἐν τῷ Λ τῶν Μετὰ τὰ φυσικά, καὶ τούτῳ συνείληφε τὰς πολλὰς οὐσίας εἰς τὴν ὅλην οὐσίαν. Ὑπέθηκε δὲ αὐτὰς ὁμοῦ πρὸς μίαν σύνταξιν καὶ πρὸς μίαν ἀρχὴν ἀνήγαγε. Κομιδῇ γὰρ ἄλλο γέ τι τοῦ ἑνὸς μεθέξει, εἰ αὐτὴ ἡ οὐσία ἡ τὸ εἶναι ἐν τῷ ἑνὶ ἔχουσα ἀποστερηθήσεται τῆς πρὸς τὸ ἓν ἀναγομένης συντελείας.

8. Comparer Simplicius, p. 77. 7-10 :

Καὶ Ἀρχύτας δὲ τὴν πᾶσαν οὐσίαν φυσικήν τε καὶ αἰσθητὴν καὶ κινητικὴν ἀποκαλεῖ, φυσικὴν μὲν τὴν κατὰ τὴν ὕλην καὶ τὸ εἶδος λέγων, αἰσθητὴν δὲ τὴν σύνθετον, κινητικὴν δὲ τὴν νοερὰν καὶ ἀσώματον, ὡς αἰτίαν οὖσαν κινήσεως τῆς κατὰ ζωὴν εἰδοποιουμένης

et Simplicius, p. 76. 17-22 :

Πρὸς δὴ ταῦτα δυνατὸν μὲν καὶ τὰ πρότερον εἰρημένα λέγειν, ὅτι περὶ τῆς αἰσθητῆς καὶ φυσικῆς οὐσίας ὁ λόγος καὶ τῆς ἐν ταύτῃ διανοητῆς, ὡς καὶ Ἀρχύτας ὁ ταύτης ἄρξας τῆς διδασκαλίας διορίζεται σαφῶς λέγων· Πᾶσα ὦν ὠσία φυσικά τε καὶ αἰσθητὰ ἤτοι ἐν τούτοις ἢ διὰ τούτων ἢ οὐκ ἄνευ τούτων πέφυκεν τᾷ διανοίᾳ τῶν ἀνθρώπων ὑποπίπτειν.

Dexippe, p. 41. 9-12 :

Αἰσθητὴ μὲν ἡ σύνθετος, φυσικὴ δὲ ἡ κατὰ τὸ εἶδος καὶ τὴν ὕλην, ἡ δὲ τούτων ἀνωτέρω ἡ νοερὰ καὶ ἀσώματος, ἣν ἀκίνητον μὲν κινητικὴν δὲ καλεῖ πολλάκις ὡς τῆς εἰδοποιουμένης κατὰ τὴν ζωὴν κινήσεως αἰτίαν οὖσαν.

9. Ἀρρήτων τοίνυν ὄντων τῶν νοητῶν κατὰ μεταφορὰν καὶ ἀναλογίαν ἀπὸ τῶν κατ' αἴσθησιν γνωρίμων χρῆται τῷ τῆς οὐσίας ὀνόματι. Τριχῶς γὰρ τοῦ αὐτοῦ ὀνόματος πάντα μετέχει, ἢ ὁμωνύμως ἢ συνωνύμως ἢ τοῦ μὲν κυρίως τοῦ δὲ κατὰ μεταφοράν, καὶ ὁμωνύμως μὲν ὡς ὁ ποῦς τοῦ ὀργάνου πρὸς τοὺς ἄλλους τῶν ὀργάνων πόδας, συνωνύμως δὲ ὡς μάχαιρα μαχαίρας ὀξυτέρα λέγεται καὶ φωνὴ φωνῆς (μάχαιρα δὲ φωνῆς ὀξυτέρα οὐ λέγεται, ἐπειδὴ ἄλλο τὸ ὀξὺ ἐν ἑκατέρα), κυρίως δὲ καὶ κατὰ μεταφορὰν ὡς ἐπὶ τοῦ ποδὸς τοῦ τε ἡμετέρου καὶ τῶν ὀρῶν· ἀρρήτων οὖν ὄντων ὥσπερ μεταφορᾷ κέχρηται τῷ τῆς οὐσίας ὀνόματι, ἀπὸ τῶν αἰσθητῶν καὶ τῶν κατειλημμένων ἡμῖν τὰ ἀκατάληπα

γνωρίζων. Ὡς μὲν γὰρ πρὸς τὴν νοητὴν ἔσται ὁμώνυμος αὕτη τῇ ἀναλογίᾳ μόνῃ τὴν ἔμφασιν αὐτῆς παρέχουσα, ὡς δὲ πρὸς τὴν φυσικὴν συνώνυμος τῷ ἑαυτῆς συνθέτῳ ἐκείνην ἐμφαίνουσα. Ὥσπερ γὰρ ἐν τοῖς <Φυσικοῖς> σῶμα ἀσώματόν τινα λέγει οὐσίαν, διότι μὲν ἀπὸ τῆς νοερᾶς προελήλυθεν, ἀσώματον αὐτὴν ὀνομάζων, διότι δὲ εἰς αἰσθητὴν ἤδη κεκίνηται, τὸ σῶμα εἶναι αὐτῇ προσμαρτυρῶν, οὕτω καὶ ταύτην τὴν οὐσίαν πρὸς μὲν τὴν φυσικὴν συνώνυμον, πρὸς δὲ τὴν νοητὴν ὁμώνυμον λέγων διὰ ταύτης κἀκείνας διδάσκει, καὶ μάλισθ' ὅτι ἡ περὶ αὐτῆς ὑπογραφή, τὸ μήτε καθ' ὑποκειμένου μήτε ἐν ὑποκειμένῳ, δύναται κἀκείναις ἐφαρμόσαι.

10. Cf. P. Hadot, *Porphyre et Victorinus*, Paris 1968, t. I, p. 110 et 420.

11. Notamment 279 a 19 : διόπερ οὔτ' ἐν τόπῳ τἀκεῖ πέφυκεν, οὔτε χρόνος αὐτὰ ποιεῖ γηράσκειν, οὐδ' ἐστὶν οὐδενὸς οὐδεμία μεταβολὴ τῶν ὑπὲρ τὴν ἐξωτάτω τεταγμένων φοράν, ἀλλ' ἀναλλοίωτα καὶ ἀπαθῆ τὴν ἀρίστην ἔχοντα ζωὴν καὶ τὴν αὐταρκεστάτην διατελεῖ τὸν ἅπαντα αἰῶνα [...] ὅθεν καὶ τοῖς ἄλλοις ἐξήρτηται, τοῖς μὲν ἀκριβέστερον τοῖς δὲ ἀμαυρῶς, τὸ εἶναί τε καὶ ζῆν.

20

Un fragment du commentaire
perdu de Boèce sur les *Catégories* d'Aristote
dans le *codex Bernensis* 363[*]

En 1883, dans ses *Rhetores Latini Minores*[1], K. Halm publiait une suite d'*excerpta* contenue dans le *Bernensis* 363 (seconde moitié du IXe siècle), sous le titre, qu'il adopta dans son édition : *Ars rhetorica Clodiani de statibus.* Comme il le signalait dans sa préface[2], cette suite d'*excerpta* comprenait d'abord un emprunt à un ouvrage *de statibus,* puis un extrait plus long emprunté à un commentaire sur les *Catégories* d'Aristote, enfin quelques lignes se rapportant au γνῶθι σεαυτόν.

Halm constata que l'extrait du commentaire sur les *Catégories* d'Aristote ne correspondait pas au commentaire de Boèce que nous connaissons. Mais il n'émit aucune hypothèse au sujet de l'origine de cet extrait. Or, il semble bien que nous soyons ici en présence d'un fragment de la seconde édition du commentaire de Boèce sur les *Catégories*[3]. En effet, ce commentaire :

* Paru dans : *Archives d'histoire doctrinale et littéraire du Moyen Âge*, 26 (1959), p. 11-27.

1° se rapportant aux deux premières lignes des
Catégories d'Aristote,

2° utilise le commentaire de Porphyre sur ces mêmes
Catégories, κατὰ πεῦσιν καὶ ἀπόκρισιν, qui nous a été
conservé,

3° utilise également le second commentaire (perdu) de
Porphyre « à Gédalius », dont on retrouve les traces
chez Dexippe et Simplicius,

4° et enfin, pour différent qu'il soit du commentaire de
Boèce que nous connaissons, contient néanmoins
beaucoup de particularités de style, propres à Boèce.

Avant d'exposer ces différents points, je reproduis ici le
12   texte de l'extrait I contenu dans le *Bernensis* 363, selon l'édition qu'en a donné Halm. Cette édition est bonne en son
ensemble[4].

1   *Aequivoca dicuntur, quorum nomen solum commune
est, secundum nomen vero substantia diversa*[5].

Igitur[6] res omnes duobus significantur modis,
nomine scilicet et definitione substantiae. Ex his ergo
5   diversitates quatuor procreantur : namque res omnes
cum rebus aliis aut nomine iunguntur et definitionibus discrepant, aut definitione congruunt et nominibus separantur, aut in nomine et definitione consentiunt, [aut nomine congruunt, definitione dissen-
10   tiunt] aut in nomine et definitione dissentiunt.

Et illa quidem quae nominibus iunguntur, definitionibus discrepant, vocantur aequivoca. Hoc autem
huius modi est : homo pictus et verus ; utraeque enim
res uno hominis nomine nuncupantur, sed definitio-
15   nibus differunt[7]. Nam si quis pictum hominem defi-

Ligne 2. Il faut probablement corriger *substantia* en *substantiae ratio*
ou *substantiae definitio* ; cf. plus bas, p. 388.

niat, ita dicit : homo [aes] qui pictus ex coloribus, vivi
hominis simulatio : hominem autem verum ita definiet : homo est animal, rationale, mortale, risibile.
Atque ita haec congruunt nomine, definitione dis-
20   sentiunt.

Illa vero, quae definitione congruunt, nominibus
separantur, multivoca nominantur, ut sunt "gladius,
ensis" ; his enim una substantiae definitio est vocabulis discrepantibus.

25   Illa autem, quae et nomine et definitione consentiunt, univoca dicuntur, ut est "animal" et "homo" :
namque homo dicitur animal et cum animali uno
nomine iungitur animalis. At vero si utrumque definias, possis dicere : utraque est substantia animata
30   atque sensibilis.

Illa vero, quae neque nomine iunguntur neque
definitione consentiunt, huius modi sunt, quae
omnino a se discrepent : haec vocantur diversivoca,
ut est "ignis aer aqua terra" ; his enim neque eadem
35   nomina sunt neque idem termini.

Aequivoca sunt dicta, quod quamvis definitionibus distent, aequo tamen vocabulo nuncupentur :
univoca, quod una sit illis nominis et definitionis
significatio : multivoca, quod cum eadem definitio
40   subiecta sit, multis nominibus appellentur : diversivoca, quod omni a se diversitate dissentiant et definitionis et nominis.

Praeter haec autem quinta invenitur habitudo
rerum : quae cum sint a se ipsa diversa, coniungun-

---

16. *Aes* est attesté par le *Bernensis* 363. Halm n'y fait aucune allusion
dans son apparat critique. Il est vraisemblable que le mot soit une glose,
car il ne s'insère pas dans le contexte au point de vue grammatical.

19. congruunt *Halm* : congruet *B* (= *Bernensis*).

29. est *Halm* : esse *B*.

41. omni a se *Halm* : omnia a se *B*.

13

45 tur tamen quodam modo definitione et nomine, sed
non ad plenum, sed ad quandam quasi transfigurationem et per formalrum vocabuli differentiam, ut
est "iustitia iustus" et "a grammatica grammaticus".
Haec autem vocantur denominativa, quod de nomi-
50 ne et substantia <nomina et>[8] res diversae trahentes
transfigurationis quadam similitudine ad se ipsa
coniuncta sunt.

Maxime autem necessaria[9] fuit prima de aequivocis propositio ; discendum enim nobis est, quod non
55 semper res cum nominibus coaequentur, sed aliquoties supercrescant, aliquoties minuantur. Namque in
aequivocis rebus nomina superantur : nam cum
nomen unum sit, plures sunt res quae uno nomine
declarantur. In multivocis res nominibus transeun-
60 tur ; nam cum una sit eademque substantia, multis
vocabulis demonstratur. Hinc est quod propositam
vocem praeter aequivocorum scientiam ad aliquod
praedicamentorum principium referre non possumus. Aequivocis namque praecognitis cum quisque
65 diiudicandus sermo proponitur et sub praedicamentorum genus aliquod referendus, considero, si non
illud quod proponitur unam rem significat, et hanc
ad propriam praedicationem referre non dubito, ut
hoc vocabulum quod est mens ; video, quoniam nihil

47. formarum *Halm* : formam *B.*
55. coaequentur *Halm* : coeqntur *B.*
59-60. transeuntur *Christ* : transeunt *B Halm.*
61. hic *B sed* n *supra lin.*
66. aliquod *Halm* : aliquo *B.*
66. considero et si ad unum praedicamentum cuncta pertinent
Bernensis. Comme l'avait signalé Usener qui recopia le manuscrit à l'intention de C. Halm, le scribe avait confondu le présent *considero* avec
celui de la ligne 80. Mais après *pertinent,* il s'est aperçu de son erreur.

70 aliud significat nisi illud quo sapimus et quo ratione
vegetamur, ergo quoniam unum significat et hoc
ipsum quod significatur substantia I est, id est mens,   14
nomen ipsum substantiam declarare pronuntio. Si
vero nomen propositum mihi plura significet (decla-
75 ratio est ipsius significatio), quae distribuo, tunc
considero, et si ad unum praedicamentum cuncta
pertinent, hoc ad quod pertinet nomen illud significare contendo : ut hoc vocabulum quod est "canis",
idem dicitur et marinus et terrenus et caelestis : quas
80 singulas significationes cum considero, video esse
substantias. At vero si vocabulum diversissimas significet res et quae sub unum genus venire non possint,
ut hoc vocabulum quod est "aliquid" (etenim dicitur
"aliquid" et de substantia et de qualitate et de quan-
85 titate et de cunctis ceteris generibus), singulas huius
vocabuli designationes partiens secundum unum-
quodque genus, quod nomen illud significat, ad
conveniens praedicamentum pronuntiem pertinere.
Quod si praeter aequivocorum notitiam nomen pro-
90 positum ad proprium praedicamentum referre non
possumus, recte de praedicamentis inchoans, quid
aequivoca forent, propria definitione constituit.
    Videtur quoque mihi, cum de aequivocis inchoa-
vit, de ipsa proprie praedicamenti significatione coe-
95 pisse ; nam cum substantia quantitas et cetera.

---

70. quo *Halm* : quod *B.*
85. singulis *B sed* -as *eadem manus correxit.*
86. designationes *Halm* : designationis *B.*

1° *Il s'agit d'un commentaire de* Cat. *1 a 1-2*.

La première phrase n'est d'ailleurs rien d'autre que la traduction d'Aristote, *Cat.* 1 a 1-2. Il est probable qu'il faut corriger *secundum nomen vero substantia diversa*, en *secundum nomen vero substantiae ratio* ou *definitio*[10] *diversa*. En effet le texte d'Aristote est le suivant : ὁ δὲ κατὰ τοὔνομα λόγος ἕτερος ou plutôt, selon la tradition d'Herminus et de Porphyre[11], qui explique la présence ici du mot *substantia* : ὁ δὲ κατὰ τοὔνομα λόγος τῆς οὐσίας ἕτερος. Quant au mot *definitio*, le commentaire qui commence ensuite semblerait le supposer (4 : *nomine scilicet et definitione substantiae*).

Le commentaire qui suit est tout à fait conforme à la tradition des commentateurs depuis Porphyre : les lignes 4 à 52 expliquent le mot ὁμώνυμα (= *aequivoca*) en le replaçant dans l'ensemble de la théorie des homonymes, synonymes, paronymes ; puis les lignes 53 à 95 expliquent pourquoi Aristote commence son livre des *Catégories* par la définition des homonymes.

L'ensemble du texte que nous possédons se rapporte donc bien à *Cat.* 1 a 1-2, et, selon toute vraisemblance, il n'y a pas de lacune : un fragment de Commentaire sur les *Catégories* a donc été recopié tel quel.

15 | 2° *Qui traduit d'abord (lignes 1 à 52), en abrégeant et en synthétisant, le texte du commentaire de Porphyre « par demandes et réponses »*.

La comparaison textuelle qui va suivre est assez éloquente par elle-même. On remarquera seulement que l'auteur latin : 1° change l'ordre selon lequel Porphyre définit homonymes, polyonymes, etc. ; 2° va chercher plus loin dans le commentaire de Porphyre, les exemples qui aident à définir ces différents termes. Chez Porphyre, ce développement se rapporte bien au commentaire de *Cat.* 1 a 1-2.

Porphyre, p. 60. 18-20
Busse :
δηλοῦται γὰρ ἕκαστον τῶν πραγμάτων καὶ δι᾽ ὀνόματος καὶ διὰ λόγου τοῦ ὁριστικοῦ καὶ παραστατικοῦ τῆς οὐσίας αὐτοῦ [...] παντὸς οὖν πράγματος καὶ ὄνομα καὶ λόγον ὁριστικὸν ἔχοντος σχέσεις ἐν τοῖς πράγμασι τῶν τοιούτων λόγων πρὸς τὰ ὀνόματα γίνονται τέσσαρες[12].

Igitur *res omnes* duobus *significantur* modis, *nomine* scilicet et *definitione substantiae. Ex his* ergo diversitates *quatuor procreantur :*

p. 60. 23-25 :
τὰ γὰρ πράγματα ἢ καὶ τοῦ ὀνόματος καὶ τοῦ λόγου τοῦ αὐτοῦ κοινωνεῖ, ἢ τοῦ μὲν ὀνόματος, οὐ μέντοι τοῦ λόγου, ἢ τοῦ μὲν λόγου, τοῦ δὲ ὀνόματος οὔ, ἢ οὔτε τοῦ λόγου οὔτε τοῦ ὀνόματος.

namque res omnes cum rebus aliis *aut nomine* iunguntur *et definitionibus* discrepant, *aut definitione* congruunt *et nominibus* separantur, *aut in nomine et definitione* consentiunt, *aut in nomine et definitione* dissentiunt[13].

p. 60. 25-27 :
καὶ ὅταν μὲν τοῦ αὐτοῦ ὀνόματος κοινωνῇ τὰ πράγματα, τοῦ δὲ λόγου μηδαμῶς, ὁμώνυμα καλεῖται.

Et illa quidem quae *nominibus* iunguntur, *definitionibus* discrepant, *vocantur aequivoca.*

Exemple emprunté à la suite du commentaire, p. 65. 26 sq. :
ὅταν φέρε ἄνθρωπόν τε προσαγορεύσω, τὸ ζῷον λογικὸν θνητὸν καὶ εἰκόνα ἀνθρώπου ὅταν ἰδὼν λέγω ὅτι

Hoc autem huiusmodi est : homo pictus et verus ; utraeque enim res uno hominis nomine nuncupantur, sed

ἄνθρωπος τοῦτο δηλονότι οὐχ
ὡς ἔτυχεν καὶ τὸ ἐν τῇ εἰκόνι
γράμμα καλῶ ἄνθρωπον, ἀλλ'
ὅτι ὁμοίωμά ἐστι τοῦ ζῶντος
ἀνθρώπου.

definitionibus differunt. Nam
si quis pictum hominem defi-
niat, ita dicit : homo aes qui
pictus ex coloribus, *vivi hominis simulatio* : hominem autem
verum ita definiet : homo est
animal rationale, mortale, risibile. Atque ita haec congruunt
nomine, definitione dissentiunt.

Reprise de p. 60. 29-31 :
ὅταν δὲ τοῦ μὲν λόγου
κοινωνῇ τοῦ αὐτοῦ, τοῦ δὲ
ὀνόματος μή, πολυώνυμα
ταῦτα καλεῖται.
Emprunt à p. 69. 3 :
λέγω ὅτι πολυώνυμά ἐστιν
ὧν διάφορα μὲν καὶ πλεῖστα
ὀνόματα, ὁ δὲ λόγος εἷς καὶ ὁ
αὐτός, ὡς ἄορ, ξίφος,
φάσγανον, κτλ.

Illa vero, quae *definitione
congruunt, nominibus* separantur, *multivoca nominantur, ut
sunt "gladius, ensis"* : his enim
una substantiae definitio est
vocabulis discrepantibus.

16 | Reprise de p. 60. 27 :
ὅταν δὲ καὶ τοῦ λόγου καὶ
τοῦ ὀνόματος, συνώνυμα τὰ
τοιαῦτα προσαγορεύεται.
Exemple emprunté à
p. 69. 25 :
δῆλον ὅτι καὶ ὁ ὅρος κοινὸς
ἔσται πάντων. ἕκαστον γὰρ
τῶν εἰρημένων ἀληθῶς ἂν
ῥηθείη οὐσία ἔμψυχος
αἰσθητική.

Illa autem, quae *et nomine et
definitione consentiunt, univoca*
dicuntur, ut est "animal" et
"homo" : namque homo dicitur animal et cum animali uno
nomine iungitur animalis. At
vero si *utrumque definias, possis
dicere* : utraque est *substantia
animata atque sensibilis*.

Reprise de p. 60. 30-31 :
ἐπειδὰν δὲ μήτε τοῦ
ὀνόματος μήτε τοῦ λόγου,
ἑτερώνυμα καλεῖται.

Illa vero quae *neque nomine
iunguntur neque definitione*
consentiunt, huius modi sunt,

Exemple emprunté à
p. 69. 11 sq. :
ὡς πῦρ, χρυσὸς καὶ
Σωκράτης καὶ ἀνδρεία.
ἑτερώνυμα δέ ἐστιν ὧν τό τε
ὄνομα καὶ ὁ λόγος ἕτερος.

quae omnino a se discrepent :
haec *vocantur diversivoca, ut est*
"ignis[14], aer aqua terra"* ; his
enim *neque eadem nomina sunt*
neque idem termini.

Le développement qui suit, sorte de définition étymologique des homonymes, synonymes, etc., ne correspond à rien dans le commentaire de Porphyre. Mais l'utilisation de Porphyre, p. 60. 18-33 reprend immédiatement :

p. 60. 33 sq. :
πέμπτος δέ ἐστι τρόπος
ὅταν τινὰ ἕτερα ὄντα ἀπὸ
ἑτέρων γένηται μετέχοντα πως
καὶ τοῦ ὀνόματος καὶ τοῦ
λόγου, διαφέροντα δὲ τῷ
μετασχηματισμῷ ἃ καὶ
καλεῖται παρώνυμα.

Praeter haec autem *quinta*
invenitur *habitudo*[15] rerum :
quae *cum sint a se ipsa diversa,*
coniunguntur tamen *quodam*
modo definitione et nomine, sed
non ad plenum, sed ad quandam quasi *transfigurationem*[16] et
per formarum vocabuli *differentiam,* ut est "iustitia iustus"
et a grammatica grammaticus.
Haec autem vocantur denominativa, quod de nomine et substantia <nomina et> res diversae trahentes transfigurationis quadam similitudine ad se ipsa coniuncta sunt.

3° *Qui utilise ensuite (lignes 53 à 95) le commentaire de Porphyre « à Gédalius », probablement par l'intermédiaire du commentaire de Jamblique.*

| Pourquoi Aristote commence-t-il par les homonymes ?   17
Telle est la question à laquelle répond maintenant le commentaire latin. Question traditionnelle depuis Nicostrate[17],

mais que l'on pouvait formuler de deux manières ; et surtout à deux endroits différents du commentaire. On pouvait en effet se demander, *avant* de commenter le chapitre premier d'Aristote, sur les homonymes et synonymes, pourquoi l'auteur des *Catégories* commençait son livre par cette étude. On pouvait aussi, *en commençant à commenter* ce premier chapitre, se demander pourquoi Aristote plaçait en premier lieu la définition des homonymes.

À la première forme de la question, Porphyre répond effectivement dans son commentaire « par demandes et réponses », *avant* de commenter le premier chapitre : « Comme les géomètres placent au début de leurs ouvrages certaines définitions, axiomes, postulats et divisions, utiles à ceux qui commencent, pour qu'ils comprennent clairement les théorèmes, de même Aristote commence par exposer ce qui concerne les homonymes, synonymes, paronymes et le reste, choses très utiles à l'enseignement des catégories [...] »[18].

De cette première forme de la question et de cette réponse on ne trouve nulle trace dans notre texte latin, qui se rapporte, en effet, à la première phrase du premier chapitre d'Aristote.

Le commentaire « par demandes et réponses » connaît également la seconde forme de la question et il y répond, après avoir commenté les premières lignes du chapitre d'Aristote : « Puisqu'Aristote considère l'être comme homonyme, puisque les catégories sont appelées catégories d'une manière homonyme, voilà la raison pour laquelle il commence par traiter des homonymes »[19].

Cette fois, notre texte latin contient quelque chose d'analogue à cette réponse : ce sont ses dernières lignes (93-95) qui y correspondent. Mais comme tout ce qui précède ces dernières lignes est étranger au commentaire de Porphyre « par demandes et réponses », nous sommes obligés de rechercher ailleurs une source au développement que nous trouvons dans notre texte latin. L'idée centrale de ce développement est en effet celle-ci : Aristote a dû commencer son livre par les homonymes, parce qu'on ne peut ranger correctement un terme sous une catégorie donnée que si l'on a préalablement compris que chaque terme ne désigne pas nécessairement une seule chose ; en effet, un terme peut désigner plusieurs choses et plusieurs termes, une seule chose. D'où l'utilité de savoir que des termes peuvent être homonymes ou synonymes.

Nulle trace de cette idée dans le commentaire de Porphyre « par demandes et réponses ». Par contre, Simplicius semble bien l'attribuer | à Porphyre, donc faire 18 allusion au commentaire de Porphyre « à Gédalius ». D'autre part, Dexippe exprime cette même idée, en termes très proches de notre texte latin, et peut l'avoir empruntée, lui aussi, au commentaire « à Gédalius ».

Voici d'abord la traduction du passage de Simplicius qui se situe au moment où Simplicius[20] commence à commenter *Cat.* 1 a 1-2

(A) *Utilité du premier chapitre* :

« Les disciples de Nicostrate demandent pourquoi, ayant le projet de faire un traité sur les *Catégories*, Aristote ne commence pas par elles, mais fait d'abord un exposé au sujet d'autres choses : les homonymes, les synonymes, les paronymes.

(a) *Première réponse de Porphyre : toute science a des prolégomènes* : À leur encontre, Porphyre oppose que, pour tout traité théorique, on commence par exposer certaines choses qui serviront à éclaircir ce qui fera suite, par exemple, en géométrie, les définitions, les axiomes et les postulats.

(b) *Seconde réponse : il faut savoir qu'il n'y a pas un seul nom pour chaque chose* : Ici donc, puisqu'Aristote a pour projet de parler des termes premiers (περὶ τῶν πρώτων λέξεων) qui désignent les choses premières et simples, sous lesquelles il faut ramener toutes les autres choses, si chaque chose avait son nom propre, chaque terme se ramènerait à une seule catégorie. Mais par contre, si le même nom appartient à plusieurs choses, différentes en substance, il faut donc une distinction (διακρίσεως) : il est évident que parfois le mot se réfère à une seule et même catégorie, parfois non. Par exemple, on appelle animal, l'homme, le cheval et aussi Socrate et l'image de Socrate qui n'est qu'une figure de couleurs. Or parmi ces choses, il y a d'une part l'homme et le cheval qui, parce qu'ils participent à la même substance de l'animal qui leur est attribuée d'une manière synonyme, se ramènent donc à la même catégorie. Par contre Socrate et le dessin de Socrate, qui ne participent pas tous deux à la même substance de l'animal, mais l'un à la substance, l'autre à la couleur ou figure extérieure, ne se ramènent donc pas tous deux à la même catégorie. Socrate se ramène à la substance, son dessin, à la qualité. Il fallait donc donner un enseignement préalable concernant l'homonyme et le synonyme.

(B) *Nécessité de commencer le chapitre par les homonymes :*

(a) *Parce que, selon Andronicus, les catégories étant des termes pris en dehors de toute liaison, il faut commencer par les homonymes, qui ne peuvent être eux-mêmes que des termes pris en dehors de toute liaison :* Qu'il soit nécessaire de commencer par les homonymes, Andronicus l'a montré en disant : « Des choses qui sont dites, certaines sont dites sans liaison, les autres avec une liaison. Et parmi les choses qui sont dites sans liaison, certaines sont dites homonymes, car elles n'ont de commun que le nom pris isolément. »
En sorte qu'il apparaît nécessaire de commencer par les homonymes si l'on s'en tient aux raisons qui viennent

d'être exposées, et aussi parce qu'il y a beaucoup d'hésitation pour savoir si l'être est ou non un genre : c'est la théorie des homonymes et des synonymes qui permet de le connaître.

(b) *Parce que, selon Jamblique, le terme même de catégorie est un terme* | *homonyme* : Quant au divin Jamblique, il s'exprime ainsi : « Il me paraît excellent que celui qui traite des catégories, commence par les homonymes. Car les catégories elles-mêmes possèdent un nom qui est homonyme : celui de catégorie. Car elles sont différentes en leurs réalités et en la totalité de leurs genres, elles n'ont rien de commun que le nom. Et l'acte même d'attribuer (τὸ κατηγορεῖν) se dit de manière homonyme. Si donc il n'est pas possible, ni de comprendre la propriété même de catégorie ni de trouver comment cette propriété appartient en commun à plusieurs termes et a un rapport à tous les êtres, sans avoir défini au préalable les homonymes, c'est à juste titre qu'Aristote commence par traiter des homonymes. »

19

Il y a une grande parenté d'idées entre le texte de Simplicius et notre commentaire latin. Sans doute, nous ne retrouvons plus trace du développement (A a), attribué explicitement à Porphyre et concernant la nécessité de prolégomènes pour toute science, plus trace non plus du développement (B a), concernant les termes pris sans liaison, mais les développements (A b) et (B b) sont reconnaissables, dans le même ordre, en notre texte latin. Les lignes 53 à 92 correspondent au développement (A b) : il n'y a pas un nom pour chaque chose. Il faut donc connaître la doctrine des homonymes pour pouvoir répartir les termes qui nous sont proposés, selon chacune des catégories. Si le terme que nous considérons n'a qu'une signification, comme *mens*, il est facile de le ramener à la catégorie qui lui convient. Mais si le terme est équivoque, il faut en distinguer les différents sens : il est possible que, comme pour le terme *canis*, ces différents sens se réfèrent tous à la même catégorie, ici, celle de substance. Mais il est possible aussi que ces différents sens se répartissent selon les différentes catégories, comme pour le terme *aliquid*. On voit d'ailleurs que les exemples proposés par notre texte latin (*mens, canis, aliquid*) sont différents des exemples (l'homme, le cheval, Socrate, l'image de Socrate) proposés par Simplicius.

Les lignes 93 à 95 correspondent au développement (B b) attribué par Simplicius à Jamblique. Bien que notre *excerptum* s'arrête au milieu d'une phrase, on voit très facilement que le commentateur latin fait allusion au caractère homonyme des catégories elles-mêmes ; il est normal de commencer par les homonymes, un traité qui a pour objet des homonymes. Nous l'avons vu, cette idée existe aussi dans le commentaire de Porphyre « par demandes et réponses ». Mais il faut avouer qu'il y a une certaine analogie littérale entre Jamblique, cité littéralement par Simplicius, et notre texte latin :

Jamblique, *ap.* Simplicius, p. 22. 1 :

Δοκεῖ μοι [...] πάντων κάλλιστα ἀπὸ τῶν ὁμονύμων ἄρχεσθαι ὁ περὶ τῶν κατηγοριῶν διαπραγματευόμενος· αὐταὶ γὰρ δήπουθεν αἱ κατηγορίαι ὁμώνυμον ἔχουσι τὸ τῆς κατηγορίας ὄνομα.

Videtur quoque mihi, cum de aequivocis inchoavit, de ipsa proprie praedicamenti significatione coepisse ; nam, cum substantia quantitas et cetera.

On décèle également un mouvement analogue entre Jamblique et les lignes 89-92 de notre texte latin :

| Jamblique, *ap.* Simplicius, p. 22. 6-9 :

Εἰ τοίνυν οὐκ ἔνεστιν [...] αὐτὸ τοῦτο τὸ ἰδίωμα τῆς κατηγορίας συνιέναι [...] εἰ μή τις τὰ ὁμώνυμα ἀφορίσαιτο, εἰκότως ἐν ἀρχῇ τὸν περὶ αὐτῶν ποιεῖται λόγον.

Quod si *praeter aequivocorum notitiam* nomen propositum, ad proprium praedicamentum referre non possumus, *recte de praedicamentis inchoans*, quid aequivoca forent, propria definitione constituit.

20

Ici, je le répète, il ne s'agit que d'un mouvement analogue ; d'ailleurs le contexte est différent. J'admettrais volontiers que *proprie praedicamenti significatione* (ligne 94) correspondît à τὸ ἰδίωμα τῆς κατηγορίας.

On peut signaler par ailleurs quelques expressions qui ont quelque analogie, dans notre texte latin, et dans le reste du développement de Simplicius. Par exemple, l'expression « se ramener à ou sous une catégorie » se retrouve de part et d'autre (Simplicius, p. 20. 10) : ὑπὸ μίαν ἕκαστον ἀνήγετο κατηγορίαν et notre texte latin (65) : *sub praedicamentorum genus aliquod referendus*. De même *diiudicandus sermo* peut correspondre à Simplicius, p. 21. 12 : διακρίσεως ἔδει[21]. Surtout *maxime autem necessaria fuit prima de aequivocis propositio* (53) correspond assez littéralement à Simplicius, p. 21. 21 : ὅτι δὲ χρειώδης ἐστὶν ἡ τῶν ὁμωνύμων πρόληψις.

Mais l'identité d'idée et de vocabulaire est beaucoup plus étroite entre notre texte latin et un passage du commentaire de Dexippe sur les *Catégories*.

Dexippe, *In Cat.*, p.16. 18 Busse :

ἐροῦμεν ὅτι οὐ συμμετρεῖ-ται τῷ πλήθει τῶν πραγμάτων τὰ ὀνόματα, οὐδ' ὅσα τὰ πράγματα, τοσαῦται καὶ αἱ ἐπ' αὐτοῖς σημαντικαὶ λέξεις οὔτε

Discendum enim nobis est, quod *non semper res cum nominibus coaequentur, sed aliquoties supercrescant, aliquoties minuantur* [...] *hinc est quod propositam*

καθ' ἕκαστον οὔτε κοινῶς κατὰ γένος, ἀλλ' ὅπου μὲν ὑπερβάλλει, ὅπου δὲ ἐνδεῖ τὰ ἕτερα ἑτέρων, ὥστε ἐπὶ τὴν προτεθεῖσαν λέξιν τὴν ἁπλῆν καὶ ἀσύνθετον χρὴ σκοπεῖν, εἰς ποίαν κατηγορίαν ἀνάγεται.

vocem praeter aequivocorum scientiam *ad* aliquod *praedicamentorum* principium *referre* non possumus.

Or la suite du texte de Dexippe correspond assez bien à ce que Simplicius rapporte explicitement ou implicitement à Porphyre, dans le texte traduit plus haut (cf. A a et b) :

Dexippe, p. 16. 24 sq. : « Voilà pourquoi Aristote commence par un exposé détaillé concernant les homonymes, les synonymes et les paronymes :

(Cf. Simplicius A b) : il nous enseigne ainsi à considérer de toutes manières si quelque chose de ce genre n'advient pas aux termes qui doivent être rangés sous les catégories (c'est-à-dire s'ils signifient plusieurs choses, ou au contraire si plusieurs termes ne signifient pas la même chose). Ainsi, il expose bien, pour ceux qui voudront connaître exactement les termes à ranger sous les catégories, l'enseignement qui doit convenablement être donné en premier lieu.

21 | (Cf. Simplicius A a) : Car, de même que dans les autres sciences nous commençons par exposer certaines choses, sans lesquelles il est difficile et même absolument impossible de connaître l'objet de ces sciences, de même ici, avant de commencer la division en catégories, nous commençons par exposer certaines choses qui éclaireront la suite (εἰς τὴν σαφήνειαν τῶν ἑξῆς = πρὸς σαφήνειαν [...] ἑξῆς [...], Simplicius, p. 21. 6). »

Ayant constaté ces analogies, il nous reste à interpréter le fait : qu'est-ce qui explique le rapport entre Dexippe, Simplicius et notre texte latin ? Problème complexe : on sait combien les commentateurs se plagient : Simplicius[22] nous signale que Jamblique utilise abondamment Porphyre, que Dexippe recopie Porphyre et Jamblique, et que lui-même, Simplicius, cite très souvent et très abondamment Jamblique[23]. Selon ces données, le texte de Dexippe, si proche de notre texte latin, a pour sources, ou bien uniquement le commentaire de Porphyre « par demandes et réponses », ou bien le commentaire « à Gédalius », ou bien Jamblique. La première hypothèse est à exclure, puisque, dans le commentaire « par demandes et réponses » nous ne retrouvons pas tout ce que nous trouvons dans ce passage de Dexippe. En faveur de la seconde hypothèse, plaide le fait que Simplicius semble bien réunir *sous le nom de Porphyre,* les deux parties du développement que nous retrouvons chez Dexippe (Simplicius A a et A b). À aucun moment, Simplicius ne laisse entendre que ces deux parties proviennent de deux auteurs différents : or la première est rapportée explicitement à Porphyre. Il est donc probable que le développement (A b) de Simplicius remonte au grand commentaire de Porphyre « à Gédalius », et que Dexippe en soit un témoin antérieur. Ainsi notre texte latin aurait, lui aussi, pour source, ce commentaire « à Gédalius ». Mais, comme Simplicius utilise *Jamblique,* pour le développement (B b), et que ce texte de Jamblique semble avoir laissé des traces dans notre texte latin, on peut se demander légitimement si Dexippe, notre texte latin et Simplicius n'ont pas finalement utilisé directement Jamblique, et, seulement au travers de Jamblique, le commentaire « à Gédalius ». Autrement dit, ce serait Jamblique qui, dans son commentaire, rapporterait les doctrines de Porphyre et d'Andronicus citées par Simplicius. On retrouve, chez Simplicius[24], un exemple analogue à propos des « postprédicaments » : Simplicius, citant Porphyre, Andronicus et Jamblique, utilise en fait le commentaire de Jamblique. Nous aurons à revenir sur cet exemple[25].

En tout cas, on ne trouve de développements analogues à notre texte latin, ni chez Ammonius, ni chez Olympiodore, ni chez Philopon, ni chez Élias. Le parallèle avec Dexippe ne permet que deux hypothèses : ou bien notre texte latin utilise Porphyre « à Gédalius » *et* Jamblique, ou bien il | utilise le seul Jamblique et, au travers de celui-ci, le commentaire « à Gédalius ».

22

4° *Qui contient des termes et des tournures propres à Boèce.*

Ces précisions concernant l'influence de Porphyre et de Jamblique font immédiatement penser au commentaire de Boèce sur les *Catégories* d'Aristote. Récemment M. Pfligersdorffer[26] faisait remarquer, à propos du problème des « postprédicaments », comment Boèce, à la fin de son commentaire, utilisait le commentaire de Porphyre « à Gédalius », au travers et à l'aide du commentaire de Jamblique. C'est exactement à la même hypothèse que nous conduit notre présent texte latin.

Mais, je l'ai déjà dit, le texte que nous avons devant nous n'est pas le commentaire des *Catégories* par Boèce que la tradition nous a conservé. On remarquera pourtant certains rapports, surtout celui-ci :

Boèce, *In Cat.*, PL, 64, 163 d 8.

Ergo quoniam *res omnis* aut diffinitione aut nomine declaratur, *ex his* duobus, *nomine scilicet et diffinitione, diversitates quatuor procreantur.*	Igitur *res omnes* duobus significantur modis, *nomine scilicet et definitione* substantiae. *Ex his* ergo *diversitates quatuor procreantur.*

Outre ce rapport textuel, l'identité des termes techniques saute aux yeux. Dans le commentaire de Boèce sur les *Catégories* et dans notre texte latin, on trouve les mots caractéristiques : *aequivoca, multivoca*[27], *univoca, diversivoca, denominativa, transfiguratio*[28] (= μετασχηματισμός) et tous ces termes sont propres à Boèce.

| D'autres expressions que l'on rencontre souvent dans   23
les œuvres de Boèce reviennent une ou plusieurs fois dans
notre texte : *definitionibus discrepare*[29], *nomine iungi*[30], *nomine
congruere*[31] ; *diversitates*[32] pour désigner plusieurs modes possibles, *designatio*[33] au sens de σημαινόμενον ; *significatio*[34]
dans le même sens ; *terminus*[35] pour traduire ὅρος ; *plura
significare*[36] à propos des homonymes ; *definitione constitue-
re*[37] ; *vegetari*[38] ; *habitudo*[39] ; *simulatio*[40] ; *rem trahere*[41].

On remarquera aussi, dans notre fragment, une des
caractéristiques du style de Boèce : la recherche de la variété, dont McKinlay[42] et, récemment, M. Minio-Paluello[43] ont
souligné l'importance. Par exemple, lignes 3-10, là où l'original grec de Porphyre emploie seulement κοινωνεῖ et οὐ
(κοινωνεῖ), Boèce emploie six verbes différents pour exprimer la communion ou la non-communion.

Puisque nous sommes en présence d'un commentaire
latin des *Catégories,* qui n'est pas celui de Boèce que nous
connaissons, mais qui a les caractéristiques du vocabulaire
et du style de Boèce, une seule hypothèse semble possible :
nous sommes en présence du second commentaire de ce
même Boèce, sur les *Catégories* ; second commentaire qui
est perdu, mais | annoncé par Boèce, dans son premier   24
commentaire[44], et attesté également[45] par certains détails de
la tradition manuscrite de ses œuvres.

Selon l'analyse du fragment ici retrouvé, il apparaît que
ce second commentaire continuait, comme le premier, à
utiliser très littéralement le commentaire de Porphyre
« par demandes et réponses », mais qu'il le complétait, soit
directement par le commentaire « à Gédalius », soit par le
commentaire de Jamblique. Il est intéressant de rappeler
que J. Bidez[46] avait écrit en 1923 : « Très probablement,
dans le second ouvrage que Boèce préparait – et que nous
ne connaissons que par l'annonce rapportée ci-dessus –
Jamblique devait figurer au premier rang des sources de
son érudition. »

J'avais d'abord pensé avoir retrouvé un fragment du commentaire de Victorinus (en 8 livres) sur les *Catégories* d'Aristote[47]. Mais, outre les caractéristiques du vocabulaire et du style de Boèce relevées plus haut, d'autres indices empêchent d'admettre cette hypothèse : Victorinus emploie très rarement *igitur*[48] comme premier mot d'une phrase. D'une manière générale, il préfère les mots grecs techniques, comme ὁμώνυμα, etc., à leurs traductions latines[49] ; son style de traducteur est beaucoup plus contourné, beaucoup plus rude que celui de notre extrait. Et inversement, on ne trouve pas, dans notre extrait, d'échantillons caractéristiques du vocabulaire de Victorinus, tel que ses œuvres théologiques, rhétoriques ou logiques nous le font connaître.

C'est donc à Boèce qu'il faut restituer ce fragment qui nous laisse ainsi entrevoir ce que fut la *secunda editio* du Commentaire sur les *Catégories*.

25 | 5° *Note sur les* excerpta *qui accompagnent le fragment de Boèce.*

On se demandera évidemment comment ce fragment de Boèce a pu parvenir dans le *Bernensis* 363. Il est pour ainsi dire noyé au milieu d'un groupe d'*excerpta* qui ont pour *incipit* général : *Ars rhetorica Clodiani de statibus* et pour *explicit* : *finit Clodiani de statibus*.

Immédiatement, après l'*incipit*, commence un premier *excerptum*[50] qui se rapporte effectivement aux états de cause, qui est donc bien un *de statibus* :

Status est quaestio summa, de qua pronuntiaturi sunt iudices ; status autem dicitur eo quod in eo pars utraque consistit. Nascitur autem status ex intentione et depulsione hoc modo : occidisti hominem - non occidi. Cicero statum constitutionem vocat, στάσιν aut γενιχὸν κεφάλαιον Graeci dicunt.

Rationales status sunt quatuor : an sit, quae coniectura dicitur ; quid sit, qui finis appellatur ; quale sit, quod est qualitas ; inducine in iudicium debeat, quae ab aliis translatio, ab aliis praescriptio appellatur : hanc Quintilianus negat inter status recipiendam.

Graeci hos status sic appellant : coniecturam στοχασμόν, finem ὅρον, qualitatem ποιότητα, translationem μετάληψιν appellant.

Coniectura est, cum crimen intenditur et negatur ; coniectura simplex, plena et semiplena. Fur quadruplum solvat : sacrilegus manus perdat : adulter, qui multoties per multa adulteria moechatus est, reus est mortis.

On ne peut guère comprendre ces lignes que comme une suite de notes prises à la lecture d'un ou de plusieurs ouvrages de rhétorique. On retrouve *quaestio summa* chez Sulpitius Victor[51] ; la définition de *status : quod in eo pars utraque consistit,* chez Isidore de Séville[52]. On remarquera l'abondance des mots grecs, notamment la définition de l'état de cause, comme γενικὸν κεφάλαιον : Quintilien, qui la rapportait à Théodore, ne la citait qu'en latin[53] ; et la *Rhétorique* d'Augustin[54] ne parlait que de κεφάλαιον. Les dernières lignes : *fur quadruplum solvat,* etc., ne se rapportent pas à la *coniectura,* mais sont probablement des exemples empruntés à ce que Fortunatianus appelle *particula iuris : de modo poenae*[55].

Pourquoi ces notes s'intitulent-elles *Ars rhetorica Clodiani* ? *Clodiani* est probablement une mauvaise interprétation de l'abréviation C. En effet, le même *Bernensis* 363, au folio 147 verso, à la fin du premier livre I de l'*Ars rhetorica* de Fortunatianus, présente l'*explicit* suivant : *Clodiani* (et au-dessus de la ligne *vel Claudiani*) *Chirii Fortunatiani artis rhetoricae liber explicit* ; *Clodiani,* dans cet *explicit,* correspond[56] évidemment à C. Il en est très probablement de même dans notre *Ars rhetorica Clodiani* ; mais nous ne savons pas à quoi correspondait ici le C. mal interprété par le copiste.

26

Après ces notes de rhétorique, une définition[57] grammaticale :

Colon pars integris pedibus impleta, ut defecisse videt sua : comma pars versus imperfecta, ut arma virumque cano.

Cette définition grammaticale se retrouve dans l'*Ars* d'Atilius Fortunatianus[58], avec les mêmes exemples empruntés à Virgile.

Suit notre extrait de Boèce. Et après celui-ci, on lit[59] encore les lignes suivantes, qui présentent un curieux mélange d'expressions néoplatoniciennes et d'expressions techniques rhétoriques :

Γνῶθι σεαυτόν, id est nosce te ipsum : frustra enim laborat curiosa mortalitas in ceteris cognoscendis, cum <animi > sui naturam scire non possit quid sit, ubi sit, quam formam, quam vim habeat ; quid sit, περὶ τῆς οὐσίας, id est de substantia ; ubi sit, περὶ τοῦ τόπου, id est de loco ; quam figuram, utrum humani corporis, ut habere umbrae dicuntur, an sphaerae, an cuiusvis alterius ; quam vim, mortalisne an aeterna sit. Pars autem animae αἰσθητική, id est sensualis dicitur ; est autem forma capax omnium figurarum et pulchrior universis, quae intelligibiliter in aeternis rebus exsistit.

Il est possible que nous ayons ici devant nous, un texte, et son commentaire : *quid sit, ubi sit, quam formam,* etc., jusqu'à *sensualis dicitur* représenterait assez bien un commentaire se rapportant à *animi sui naturam*. Le texte commenté reprendrait avec *est autem forma capax* [...] qui est en somme la définition néoplatonicienne de la « nature de l'âme »[60]. Il y a d'ailleurs une certaine parenté entre le commentaire qui énumère une suite de questions rhétoriques (*quid sit, ubi sit,* etc.) et le premier fragment qui énumérait lui aussi une suite de questions rhétoriques (*an sit, quid sit, quale sit).*

La rencontre entre tous ces fragments est vraiment difficile à expliquer. S'agit-il de notes de lecture, de feuillets en désordre ? Il est difficile de le dire.

| On remarquera que cet *Ars rhetorica Clodiani de statibus* 27
– pour donner à ce groupe d'*excerpta*, le titre même qu'il a
dans le manuscrit – se trouve dans le *Bernensis* 363, à la suite
d'un groupe de textes rhétoriques et dialectiques, qui comprend successivement l'*Ars rhetorica* de Fortunatianus, le *De
dialectica* et le *De rhetorica*, attribués à Augustin. Ce groupement de textes se retrouve dans le *Darmstadtiensis* 166 (VIIᵉ
siècle) qui contient : 1° Fortunatianus, *Ars rhetorica* ; 2°
Augustinus, *De rhetorica* ; 3° Augustinus, *De dialectica* ; 4°
Marius Victorinus, *Explanationes in Ciceronis Rhetoricam* ; 5°
Censorinus, *De die natali*. Peut-être faudrait-il chercher
l'origine de ce groupement de textes, pour entrevoir comment et pourquoi cet extrait du second commentaire de
Boèce sur les *Catégories* a été copié à cet endroit du *Bernensis*
363⁶¹.

Notes

1. K. Halm, *Rhetores latini minores*, Leipzig 1863, p. 560-592.

2. *Ibid.*, p. XIV.

3. Sur ce second commentaire, aujourd'hui perdu, cf. *supra*, p. 401-402.

4. Je l'ai collationnée avec le fac-similé du *Bernensis* 363, paru dans *Codices Graeci et Latini photographice depicti duce Scatone de Vries*, t. II : *Codex Bernensis* 363, Leyde 1897. L'*Ars Clodiani* se trouve aux folios 165v-166v.

5. Ce lemme correspond à Aristote, *Cat.* 1 a 1-2.

6. Lignes 3-52 : exposé de l'ensemble des rapports possibles entre les mots et les choses, selon leur définition et leur nom : homonymes, poly-onymes, synonymes, hétéronymes, paronymes.

7. Cette phrase correspond exactement à Aristote, *Cat.* 1 a 3.

8. Halm avait introduit une *crux* après *transfigurationis*. Christ avait proposé à Halm la correction suivante : *transfigurationis quandam simili-tudinem ad se ipsae coniunctae sunt*, peu convaincante, puisque le *cas* (= *transfiguratio*) n'apporte pas similitude, mais au contraire différence, dans les paronymes. Je suppose, pour ma part, qu'il y a plusieurs mots

qui manquent ; voici en effet le sens général : ces termes sont appelés paronymes, parce que, tirant *(trahentes) leurs noms et leurs substances*, du nom et de la substance d'un autre, tout en étant différents quant à la forme du mot (*diversae transfigurationis* est un génitif de qualité), ces paronymes sont unis entre eux par une certaine ressemblance. C'est une explication étymologique de *denominativa*, à partir de *de nomine*. Il faut donc supposer une phrase de ce genre : « haec autem vocantur denominativa, quod de nomine et substantia, <nomina et> res (= substance) diversae trahentes transfigurationis quadam similitudine ad se ipsa coniuncta sunt. »

9. Lignes 53-95 : nécessité pour Aristote de commencer son traité des *Catégories* par les homonymes. On ne peut en effet sans connaître les homonymes répartir les termes selon les différentes catégories. Car chaque mot ne désigne pas une seule chose, mais plusieurs mots peuvent désigner une même chose et un même mot plusieurs choses. Si l'on voit qu'un mot ne désigne qu'une seule chose, par exemple *mens*, on pourra le ranger sous la catégorie correspondante, ici, la substance. Si l'on voit qu'un mot désigne plusieurs choses, il pourra se faire que ces différentes choses puissent être rangées sous la même catégorie, par exemple les différents sens de *canis* relèvent tous de la catégorie de la substance ; mais il pourra se faire aussi que ces différentes choses correspondent à plusieurs catégories, par exemple, les différents sens d'*aliquid*. Nécessité aussi de commencer par les homonymes, puisque les catégories elles-mêmes sont homonymes.

10. *Ratio* est plus probable. On le retrouve dans les passages correspondants des deux traductions des *Catégories* attribuées à Boèce. Sur ces deux traductions, cf. L. Minio-Paluello, « The genuine text of Boethius' translation of Aristotle's *Categories* », *Mediaeval and Renaissance Studies*, 1 (1943), p. 151-177.

11. Cf. Simplicius, *In Cat.*, p. 29. 24-30. 15 Kalbfleisch.

12. Cf. Simplicius, *In Cat.*, p. 22. 15 qui dépend de Porphyre.

13. Le texte latin s'efforce de varier les verbes, alors que le grec n'emploie que κοινωνεῖ.

14. Erreur du traducteur latin qui a cru que la présence de πῦρ l'autorisait à donner comme exemple d'hétéronymes, les quatre éléments. Mais les commentateurs discutaient pour savoir si les quatre éléments n'avaient pas de substance commune, cf. Simplicius, *In Cat.*, p. 283. 25.

15. Plus que τρόπος, *habitudo* traduit σχέσις employé plus haut par Porphyre (p. 60. 19).

16. Le datif μετασχηματισμῷ pourrait suggérer à la fois une correction *(transfiguratione)* et un retour à la tradition manuscrite (*formam* au

lieu de la correction de Halm : *formarum*) : « ad quandam quasi transfiguratione et per formam vocabuli differentiam », mais l'introduction de
ad par le traducteur latin ayant brisé le parallélisme grammatical, il est
difficile de proposer avec certitude cette correction.
17. Cf. Simplicius, *In Cat.*, p. 21. 2.
18. Porphyre, *In Cat.*, p. 60. 1-10 Busse.
19. *Ibid.*, p. 61. 10.
20. Simplicius, *In Cat.*, p. 21. 2-22. 9.
21. C'est la διάχρισις τῶν σημαινομένων, dont parle ailleurs
Simplicius, *In Cat.*, p. 237. 7.
22. Simplicius, *In Cat.*, p. 2. 5-29. Dexippe, *In Cat.*, p. 5. 9.
23. *Ibid.*, p. 3. 2-4.
24. *Ibid.*, p. 379. 8-33.
25. Cf. la note suivante.
26. G. Pfligersdorffer, « Andronikos von Rhodos und die
Postprädikamente bei Boethius », *Vigiliae christianae*, 7 (1953), p. 98-115.
La comparaison entre Simplicius, *In Cat.*, p. 379. 21 et Boèce, *In Cat.*, PL,
64, 233 C montre que Simplicius et Boèce dépendent tous deux de
Jamblique (cité par Simplicius). Or Simplicius et Boèce citent auparavant Porphyre et Andronicus. Mais, il apparaît dans Simplicius (p.
379. 21 : πολὺ γὰρ πρὸ τούτων) que Jamblique citait lui-même Porphyre
et Andronicus. Boèce cite donc ces deux auteurs par l'intermédiaire de
Jamblique. Comme le fait remarquer M. Pfligersdorffer, J. Bidez
(« Boèce et Porphyre », *Revue belge de philologie et d'histoire*, 2 [1923], p.
194, n. 1) avait laissé entendre que Boèce, utilisant dans la fin du commentaire des *Catégories* qui nous a été conservé, le grand commentaire
de Porphyre « à Gédalius », l'avait peut-être fait à l'aide du commentaire de Jamblique. Boèce lui-même atteste qu'il a lu le commentaire de
Jamblique, cf. P. Courcelle, *Les lettres grecques en Occident de Macrobe à
Cassiodore*, Paris 1943, p. 267, n. 9.
27. Par exemple, Martianus Capella emploie *plurivoca* (IV 357, p.
164. 11 Dick). Cf. à ce sujet, G. Pfligersdorffer, « Zur Boëthius, *De Interpr.*
ed. sec. I, p. 4. 4 sq. Meiser nebst Beobachtungen zur Geschichte der
Dialektik bei den Römern », *Wiener Studien*, 66 (1953), p. 135.
28. Cf. Boèce, *In Cat.*, PL, 63, 167 D 11 qui traduit Porphyre, *In Cat.*,
p. 69. 24.
29. Cf. Boèce, *In Cat.*, 164 A 8 : « alia vero quae nomine quidem
congruunt, *diffinitionibus discrepant* » ; *In Isag.*, p. 33. 8 Schepps-Brandt :
« sed eadem definitionibus non discrepent. »
30. Boèce, *In Cat.*, 163 D 8 : « eodem nomine ... iunguntur. »
31. Boèce, *In Cat.*, 164 A 8 : « nomine quidem congruunt. »

32. Outre le texte d'*In Cat.*, 163 D 8, cité plus haut, cf. également *In Arist. De interpretatione, ed prima*, t. I, p. 126. 9 Meiser : « erant autem *quattuor diversitates* », et *ed. secunda*, t. II, p. 147. 9.

33. Cf. Boèce, *In Arist. De inter.*, t. I, p. 14. 20 ; 21. 24 ; 34. 2 ; 74. 28 ; 119. 3.

34. Boèce, *In Isag.*, p. 174. 11 ; 171. 12 : « ubi enim non est simplex dictio, illic multiplex significatio est. »

35. *In Isag.*, p. 338. 14 : « quorum *termini* differentes, et ipsa sunt differentia » ; p. 40. 3 ; 245. 20.

36. *In Isag.*, p. 223. 18 : « vox autem *plura significans* aequivoca nuncupatur » (cf. p. 223. 17, 23).

37. *In Isag.*, p. 32. 22 ; 33. 4 ; 60. 25.

38. Cf. *In Isag.*, p. 136. 2 : « in vegetandis corporibus » ; *De diff. topicis*, 1196 D.

39. = σχέσις, *In Isag.*, p. 172. 2 ; 212. 4 ; 213. 11 ; *In Arist. De interpr.*, t. I. p. 46. 6 ; *In Cat.*, 212 B.

40. *In Arist. De interpr.*, t. II, p. 121. 17.

41. *In Cat.*, 168 A 2 : « ita quoque nomen adipiscitur [...] et rem quoque inde trahit. »

42. E. McKinlay, « Stylistic tests and the chronology of the works of Boethius », *Harvard Studies in classical Philology*, 18 (1907), p. 129.

43. L. Minio-Paluello, « The genuine text of ... *Categories* », p. 171 : « Boethius translates the same Greek word by different Latin equivalents when the meaning remains the same, thus rendering the language more varied. »

44. Cf. Boèce, *In Cat.*, 160 A : « est vero in mente de intentione, utilitate et ordine, tribus quaestionibus disputare, videlicet *in alio commentario* quem componere proposui *de eisdem categoriis ad doctiores.* »

45. Sur ce point, cf. P. Courcelle, *Les lettres grecques en Occident*, p. 274, n. 1, qui cite la mention *editio prima*, employée à propos du premier commentaire, dans le *Rossianus lat.* 637, folio 59 recto.

46. J. Bidez, « Boèce et Porphyre », art. cit., p. 193.

47. Attesté par Cassiodore, *Instit.*, p. 128. 14-129. 12 Mynors.

48. Jamais, dans ses œuvres théologiques ; dans les *Explanationes in Ciceronis Rhetoricam*, dans *Rhetores Latini minores*, éd. Halm, p. 183. 16 : « igitur illud non est » me semble le seul exemple.

49. On remarquera que sous son influence Boèce emploie souvent *categoria* dans son *editio prima* de l'*Isagoge* (p. 14. 8 ; 15. 10 ; 19. 16) alors qu'il emploie constamment *praedicamentum* dans l'*editio secunda* et jamais *categoria*. On se demandera dans ces conditions, si les deux emplois de *praedicamentum* dans la traduction de l'*Isagoge* par Victorinus (*In Isag.*,

p. 69. 7 et 75. 11) ne sont pas des modifications de Boèce à la traduction de Victorinus. Dans les œuvres théologiques, Victorinus ne traduit pas συνώνυμα (*Adv. Ar.*, I 54, PL, 8, 1082 a 4) ni ἑτερώνυμα (*Adv. Ar.*, I 48, 1077 d 4), ni ἑτερωνύμως ou συνωνύμως (*Adv. Ar.*, I 48, 1077 d 10). Il n'est pas sûr que l'*univoce* de la traduction de l'*Isagoge, In Isag.*, p. 111. 6, noyé dans le commentaire de Boèce, soit de Victorinus.

50. Je reproduis l'édition Halm, p. 590. 1-14.

51. Sulpitius Victor, *Institutiones Oratoriae*, dans Halm, *Rhetores Latini minores*, p. 325. 5 : « status est *summa quaestio* ad quam referenda est omnis oratio. »

52. *Ap. Rhetores Latini minores*, p. 508. 31.

53. Quintilien, *Inst. Or.*, III 6, 2 : « caput ad quod referantur omnia. »

54. *Ap. Rhetores Latini minores*, p. 144. 19.

55. *Rhetores latini minores*, p. 95. 32 et 96. 12.

56. Cf. Münscher, art. *Fortunatianus*, dans Pauly-Wissowa, t. VII (1912), col. 55.

57. Halm, p. 590. 15-16.

58. *Ap.* Keil, *Gramm. Lat.* VI, p. 282. 27.

59. Halm, p. 592. 22-30.

60. *forma capax omnium figurarum*, cf. Plotin, *Enn.* III 6, 18. 24 : « l'âme possède les formes des êtres parce qu'elle est une forme » ; *pulchrior universis*, cf. par exemple, Plotin, *Enn.* I 6, 6. 16 ; *quae intelligibiliter in aeternis rebus exsistit* : ce mode d'existence de l'âme dans le monde intelligible correspond également à une doctrine du néoplatonisme qui place l'âme, avant sa chute dans les corps, au plan des intelligibles, par exemple, Plotin, *Enn.* III 4, 3. 25.

61. Le *Bernensis* 363 a été copié par un moine irlandais, probablement à Milan, entre 855 et 869, selon A. Reuter (« Der Codex *Bernensis* 363 und sein Werth für die Kritik des Chirius Fortunatianus », *Hermes* 24 [1889], p. 161-184). Même conclusion chez A. Bernardini, *Appunti cronologici intorno al Codex Bernensis* 363, Sinigaglia 1911. – Le présent article était rédigé quand j'ai pris connaissance de l'excellent article de James Shiel, « Boethius' commentaries on Aristotle », *Mediaeval and Renaissance Studies*, 4 (1958), p. 217-244 qui affirme notamment : 1° Boèce, rédigeant son *editio prima*, utilisait un manuscrit des *Catégories* d'Aristote comportant des notes marginales empruntées en grande partie au commentaire de Porphyre « par demandes et réponses », mais aussi, à des sources postérieures, y compris Jamblique, l'ensemble paraissant dériver de l'école de Proclus ; 2° d'une manière générale, quand Boèce faisait une *editio prima* et une *editio secunda* d'un commentaire d'Aristote, il utilisait le même texte glosé d'Aristote, mais, se contentant d'extraits dans l'*edi-*

tio prima, il traduisait l'ensemble dans l'*editio secunda*. Cette double hypothèse de Shiel, que j'admets entièrement, explique très bien la conjonction *Porphyre-Dexippe-Jamblique* que nous avons constatée et rend compte également de l'identité de sources entre l'*editio prima* et l'*editio secunda* du commentaire des *Catégories* de Boèce.

Index des auteurs anciens

Nonnos (de Panopolis) : 232, 234, 258 n. 54, 260 n. 63
Novatien : 41 n. 19, 153, 180 n. 116
Numénius : 93, 94, 108 n. 30, 110 n. 45, 129, 137, 145, 152, 175 n. 10, 180 n. 114-115, 190, 213, 289, 305, 307 n. 27-28, 308 n. 29, 36, 42-43, 309 n. 50, 346

Olympiodore (et Ps. Olympiodore) : 112 n. 76, 264 n. 131, 350 n. 11, 399
Oracles Chaldaïques : 16, 89-114 *passim*, 293, 296, 324, 327, 328, 329, 346, 347, 348
Origène (chrétien) : 39, 68, 69 n. 27, 146, 163, 173, 179 n. 97, 180 n. 99, 302, 316 n. 148, 149, 318
Orose (Paul) : 59, 61 n. 14
Ovide : 225, 229, 230, 231, 232, 233, 234, 235, 237, 238, 240, 255 n. 3, 9-10, 256 n. 11, 257 n. 28-29, 33-34, 39, 259 n. 59, 260 n. 66-71, 73, 261 n. 74-75, 77, 80-84, 86-90, 262 n. 90-91, 96-97

Parménide : 44, 53 n. 3, 73, 86 n. 3
Pausanias : 225, 230, 236, 239, 242, 255 n. 5, 257 n. 29, 39, 258 n. 40, 42, 46, 48, 50, 259 n. 55, 58, 261 n. 73, 75-76, 262 n. 93
Pélage : 60, 61 n. 20
Philon (d'Alexandrie) : 41

n. 6, 143, 144, 145, 160, 173, 174, 179 n. 89, 180 n. 113, 314 n. 110
Philopon (Jean) : 96, 399
Philostrate (l'Ancien) : 225, 232, 233, 234, 236, 237, 255 n. 6, 259 n. 58-59, 61, 261 n. 79
Photius : 255 n. 4, 258 n. 44, 260 n. 72
Platon : 20, 37, 44, 45, 51, 64, 65, 67, 69 n. 1, 4-10, 24, 72, 73, 75, 76, 77, 78, 80, 81, 86 n. 2, 4-8, 93, 112 n. 79, 117, 118, 119, 121, 128, 130, 133, 134, 136, 137, 138, 139, 140, 142, 143, 145, 147, 148, 161, 164, 166, 167, 172, 173, 178 n. 81, 214, 218, 219, 220, 243, 250, 251, 259 n. 58, 263 n. 112, 265 n. 139, 266 n. 146, 282, 283, 284, 304, 314 n. 110, 318, 319, 331, 338, 348, 360
Pléthon (G.) : 93, 100
Pline (l'Ancien) : 256 n. 26
Plotin : 7, 8, 9, 11, 12, 14, 15, 16, 17, 18, 19, 20, 21, 22, 24 n. 12, 29, 30, 33, 38, 49, 50, 54 n. 54, 66, 67, 69 n. 1, 15-17, 23, 26, 74, 75, 78, 79, 86 n. 9-10, 12-13, 87 n. 25-30, 93, 94, 95, 96, 103, 113 n. 92, 118, 123 n. 7, 125-278 *passim*, 287, 288, 289, 290, 293, 294, 299, 306 n. 13, 308 n. 29, 30, 37, 311 n. 77, 314 n. 107, 110, 315 n. 122, 318, 322, 323, 325, 337, 342,

Index des auteurs modernes

INDEX DES AUTEURS MODERNES 419

165, 166, 171, 172, 186, 187, 194, 196, 199, 200, 202, 203-210 *passim*, 223, 311 n. 77
Hüber (G.) : 60, 87 n. 32
Husserl (E.) : 40, 42 n. 25

Inge (W. R.) : 169

Jaeger (W.) : 179 n. 85, 184
Jeanmaire (H.) : 263 n. 107, 265 n. 133
Joly (R.) : 68 n. 1

Kant (I.) : 34, 36
Kern (O.) : 281
Kirchhoff (A.) : 188, 195, 198, 199, 210
Kohnke (F. W.) : 350 n. 17
Krämer (H. J.) : 68 n. 3, 69 n. 11, 278 n. 2
Kroll (W.) : 11, 91, 95, 100, 104, 105, 106 n. 1, 108 n. 19, 24, 110 n. 56, 112 n. 79, 114 n. 96, 117, 123 n. 6, 205, 281, 282, 285, 286, 295, 305, 306 n. 1-2, 4, 9, 14, 312 n. 88-89, 320, 350 n. 15, 351 n. 21, 34, 352 n. 49
Krüger (P.) : 281
Kutsch (W.) : 205

Lang (W.) : 311 n. 78
Lehmann-Hartleben (K.) : 232, 259 n. 57-58
Lévy-Bruhl (L.) : 103, 113 n. 90
Lewis (G.) : 204
Lewy (H.) : 68 n. 3, 69 n. 20, 89-114 *passim*, 290, 296,

300, 301, 306 n. 9, 17, 309 n. 51, 311 n. 73, 312 n. 87, 90, 92-93, 316 n. 145, 150, 328, 351 n. 34, 352 n. 49
Lloyd (A. C.) : 18
Lobeck (Ch. A.) : 106 n. 1
Loudon (J. D.) : 256 n. 23
Luschnat (O.) : 53 n. 18

Marcel (G.) : 8
Maritain (J.) : 7
Marrou (H. I.) : 17, 18
McKinlay (E.) : 401, 408 n. 42
Merlan (Ph.) : 53 n. 16, 177 n. 55, 368
Minio-Paluello (L.) : 401, 406 n. 10, 408 n. 43
Müller (H. F.) : 199, 200
Münscher (K.) : 409 n. 56
Murr (J.) : 256 n. 17, 22, 257 n. 27, 32, 258 n. 43, 50, 259 n. 55, 260 n. 62
Musil (R.) : 239, 262 n. 95

Narbonne (J. M.) : 16
Nietzsche (F.) : 13, 23 n. 5
Nock (A. D.) : 40 n. 3

Ogiermann (H.) : 35
O' Meara (D.) : 16
O'Meara (J. J.) : 111 n. 58, 63, 68-69
Orbe (A.) : 109 n. 32, 214

Panofsky (D.) : 257 n. 29, 259 n. 61
Panofsky (E.) : 29, 257 n. 29
Pépin (J.) : 264 n. 130, 265 n. 136, 344

Table des matières

III
Autour de Porphyre

Cet ouvrage,
le dixième
de la collection « L'Âne d'or »
publié aux Éditions Les Belles Lettres
a été achevé d'imprimer
en août 2010
sur les presses
de l'imprimerie SEPEC
01960 Peronnas

N° d'éditeur : 7105
N° d'imprimeur : 100716566
Dépôt légal : septembre 2010
Imprimé en France